计算机课程改革教材——任务实训系列

常用现代办公设备的使用与维护

总主编　张　巍
副总主编　王小平　林　波　林柏涛　龙天才
主　　编　王建华
主　　审　龙天才
编　　者：（以姓氏笔划为序）
于洪臻　王建华　张开文　张　燕
杨　海　杨　莹　戴木林

電子工業出版社
Publishing House of Electronics Industry
北京 • BEIJING

内容简介

本书主要介绍常用的办公自动化设备和技术，着重讲解常用设备和技术的主要功能、简明原理，以及使用和维护方法等。

本书介绍的设备主要包括：计算机、打印机、显示屏、投影机、扫描仪、数码相机、摄像机、触摸屏、手写笔、传真机、手持设备、复印机、一体机、电子白板；将要介绍的实用技术主要包括：大屏显示、手写输入、语音识别、多头显示、网络技术及移动办公等。

职业教育应以岗位需求为导向，以社会就业为目标；职业教育应使学生学习够用的基本理论，积累关联的知识底蕴，掌握熟练的岗位技能。基于这样的考虑，本书在编写过程中重点突出了几个方面的特点：

内容新 本书及时更新和吸收最新的设备和技术，努力让读者了解最新的成果，掌握最新的应用技术。

覆盖全 本书基本囊括了各类常用的办公设备和技术，从常规的打印机、扫描仪、复印机，到热用的大屏幕、投影机、手写笔、电子白板、触控屏等。

入门易 本书力求以学生日常的生活经验和基本的学习积累为着力点，深入浅出地介绍办公技术的基本原理。

实践强 深入调研办公岗位需求，精心设计教学案例，操作演练模拟实战，指导学生掌握常用办公自动化设备的使用，提高学生办公应用能力和水平。

“读得懂、学得会、用得实”是本书编写中遵循的一个重要原则，也是本书追求的亮点。

本书适合具有初级计算机应用基础的读者使用。本书可供各类职业院校文秘类、信息类和管理类专业学生，以及各类办公人员使用，也可供社会各类办公自动化设备培训使用。

图书在版编目（CIP）数据

常用现代办公设备的使用与维护 / 王建华主编. —北京：电子工业出版社，2012.2
计算机课程改革教材. 任务实训系列
ISBN 978-7-121-14719-7

I. ①常… Ⅱ. ①王… Ⅲ. ①办公设备—使用—中等专业学校—教材 ②办公设备—维护—中等专业学校—教材 Ⅳ. C931.4

中国版本图书馆CIP数据核字（2011）第199840号

策划编辑：关雅莉　肖博爱
责任编辑：郝黎明
印　　刷：北京京师印务有限公司
装　　订：北京京师印务有限公司
出版发行：电子工业出版社
　　　　　北京市海淀区万寿路173信箱　邮编　100036
开　　本：787×1 092　1/16　印张：19.5　字数：499.2千字
版　　次：2012年2月第1版
印　　次：2016年12月第7次印刷
定　　价：32.00元

凡所购买电子工业出版社图书有缺损问题，请向购买书店调换。若书店售缺，请与本社发行部联系，联系及邮购电话：（010）88254888，88258888。

质量投诉请发邮件至 zlts@phei.com.cn，盗版侵权举报请发邮件至 dbqq@phei.com.cn。
本书咨询联系方式：（010）88254617，luomn@phei.com.cn。

前　言

职业教育应以岗位需求为导向，以社会就业为目标；职业教育应使学生学习够用的基本理论，积累关联的知识底蕴，掌握熟练的岗位技能。在深入调研办公岗位需求、学生学习需要的基础上，我们结合当前中高级职业院校学生的特点，力求本教材以学生日常的点滴学习和生活经验为着力点，以实用技能作骨架，以简明理论为血肉，指导学生掌握常用办公自动化设备的使用，提高学生办公应用能力和水平。本教程力求探索创设一个“搞得懂、学得会、用得实”的职教课程模式。

本书理论讲解简明易懂，操作演练模拟实战。本书适合具有初级计算机应用基础的读者使用，可供各类职业院校文秘类、信息类和管理类专业使用，也可供各类办公自动化培训和各类办公人员使用。

本书共分十章，内容包括办公自动化概述、计算机维护与管理、移动存储设备、显示设备、打印机、光学输入设备、文稿复制设备、办公输入新技术、计算机网络办公、移动网络办公等，另外还包括Office XP/2003语音命令附录。

本书由王建华担任主编，并负责编写第1章、第5章、第6章、第8章；于洪臻编写第2章，张燕编写第3章，杨莹编写第4章，戴木林编写第7章，张开文编写第9章，杨海编写第10章；本书在编写过程中得到了电子工业出版社肖博爱编辑的热情帮助和耐心指导，在此表示感谢。

由于水平有限，时间仓促，加之办公自动化设备和技术发展很快，书中难免存在不足，敬请专家和读者批评指正。我们的联系邮箱是WangJianhua@126.com。

王建华

2011年5月于济南

目　录

第1章 概　述

本章要点

办公自动化利用先进的现代科学技术，将本属于人的工作物化于自动化设备，并由设备优质高效地完成办公事务。本章主要介绍办公自动化的基本概念、分类、特点、功能、应用和发展，同时介绍自动化设备、办公自动化系统和办公安全用电等基础知识。

所谓办公就是处理公共事务。通常，办公室业务主要是进行大量文件的处理，起草文件、通知、各种业务文本，接收外来文件并存档，查询本部门文件和外来文件，产生文件复件等。

去商场购物可乘自动扶梯，到银行取款可使用自动柜员机，在宾馆可享用自动擦鞋机……，这些本来应由人力完成的事务改由机器设备来完成，被人们称为自动化。

在古代的办公活动中，人们习惯于手抄笔录、车载马递的办公方式，效率非常低下。据史书记载，秦始皇每天要批阅五百斤竹简，非常笨重，每天都要由壮汉进行搬运。后来历代帝王虽改批绢帛或纸质文书，但仍未改变手抄笔录、车马传送的情况。图1-1是古代竹简，图1-2是崇祯年间的绢质圣旨。

图1-1　古代竹简

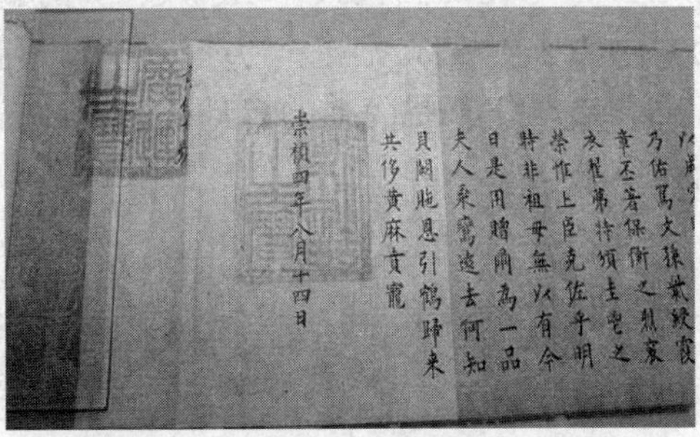

图1-2　崇祯年间的绢质圣旨

近代，一些先进的办公设备如打字机、电话、电报等得到应用，虽然大大提高了工作效率，但仍不能适应社会发展的需要。

如今，现代通信技术和手段的广泛应用，使计算机、打印机、复印机、扫描仪、传真机等先进的设备成为日常办公活动的重要工具，图1-3是某现代企业的现代办公场景。

图1-3 现代办公场景

办公的自动化时代已经来临，并且仍将向着更高效、更优质、更便捷的方向发展。

1.1 办公自动化简介

办公自动化（Office Automation，OA）作为一个术语，最早是由美国通用汽车公司D・S・哈特于1936年首次提出的，当时已有部分美国企业已经开始使用机器来处理办公事务。

1.1.1 办公自动化概念

办公自动化是利用先进的科学技术，使部分或全部办公业务逐步物化于各种现代化设备中，由办公人员与设备共同构成服务于某种目标的人机信息处理系统；其目的是尽可能充分利用现代技术资源与信息资源，提高生产效率、工作效率和工作质量及辅助决策，以取得更好的效果。

办公自动化是信息革命的产物，是社会信息化的重要标志，主要具有以下特点：

1．办公自动化是一门新型综合学科

办公自动化的四大技术支撑是计算机技术、通信技术、系统科学、行为科学，它以行为科学为主导，系统科学为理论基础，综合运用计算机技术和通信技术完成各项办公业务。办公自动化不是简单的自动化科学的分支，而是社会信息化的时代产物，是一门综合的新型学科。

2．办公自动化是人机信息一体系统

办公自动化是融人、机器、信息资源三者为一体的人机系统。在该系统中“人”是决定因素，是信息加工者和成果享用者；而“机”是指办公设备，是办公自动化的必要条件，是信息加工的工具和手段；信息则是被加工的对象。办公自动化综合并充分体现了人、机器和信息三者的关系。

3．办公自动化对办公信息实行一体化处理

办公信息通常包括文字、数据、语音、图像、图形形式。办公系统把基于不同的技术的办公设备连成一体，以计算机为主体将各种形式的信息组合在一个系统中，使之真正具有综合处理这些信息的功能。

4．办公自动化的目标是为了提高办公质量和效率

在办公业务中大量使用各类现代化的办公技术和设备，不仅明显减轻了人类劳动强度，而且还大大提高了办公效率，有效改善了办公环境，使人们从繁杂的、重复的办公事务中不断解脱出来，从而有更多的时间和精力去思考和解决更为复杂的问题。办公自动化是人们产生更高价值信息的一个辅助手段，使办公用具成为智能的综合性工具，能够优质、高效地处理办公信息和事务。

5．办公自动化是一个不断发展的系统

办公自动化总是利用最新的技术和办公设备为办公人员提供现代化办公环境，实现办公事务处理的自动化和智能化。总是力图把现代科学技术的最新科技成果，尽快应用于人类办公和管理的各个领域，以求得最大的回报。这就决定了办公自动化是一个不断丰富的概念，是一个不断发展的系统。

20世纪60年代初美国提出了办公室自动化的概念，简称OA；20世纪70年代后期在办公室自动化的基础上又逐渐形成了涉及多技术、多学科的办公自动化新型学科，仍可称为OA。虽然办公室自动化与办公自动化这两个概念容易混淆，但确实有着不同的含义。

办公室自动化功能通常是指办公室中配备具有自动化功能的设备，这些设备能使某些办公活动自动化或实现某个单项业务的自动化处理；办公自动化则是在办公室自动化功能的基础上发展起来，以办公自动化技术为主体，将人、组织、制度和环境等因素相结合的完整的系统，包括更广泛的意义。

1.1.2 办公自动化的功能

完整的办公自动化应包括信息采集、信息加工、信息传输和信息保存4个基本环节。核心任务是为各领域和各层次的办公人员提供所需的信息。

办公自动化的主要内容包括文字处理、数据处理、资料处理、事务处理、图形/图像处理、语音处理、网络通信、信息管理、日程管理和辅助决策等各方面。

（1）文字处理：办公业务中最大量的工作是文字处理，包括对中/外文字进行编辑、排版、存储、打印和文字识别等功能。

（2）数据处理：包括数值型和非数值型办公信息的处理。

（3）资料处理：包括对各种文档资料进行分类、登记、索引、转存、查询和检索等。

（4）事务处理：包括组织机构内部日常事务的处理，如人事、财务、审批、计划、公共资料管理等。

（5）图形/图像处理：包括对图形和图像的输入、编辑、存储、检索、识别和输出等。

（6）语音处理：包括语音的输入、存储和输出，语音识别和合成，以及语音和文字之间的转换等功能。

（7）网络通信：网络通信技术是实现办公自动化的关键技术之一。它可以沟通系统内部各部门之间的联系，实现信息交流，使办公人员更有效地共享办公自动化系统的资源，同时便于和外界的信息联系。

（8）其他：如信息管理、辅助决策、专家系统等功能。

1.1.3 办公自动化的层次

早期的办公自动化着眼于使用单台设备进行单项办公业务的自动化，如打字机、电传机、复印机等。20世纪70年代，美国首先提出了现代办公自动化的设想，之后流行于日本、西欧等一些国家。微型计算机的普及应用，通信技术和计算机网络技术的成熟，使办公自动化进入了一个新的发展阶段。20世纪80年代出现了高层次的办公自动化，具有较强的管理和决策功能，有的还配置了专家系统。办公自动化技术的发展，对人们的办公方式产生了重要影响。

根据应用状况，办公自动化可分为3个层次，分别是事务型办公自动化、管理型办公自动化和决策型办公自动化。

1．事务型办公自动化

组织机构的各办公部门都会存在着大量的办公事务，而这些办公事务大都是机械式的、不断重复的，为提高办公效率，可以把这些烦琐的事务交给办公自动化设备进行处理，被称为事务型办公自动化。完成这类办公事务，一般使用单机（如计算机、传真机、复印机等）就可完成，偶尔也可能涉及简单的网络和数据库应用。

2．管理型办公自动化

把事务型办公自动化与综合信息（数据库）紧密结合在一起，就形成了一体化的管理型办公自动化。其主要功能：对信息的流动性进行控制和管理，把组织机构内各部门的日常工作所需的信息存储在综合数据库中，由分布在各部门的网络终端用户查询和使用。

3．决策型办公自动化

在管理型办公自动化的基础上加入决策模块，就形成了决策型办公自动化。其主要功能：利用综合数据库提供的大量信息，通过构造或选用决策数字模型，结合组织或部门的内、外部条件，可以交由决策系统对某项工作做出决策或给出建议。

在办公自动化中，事务型办公自动化是办公业务中基础的层次，主要完成基础数据产生、存储；管理型办公自动化基于事务型办公自动化之上，主要完成对基础数据的管理和控制；决策型办公自动化是一种高层次的智能系统，它综合应用管理层办公自动化提供的信息，对事物的发展做出决策。办公自动化各层次之间的关系如图1-4所示。

图1-4　办公自动化各层次之间的关系

办公自动化的三个层次代表了办公自动化发展水平的三个应用阶段。应用的初期一般是用于事务处理，中期发展到信息管理，较高层次则是系统决策。

办公自动化的三个层次实际上还是完整办公自动化系统的三个不同的应用级别，其中，事务型是普通级办公自动化，管理型和决策型则是高级办公自动化。

随着网络通信、计算机和数据库等技术的成熟，全球办公自动化已进入高级办公自动化阶段，并表现出以下新的特点。

（1）集成化：软、硬件及网络产品的集成，人与系统的集成，单一办公系统同社会公众信息系统的集成，组成了“无缝集成”的开放式系统。

（2）智能化：面向日常事务处理，辅助人们完成智能性劳动。例如，汉字识别、对公文内容的理解和深层处理、辅助决策及处理意外等。

（3）多媒体化：包括对数字、文字、图像、声音和动画的综合处理。

1.1.4 办公自动化的发展

随着科技、经济及社会的不断发展与进步，管理和办公活动的重要性日渐突出，引起了各级领导者、管理学者及技术人员的普遍重视。20世纪60年代以来，在微电子技术和通信技术迅速发展的推动下，办公室开始了以自动化为重要内容的办公室革命，其目标是借助先进的信息处理技术和计算机网络技术来提高办公效率和质量，将管理与办公活动纳入到自动化、现代化的轨道中来。

1. 国外发展情况

20世纪60年代初，美国最早提出了办公室自动化，最初只具有电子数据处理（EDP）的簿记功能。随着办公室信息处理中越来越多地使用计算机，20世纪70年代中期美国又出现了办公室信息系统（OIS），后又被管理信息系统（MIS）取代，直到20世纪70年代后期才形成涉及多种技术的新型综合学科——办公自动化（OA）。20世纪80年代，办公自动化得到了飞速发展，不仅已形成相当大的产业规模，而且从各个方面促进了计算机及信息产业的发展。

进入20世纪90年代以后，美国及日本等世界主要发达国家都极为重视本国OA技术的推进和系统的应用，各国政府、各公司和企业不仅把OA视为提高效率、节约成本的手段，更是利用它来加强经营管理，作为提高企业素质和企业竞争能力的重要条件。

美国办公自动化技术和设备成就具有代表性，其发展情况大体反映了全世界办公自动化的发展情况。据此可以把办公自动化的发展分为以下几个明显阶段。

第一阶段（20世纪60年代～70年代中期）为单机阶段，其要点是采用单机设备，完成单项业务的自动化。这个时期，办公业务中引进了单机设备，如文字处理机、复印机、传真机等，这些设备可对应完成单项业务。

第二阶段（1975～1985年）为网络阶段，其要点是采用部分综合设备（主要采用计算机和程控交换机），实现办公业务流关键部分的自动化。这个阶段主要有两个特点：一是计算机成为了办公设备，形成了局域网络系统，实现了办公信息处理的网络化；二是数据库技术被广泛应用，办公自动化从事务处理向信息管理和决策的方向发展。

第三阶段（1983～1990年）为集成化阶段（与第二阶段略有重叠），其要点是采用系统综合设备，实现业务综合管理自动化。在此阶段，办公自动化技术已融入到网络通信技术和自动化技术，开始采用综合设备，实现跨单位、跨地区的网络连接集成化系统，实现办公业务综合管理自动化。

第四阶段（1991年至今）为互联网阶段，其要点是基于互联网平台，融合新技术和新设备，完成办公业务的自动化。

2．国内发展情况

我国的办公自动化技术起步较晚，20世纪70年代办公自动化技术开始传入我国，80年代才真正地得到重视和发展。1985年我国召开了第一次办公自动化规划会议，对我国办公自动化建设进行了规划。1986年5月在国务院电子振兴领导小组办公自动化专家组第一次专家会议上，定义了办公自动化系统功能层次和结构。进入20世纪90年代，我国办公自动化发展迅猛。

我国的办公自动化的发展大致也经历了4个阶段。

第一阶段的主要标志是互联办公过程中普遍使用现代办公设备，如传真机、打字机、复印机等。

第二阶段的主要标志是互联办公过程中普遍使用计算机和打印机，通过计算机和打印机进行文字处理、表格处理、文件排版输出和进行信息的管理等。

第三阶段的主要标志是互联办公过程中网络技术的普遍使用。在办公过程中通过使用网络，实现了文件共享、网络打印共享、网络数据库管理等。

第四阶段的主要标志是互联办公过程中普遍使用互联网。在这个阶段中，我国的办公自动化水平迅速发展，与世界先进水平的差距在不断地缩小。

1.2 办公自动化系统

1.2.1 办公自动化系统的概念

办公自动化系统是一个不能确切界定的概念，它随着技术的发展而发展，随人们办公方式和习惯及管理思想的变化而变化，在技术发展过程中的每一个阶段，人们给办公自动化系统赋予了不同的内容和新的想象。办公自动化系统在不同的情形下包含不同的范围，有着不同的含义。

根据办公自动化系统涉及的范围，办公自动化系统分为广义系统、硬件系统和软件系统。

1．广义系统

广义系统是指除了生产控制之外的一切信息处理与管理的集合，是一个大型的、集成化的、由各种计算机设备和软件及通信网络所构成的系统，如图1-5所示。从这个角度看，广义系统与办公自动化具有相同的含义。

2．硬件系统

硬件系统是指能够独立完成单项办公业务的硬件系统，如复印机（见图1-6）、文字处理机等。

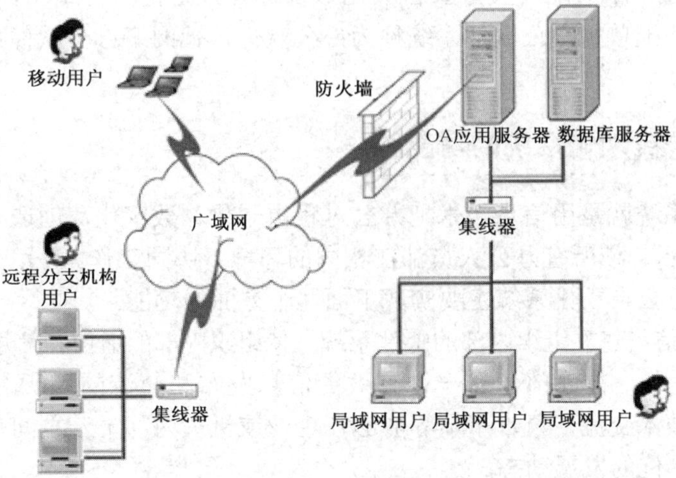

图1-5 广义系统

3．软件系统

软件系统是指运行在计算机上的办公软件系统。软件系统既可以是单机办公软件系统，如微软开发的Office办公软件包（见图1-7），我国金山公司开发的WPS Office软件等；也可以是网络办公软件系统，如Lotus网络协作软件（见图1-8）等。

图1-6 复印机

图1-7 Office（2003）办公软件包

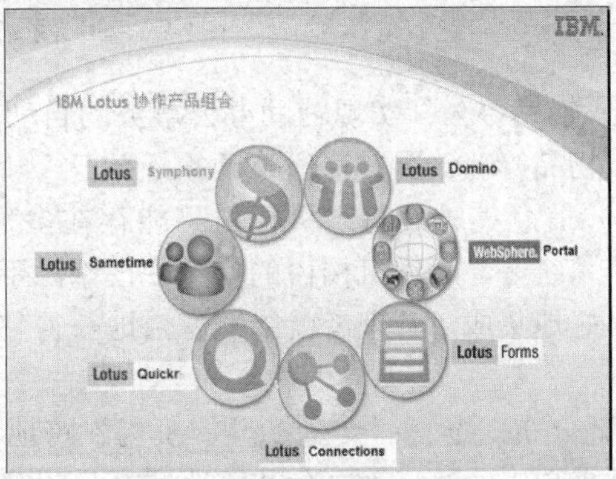

图1-8 Lotus网络协作软件

为了便于描述，本书把广义办公自动化系统称为办公自动化或OA，把硬件系统称为办公设备或设备，把单机办公软件系统称为办公软件，把网络办公软件系统称为办公自动化系统或OA系统。

1.2.2　办公自动化系统的功能

办公自动化系统就是用信息技术把办公过程电子化、数字化，创造一个集成的办公环境类，如图1-9所示，使所有办公人员都在相同的环境下协同工作。

具体来说，办公自动化系统主要实现下面几个方面的功能。

（1）内部通信：建立组织内部的邮件系统，使组织内部的通信和信息交流快捷通畅。

（2）信息发布：在内部建立一个有效的信息发布和交流的场所，使内部的规章制度、新闻简报、技术交流、公告事项等能够在企业或机关内部员工之间得到广泛的传播，使员工能够了解单位的发展动态。

（3）流程自动化：涉及对流转过程的实时监控、跟踪，解决多岗位、多部门之间的协同工作问题，实现高效率的协作。

（4）文档管理自动化：使各种文档实现电子化，通过电子文件柜等形式实现文档的保管；可使各类文档（包括各种文件、知识、信息）能够按权限进行保存、共享和使用，并提供快捷的查找手段。

图1-9　某OA系统局部界面

（5）辅助办公：实现辅助办公事务的自动化，涉及的内容比较多，如会议管理、车辆管理、物品管理、图书管理等事务。

（6）信息集成：组织机构内可能存在多种独立的业务系统，如人事系统、财务系统、生产系统等，组织机构内的信息往往都源于它们。办公自动化系统一旦跟这些业务系统实现很好地集成，管理者就能够有效地获得整体的信息，提高整体的反应速度和决策能力。

（7）分布式办公：支持多分支机构、跨地域的办公模式及移动办公。组织机构的地域分布越来越广，对移动办公和跨地域办公的需求也就越来越迫切。

1.2.3 办公自动化系统的意义

随着通信技术和网络技术的发展，办公自动化系统早已超出了办公室的范畴，传统的工作方式已经难以满足新的需求，实现办公自动化已经是提高效率、规范管理的必然趋势。

（1）办公室人员通过网络就可以协同办公，扩大了办公区域。

（2）办公自动化系统跨部门、跨地域，减少了中间环节，削减了房产、人员、纸张及差旅费用支出，必然会降低管理成本。

（3）办公自动化系统可以明显减少重复劳动，提高工作效率；办公人员从烦琐的事务、森严的等级、刻板的环境中解放出来，更有利于释放人的创造力。

（4）办公自动化系统可以实现工作程序流程化，内部文档流转无纸化，加快办公文档的周转和处理速度，降低文档传递中的失误率，使各项工作基本达到规范化、标准化。

（5）办公自动化系统可以有效提高信息的综合利用能力，增强办公自动化系统的综合分析能力。

（6）办公自动化系统可以通过对流转中的文档进行监控，及时发现和掌握工作环节中的瓶颈，为领导的科学管理提供可靠的依据。

1.2.4 办公自动化系统的发展趋势

从办公自动化发展的过程和今后发展的趋势来讲，办公自动化已经经历了第一代，发展到目前的第二代，并且正在向着第三代发展。

从20世纪80年代中期起步的第一代办公系统以个人计算机、办公套件为主要标志，实现了数据统计和文档写作电子化，完成了办公信息载体从原始纸质方式向电子数字方式的飞跃。

20世纪90年代中期以后，随着以Lotus Notes为代表的工作流群件技术的问世，以及网络通信技术的长足发展，办公自动化系统发生了第一次革命性演进；第二代办公自动化系统以网络技术和协同工作技术为主要特征，实现了工作流程自动化，以及收/发文件从传统的手工方式向工作流自动化方式的飞跃。

第三代办公自动化将以知识管理为核心。如公文流转业务，第二代办公自动化实现了对收/发文件和档案管理一体化的自动处理，第三代办公自动化则在此基础上更为文件处理的每一个环节提供所需要的相关知识，确保使用者在使用过程中能够随时、随地根据需要获取所需的知识。员工教育由被动变为主动，由定期变为实时，有利于提升员工素质，激发员工创造力，提高整个机构的整体创新和应变能力。

知识管理是信息技术发展带来的重大成就，它是计算机技术、通信技术、协同工作能力发展到一定阶段引起的管理理念的飞跃。创造知识、发现和寻找知识及传递知识三个基本部分，构成了知识管理系统的主要内容。知识管理系统可以通过现代化的信息技术来实现，并且在通信技术上继续发展，使知识能够更好地被利用。

1.3 办公自动化设备

1.3.1 办公设备分类

办公自动化设备是一个很大的范畴，根据其应用功能，办公自动化中常用的办公设备可以大体分为以下几类。

- 信息处理设备：主要完成对文字、语音等数据的处理，如文字处理机、微型计算机、网络工作站及其他计算机设备等。
- 输入/输出设备：主要完成数据的输入和输出，如扫描仪、数码相机、数码摄像机、触摸屏、电子白板、打印机、投影机等。
- 信息复制设备：主要完成对纸质文件的复制与保存，如复印机、速印机、胶印机、电子排版轻印刷系统等。
- 信息传输设备：主要完成办公资源的远程传输和网络数据交换，常见的设备有电话机、传真机、无线寻呼机、网络适配器（网卡）、调制解调器、集线器、路由器、数字程控交换机等。
- 其他辅助设备：这类设备虽不是办公自动化的必备设备，但可以辅助办公。常见设备有考勤机、碎纸机、GPS导航器等。

在这些技术和设备中，对办公室自动化的发展起最显著作用的是计算机信息处理设备和计算机通信网络设备。

信息处理技术得益于计算机的高速处理能力，没有计算机技术就没有现代化的信息处理技术。信息处理技术也延伸了办公室业务处理的内涵，成为办公自动化的主要技术手段，其内容也在不断地深化和丰富。

通信技术是办公自动化的基础。现代办公是一个团队的协同工作，团队成员之间的协调、合作离不开通信技术，没有通信技术的支持，办公自动化便成了空中楼阁。

1.3.2 常用办公设备概述

计算机是办公自动化的核心设备，办公自动化系统中提供的文字、图像等处理功能都要靠计算机来完成。

打印机是办公自动化重要的输出设备。打印机分为击打式和非击打式两大系列产品。击打式以针式打印机为主，非击打式则包括激光、喷墨及热升华打印机等。

投影机是另一种重要的信息显示设备，它可以将计算机显示的内容按比例放大，并投射到大尺寸屏幕上，以便更多的人观看。投影机广泛应用于各类会议、教育和娱乐等场合。

扫描仪是一种光机电一体化的高科技产品，是除键盘和鼠标外计算机中使用最广泛的输入设备之一。利用它可以扫描照片、图片、底片、幻灯片，还可以扫描实物；配合OCR软件识别还可以识别出报纸或书籍上的图文信息，免除键盘录入、手工绘制之劳苦。

触摸屏是一种更简便的输入设备，人们几乎不用专门学习，只需轻轻触摸屏幕，即可完成数据输入和对计算机的控制。

复印机是常用的信息复制设备，利用它可以将原稿内容复制到其他纸张上。

传真机是一种传送静止图像的通信手段。通过通信线路，把文件、图表、手迹、照片等纸页式静止图像信号从一端传到另一端，并把图像信息在远端打印出来，实现远程打印或文稿复印功能。

数码相机可以拍摄静态图像，并通过内部处理把拍摄到的光学图像转换成数字格式图像。

数码摄像机不仅可以拍摄静态图像，还可以捕捉动态图像及声音。

以上简要介绍了常用的办公自动化设备，这也是本书的核心内容。在后续的章节中，本书将就这些设备的基本原理、基本应用及使用和维护方法等内容展开更详尽的介绍和更广泛的讨论。

1.4 办公用电及安全

现代办公设备大多以电为能源，因此，科学和安全地用电成为现代办公中一个不可忽视的重要内容。

1.4.1 办公用电概述

电子在导线中定向运动将产生电流，其中运动方向不变的被称为直流电，而运动方向变化的则称为交流电，现代办公设备一般采用交流电。

交流电有单相交流电和三相交流电之分，前者主要用于小功率的设备，后者主要用于较大功率的设备。

单相交流电有单相二线制和单相三线制两种接法，前者由1根火线（相线）和1根零线（中性线）连接而成，后者则由1根火线、1根零线和1根地线连接而成。办公室墙壁上电源面板或插排面板中的二极插座和三极插座就分别对应上述两种接线方法，如图1-10所示。

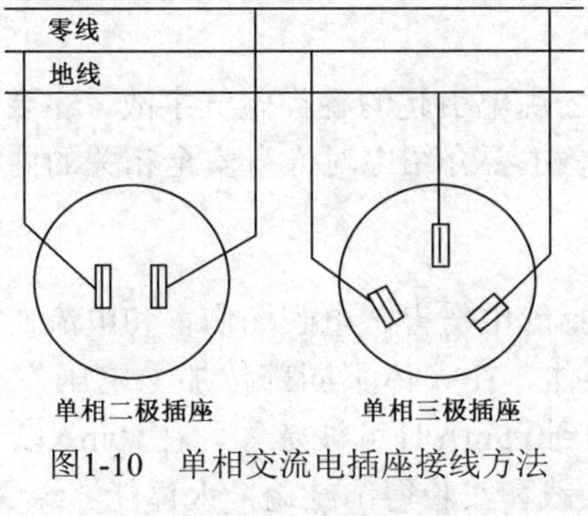

图1-10　单相交流电插座接线方法

三相交流电有三相四线制和三相五线制等多种接法，办公设备主要采用三相四线制接法，即有3根火线和1根零线，图1-11所示的电源面板与该接线方法对应。

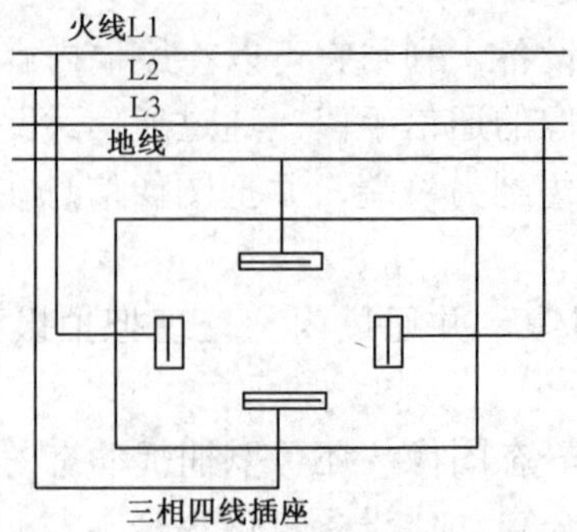

图1-11 单相交流电插座接线方法

我国交流电用电频率为50Hz，单相交流电相电压（火线与零线之间的电压）为220V，三相交流电端电压（两根火线之间的电压）为380V。

在操作规范中，电源面板或插排的供电能力通常可用其测定的额定电流来表示。如某插排标识为16A（见图1-12），则表示该插排最大可安全通过16A的工作电流，其负载的总电流量应控制在额定电流之下。

图1-12 单相三极插排（250V/16A）

1.4.2 办公用电安全与防护

电促进了人类文明的进步，离开了电，人们的工作、学习和生活就会受到严重的影响和制约。同时，人们在工作、学习和生活中处处受到电的威胁，办公设备、办公环境每时每刻也无不经受着电的考验。

办公用电安全涉及由办公用电引起的各类电气事故，主要包括人身安全、办公设备安全和办公环境安全等，本书将主要介绍电对人身安全相关的内容。

1．电对人体的伤害

电对人体的伤害主要包括静电伤害、电磁场伤害和电流伤害等。

人体自身是一种电的导体，在人体不同部位加上电压，人体就会有电流通过。实验告诉我们，当人体内电流达到0.5mA时可被感知，在10mA以下时还可保证安全，但当达到50mA以上时则会致命。实践和实验得出结论，人体能够经受的安全电压约为36V。电流对人的伤害主要表现为电伤和电击两种形式。体表局部受到电的灼烧而受到的伤害被称为电伤；强电流经过人体时破坏体内组织或器官受到的伤害被称为电击，情况严重时会致人毙命。

物体在受外界因素影响或作用下，使本来平衡的正电荷和负电荷不再平衡——某些物体表现为带正电，另一些物体表现为带负电——这就是静电。带不同电荷的物体相互靠近时，就会发生静电放电现象，并伴随有高电压，作用于人体时其瞬间强电流会强烈刺激体表或影响内脏功能，作用于微电路设备时会造成电路损伤。

在交流电场的周围会产生磁场，变化的磁场周围也会产生电场，人们的办公环境始终笼罩在一个不断变化的电磁场中。医学实践证明，人体长期处于较强的电磁场中，会吸收较多的电磁场辐射能量，容易引起人体组织病变。偶然受到强电磁场的辐射时，电磁场会在人体内产生电磁涡流，容易使部分器官受损。当然较强电磁场的存在也可能会干扰某些无线设备的正常工作。

2．触电形式

办公用电主要以220V电压为主，380V电压为辅，虽属于低压电，但相对于人体36V的安全电压，220V和380V足以致命。

人体直接接触带电体，接触到绝缘损坏而漏电的设备或站在发生接地故障的设备周围都能触电。办公环境的人体的触电形式主要有单线触电和双线触电两种形式。

单线触电是指人体一部分碰到了带电线路（或装置），而另一部分与地面接触，这样电流从带电线路流经人体再流入大地，构成一个完整的电流回路，如图1-13所示，威胁人的生命安全。

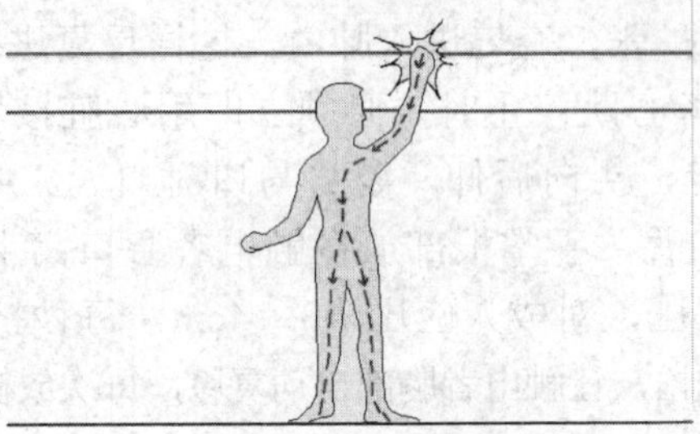

图1-13 单线触电

双线触电是指人体的不同部位同时接触到同一电力系统中的两根带电线路，如图1-14所示，两根带电线路通过人体构成电流回路，危害极大。

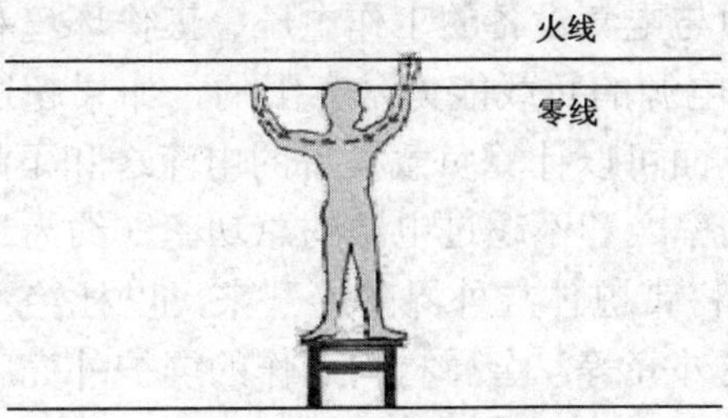

图1-14 双线触电

3．触电急救

触电急救的要点是动作迅速，救护得法。如果遇到触电情况，要沉着冷静、迅速决断、及时营救。

发现有人触电时，首先要观察现场环境，快速发现触电电源；其次要果断采取安全措施，尽快使触电者脱离电源，拉下电源闸刀或拔掉电源插头，用绝缘性良好的电工钳或有干燥木柄的利器砍断电线，用干燥的木棒、竹竿、硬塑料管等将电线拨开，都可帮助触电者迅速脱离电源。同时保护个人或他人免受更多意外伤害；最后再根据具体情况，进行相应的救治。

触电者成功脱离电源后，如果神志清醒，应派专人照顾、观察，待情况稳定后方可进行正常活动。以下情况应在积极组织营救的同时，及时与医院取得联系，必要时呼叫120抢救。

如果触电者轻度昏迷或呼吸微弱，救护者应掐住触电者人中、十宣、涌泉等穴位，并送医院救治；如果触电者无呼吸但心脏有跳动，救护者应立即采用口对口人工呼吸；对有呼吸但心脏停止跳动者，救护者则应立刻进行胸外心脏按压法进行抢救；触电者心跳和呼吸都已停止，救护者则须同时采取人工呼吸和俯卧压背法、仰卧压胸法、心脏按压法等措施，反复操作，交替进行。

① 俯卧压背法　被救者俯卧，头偏向一侧，一臂弯曲垫于头下。救护者两腿分开，跪跨于病人大腿两侧，两臂伸直，两手掌心放在病人背部。拇指靠近脊柱，四指向外紧贴肋骨，以身体重量压迫病人背部，然后身体向后，两手放松，使病人胸部自然扩张，空气进入肺部。按照上述方法重复操作，每分钟16～20次。

② 仰卧压胸法　被救者仰卧，背后放上一个枕垫，使胸部凸出，两手伸直，头侧向一边。救护者两腿分开，跪跨在病人大腿上部两侧，面对病人头部，两手掌心压放在病人的胸部，大拇指向上，四指伸开，自然压迫病人胸部，肺中的空气被压出。然后把手放松，病人胸部依其弹性自然扩张，空气进入肺内。这样反复进行，每分钟16～20次。

③ 心脏按压法　触电者心跳停止时，必须立即用心脏按压法进行抢救。将触电者衣服解开，使其仰卧在地板上，头向后仰，姿势与口对口人工呼吸法相同。救护者跪跨在触电者的腰部两侧，两手相叠，手掌根部放在触电者心口窝上方，胸骨下1/3处。掌根垂直向下用力，向脊背方向挤压，对成人应压陷3～4cm，每秒挤压1次，每分钟挤压60次为宜。挤压后，掌根迅速全部放松，让触电者胸部自动复原，每次放松时掌根不必完全离开胸部。

4．触电预防

人体触电存在严重的后果，避免触电应预防为先。

（1）良好的绝缘是保证电气设备和线路正常运行的必要条件，是防止触电事故的重要措施。选用绝缘材料必须与电气设备的工作电压、工作环境和运行条件相适应。

（2）避免负载超标，电源的负载能力是有限的，如果超过其负载能力，有可能造成线路熔断引起火灾等。一方面可以计算负载设备的电流之和不超过电源的额定电流，另一方面可以计算负载设备的功率之和不超过电源的总功率（约为220V与额定电流之积）。

（3）采用屏护装置，将带电体与外界隔绝开来，以杜绝不安全因素。如常用电器的绝缘外壳、金属网罩、金属外壳等；金属材料制作的屏护外壳应注意妥善接地或接零。

（4）为防止人体触及或过分接近带电体，在带电体与地面之间、带电体与其他设备之间，应保持一定的安全间距。安全间距的大小取决于电压的高低、设备类型、安装方式等因素。

（5）采用隔离变压器或具有同等隔离作用的发电机，使电气线路和设备的带电部分处于悬浮状态。即使线路或设备的绝缘部件损坏，人站在地面上与之接触也不易触电。

（6）在带电线路或设备上采取漏电保护、过流保护、过压或欠压保护、短路保护、接零保护等自动断电措施，当发生触电事故时，能及时自动切断电源起到保护作用。

（7）加强用电管理，建立健全安全工作规程和制度，并严格执行。

第2章 计算机维护与管理

本章要点

计算机是办公自动化系统中的核心设备，本章主要介绍计算机系统的优化、日常管理和维护、个性设置等内容，同时介绍UPS的原理、使用和管理。

计算机不仅能计算，而且还像人的大脑一样具有很强的记忆、判断和分析能力，人们常常把它亲切地称为“电脑”。

自从1946年世界上首台电子计算机问世以来，现代科学技术不断发展，计算机技术已渗透到各个应用领域。人们在办公时用它处理文件，科研中用它分析数据，商贸金融领域用它实施电子交易与电子支付，交通指挥、商铺收银等也都能见到它的身影。当前计算机在办公自动化领域也大显身手，已成为办公自动化系统中的核心设备。

在办公领域，主流的计算机主要有台式计算机（见图2-1）和笔记本电脑（见图2-2）两种。

图2-1　台式计算机

图2-2　笔记本电脑

相对而言，台式计算机功能强，但占用空间大，设备间连线也多；笔记本电脑占用空间小，基本无连线，但功能稍弱、价格较高。目前市场上出现了一种介于台式机与笔记本电脑之间的一体式计算机，如图2-3所示，相当于把台式机的主机箱与液晶显示屏集成在一起，避免了显示器与主机间的连线，同时还减少了空间的占用。部分一体式计算机还采用了无线的鼠标和键盘，带给用户更多的“无线”享受，增强了用户体验。

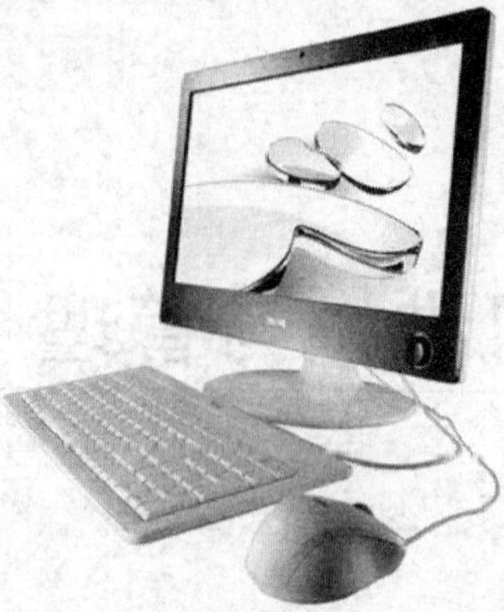

图2-3　一体式计算机

在使用计算机之前，首先要检查计算机各部件之间，以及计算机与各外围设备之间的连接是否正确，其次要检查室内电源是否足以为计算机及其外围设备供电，办公或家用计算机耗电功率与普通彩色电视机基本相当。

关于计算机的基本使用方法已有专门教程论述，本章重点介绍计算机系统的优化、管理和日常维护。

2.1 计算机优化

新安装Windows系统的计算机，最初一段时间运行得比较流畅，但在使用一段时间后就变得越来越慢，这时就有必要对计算机系统进行优化和维护。

2.1.1　磁盘优化

在计算机系统中，磁盘的读/写速度越快，计算机的工作性能越高。

1．磁盘清理

Windows系统下删除的文件一般都先被放到“回收站”中，当确实需要删除时再从“回收站”中清除，这有利于保证数据安全。但如果对回收站清理不及时，当回收站中积累了大量文件时，就可能会影响计算机的工作性能。

Windows系统及其应用程序在工作过程中会产生大量的临时文件，如安装或卸载程序、浏览网页、编辑文件等。有些临时文件在程序运行结束后可被自动删除，但也有些临时文件可能要在磁盘中保存一段时间；如果再遇到操作系统或应用程序异常，它们产生的临时文件有可能变成真正的“垃圾”文件。随着临时文件或垃圾文件的增多，计算机的工作性能会因此逐渐下降。

清理磁盘的步骤如下。

单击“开始”按钮，执行“所有程序”→“附件”→“系统工具”→“磁盘清理”命令，将打开如图2-4所示的“选择驱动器”界面。

选择磁盘分区后，单击“确定”按钮，系统开始计算需要清理的内容，其过程如图2-5所示。

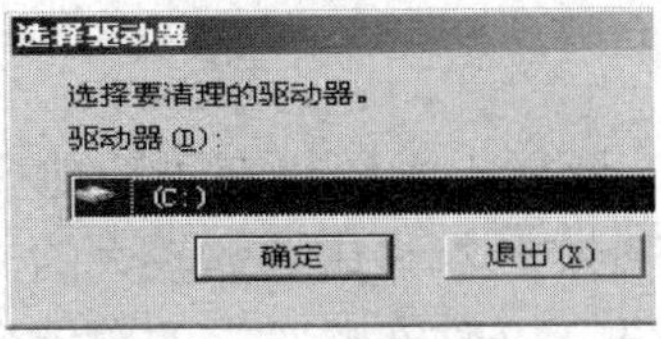

图2-4 “选择驱动器”界面

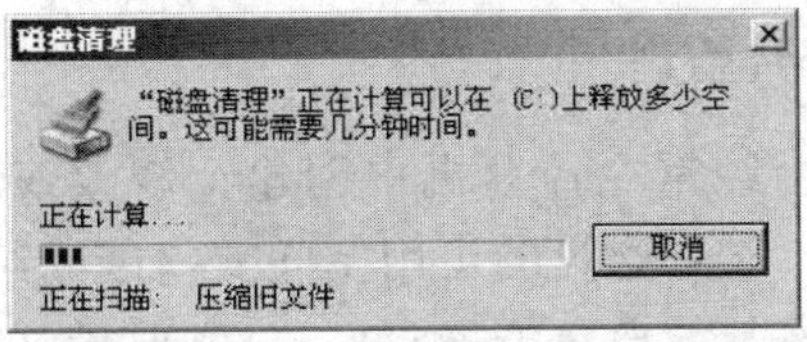

图2-5 计算可被清理对象

等待一段时间后，系统报告计算结果，如图2-6所示，其中报告了每类被删除文件可释放的磁盘容量和总的释放容量。

用户选取被删除的类别后，单击“确定”按钮并确认删除操作，系统开始执行磁盘清理操作，清理过程如图2-7所示，直到结束。

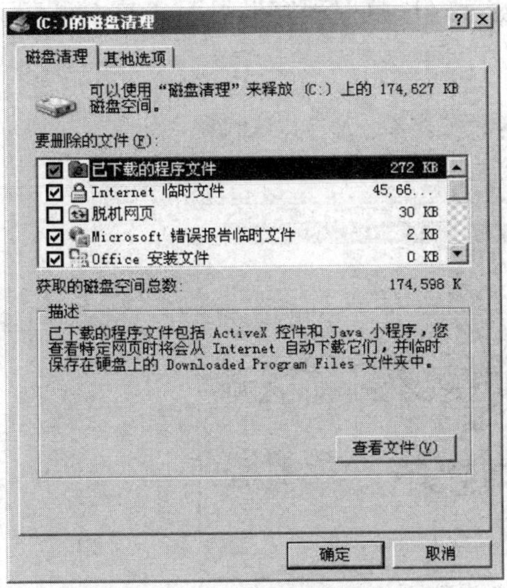

图2-6 报告计算结果

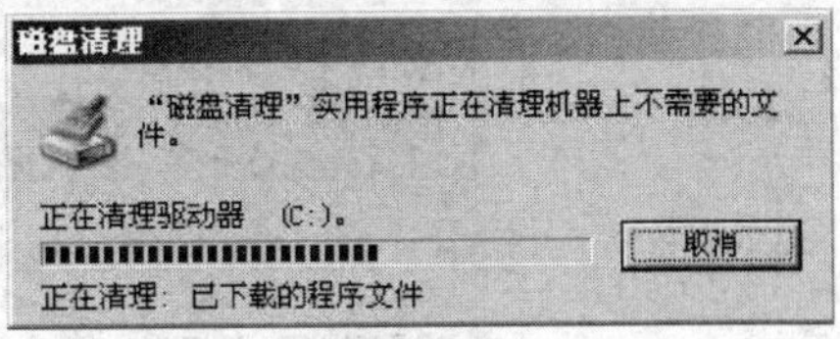

图2-7 磁盘清理过程

在“我的电脑”或“资源管理器”窗口中，在某个磁盘分区单击鼠标右键，在弹出的快捷菜单中选择“属性”命令，打开如图2-8所示的磁盘属性对话框，其中显示了当前磁盘已用空间、可用空间及总容量等信息。单击“磁盘清理”按钮也可启用针对该分区的磁盘清理对话框（见图2-5）。

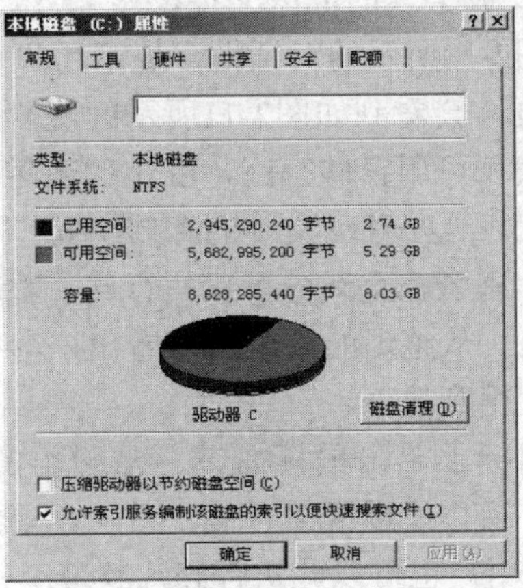

图2-8 本地磁盘属性-常规

2. 碎片整理

用户会经常在计算机中创建、修改或删除文件，计算机系统也在不断地产生和删除临时文件，最终磁盘的可用空间变得断断续续。当需要在计算机中存储较大的文件时，计算机系统迫不得已只能把它们分插到可用的存储空间里，文件在磁盘上的存储变得支离破碎，这会降低计算机读/写文件的性能。

磁盘碎片整理程序是一个Windows实用工具，它可以把文件未连续存储的信息转移到另一个连续的存储空间，消除文件碎片，提高计算机读/写性能。可通过以下3种途径进行磁盘碎片整理。

（1）单击“开始”按钮，执行“所有程序”→“附件”→“系统工具”→“磁盘碎片整理程序”命令，将打开如图2-9所示的“磁盘碎片整理程序”界面，其中显示了各磁盘分区的基本存储信息。

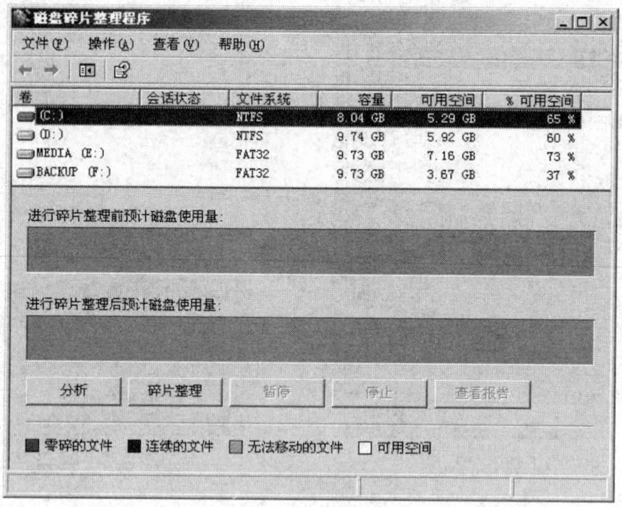

图2-9 “磁盘碎片整理程序”界面

碎片整理是比较费时的工作，工具中的“分析”功能可以帮助用户确定指定的磁盘是否有必要进行碎片整理。

先从分区列表中选中需要被整理的分区（如C：），然后单击“分析”按钮。经过短暂的分析后，系统会弹出如图2-10所示的对话框，提示用户是否应该进行碎片整理。

关闭碎片分析结果对话框，会看到如图2-11所示的磁盘碎片分布图，并用不同的颜色表示不同类型的空间。白色代表可用存储空间，红色代表零碎文件的存储空间，蓝色代表连续文件的存储空间，绿色代表无法移动文件的存储空间。

单击“碎片整理”按钮，系统在重新分析后执行碎片整理动作。整理完毕，系统弹出如图2-12所示的已完成对话框。从整理的结果可以看出，与整理前相比，磁盘中碎片文件明显减少，文件存储的连续性得到改善。

（2）在“我的电脑”图标上单击鼠标右键，从弹出的快捷菜单中选择“管理”命令，在打开的“计算机管理”窗口中展开“存储”节点，单击“磁盘碎片整理程序”选项将打开如图2-13所示的界面，用户也可以此执行碎片整理工作。

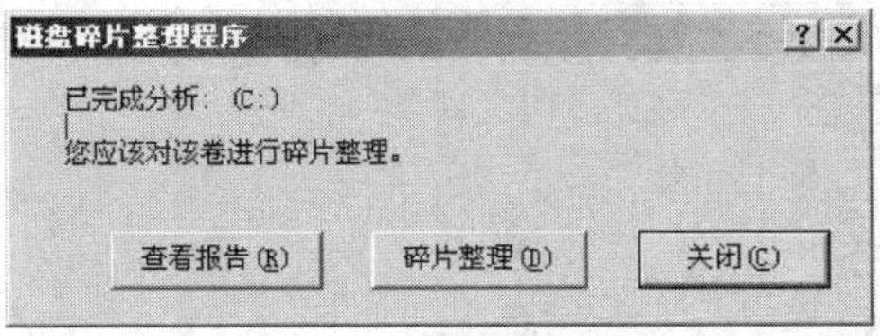

图2-10　碎片分析结果

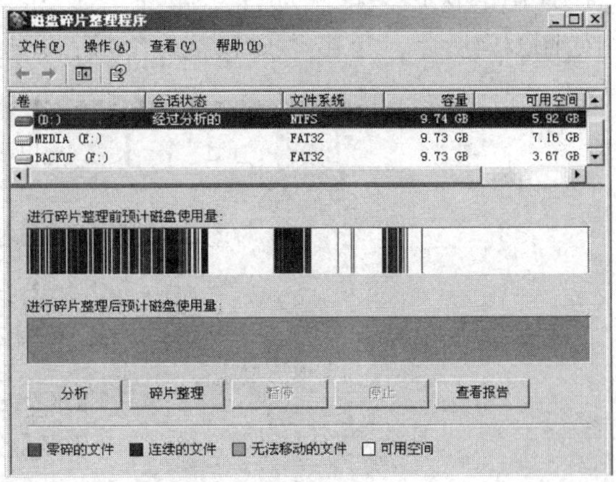

图2-11　磁盘碎片分析图

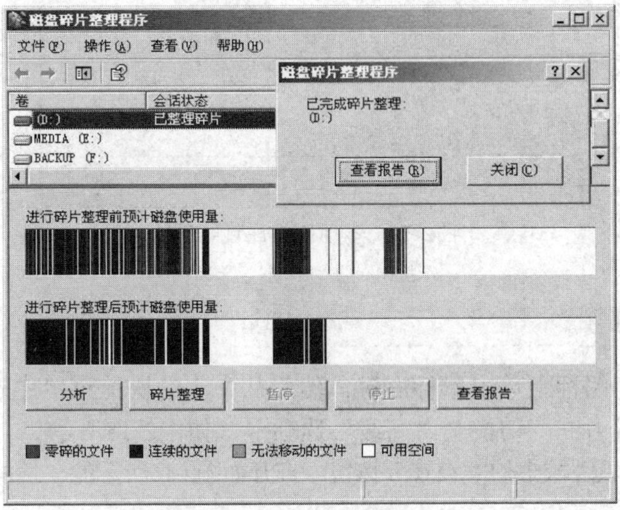

图2-12　已完成碎片整理

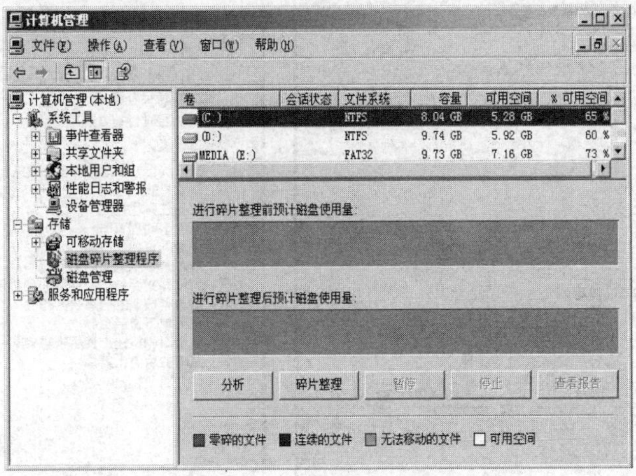

图2-13　计算机管理-磁盘碎片整理程序

（3）在“我的电脑”或“资源管理器”窗口中，在某个本地磁盘分区上单击鼠标右键，在弹出的快捷菜单中选择“属性”命令，打开其属性对话框并切换至“工具”选项卡，如图2-14所示，单击“开始整理”按钮，也可启动“磁盘碎片整理程序”。

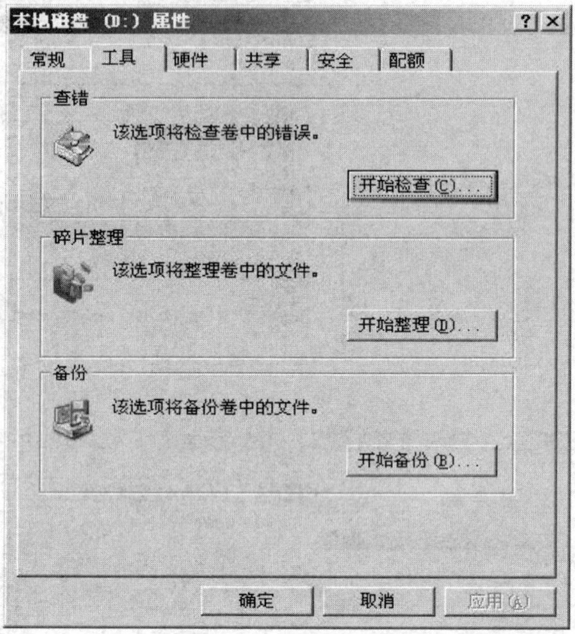

图2-14　本地磁盘属性-工具

2.1.2　性能优化

在“我的电脑”图标上单击鼠标右键，然后从弹出的快捷菜单中选择“属性”命令，打开“系统属性”对话框，切换至“高级”选项卡，如图2-15所示。

单击“性能”选项区域中的“设置”按钮，打开如图2-16所示的“性能选项”对话框。

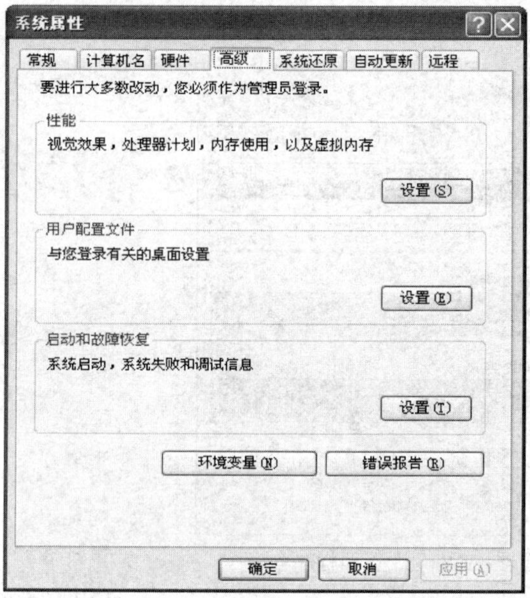

图2-15　系统属性-高级

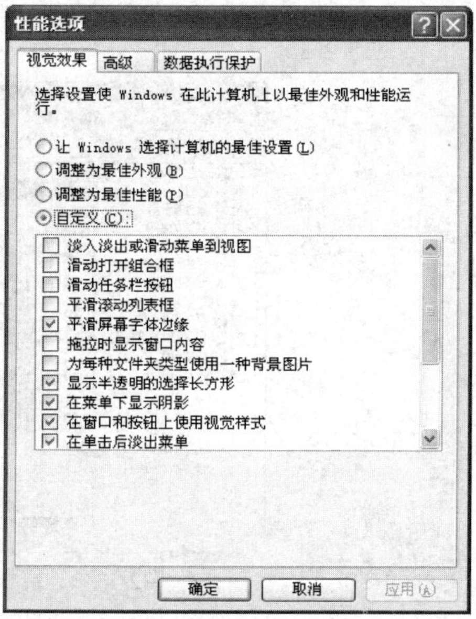

图2-16　性能选项-视觉效果

在“视觉效果”选项卡中有4个单选钮，第一项表示让Windows根据计算机的配置情况自动优化设置；第二项表示要实现计算机界面的最佳外观效果；第三项设置实现计算机的最佳性能；第四项表示用户可根据自己的喜好对列表中的选项进行个性化设置。

切换到“高级”选项卡，如图2-17所示。

Windows XP的默认设置足以适应大多数办公或家庭应用。如果用户的计算机主要运行后台服务程序，可以将“处理器计划”设置为“后台服务”，将“内存使用”设置为“系统缓存”。

计算机应用程序在运行前首先要被装入内存，当计算机中运行程序较多或较大时，往往出现计算机内存不足的情形，此时Windows则在空闲的硬盘空间中保存页面文件（pagefile.sys），并将其虚拟成计算机内存使用。在图2-17中的“虚拟内存”选项区域，单击“更改”按钮，打开如图2-18所示的“虚拟内存”对话框，以便用户更改虚拟内存的设置。

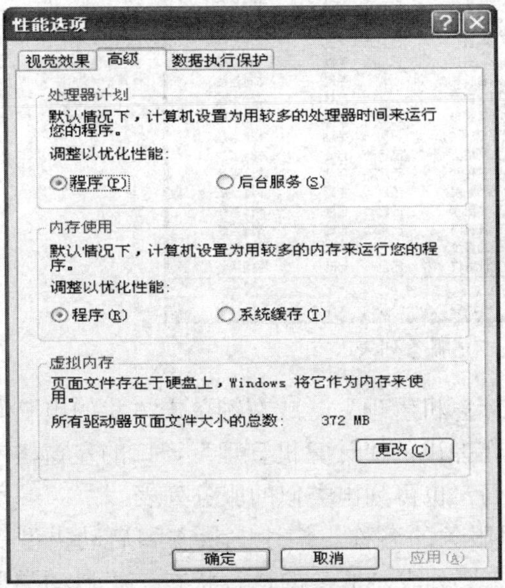

图2-17　性能选项-高级

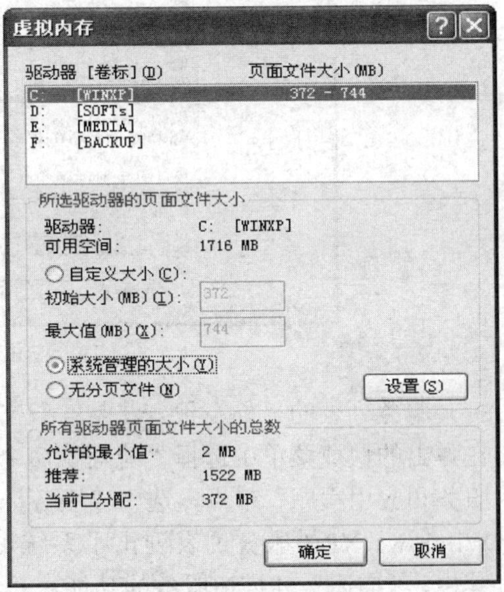

图2-18　虚拟内存管理

虚拟内存本质就是存储在硬盘上的大容量页面文件（一般为数百MB）。Windows XP在运行过程中，特别是内存不足的情况下，系统会高频率地读/写该文件内容，容易形成文件碎片，影响系统性能。

默认情况下虚拟内存位于系统安装盘（如C:盘），且大小由系统自动管理。为降低虚拟内存对计算机性能的影响，一般应将虚拟内存的大小设置为“自定义大小”，在“初始大小（MB）”和“最大值（MB）”文本框中输入相同数值，一般为物理内存大小的1.5～2倍。设置完成，重启计算机后生效。

另外，如果条件允许，可将虚拟内存设置在专用的硬盘分区中；如果计算机有多块硬盘，将虚拟内存设置在系统盘所在硬盘之外的其他硬盘（注意不是分区）中，计算机的运行性能将更佳。

2.1.3　服务优化

Windows XP有很多服务，但是大部分是普通用户很少用到的。关闭不需要的服务，可以节省更多的系统资源，并让计算机运行得更顺畅。尤其在低配置的计算机上更为有效。

Windows XP操作系统中提供80余项服务，其中有些服务是最核心的服务，Windows XP的正常运行离不开它们；另外有些服务则可根据实际需要，有选择地决定它们是否有必要运行。由于运行Windows XP的服务都要消耗一定的计算机资源，所以可以通过对特定的服务停用或启用来改善计算机的运行性能。

打开“控制面板”，进入“管理工具”，双击“服务”控制图标，将打开如图2-19所示的服务列表。

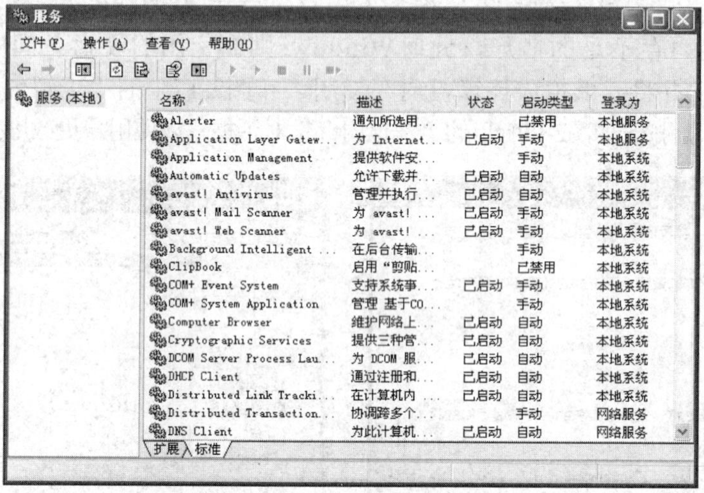

图2-19 Windows XP 服务列表

打开服务列表的另外一种方法是：双击“计算机管理”，或右键单击“我的电脑”图标，在弹出的快捷菜单中选择“管理”命令，在弹出的“计算机管理”窗口的左窗格中展开“服务和应用程序”节点，选中“服务”项目，也可列出类似的服务列表。

Windows XP的服务列表列出了系统可用服务的名称、描述、状态和启动类型等信息。其中，“描述”列描述服务的功能，“状态”列表示服务的运行状态，“启动类型”列指示该服务的启动类型。用户可以通过改变服务的启动类型和状态来调整优化Windows XP系统的运行性能。

选中服务列表中的某项服务（基础服务和已禁用的服务除外），利用窗口工具栏中的启动服务、停止服务、暂停服务或重新启动服务等按钮来改变服务的运行状态。在服务列表中，用鼠标右键单击某项服务（如Alerter）并在弹出的快捷菜单中选择“属性”命令（或直接双击该服务），将打开该服务的属性对话框，如图2-20所示。

对话框的“启动类型”下拉列表中有“自动”、“手动”和“已禁用”3种启动类型，分别表示随Windows自动启动、手动启动和禁止启动，用户可根据自己的工作需要确定选用的启动类型。另外其中的若干按钮用于控制该服务的运行状态。

切换到“依存关系”选项卡，如图2-21所示，其中显示了该服务所依赖的服务及依赖于本服务的其他服务。

服务的依存关系对启动服务或停止服务存在一定的影响。当停用某服务时，依赖于本服务的其他服务将被迫停止运行；类似地，当启用某服务时，它所依赖的服务都应已全部启用。

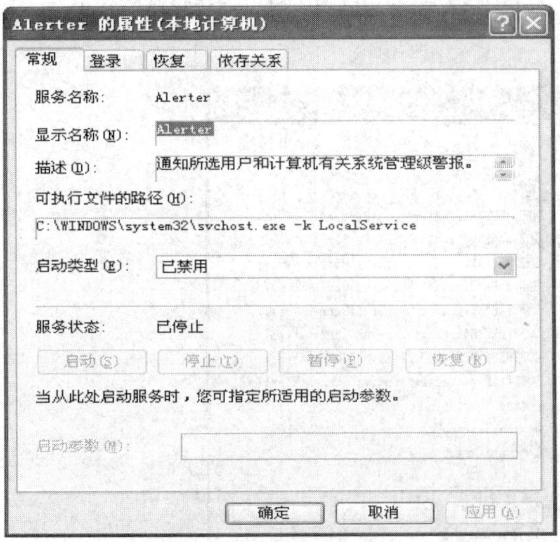

图2-20　服务属性对话框

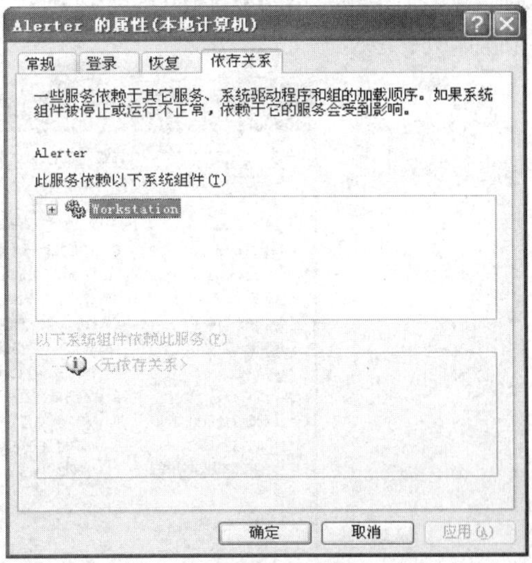

图2-21　服务间的依存关系

更多的服务优化信息请参阅附录A《中文Windows XP服务优化配置建议方案》。

2.1.4　启动优化

打开“开始”菜单中的“运行”对话框，在其中输入并执行“msconfig”命令，如图2-22所示。

图2-22 “运行”对话框

单击“确定”按钮执行该命令，在打开的“系统配置实用程序”对话框中，切换至“启动”选项卡，如图2-23所示，其中列出了当前系统可用的所有启动项目，其中被选中的项目将随计算机启动时被自动加载。如果意外加载了不必要的应用程序，特别是病毒或木马，将会影响计算机性能或威胁其数据安全，用户可以通过更改启动项目来优化计算机的启动。

切换至“服务”选项卡，如图2-24所示，其中列出了当前系统所有可用的服务及其运行状态，其中包括Windows服务。列表中被选中的服务，将随计算机启动而试图自动加载，如果加载了不必要的服务、病毒或木马程序，同样会降低系统性能和影响数据安全。

勾选“隐藏所有Microsoft服务”复选框，列表将屏蔽掉大量的Microsoft服务，而仅余下非Microsoft的服务，这样有利于读者快速判断是否存在可疑的服务，以便及时停止该服务。建议仅选用必要的服务，如杀毒或防火墙服务等。

设置完毕，单击“应用”或“确定”按钮，关闭“系统配置实用程序”对话框。如果更新了设置，将提示重新启动系统，用户可视情况进行选择。最新的系统配置将在计算机重新启动后生效。

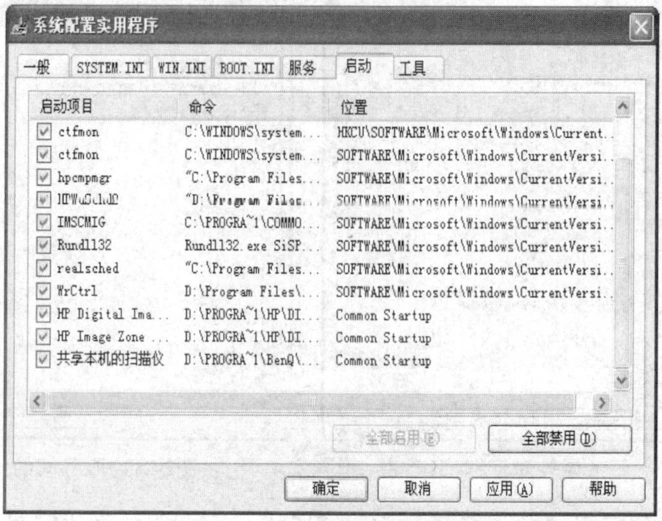

图2-23　系统配置实用程序-启动

图2-24　系统配置实用程序-服务

当系统重新启动到桌面后，会弹出如图2-25所示的界面，提示用户已经对Windows启动方式进行了更改。选中其中的复选框，Windows再次启动时将不再显示该对话框。

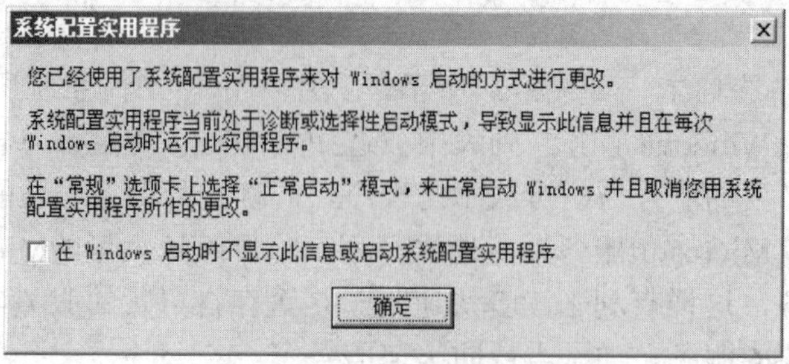

图2-25　提示更新过系统配置

2.2 计算机高级维护

计算机在使用过程中，常会出现运行异常，此时就应实施高级维护。

2.2.1　高级启动菜单

当Windows启动异常或不能正常启动时，用户首先应考虑使用Windows的高级启动菜单尝试进行修复或故障排除。

计算机加电后，屏幕上开始显示信息时按下键盘上的【F8】键，直到出现“Windows高级选项菜单”界面，如图2-26所示。菜单中列出了多种启动模式，其中用户最常用的选项主要有“安全模式”、“带网络连接的安全模式”和“最后一次正确的配置”3项。

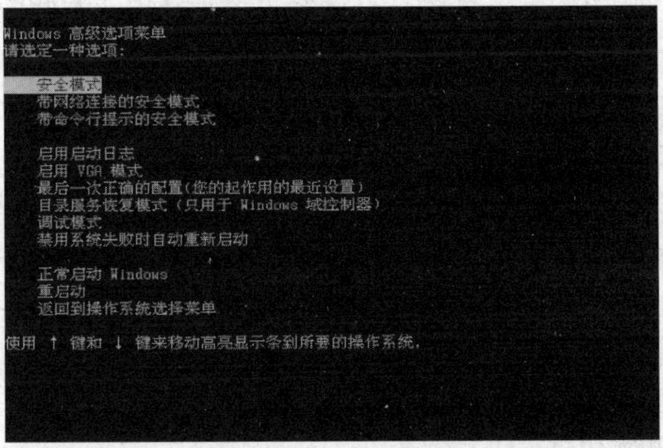

图2-26　“Windows高级选项菜单”界面

1．安全模式

选用安全模式启动Windows XP时，系统只启用一些最基本的服务和驱动程序。进入安全模式是诊断故障的一个重要步骤，如果安全模式启动后无法确定问题，或者根本无法启动安全模式，可能就需要专业技术人员进行处理。

2．网络安全模式

和安全模式类似，但是增加了对网络连接的支持，可以在网络环境中解决Windows XP的运行故障。

3．最后一次正确的配置

因安装新软件或硬件造成计算机启动异常，可选用“最后一次正确的配置（您的起作用的最近设置）”来启动Windows XP；这种启动模式会把计算机系统恢复到最后一次正常使用的状态，对解决一些软、硬件冲突很有帮助。

若用户选择了“安全模式”启动计算机，则当系统启动后，将弹出正在使用安全模式的警示信息，如图2-27所示，确认后打开四周标有“安全模式”字样的安全模式桌面，如图2-28所示。

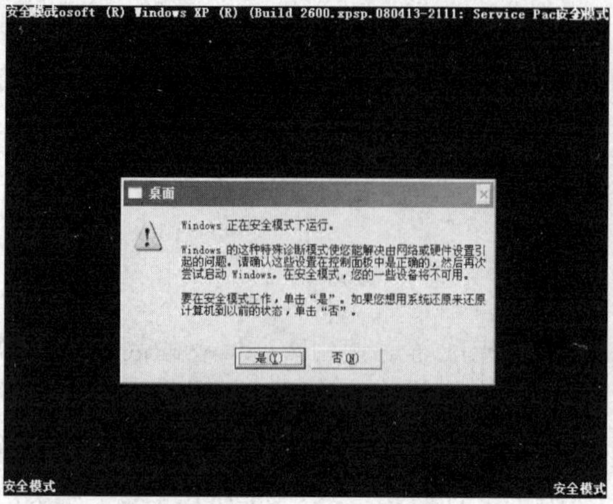

图2-27 “安全模式”提示框

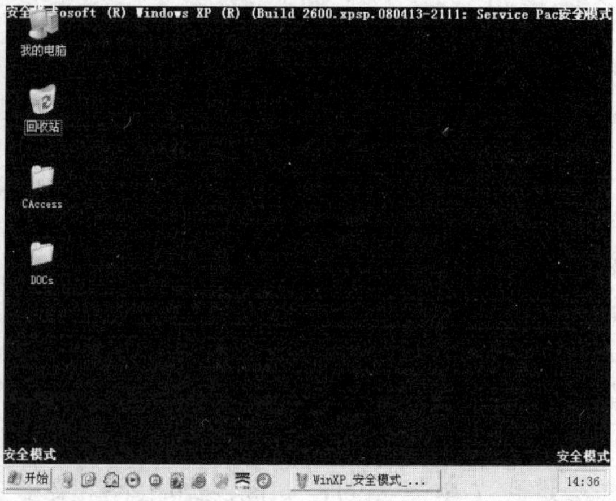

图2-28 安全模式桌面

在安全模式环境下，Windows的部分功能和设置被禁用，有些应用程序也可能不能正常运行。

2.2.2 系统还原

Windows XP提供了系统还原功能，能够自动监控系统文件或某些应用程序的变化。

利用Windows XP系统的“系统还原”功能，可以通过对还原点的设置，记录对系统所做的更改，当系统出现故障时，可以将系统恢复至之前的某个状态。

系统还原功能类似于高级启动菜单中的“最后一次正确的配置”，不过后者是将计算机恢复为 Windows 确定可工作的状态，而“系统还原”则允许用户选择还原至以前的某个状态，更具灵活性和实用性。

选择“开始”→“程序”→“附件”→“系统工具”→“系统还原”命令，可启用如图2-29所示的系统还原向导工具。

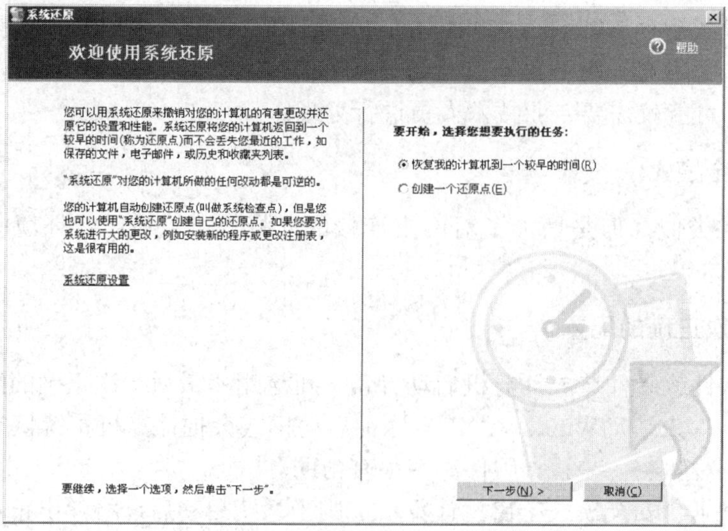

图2-29 系统还原向导主界面

实施系统还原，首先要确保系统已经开启了系统还原功能。单击向导左侧的“系统还原设置”链接，将打开“系统属性”的“系统还原”界面，如图2-30所示。取消勾选“在所有驱动器上关闭系统还原”复选框并单击“应用”按钮后，系统将打开系统还原功能，开始监视和记录可用驱动器中的数据变化。

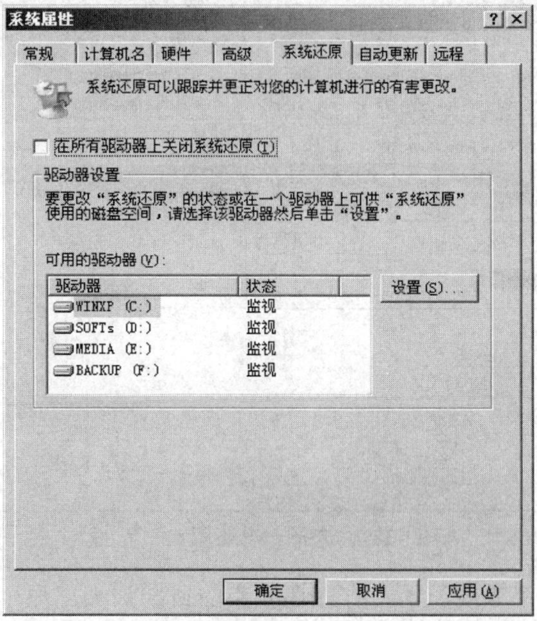

图2-30 系统属性-系统还原

启用系统还原功能后，计算机会在系统设置更改或程序变化时自动创建还原点，同时也允许用户手动创建还原点。在如图2-29所示的“系统还原”界面右侧，选择“创建一个还原点”单选按钮，单击“下一步”按钮，打开如图2-31所示的“创建一个还原点”界面，输入还原点名称，单击“创建”按钮，即可完成还原点的创建。

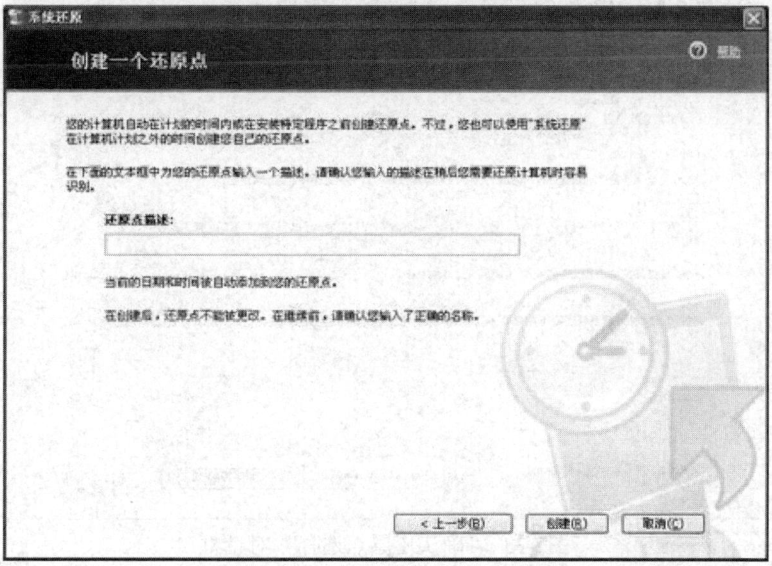

图2-31 “创建一个还原点”界面

创建系统还原点时要确保有足够的硬盘可用空间，否则可能导致创建失败。

在系统还原向导主界面中（见图2-29），选择“恢复我的计算机到一个较早的时间”，单击“下一步”按钮，将打开“选择一个还原点”界面，如图2-32所示。

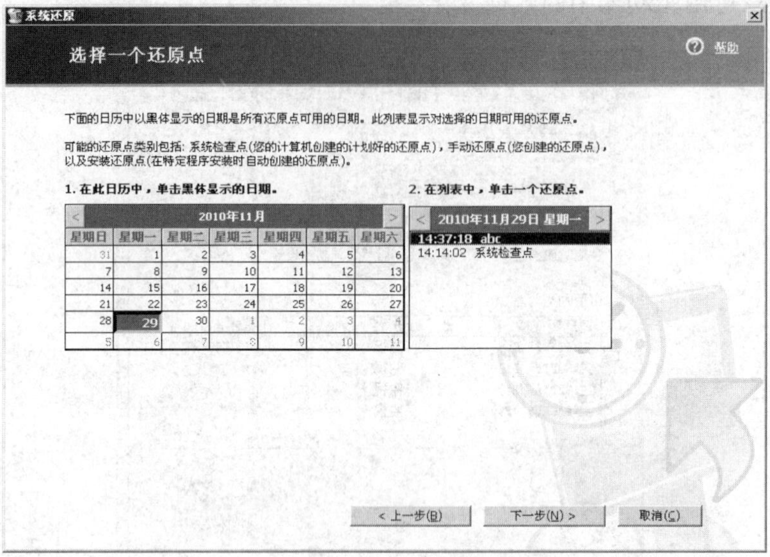

图2-32 “选择一个还原点”界面

界面左半部分是一个系统日历，存在还原点的日期被突出显示，利用日历的导航按钮（如上一个月、下一个月）可浏览更多的日期；界面右半部分是一个还原点列表。当在左侧选中某个日期时，该日期所对应的还原点将在列表中显现。

选中某个还原点，单击“下一步”按钮，将打开“确认还原点选择”对话框，如图2-33所示。其中系统特别提示，在继续系统还原之前，应注意保存个人数据，并关闭所有打开的程序。

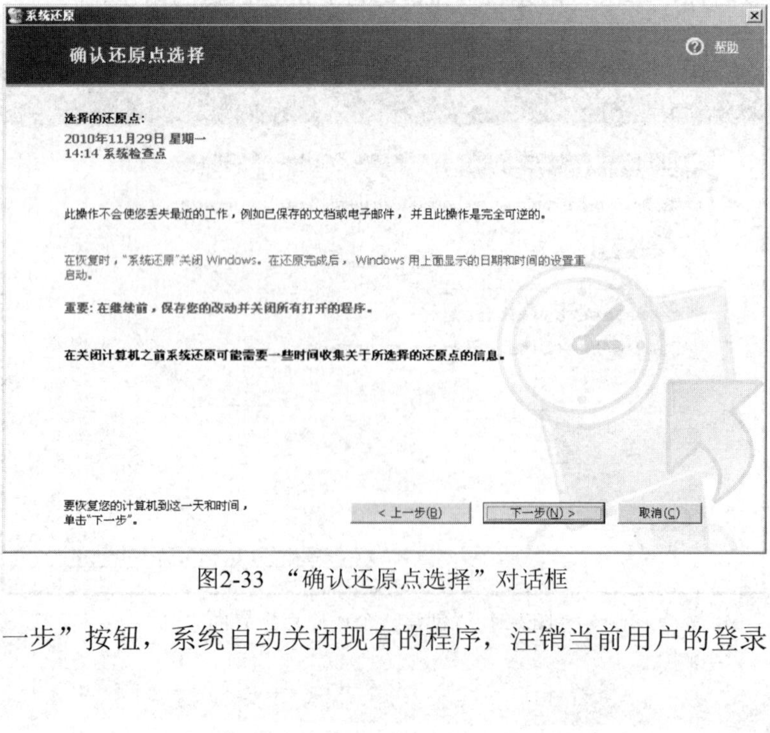

图2-33 “确认还原点选择”对话框

单击“下一步”按钮，系统自动关闭现有的程序，注销当前用户的登录，并开始收集选定还原点的有关信息。信息收集完毕，系统自动重启，之后开始进行系统还原，直到操作结束。

2.2.3 系统修复

用户为计算机增/减硬件、安装软件（包括感染病毒等）、调整设置，有时会导致Windows XP系统启动失败。除选择重新安装Windows XP系统之外，还可以选择系统修复，以避免不必要的数据损失。系统修复有以下两种方法。

（1）找出Windows XP安装光盘，并记下其安装序列号。设置BIOS，将光盘设为第一启动盘。将XP安装光盘放入光驱并启动计算机，在出现“Boot for CDROM...”时按【Enter】键，光盘启动后显示如图2-34所示的界面。

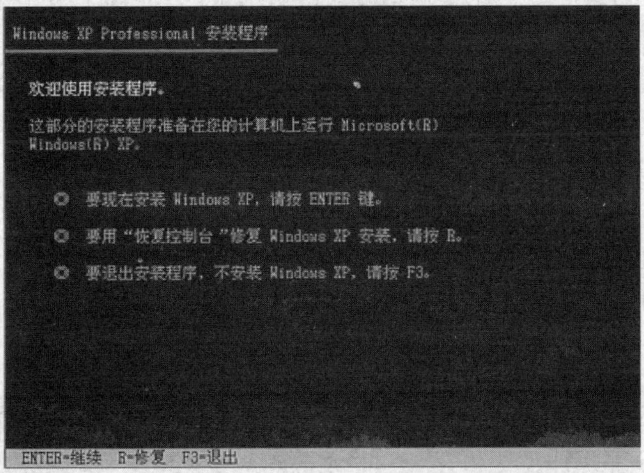

图2-34　Windows XP 安装程序欢迎界面

然后按【Enter】键，即可开始安装Windows XP，出现如图2-35所示的界面。

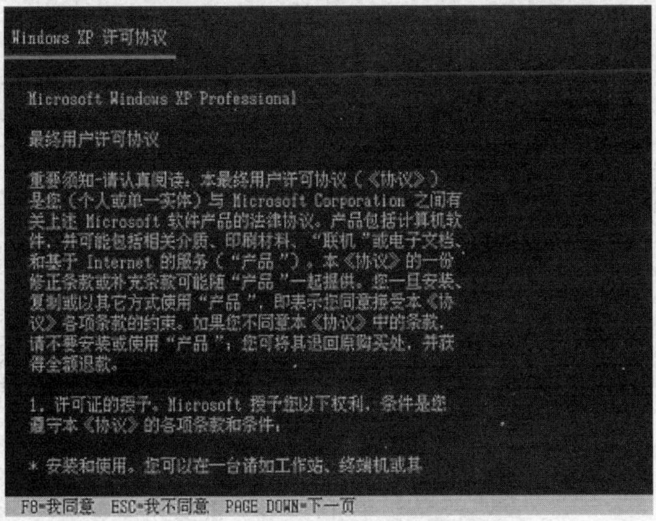

图2-35　Windows XP 许可协议

按【F8】键将出现如图2-36所示的界面。

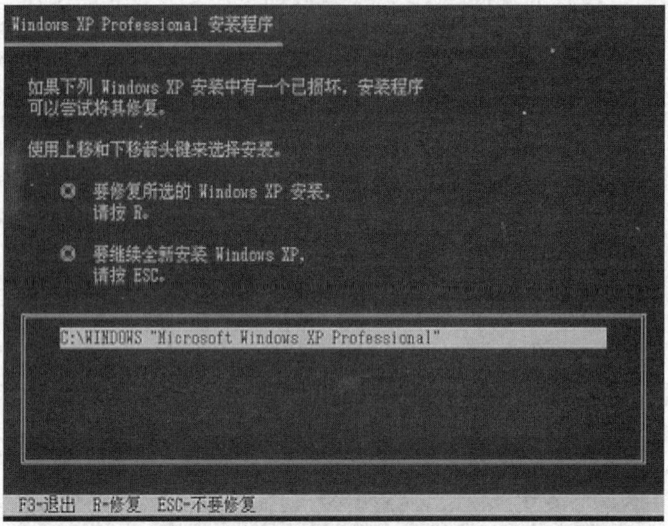

图2-36　Windows XP 选择修复系统

从下部方框列表中选择要修复的XP系统，按【R】键开始修复过程：检查磁盘、删除原XP系统中的旧文件、创建要复制的文件列表、复制文件到系统文件夹、初始化Windows XP配置、设置启动项，然后准备在15秒后自动重新启动。

取出光盘，然后重新启动计算机，并出现如图2-37所示的安装界面。随着安装过程的推进，要求用户根据系统提示插入安装光盘。

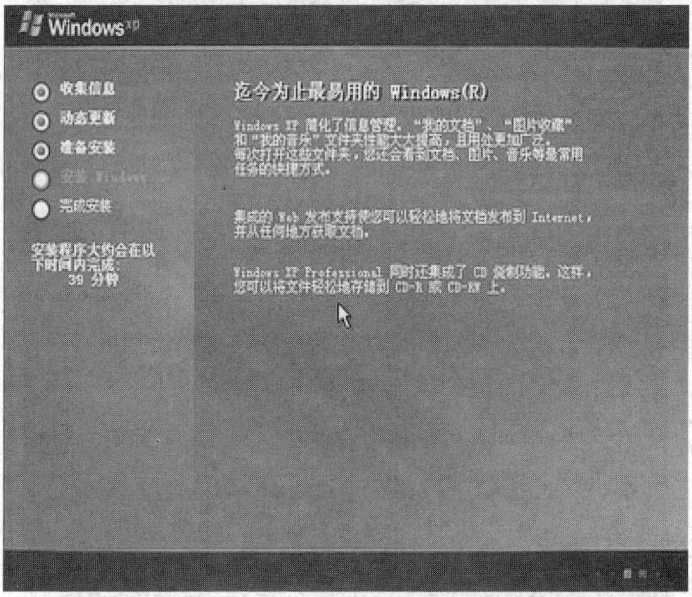

图2-37　Windows XP 安装界面

和Windows XP安装过程类似，在修复过程中系统要求用户选择区域和语言选项，如图2-38所示。

接下来系统要求输入光盘密钥，如图2-39所示。

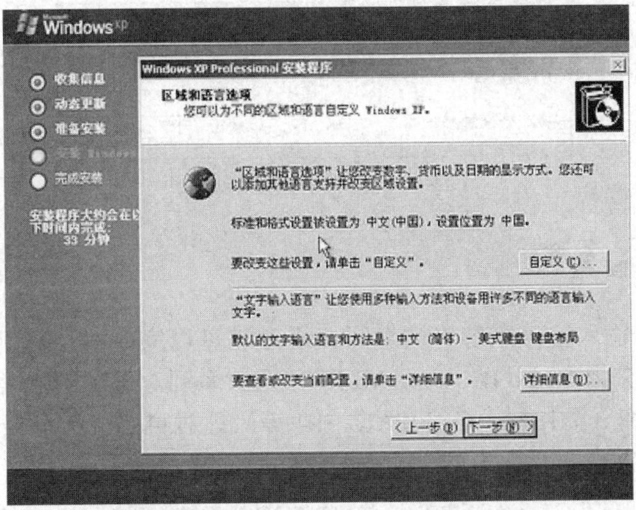

图2-38　Windows XP 区域语言选择界面

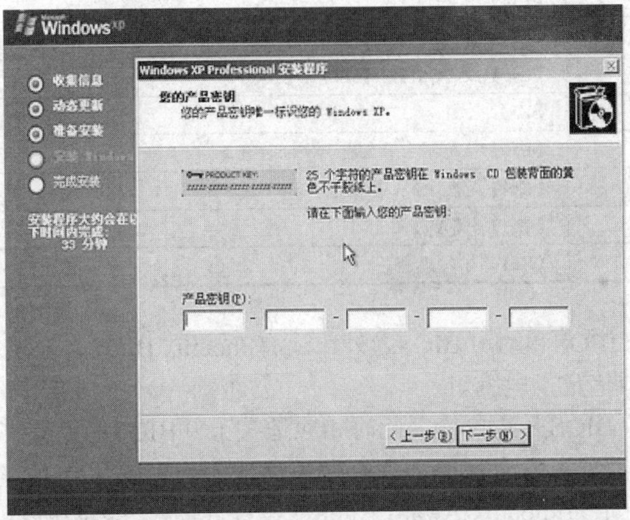

图2-39　Windows XP 安装程序输入密钥界面

正确输入Windows XP安装序列号，单击“下一步”按钮，并根据向导提示继续安装，直到修复完成。

（2）利用WindowsXP系统自身提供的系统修复命令也可进行系统修复。

打开“开始”菜单中的“运行”对话框，在其中输入“sfc /scannow”命令，单击“确定”按钮运行，系统将打开如图2-40所示的SFC文件检测器界面，开始扫描所有受保护的系统文件，其间会提示用户插入Windows安装光盘，在接下来的一段时间里，SFC文件检测器将会检测并修复好受保护的系统文件。

修复完成后，原来安装过的程序基本没有变化，且可正常运行；但如果安装过的系统补丁将不复存在，需要重新安装补丁，与安装补丁相关的数据备份则永久丢失。

图2-40　SFC文件检测器界面

2.2.4　BIOS设置

BIOS是“基本输入输出系统”的缩写，通过它可以完成对计算机硬件的基本设置。计算机的BIOS主要分为Award BIOS、AMI BIOS两大系列，每个BIOS系列又有多种不同的型号，也有部分厂商（如IBM、COMPAQ、HP等）针对自己的产品开发了专门的BIOS，因此BIOS的设置按键也会存在不同，如表2-1所示。

表2-1　常见BIOS的设置键

BIOS类型	BIOS	屏幕提示
AMI	【Del】或【Esc】	有
Award	【Del】或【Ctrl】+【Alt】+【Esc】	有
MR	【Esc】或【Ctrl】+【Alt】+【Esc】	无
Quadtel/	【F2】	有
COMPAQ	【F10】（屏幕右上角出现光标时按下）	无
AST	【Ctrl】+【Alt】+【Esc】	无
Phoenix	【Ctrl】+【Alt】+【S】	无
HP	【F2】	有

除主流的Award BIOS和AMI BIOS之外，还有Phoenix BIOS（已被Award收购）主要用于高端商用计算机或笔记本电脑。

计算机加电后，BIOS开始自检，此时相应地按下其BIOS的设置键，可启用BIOS设置程序。如果BIOS中设置了安全密码，只有在正确地输入密码后才允许进入BIOS管理界面进行设置。图2-41所示为Phoenix-Award BIOS的设置界面，图2-42所示为AMI BIOS的设置界面，利用它们可以对计算机硬件参数进行设置。

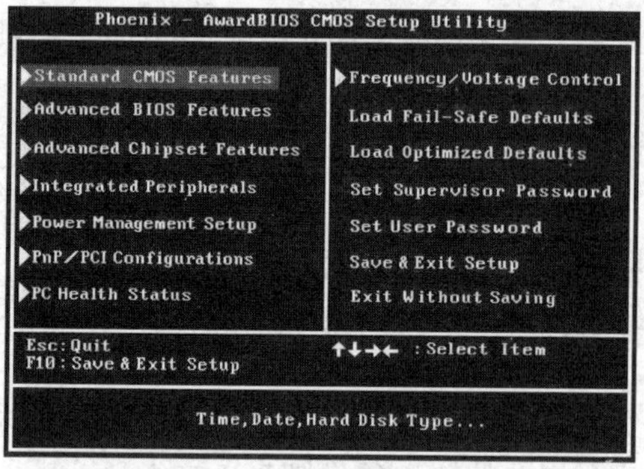

图2-41　Phoenix-Award BIOS的设置界面

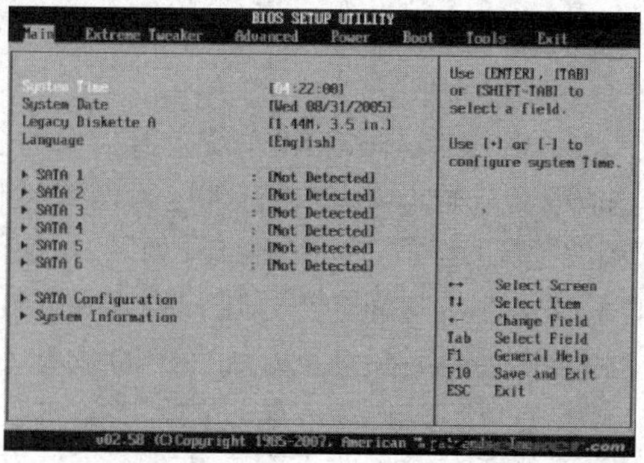

图2-42　AMI BIOS的设置界面

更多BIOS的设置信息请自行参考有关资料。

2.3 UPS电源及管理

在使用计算机的过程中，有时会遇到计算机供电意外中断的情况。如果之前编写或绘制的内容没有及时存盘，那么此前的辛苦就会白费，唯一的补救措施也只有重新再来。在自动化办公应用中，常会用到一种叫做UPS（不间断电源系统）的电源设备，它可以在电源供应中断时，继续提供持续、稳定、不间断的电源供应，以便用户能够有足够的时间来保存和备份自己的工作成果，有机会按一定程序关闭有关设备，避免造成数据丢失和设备损坏。

2.3.1 UPS电源简介

UPS是指不间断电源，在外部供电中断时它能够利用系统存储的电能提供持续、稳定、不间断的电源供应。

在办公环境中，UPS主要起到两个作用：一是应急使用，防止突然断电而影响正常工作，给计算机造成损害；二是改善电源质量，为计算机系统提供高质量的电源。图2-43中所示是一部适用于办公环境的UPS设备。

UPS主要由整流器、蓄电池和逆变器等部分组成。蓄电池是储存电能的装置，一般由若干块电池串联而成，其容量大小决定了其持续放电（供电）时间；整流器变交流电（AC）为直流电（DC），以便向蓄电池充电；逆变器则把直流电（DC）转化为交流电（AC），以便蓄电池放电。

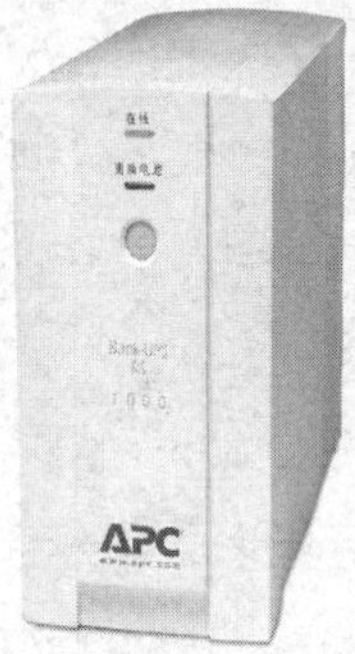

图2-43　APC Back-UPS RS 1000不间断电源

UPS主要可分为两大类三种形式，一类是后备式，另一类是在线式，还有介于二者之间的在线互动式。

1. 后备式UPS

后备式UPS的工作原理如图2-44所示。在市电供应正常时，一方面为其负载提供稳定电源供应，另一方面将交流电转换成直流电为其蓄电池充电；当市电供应中断时，该类UPS自动切换电路，将蓄电池存储的直流电转换成交流电，继续为其负载供电。虽然后备式UPS一般有10ms左右的转换时间，其输出的交流电并非标准的交流电，但由于具有结构简单、价格低、可靠性高等优点，被广泛应用于办公领域。

2. 在线式UPS

在线式UPS的工作原理如图2-45所示。在市电供应正常时，首先通过整流器将交流电转换为直流电，一方面为蓄电池充电，另一方面传给逆变器转换为交流电为负载供电；当市电中断时，切换至蓄电池为逆变器供电以支持负载继续工作；另外，在线式UPS还设计有旁路线路，以便在在线检修UPS时，直接为负载供电源。在线式UPS性能完善，但结构较复杂，需要较大的投资，通常应用在对电力要求苛刻的关键设备或网络中。

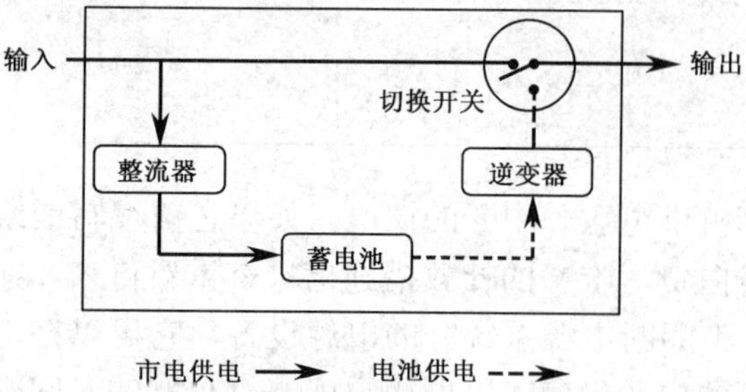

图2-44　后备式UPS的工作原理

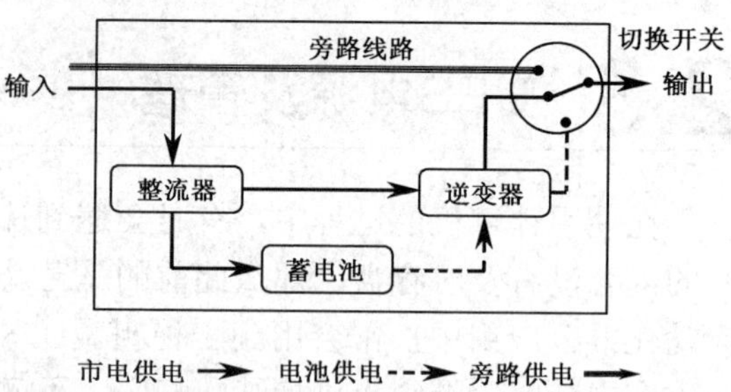

图2-45　在线式UPS的工作原理

3. 在线互动式UPS

在线互动式UPS是一种智能化的不间断电源，其工作原理如图2-46所示。相对于常规UPS，在线互动式UPS将整流器和逆变器整合成双向逆变器，正向工作时为蓄电池放电，逆向工作时为蓄电池充电。当市电供应正常时，UPS在为负载供电的同时，其双向逆变器逆向工作为电池组充电；当市电供应中断时，双向逆变器正向工作，控制电池组放电并转换交流电输出；在市电出现波动时，利用蓄电池存储的电能调节输出，从而保证稳定的输出。

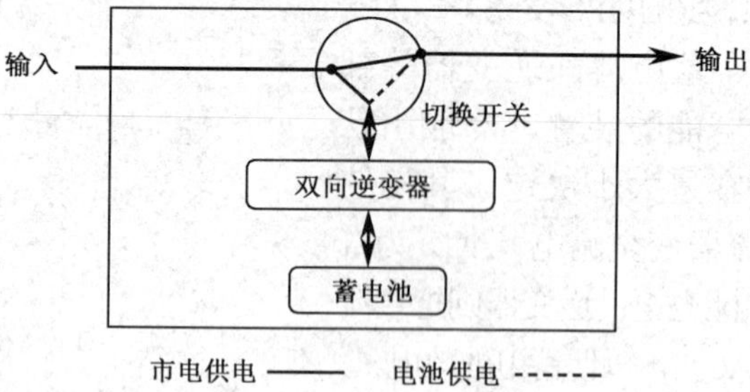

图2-46　在线互动式UPS的工作原理

在线互动式UPS结构简单，性能完善，兼具后备式UPS和在线式UPS的优点，但其稳频特性并不是很理想，不适合做长延时的UPS。

在线互动式UPS最突出的亮点在于具有较强的软件管理功能。利用计算机网络，可以实施远程控制和智能化管理；利用数据线（如RS-232）与计算机之间进行连接，通过监控软件，用户可直接从计算机屏幕上监控电源及UPS状况，并可提高计算机系统的可靠性。

2.3.2　UPS电源管理

Windows XP提供了UPS电源管理功能。用UPS电源提供的信号线（如标准RS-232通信线）一端接在UPS的端口，另一端接在计算机的端口（如COM1）。

（1）进入“控制面板”，打开“电源选项属性”对话框，切换至“UPS”选项卡，则打开UPS管理界面，如图2-47所示。

（2）单击“选择”按钮，打开如图2-48所示的“UPS选择”对话框，从中选择正确的UPS制造商、设备型号及实际接线端口，这是UPS能够正常工作的基础。

图2-47　电源选项属性-UPS

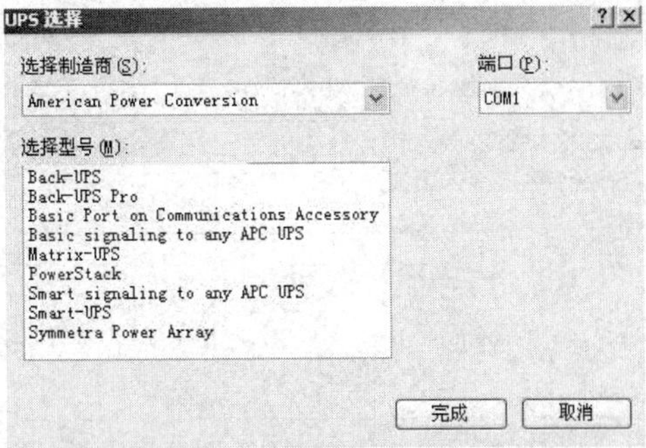

图2-48　“UPS选择”对话框

（3）单击“完成”按钮关闭该对话框，回到“UPS”界面，单击“配置”按钮，打开如图2-49所示的“UPS配置”对话框。

（4）用户可根据实际需要进行准确配置，单击“确定”按钮关闭配置界面。在计算机供电正常的情况下，“UPS”选项卡将显示如图2-50所示的信息。

（5）若真正实现计算机与UPS设备的交互工作，还需要在计算机中启动“Uninterruptable Power Supply”服务，如图2-51所示。启动该服务，同时建议将其启动类型设为“自动”。

上述配置完成后，当市电供电异常时，Windows XP系统将视UPS配置情况作出相应的响应。根据UPS的上述配置（参见图2-49），市电中断5s后将弹出如图2-52所示的“信使服务”对话框，且每隔120s反复进行类似的提示。当剩余电量仅能维持2min时，UPS将自动控制关闭计算机系统，成功后再自动关闭其自身。

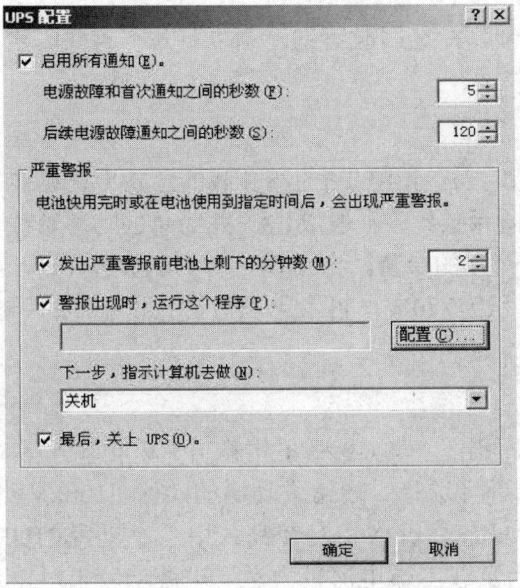

图2-49　“UPS配置”对话框

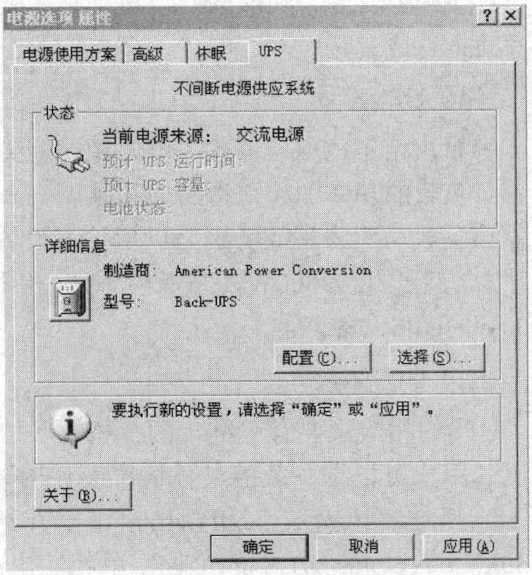

图2-50　UPS交流供电状态

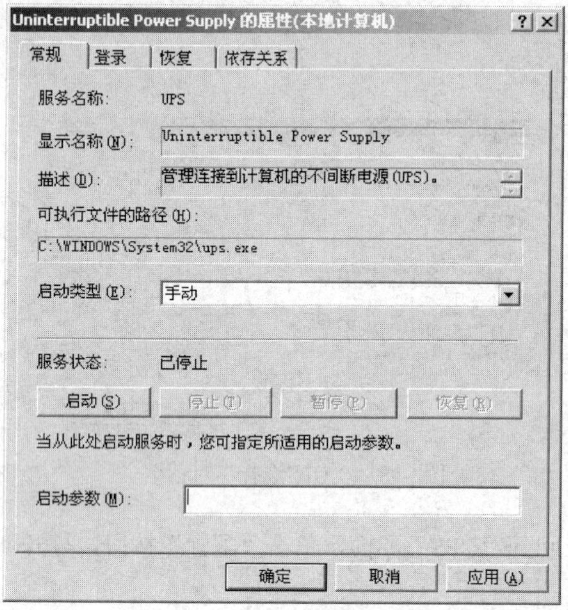

图2-51　UPS服务管理

图2-52　“信使服务”对话框

2.3.3　UPS购置与维护

UPS是能够提供持续、稳定、不间断的电源供应的重要外部设备。办公用UPS是一种集数字和模拟电路、自动控制逆变器与免维护储能装置于一体的电力电子设备，在选用和使用过程中应注意一些问题。

1．购置策略

UPS种类较多、功能各异，特别是品牌繁杂，在选用时特别注意以下几个重要因素，以免走入误区。

（1）UPS容量

容量决定了UPS为负载提供电源的能力，该指标应由UPS的所负载的总功率来确定。把各个负载的功率加起来得到的和乘以一个保险系数k（k一般取1.3）作为总的功率负载，再以该负载功率为基数考虑为以后扩充设备留一定的余量，即可确定所需UPS的容量，如负载总功率之和为600W，与保险系数k相乘之积为780W，再考虑以后扩充设备，可购置1000W的UPS设备。

（2）UPS相数

UPS的相数主要有三种，即三相输入/三相输出、三相输入/单相输出、单相输入/单相输出。用户可根据负载的具体情况及使用要求进行选择。通常大功率的UPS（100kV·A以上）都是三相输入/三相输出，由于其结构复杂，价格相对较高；中、小功率的UPS（30kV·A以下）均为单相输入/单相输出；当负载工作电流较大且要求波动较小时，选择三相输入/单相输出的UPS，可使系统工作状态更加稳定。

（3）UPS类型

后备式UPS的电压稳定，价格较低，对一般计算机而言，选择后备式UPS即可；虽然这种UPS电源切换时间较长，对计算机有瞬间的电流冲击，但一般计算机的电源均能承受。一些重要行业和部门最好选择在线式UPS，以保证系统的绝对安全。当计算机与UPS电源有交互需求时，可选用在线交互式UPS。

（4）UPS保护时间

UPS保护时间即UPS能够持续供电的时间，用户应根据所在地的供电情况来综合考虑选用。如果平时供电正常，只是偶尔有瞬时停电的情况，可选用普通的后备式UPS；如果停电的时间较长，所选UPS的最短持续供电时间应足以保证用户能够做好停机前的所有工作。

（5）UPS品牌

UPS产品市场发展很快，各种品牌的UPS充斥市场，产品质量参差不齐，用户在选择时，一定要货比三家，三思而后行。

2．日常维护

新的UPS投入使用之前，应根据产品说明书的要求，对其后备蓄电池进行均衡充电，以延长其使用寿命，首次充电时间一般为12～48h。

使用UPS时，应按照产品说明书中的有关规定操作，保证所接的火线、零线、地线符合要求，用户不得随意改变其顺序。

严格按照正确的开、关机顺序操作，避免负载突然加载或突然减载，造成电压输出波动大，电源无法正常工作。正确的开机顺序是：先为UPS供电，稳定后打开UPS，最后按负载冲击由大到小的顺序依次打开各负载；正确的关机顺序为：先按负载冲击从小大到的顺序关闭各负载，然后关闭UPS。切记UPS不可负载开机。

UPS的最大启动负载应控制在80%之内，如果超载使用，时常会击穿逆变电路；UPS的输出负载控制在50%～80%为最佳，可靠性最高。

UPS适合带电容性负载，而不适合带电感性负载（如点钞机、日光灯、空调等），因为后者的瞬间启动电流为正常工作电流的2～3倍，容易造成UPS瞬间负载过大而引起工作异常。

不要频繁地关闭和开启UPS，一般在关闭UPS后，至少等待8s才能再开启UPS。

对于长期闲置不用的UPS，应每月充电1次，充电时间应保证在10～20h；对长期只充电而不放电的UPS，应每隔2～3个月人为地中断电源，让UPS适度放电3～5min，以达到激活电池的目的。

UPS的放电深度对电池使用寿命的影响也是非常大的，电池放电深度越深，其循环使用次数就越少，因此在使用时应避免电池的深度放电。

定期清除UPS机内的积尘，测量蓄电池组的电压。要及时更换不合格电池，检查风扇运转情况，以及检测调节UPS的系统参数等。

第3章

移动存储设备

3

本章要点

现代计算机可以支持多种移动存储设备。使用移动存储设备，可以方便用户携带和交换数据。本章将重点介绍U盘、移动硬盘等移动存储设备的使用和维护；另外介绍光盘使用、刻录和维护，手持数码终端移动存储功能的利用，以及存储卡和读卡器的基本知识及用法等。

3.1 移动存储概述

存储是计算机的一个重要功能，人们日常工作、学习和生活中产生的各类文档、报表、图片、幻灯片等内容都可存储在计算机中。随着计算机的普及和人们交流的频繁，在计算机之间转移数据已经变得越来越普遍。

以前人们转移数据经常使用软盘，如图3-1所示；软盘被封装在硬塑料壳中，依靠涂在塑料盘片上的磁性物质存储数据，采用贴近盘片的磁头读/写数据。软盘速度慢、容量小、易损坏，不能很好地满足人们移动存储的需要。除特殊应用场合外，一般的计算机都不再配备读/写软盘的软盘驱动器，软盘基本上已经退出了历史舞台。

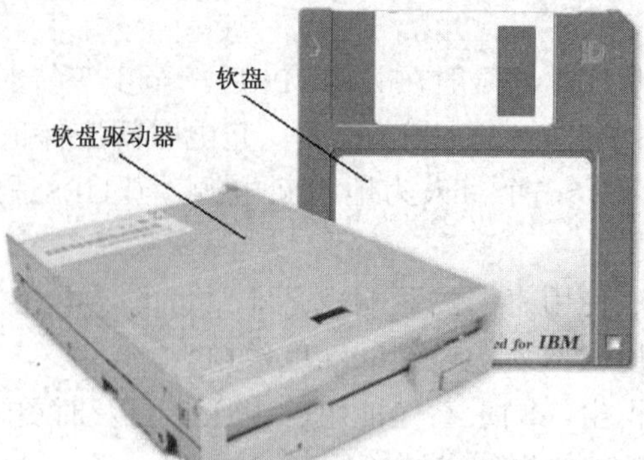

图3-1　软盘和软盘驱动器

随着计算机网络的发展和普及，计算机网络逐渐成为人们实现数据转移和交换的重要工具，人们可以方便地发邮件，上传、下载各类文档、图片等。但在实际应用中，计算机网络的使用仍受到各种现实条件的限制。

人们需要方便、快捷的移动存储方案，U盘、移动硬盘、光盘等都是常用的可移动存储设备；另外MP3、MP4和手机等手持设备也兼具移动存储功能；随着数码产品的普及，各类存储卡产品也逐渐闯入人们的视野。

3.2 U盘

U盘是最常用的移动存储设备之一，如图3-2所示。U盘体积小、质量轻、容量大、速度快、性能稳定、价格低廉、携带方便。平时可以把它挂在脖颈上、放在裤兜里、夹进钱包中。

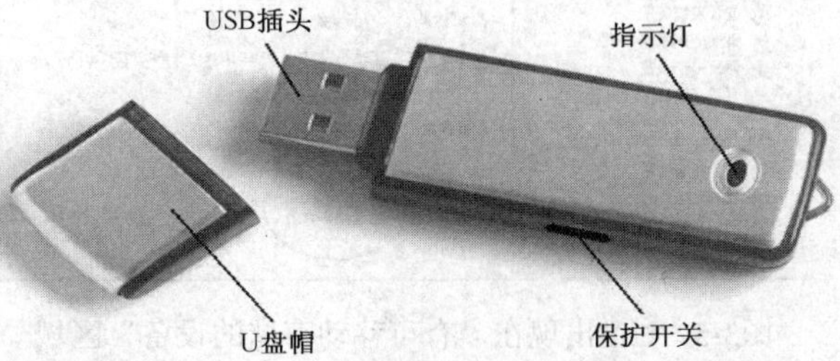

图3-2 U盘

过去，U盘的容量相对较小，一般有32MB、64MB、128MB、256MB等，而现在容量一般都到了1GB、2GB、4GB、8GB、16GB等。随着技术的成熟，U盘的存储容量还会继续增大，性价比还会不断提高。

3.2.1 安装和使用U盘

U盘采用USB接口，其安装和使用过程非常方便。

将U盘插入计算机的USB接口，首次使用时，系统会提示发现新硬件，如图3-3所示。

图3-3 发现新硬件

在Windows 2000、Windows XP和Window 2003等操作系统下，计算机会自动利用其自身内置的功能完成安装工作。当出现如图3-4所示界面时，U盘的安装过程即告结束，这时就可以正常使用了。

图3-4　新硬件安装完毕

如果用户使用的是比较老的操作系统（如Windows 95/98等），或因其他原因U盘安装不成功，可请专业人员帮助解决。

U盘的使用非常简单。在正常情况下，只需要将U盘插入到计算机的USB接口，稍等片刻就能成功连接到计算机。此时打开“我的电脑”窗口，会看到U盘出现在“有可移动存储的设备”区域，如图3-5所示。

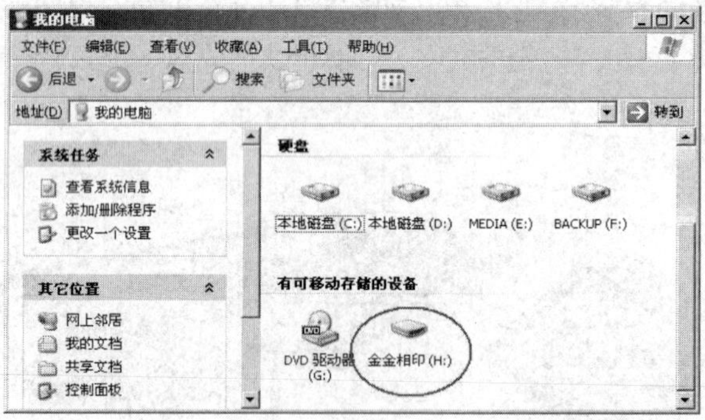

图3-5　U盘出现在“有可移动存储的设备”区域

U盘成功接入计算机后，就成了计算机的一个存储器，与普通存储器一样使用，可从中读取和删除数据，也可修改和存入数据。当U盘被读/写时，其数据指示灯会不停地闪烁，闪烁得快表示数据流大，反之则数据流小。

U盘使用完毕，应将其从计算机系统中移除。虽然USB接口支持热拔插（即在带电的情况下可以进行拔插），但为确保U盘中数据和计算机安全，在U盘读/写过程中，禁止直接从计算机中拔出U盘，推荐采用“安全删除硬件”的方法进行移除。

（1）首先观察U盘数据指示灯已经停止闪烁，然后在Windows任务栏指示区的“安全删除硬件”图标上单击鼠标右键，结果如图3-6所示。

图3-6　在“安全删除硬件”图标上单击鼠标右键

（2）从弹出的菜单中选择“安全删除硬件”命令，将打开如图3-7所示的对话框。

（3）选中将要被移除的硬件设备，单击“停止”按钮，打开如图3-8所示的对话框。

（4）单击“确定”按钮，直到U盘数据指示灯熄灭，系统出现如图3-9所示的“安全地移除硬件”提示后，就可以安全地把U盘从计算机中拔出。

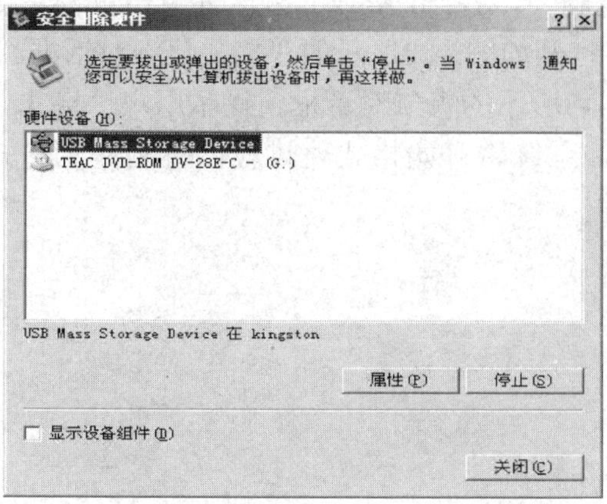

图3-7　“安全删除硬件”对话框

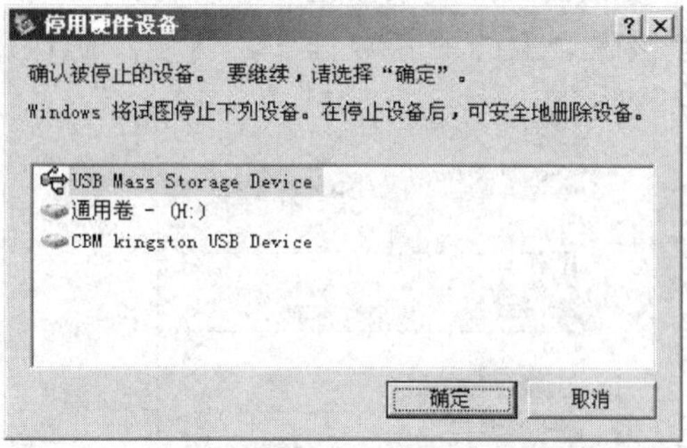

图3-8　“停用硬件设备”对话框

在移除U盘的过程中，有时会弹出如图3-10所示的停用设备失败警告对话框。出现这种情况时应注意检查U盘中的文件是否正被打开或被使用，关闭或停用U盘中的文件后重试即可以成功移除U盘。当然U盘感染病毒或产生故障，也会出现类似的提示，应请专业人员帮助解决。

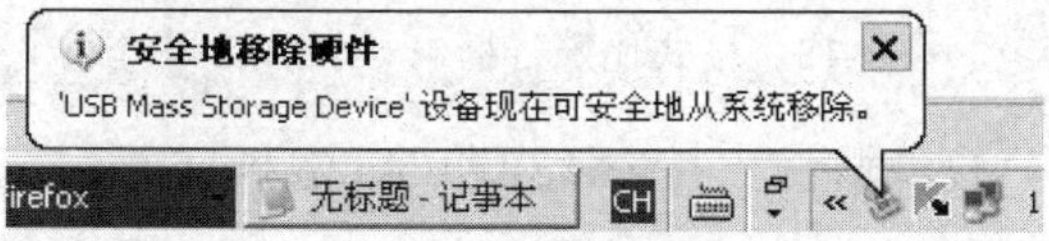

图3-9　安全地移除硬件

图3-10　无法停止设备

除采用上述移除步骤外，用户还可以采用更快捷的方式将U盘与计算机系统断开连接。单击Windows任务栏指示区中的“安全删除硬件”图标，弹出如图3-11所示的菜单，找到对应的菜单命令，就可以方便地将其与计算机系统断开。

图3-11　安全删除设备菜单

3.2.2　U盘的管理和维护

1. 日常管理

U盘的管理主要包括分区、格式化、加密等。

（1）除非U盘容量比较大（如16GB、32GB等），一般不必分区；但在使用过程中，有些U盘需要划分成不同的功能区，如启动区、加密区等，这就需要通过分区来实现。能够进行U盘分区的工具软件比较多，但不能保证分区后都能正常使用，除非利用针对U盘型号定制的分区软件。

（2）新建的分区若需要完全清除其中的内容，应对其进行格式化操作。格式化操作会完全删除分区中的数据，实施操作前一定要谨慎。

① 将U盘连接到计算机中，打开“我的电脑”，找到U盘或其分区并单击鼠标右键，从弹出的快捷菜单中选择“格式化”命令，将打开如图3-12所示的“格式化”对话框。

② 单击“开始”按钮，系统将弹出如图3-13所示的警告对话框，提示用户“格式化将删除该磁盘上的所有数据”。待用户确认后，系统将开始格式化过程，直到提示格式化成功。

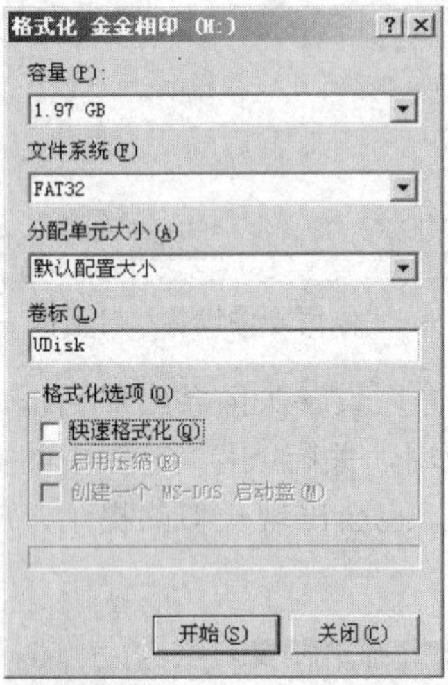

图3-12 “格式化”对话框

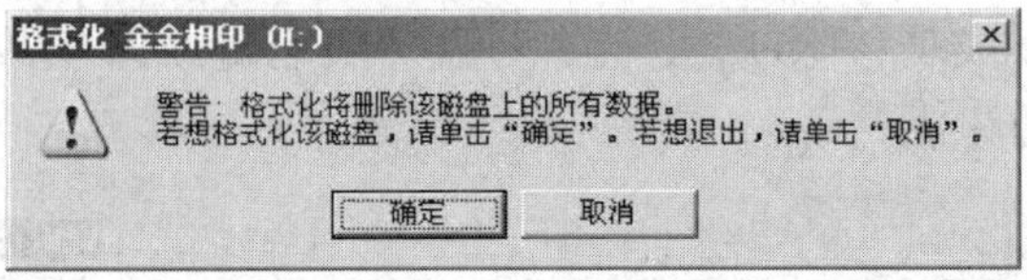

图3-13 格式化警告框

在Windows XP系统下，如图3-12所示中，U盘默认支持FAT32和FAT两种文件系统。经过必要的设置，U盘还可支持NTFS新型文件系统。

① 在U盘分区盘符上单击鼠标右键，在弹出的快捷菜单中，选择“属性”命令，打开属性对话框，切换至“硬件”选项卡，选中代表U盘的驱动器，如图3-14所示。

② 单击“属性”按钮，将打开U盘驱动器属性对话框，切换至“策略”选项卡，选中“为提高性能而优化”单选按钮，如图3-15所示。

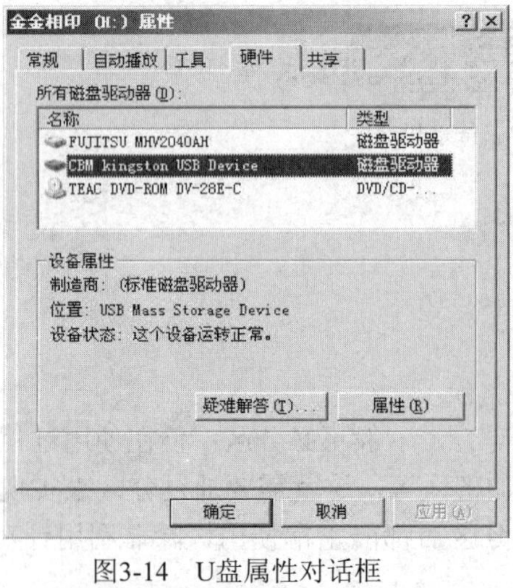

图3-14 U盘属性对话框

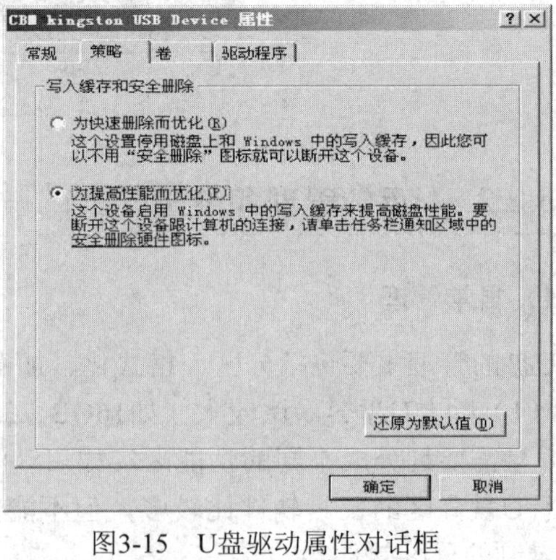

图3-15 U盘驱动属性对话框

③ 确定U盘驱动属性设置后，重新打开U盘格式化界面，“文件系统”下拉列表中就会出现NTFS新的选项，意味着U盘可以被格式化成NTFS文件系统。

（3）NTFS是微软推出的新技术文件系统，它支持文件压缩、文件加密等功能。若U盘分区已被格式化为NTFS文件系统，则在其NTFS分区中右键单击某文件夹，选择“属性”命令，将弹出如图3-16所示的属性对话框。

单击“高级”按钮，打开如图3-17所示的对话框，从中选中“加密内容以便保护数据”复选框则实现数据加密功能，选中“压缩内容以便节省磁盘空间”复选框则实现数据压缩功能。

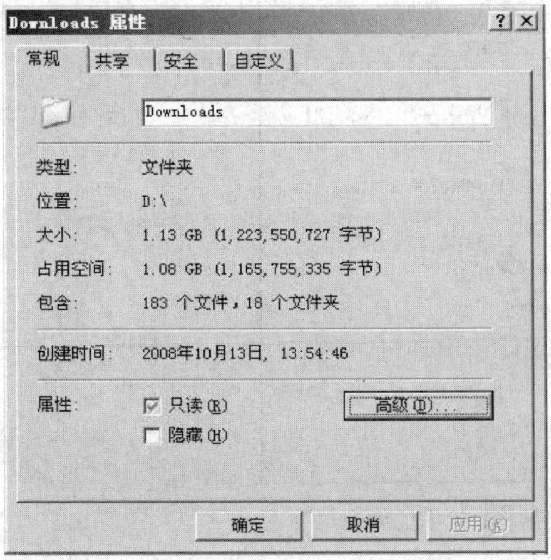

图3-16　NTFS文件夹属性

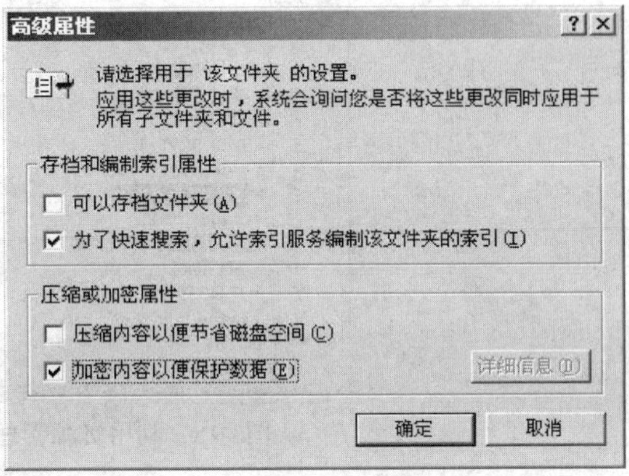

图3-17　NTFS文件夹高级属性

2. 日常维护

U盘是人们转移和保存电子数据资料的随身小工具，采用正确的使用方法，对延长其寿命、保护其数据安全和减少病毒侵害都具有实际意义。

大多数U盘一般都有写保护开关，在确定需要向U盘中存入数据或更改U盘中数据时才打开写保护开关。这样不仅可以有效保护U盘中的数据安全，而且还可以有效防止U盘感染病毒。注意，写保护状态只能在插入计算机前变更，否则容易损坏U盘和计算机接口电路。

U盘的存储介质闪存都有读/写次数限制，对闪存的读/写达到特定次数后，U盘的寿命即宣告结束。因此建议，不要在U盘上直接编辑文档，因为编辑过程中会不断地读/写U盘；U盘使用完毕应及时从计算机中移除和拔出，因为系统可能会不断检测U盘，会无谓地消耗读/写次数。严禁将处于连接或读/写状态中的U盘直接拔出。

U盘最致命的损害一般来自外力破坏，如使用蛮力插拔U盘、插在机箱上的U盘受到意外触碰等。U盘受外力影响时，轻则外形不好看，重则碰弯甚至折断插嘴，致使盘中数据无法正常读取，U盘的寿命或许因此而终止。

U盘与硬盘的存储原理不同，不要对它进行碎片整理，因为这样并不能得到期望的提高性能的效果，并且大量的读/写操作还会缩短U盘的使用寿命。

遇U盘读/写异常情况时，建议拔插后重试，或重启计算机后重试；有条件时可换到其他计算机中测试或请专业人员帮助解决。不建议经常对U盘进行格式化操作，因为一方面容易意外丢失数据，另一方面经常格式化会缩短其寿命。

U盘经常用在不同计算机间转移数据，这就为病毒的传播和扩散提供了途径。为防范病毒的传播，建议插入U盘时按住键盘上的【Shift】键，以禁止U盘自动播放；在使用外来U盘或使用不明应用经历的U盘前一定要严格杀毒；不提倡通过双击的方式打开U盘，建议利用资源管理器中左侧的树状结构展开U盘中的内容，操作界面如图3-18所示。从自己U盘向别人的机器上复制文件时，建议先把U盘设为保护（即只读）状态。

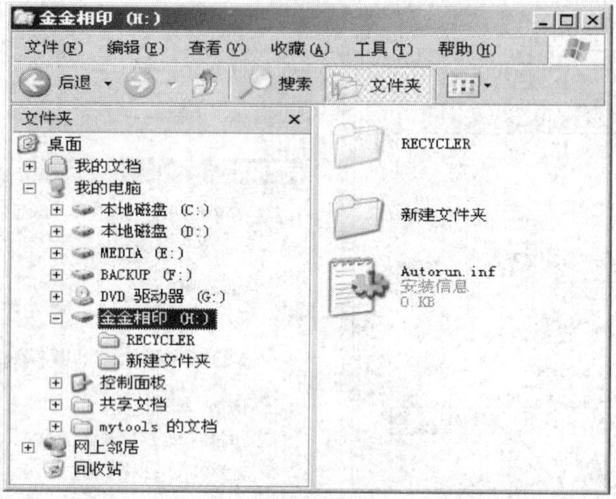

图3-18　利用资源管理器展开U盘中的内容

U盘既易传入病毒，也易泄露秘密。存储私密信息的U盘要妥善保存，且不要轻易借给别人使用。存储重要信息的计算机，不要轻易允许别人插用U盘，一方面可以阻止重要信息外泄，另一方面也可有效防范计算机感染病毒。

3.2.3　U盘的自免疫保护

U盘的使用越普遍，针对U盘的病毒就会越多，U盘感染病毒的机会也就越大。

在插入计算机时，U盘借助其根目录下的autorun.inf文件可以实现自动播放，而部分病毒就充分利用了这一特性；双击U盘盘符也会自动运行autorun.inf文件。

当把U盘插入感染病毒的计算机中时，病毒程序就会向U盘中复制病毒，并在U盘根目录中写入一个名为autorun.inf的文件，其中指定了U盘自动播放时要自动执行的病毒程序。当感染了病毒的U盘插入计算机中使用时，默认地会被自动播放并运行指定的病毒代码，这样病毒就轻易地传播到目的计算机中。

魔高一尺，道高一丈。自免疫U盘就是从禁止U盘自动运行autorun.inf入手的。假如病毒不能在U盘中任意地创建或修改autorun.inf文件，即使U盘中复制了病毒，只要不能自动运行，病毒也就不会自动传播。

利用同一文件夹下不能存在同名的文件和文件夹原理，可事先在U盘上创建一个名为autorun.inf的文件夹，并将其属性设为只读和隐藏，如图3-19所示。这样，病毒就不容易修改或创建autorun.inf文件了，U盘就具有了一定的免疫功能。

如果免疫盘中创建的是autorun.inf文件夹，且其中包含一个违反Windows命名规则的文件（夹），则Windows无法对其执行更改和删除操作，这将大大加强U盘的免疫能力。

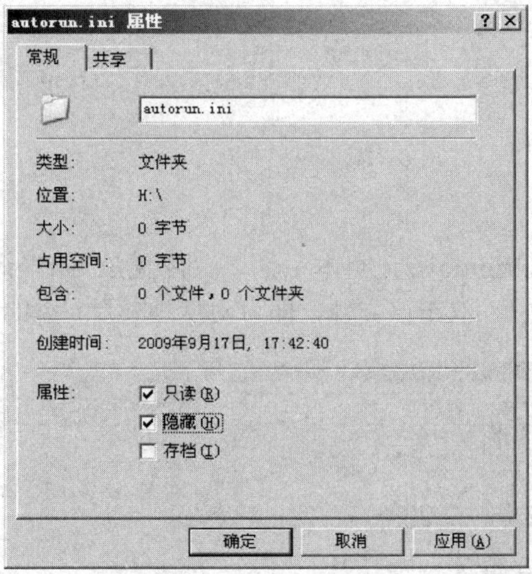

图3-19 设置只读和隐藏

实现U盘自免疫的代码如下：

```
@echo  off
set  path=autorun.inf
if  exist  %path%  goto  exist
md  %path%
%SystemRoot%\system32\attrib  %path%  +r  +a  +h  +s
md  %path%\udisk..\
echo  成功免疫
pause
exit
:exist
echo  %cd%下已存在%path%文件（夹），请删除后重试
pause
@echo  on
```

打开Windows记事本，在其中输入上述代码，并在需要保护的U盘（或分区中，下同）中将其保存为“加免疫.bat”文件，如图3-20所示。需要提醒的是，文件名中扩展名部分一定要是.bat，“保存类型”一定要设置为“所有文件”。

在资源管理器中展开U盘中的内容，找到“加免疫”文件，双击该文件，执行成功后，U盘就具备了免疫功能。

对应地，解除U盘免疫功能的代码如下：

```
@echo  off
set  path=autorun.inf
if  not  exist  %path%  goto  noexist
rd  %path%\udisk..\
%SystemRoot%\system32\attrib  %path%  -r  -a  -h  -s
rd  %path%
```

```
echo  成功解除免疫
pause
exit
:noexist
echo  本盘未曾免疫!
pause
@echo  on
```

同样地，把它输入到Windows记事本中，以“除免疫.bat”命名，并将其保存在需要解除免疫的U盘（分区）中。双击该文件，即可对应地解除U盘的免疫功能。

图3-20　保存为加免疫.bat文件

3.2.4　启动U盘的制作及应用

随着无光驱设计的笔记本、上网本日益普及，当系统出现故障时，计算机的启动和维护就成为困扰用户的最大问题。同样那些未配备光驱的台式计算机用户也会因此而备受煎熬。以前人们更多地依赖软盘、硬盘、光盘来启动计算机系统，如今人们开始关注用U盘来启动计算机系统。

1. USB启动

使用U盘启动计算机系统有两个必备条件，一方面计算机可以支持USB启动方式，另一方面要拥有一个USB接口的存储设备（如U盘）。

当今，大多数计算机都支持USB启动，主要有USB-CDROM、USB-HDD、USB-ZIP、USB-FDD这4种类型，分别代表USB光驱、USB硬盘、USB-ZIP盘和USB软盘，其中USB-FDD格式已经基本不用，USB-HDD逐渐成为主流方式。

正规厂家生产的U盘在销售时一般都附送光盘，其中包括专用的U盘管理工具，用户参照有关说明，可以轻易地把U盘制作成启动盘；U盘专用管理工具制作的启动盘100%是有效的，并且也支持USB-CDROM类型。另外USBoot、FlashBoot等通用工具可以把U盘设置成USB-HDD、USB-ZIP启动方式，但并不能确保对所有类型的U盘都有效。目前最常设的格式是USB-ZIP+（增强ZIP），因为它可以同时兼容HDD方式。

2．制作启动U盘

制作启动U盘主要需要两个方面的准备工作，即选用制作工具和选用操作系统。制作工具和可选的操作系统都有多种，在此以UltraISO工具和Windows PE系统为例介绍启动U盘的制作过程。

Windows PE是微型的Windows操作系统，它可以用来启动计算机，并对计算机进行基本管理。除在U盘上部署了Windows PE外，部分计算机爱好者制作的Windows PE工具箱还部署了更多的实用工具，帮助用户完成系统安装、备份和恢复等更多的管理任务。Windows PE工具箱有多种版本，各版本特点各有千秋，且都免费供用户使用。本例下载的是Windows PE老毛桃最终修改版V09.11光盘镜像文件（.iso）。

Ultral ISO 9.3是一款ISO文件管理工具，利用它可以把操作系统的启动镜像录制到U盘中。请读者自行到其官方网站（http://www.ultraliso.como）下载更新版软件。

启动Ultral ISO 9.3软件，选择“文件”→“打开”命令，定位并打开下载的Windows PE的ISO文件，得到如图3-21所示的工作界面。

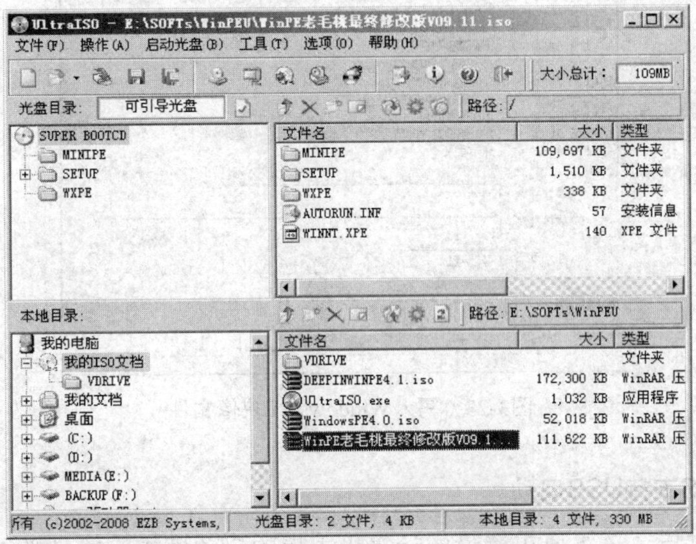

图3-21　打开Windows PE的ISO文件

然后选择“启动光盘”→“写入硬盘映像”命令，将打开如图3-22所示的“写入硬盘映像”界面，要求用户正确选用目标硬盘驱动器，并选用适当的写入方式。在计算机支持的情况下，建议优先选择HDD+、HDD、ZIP+和ZIP。当然，为提高启动U盘的适应性，用户也可以选择ZIP+格式。

单击“写入”按钮，UltraISO弹出提示框提示目标盘中的数据将会全部丢失。确认继续后，程序开始向U盘中写入映像文件，刻录进程如图3-23所示。在写入映像文件之前，可以提前对U盘进行格式化，设置刻录校验；在刻录过程中，可以随时终止写入过程。

写入过程结束，U盘就成了启动盘，具备了启动计算机系统的功能。

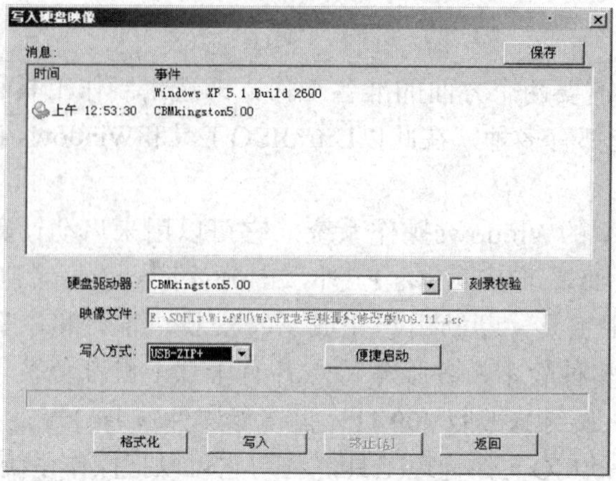

图3-22 设置写入参数

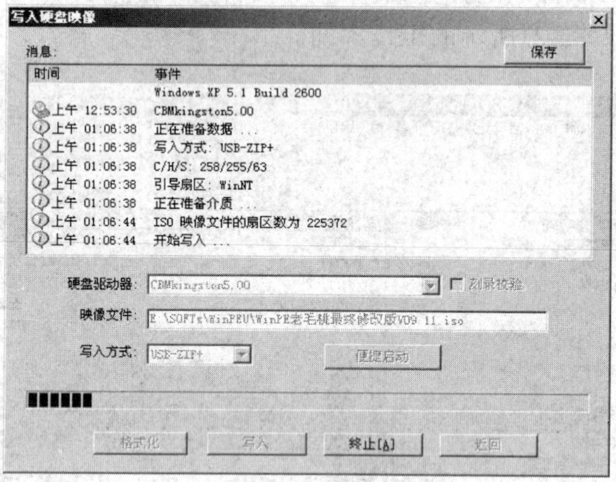

图3-23 写入Windows PE映像文件

3．设置BIOS支持USB启动

系统U盘做好后，还需要正确设定计算机主板的启动模式，并且必须与U盘的启动模式对应才可以正常使用。较早的计算机大多不支持USB启动，但2003年以后的计算机大多都支持。

计算机默认以硬盘启动，若以USB设备启动，则需对其BIOS进行设置。在计算机启动时按下BIOS设置键即可进入BIOS管理主界面（参阅2.2.4节）。

目前国内市场主流的BIOS有AMI和Award两大系列。

（1）在AMI系统主板计算机的BIOS的主界面（见图2-42）中，利用水平方向键切换到“Boot”菜单，打开如图3-24所示的Boot设置界面。

（2）选中并执行“Boot Device Priority”命令打开设备启动顺序界面，如图3-25所示。选中“1st Boot Device”并按【Enter】键，弹出启动设备列表，选中“USB ZIP”后按【Enter】键即可设置USB设备作为启动首选设备。

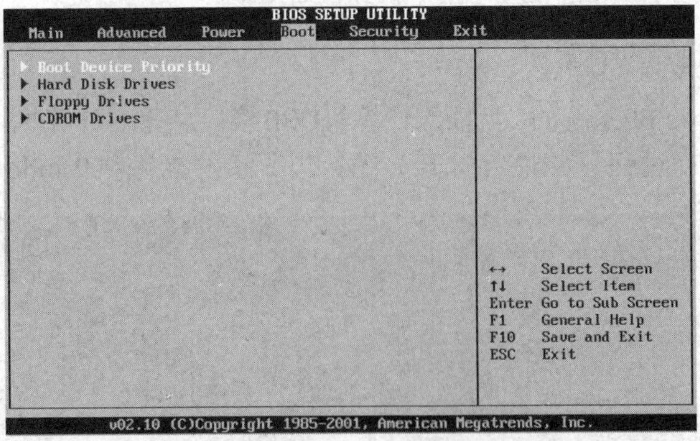

图3-24　Boot设置界面

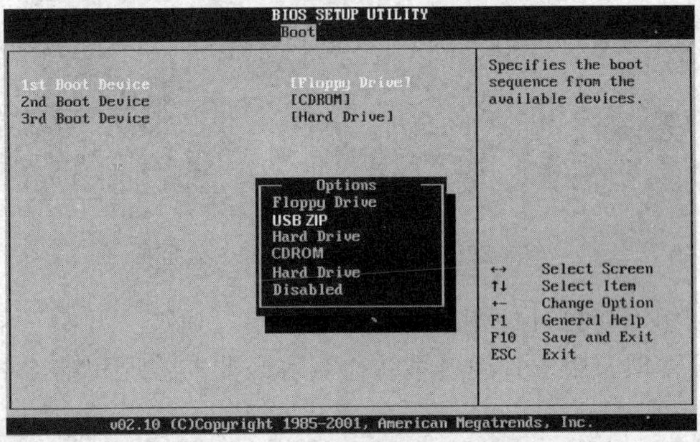

图3-25　设备启动顺序设置

（3）在BIOS设置过程中，按【Esc】键返回上层设置界面；按【F10】键可以保存设置并退出管理界面。BIOS的设置在计算机重新启动后生效。

（4）对Award系列主板，在其BIOS设置主界面中利用方向键选中“Advanced BIOS Features”命令，按下【Enter】键执行并进入其设置界面，如图3-26所示。

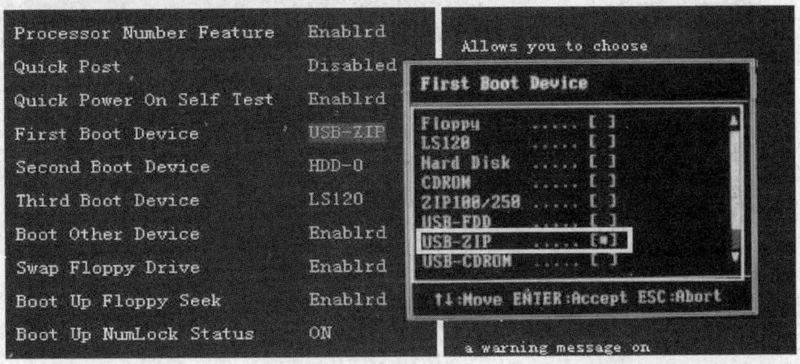

图3-26　设置首启动设备为USB-ZIP类型

（5）选择“First Boot Device”命令并按【Enter】键执行，弹出可用启动设备列表，选择“USB-ZIP”类型并按【Enter】键确认。

（6）按【Esc】键返回BIOS主界面，选择并执行“Save & Exit Setup”命令（或按

【F10】键）保存之前对BIOS的设置，重启计算机后生效。

4．利用系统U盘启动计算机

将已写入Windows PE系统的U盘插入计算机USB接口，重启计算机，如果顺利，可观察到Windows PE的启动过程，并最终打开如图3-27所示的老毛桃Windows PE桌面。

图3-27　老毛桃Windows PE桌面

单击“开始”按钮，将打开如图3-28所示的菜单，通过“开始”菜单，用户就可以对计算机系统进行磁盘管理、用户管理、系统检测等必要的管理和维护了。

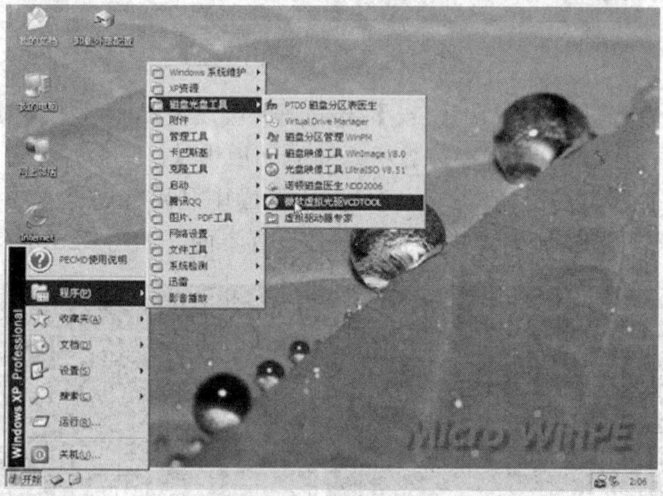

图3-28　写入Windows PE映像文件

在利用UltraISO工具制作系统U盘的制作过程中，换用不同系统的镜像文件，U盘就可以被做成相应的操作系统。例如，把Windows XP 光盘的映像文件“刻录”到U盘，U盘就成了Windows XP的系统安装盘。

U盘启动虽然方便，但在使用过程中却会受到诸多限制。有的计算机主板不支持USB启动，U盘芯片的类型存在差异，各类Windows PE工具箱作者的设计能力参差不齐，用户对系统U盘的认知和制作水平也有差距，这些都会影响U盘启动计算机系统的成功率。另外制作系统U盘，还可能会导致U盘损坏等严重后果。

3.3 移动硬盘

移动硬盘（见图3-29）是除U盘外的又一类移动存储设备，并且其容量更大，目前市场上移动硬盘的主流容量一般有80GB、120GB、160GB、320GB等，更大的TB（1TB=1024GB）级的移动硬盘也已经出现。移动硬盘的使用，使更多的数据交换成为可能，使更多的资料可以随盘存储并随身携带。

图3-29　移动硬盘

移动硬盘实际上就是把硬盘安装在一个可移动硬盘盒里，如图3-30所示，其中移动硬盘盒为装在其中的硬盘提供电源和数据接口。

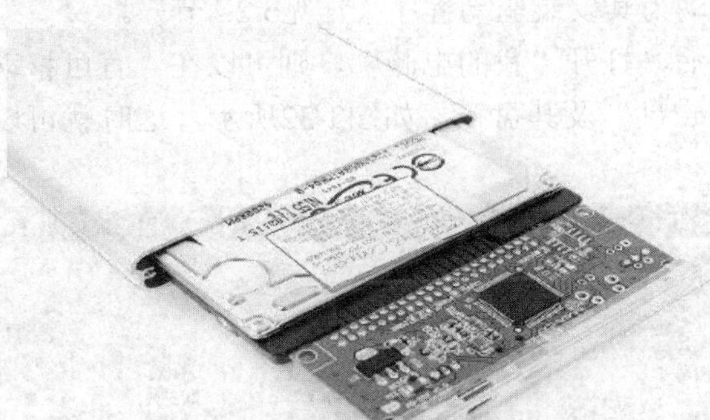

图3-30　移动硬盘结构

相对地，硬盘的尺寸越小，制造工艺要求就越高，硬盘的价格显然相对要高。移动硬盘也多以2.5英寸（1英寸≈2.54cm）标准硬盘为存储介质，只有很少的一部分采用1.8英寸的微型硬盘，毕竟价格相对较高。

台式计算机主要存储设备是安装在主机箱内的3.5英寸硬盘，然而主机箱内空间毕竟有限，不可能安装更多的硬盘，并且更换硬盘和转移数据等都很不方便。为计算机外接移动硬盘可以在一定程度上扩大计算机存储容量，但移动硬盘采用2.5或1.8英寸等更小尺寸的硬盘，扩容成本相对较高。为了克服此类问题，市场上出现了外置式硬盘抽取盒，如图3-31所示。该类产品采用USB接口，使用3.5英寸硬盘，容量高达数TB，对扩展存储容量、实现数据交换和携带海量数据提供了较好的方案。外置式硬盘抽取盒与普通移动硬盘盒相比，两者在原理、安装和使用等方面都具有类似之处，本书把这两类存储器通称为移动硬盘。

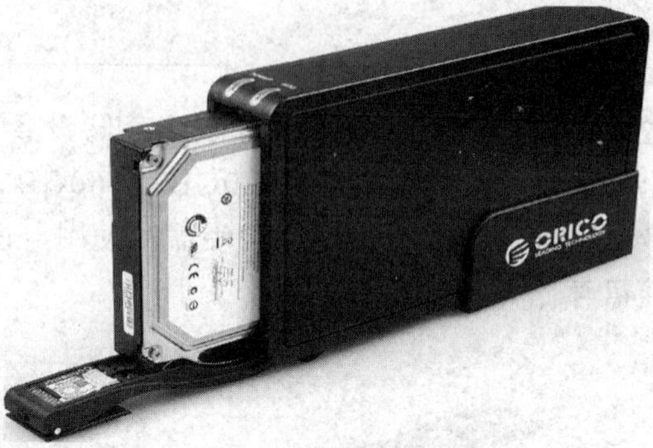

图3-31　外置式硬盘抽取盒

目前，市场上移动硬盘盒（含硬盘抽取盒）主要采用USB、IEEE 1394等接口方式与计算机等设备相连，其中USB接口的移动硬盘最为普遍，使用也最为便利，本书主要介绍USB接口移动硬盘的使用和管理。

3.3.1　安装和使用

移动硬盘是通过USB数据线与计算机交换数据的。先将USB数据线其中一端插入移动硬盘的USB接口，再将另一端插入计算机的USB接口，这时计算机就会自动识别移动硬盘，首次安装时还会自动为其安装驱动程序（详见3.2.1节）。

移动硬盘成功安装后，打开“我的电脑”，则可以在“有可移动存储的设备”区域观察到新增加的“可移动磁盘”及其盘符，如图3-32所示，这时就可以利用移动硬盘与计算机交换数据了。

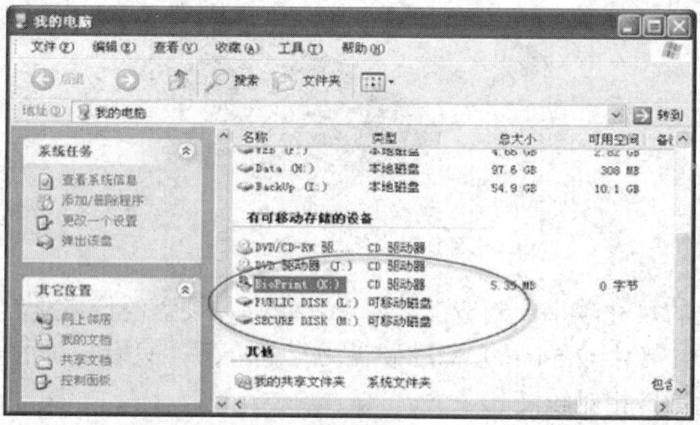

图3-32　移动硬盘盘符

移动硬盘采用USB接口与计算机相连，具有USB接口设备基本的特性，因此安装和使用移动硬盘应遵循USB接口设备的通用规范，如读/写数据过程中不得强行拔出，设备使用完毕应及时断开连接等，更多要求请参考U盘的日常维护（详见3.2.2节）。

与U盘的存储介质不同，移动硬盘采用普通硬盘作存储，硬盘是精密的机电一体化设备，振动、高温、潮湿是硬盘的致命杀手。因此，使用移动硬盘时要轻拿轻放，放置在稳固、常温、干燥、防水且通风良好的工作环境中。

移动硬盘采用USB数据线与计算机等设备相连，更易出现滑移或碰落现象，很容易受到振动或摔打，更应引起使用者的注意。

相对于U盘，移动硬盘用电量要大许多，依靠USB接线供电有时不能满足电源要求，引起移动硬盘故障；一般的移动硬盘都附带了单独的外接电源接口，必要时需要采用额外供电的方式解决USB供电不足的问题。

3.3.2　移动硬盘分区管理

当前新购买的移动硬盘大部分已被分区和格式化，因此买回后可以直接使用；对未被分区和格式化的移动硬盘，只有在完成分区和格式化后才能使用。

分区后的移动硬盘并不是总能满足用户需求。对几十兆比特甚至数百兆比特的大容量移动硬盘，用户常会根据个人需求把它划分成若干个独立存储区。

将移动硬盘正常地连入计算机，在“我的电脑”图标上单击鼠标右键，从弹出的快捷菜单中选择“管理”命令。在打开的“计算机管理”窗口的左部展开“存储”节点，单击“磁盘管理”工具，将出现如图3-33所示的界面。

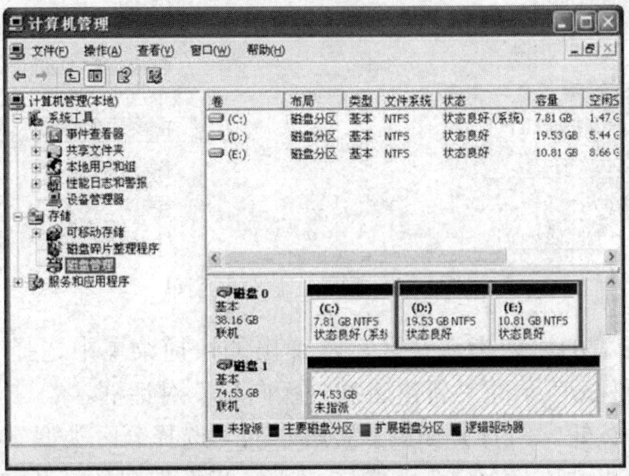

图3-33　磁盘管理（磁盘1未分区）

分区和格式化操作会完全清除硬盘或分区中的数据，因此操作前应该相当谨慎，特别要正确识别计算机硬盘和移动硬盘。区分硬盘时，可以通过各硬盘的大致容量来区分，也可对照图3-32所示的盘符来区分。

图3-33中的磁盘1显示为“未指派”，表示尚未对移动硬盘建立磁盘分区。图3-34中磁盘1所示显示由盘符对应的若干区域，则表示硬盘已被划分为多个磁盘分区。

由图3-34可以看出，磁盘分区被标记为不同的颜色，与分区的类型有关。在Windows中主要存在3类分区，分别是主分区、扩展分区和逻辑分区，操作系统只有安装在主分区才能启动计算机。除主分区之外的区域都属于扩展分区，但扩展分区不能直接使用，必须再划分为若干逻辑分区才能被使用。在Windows中，有且最多只能有一个扩展分区，主分区和扩展分区数量和不能超过4个。

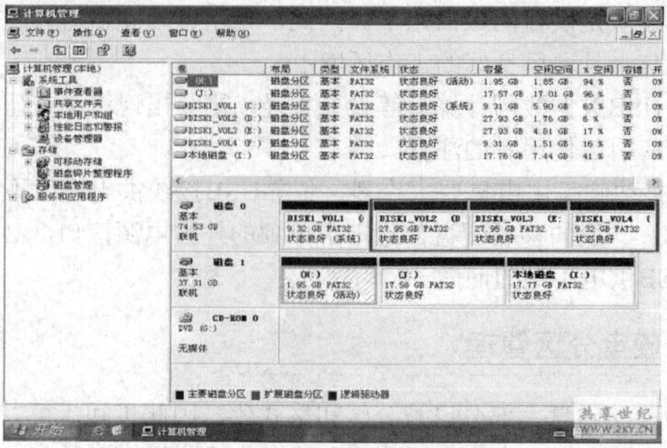

图3-34　磁盘管理（磁盘1已分区）

右键单击移动硬盘的主分区则会弹出如图3-35（a）所示的快捷菜单，执行“删除磁盘分区”命令则可删除主要磁盘分区。若右键单击移动硬盘的逻辑分区则会弹出如图3-35（b）所示的快捷菜单，选择“删除逻辑驱动器”命令则可把相应的逻辑磁盘分区删除。全部分区被删除后，移动硬盘则会恢复到如图3-32所示的状态。

（a）删除磁盘分区　　（b）删除逻辑驱动器

图3-35　删除磁盘分区菜单

右键单击移动硬盘的“未指派”区，从弹出的快捷菜单中选择“新建磁盘分区”命令，系统将打开如图3-36所示的“新建磁盘分区向导”对话框。

单击“下一步”按钮，将打开如图3-37所示的“选择分区类型”界面。对磁盘的第一个分区，系统默认为“主磁盘分区”。单击“下一步”按钮，打开如图3-38所示的“指定分区大小”界面，系统默认为剩余磁盘的大小，用户应根据自己的需要指定该分区的大小。

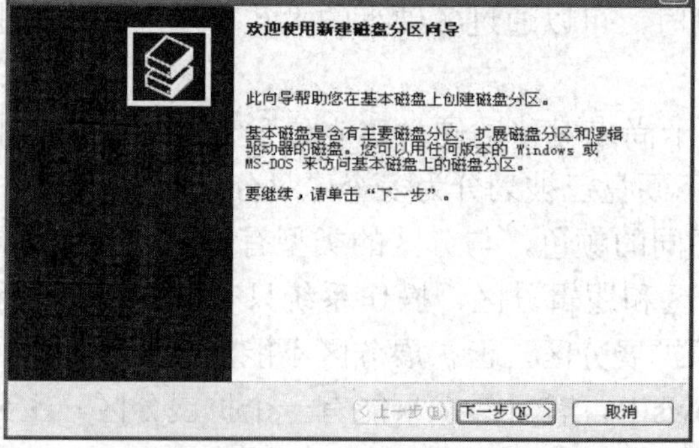

图3-36　“新建磁盘分区向导”对话框

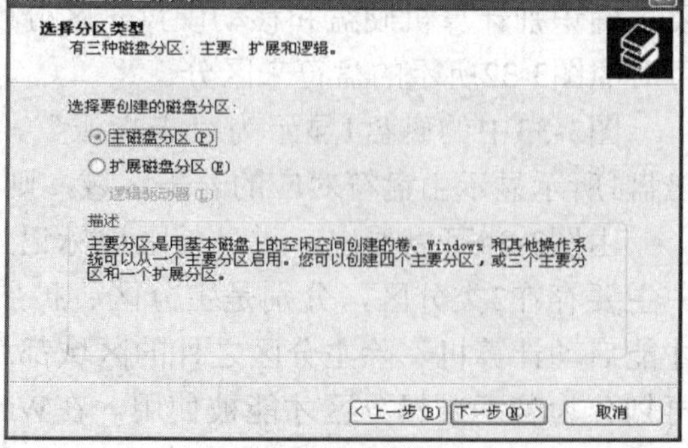

图3-37　“选择分区类型”界面

单击“下一步”按钮，打开如图3-39所示的“指派驱动器号和路径”界面，一般取默认的盘符即可。

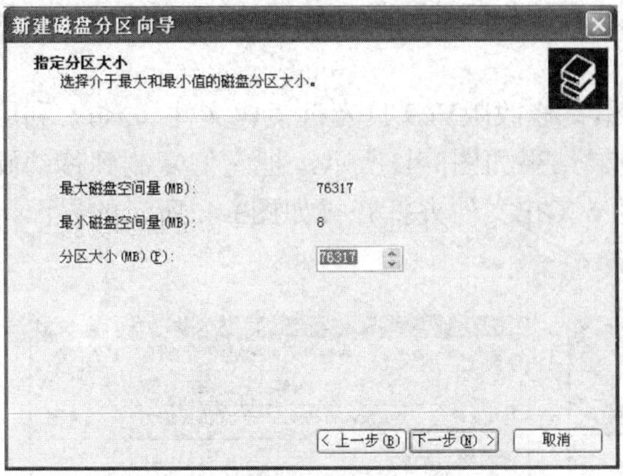

图3-38　“指定分区大小”界面

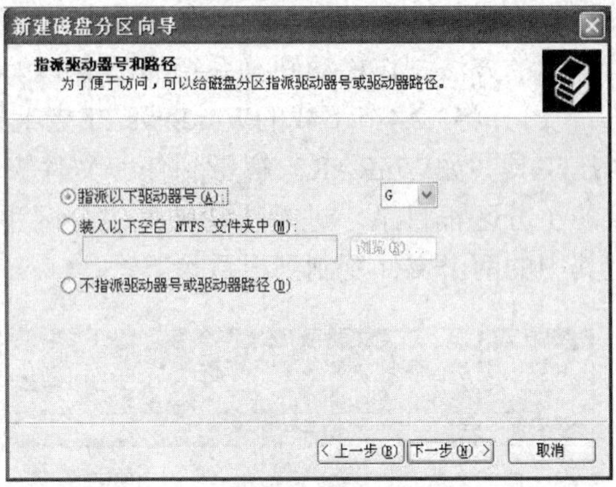

图3-39　“指派驱动器号和路径”界面

单击“下一步”按钮，出现如图3-40所示的“格式化分区”界面，格式化可能要消耗一定的时间，用户可根据实际情况决定是否需要格式化或指定格式化参数。

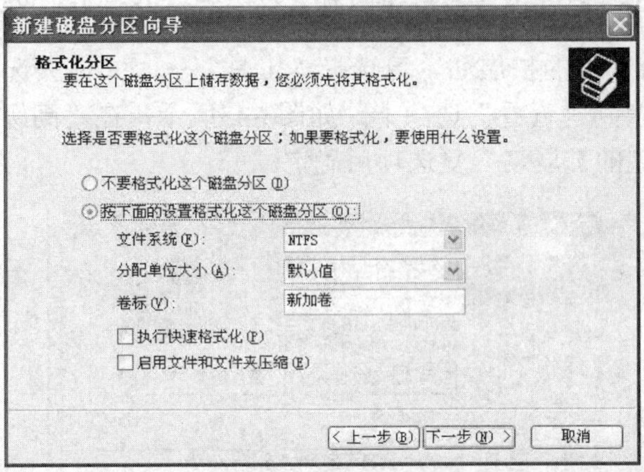

图3-40　格式化分区文件系统的选择

对移动硬盘进行格式化，一般可选FAT 32或NTFS两种文件系统。若考虑系统兼容性，建议选用FAT 32格式；若考虑系统安全和性能，建议选用NTFS格式，它是微软当前阶段重点推荐的文件系统格式。

单击“下一步”按钮，将出现“正在完成新建磁盘分区向导”界面，单击“完成”按钮随即结束新建分区的工作。

在Windows XP下，给新硬盘创建分区时都要遵循特定的顺序：即先建立主分区，再建扩展分区，然后在扩展分区中创建若干个逻辑分区。如果想利用移动硬盘的主分区启动计算机系统，还必须把其移动硬盘主分区予以激活，方法是在磁盘管理器中右键单击移动硬盘主分区，从弹出的快捷菜单中执行“激活分区”命令。

3.3.3　制作系统启动盘

移动硬盘可以和U盘一样，可被制作成计算机的系统启动盘。当然，前提是操作系统应被安装在主分区，且主分区已被激活。

在移动硬盘主分区（被激活）上制作系统启动盘的过程，可参考U盘制作系统启动盘的过程（详见3.2.4节）。本节仍采用与U盘启动系统相同的Windows PE操作系统，只是采用不同的方法制作移动硬盘系统启动盘。

（1）将3.2.4节下载的Windows PE老毛桃最终修改版V09.11光盘镜像文件（.iso）利用解压工具（如WinRAR）解压到任一文件夹中，结果如图3-41所示。把它们复制到移动硬盘的主分区根目录。进入移动硬盘主分区中的WXPE文件夹打开类如图3-42所示的界面，把其中的两个文件复制到根目录。

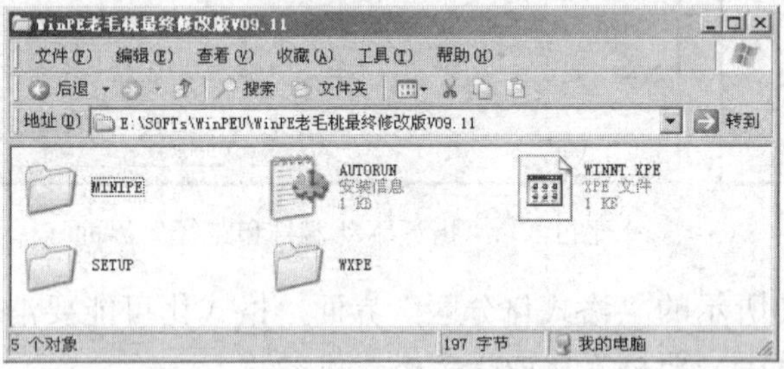

图3-41 Windows PE压缩包解压后的文件

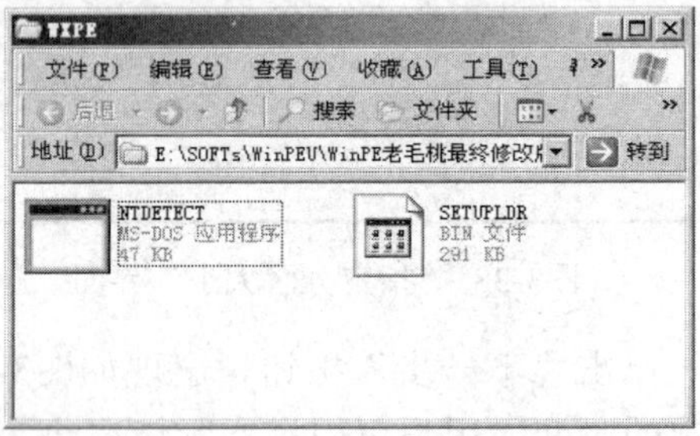

图3-42 WXPE目录中文件

（2）为显示所有文件的扩展名，可选择“工具”→“文件夹选项”命令打开“文件夹选项”对话框，切换到“查看”选项卡，如图3-43所示，在“高级设置”列表框中，取消“隐藏已知文件类型的扩展名”复选项后确定。

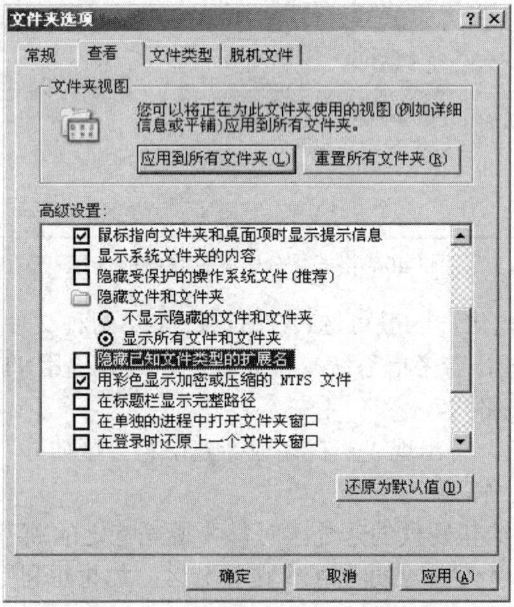

图3-43 允许显示已知文件类型的扩展名

（3）在移动硬盘根目录下，将SETUPLDR.BIN文件完全重命名为ntldr（无扩展名）。

（4）重启计算机进入BIOS设置，将计算机的首启动项设置为USB-HDD。保存重启计算机，将会得到与U盘启动一样的Windows PE桌面（见图3-27）。

制作移动硬盘系统启动盘还有很多方法，有兴趣的读者请自行查阅有关资料，在此不再详述。

3.4 光盘及刻录

3.4.1 光盘和光驱

光盘的普及比U盘和移动硬盘要早，它曾经是最主要的数据分发方式之一，如早期的软件、音乐和电影等大多都是通过光盘发行的，图3-44中所示是Windows XP中文版的发行盘。随着互联网的普及，这种发行方式不断萎缩，光盘则更多地退居到家庭和办公室应用，成为数据转移和备份的重要存储介质。

图3-44　Windows XP中文版的发行盘

实际上光盘只是一个统称，它包括CD、VCD、DVD及最新的蓝光光盘等各种数据记录格式，根据读/写方式又可分为只读光盘、可记录光盘等。

光盘采用激光记录信息并因此得名，激光束发射到光盘表面，会在其记录层表面灼烧出许多“小坑”，光盘就是用“有坑”和“无坑”分别来表现1和0两种数字状态的。光盘的信息点排列在以中心孔为中心的同心圆轨道上，轨道间距越近、信息点间距越小、最小信息点的长度越小，光盘的存储容量也就越大。图3-45中所示是CD和DVD表面信息点分布的情况。

从图3-46中明显看出，DVD的轨道间距（0.74μm）和最小信息点长度（0.4μm）都小于CD的轨道间距（1.6μm）和最小信息点的长度（0.83μm）。这就不难理解CD/VCD容量只有650MB而DVD容量高达4.7GB的原因了。

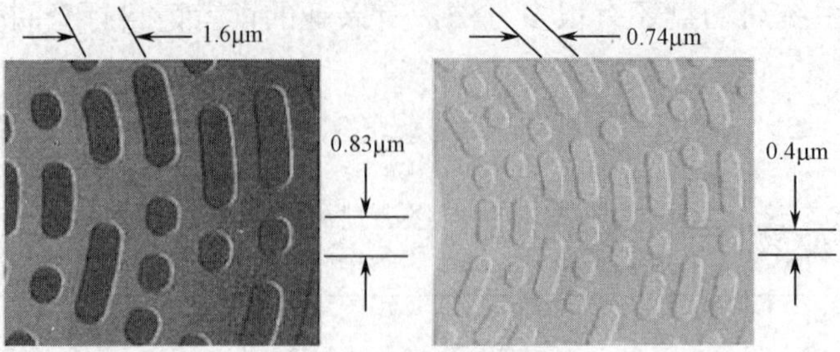

图3-45　CD（左）和DVD（右）表面信息点分布的情况

使用光盘需要使用专门的读取设备，在计算机中则使用光盘驱动器（简称光驱），其面板结构如图3-46所示，一般包括防尘门和光盘托盘、耳机插孔、音量旋钮、读盘指示灯、光盘播放键、弹出键，另外还有手动退盘孔等。

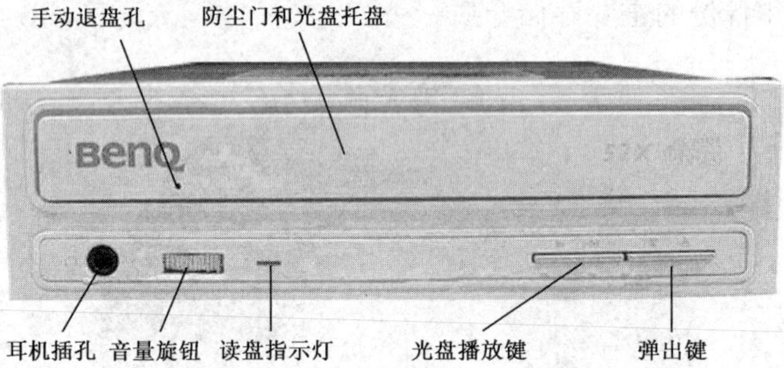

图3-46　光盘驱动器面板结构

世界上首台光驱的读取速度仅为150KB/s，随着技术的不断进步，光驱的读取速度也成倍地增长，光驱的读取速度习惯于用首台光驱基准速度的倍速来表示，如52倍速（记为52×）光驱的理论速率是7800KB/s（=150KB/s×52）。

3.4.2　使用与维护

1．光盘的使用

轻按光驱面板上的弹出键，弹出光盘托盘；用双指轻轻卡实光盘边缘，对准光驱的中心孔，将光盘放在托盘上的凹槽中，如图3-47所示。

图3-47　光盘放入托盘

对台式计算机的光驱，光盘放入后轻轻旋转，防止盘片被卡住。笔记本电脑光驱的托盘中心孔处设有三脚光盘锁（图3-48），以便将光盘牢固地锁定在托盘上；因此放入光盘后还要在中心孔位置轻轻下按（图3-49），直到光盘锁将光盘固定。注意，按下光盘时用力不宜过猛，否则容易折断托盘。

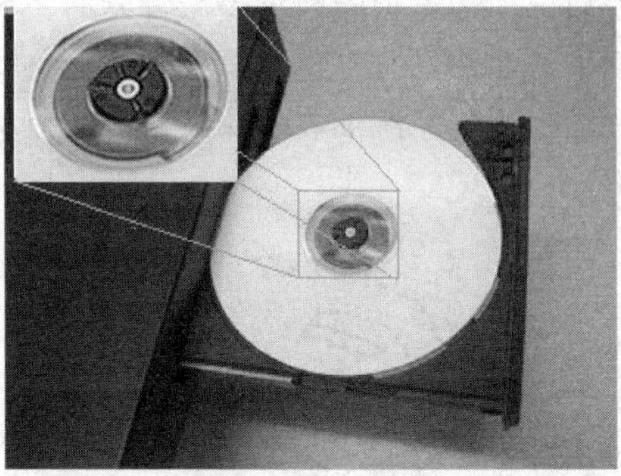

图3-48 光盘锁

图3-49 锁定光盘

再次轻按弹出键或轻轻推入防尘板，将托盘及光盘送入光驱内。防尘面板关闭后，光驱读取指示灯闪烁，并试读光盘，指示灯停止闪烁后，表示光盘安放成功，这时就可以读取其中的数据了。

光驱设备在“我的电脑”中对应如图3-50所示一个光驱盘符，除了不能写入数据外，与普通磁盘分区的操作基本类似。

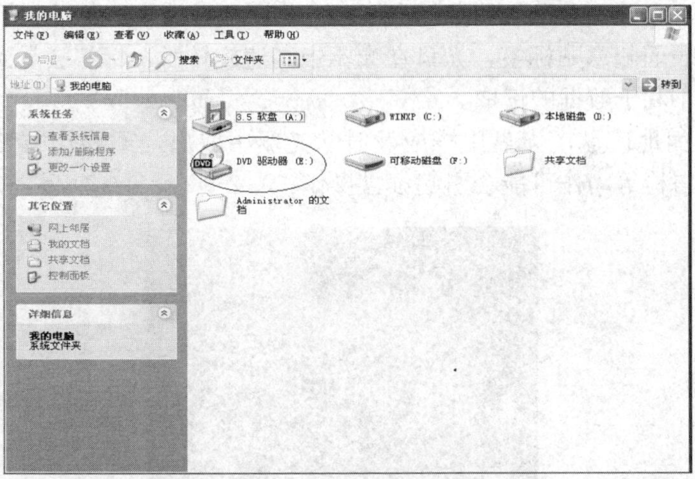

图3-50 光驱的盘符

2. 光盘的维护

光盘容量较大、价格低廉且保存的信息不易丢失，常被用于长期存储数据。但光盘易碎裂、易形变、易磨损，保存在光盘中的数据存在潜在的安全风险。

拿取光盘时应以手捏光盘的边缘和或中心孔为宜，如图3-51所示，不要用手触摸以免留下油污。不要用硬物触碰光盘，以免划伤光盘表面；光盘任意一面划伤都会影响光盘的使用，甚至结束光盘的寿命。

光盘盘基的主要成分类似塑料，受阳光直射、长期受挤压或靠近热源时会发生变形。变形的光盘在光驱内高速旋转时会与托盘发生碰撞，容易卡盘；轻则数据读取异常，重则可能导致盘片碎裂和光驱受损。光盘变形时，可将其放在纸袋内，把纸袋夹在玻璃板之间，在玻璃板上方施以重物，一两天后一般可恢复平整。

光盘也应注意防尘、防潮、防油污，光盘表面出现污点引起数据读取异常时，可用光盘擦、干净绒布、丝绸等擦拭。擦拭的时候要沿着光盘中心向边缘擦（见图3-52），擦拭的动作要轻，禁止旋转擦拭，以免划伤光盘。切忌用酒精、汽油、磁头清洁剂等有机溶剂进行擦拭清洗，以免破坏光盘的保护层。

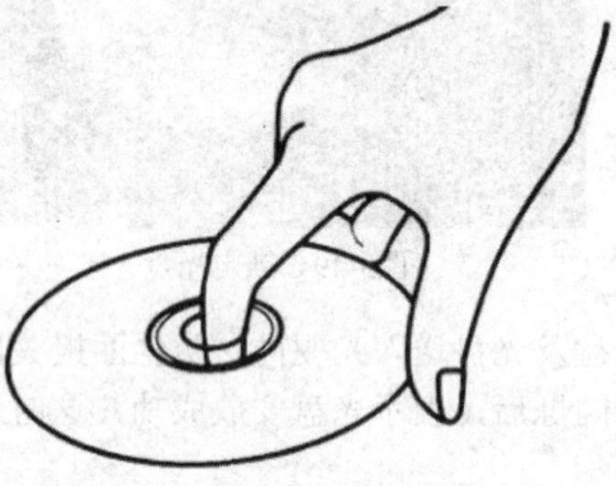

图3-51　正确的拿盘方法

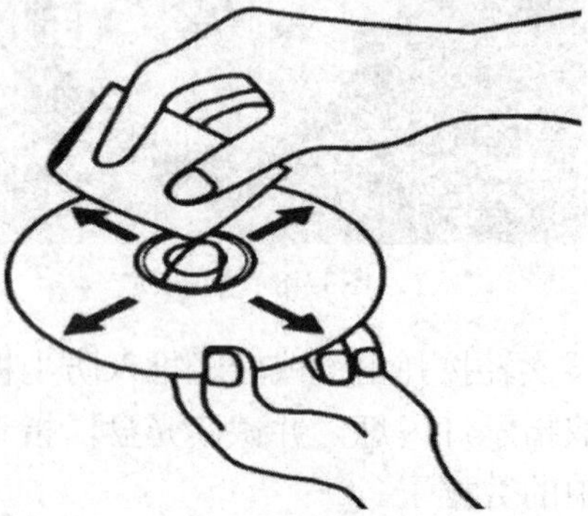

图3-52　正确的擦拭方法

暂时不用的光盘要存放在光盘盒（见图3-53）或CD包中，不要让光盘长时间裸露在空气中或阳光下，否则光盘盘基的塑料会逐渐老化，从而缩短光盘的使用寿命。

不要在光盘表面随意贴标签，光盘在光驱中高速旋转时，标签会导致光盘重心不稳，影响光盘平衡，不利于数据的读取。

要避免长时间地读盘，光盘用毕应及时从光驱中取出，不要让它长时间地在里面旋转，因为计算机自检等动作可能会引起读盘操作。

图3-53　存放到光盘盒

对于需长期保存的重要光盘，选择适宜的温度尤为重要。温度过高过低都会直接影响光盘的使用寿命，保存光盘的最佳温度以20℃左右为宜。

光驱是用来读取光盘的设备，它的性能优劣对光盘的读取也是至关重要的。应避免光驱受到撞击、振荡，否则容易伤及脆弱的激光头；要定期使用专门的清洗盘对光驱进行清洗；光驱不用时要把光盘取出，减少光盘与光驱的磨损；打开的防尘门应及时关闭，防止光驱内腔长时间“曝露”在空气里。

3.4.3　光盘刻录

除了从光盘中读取信息外，人们还经常需要将数据保存于光盘中，以便分发数据和长期保存数据，这就需要刻录光盘。

1．光盘刻录概述

光盘的刻录是指利用专门的光盘刻录机，在刻录软件的控制下，把需要刻录的数据复制到可记录的光盘中的过程。

刻录光盘与平时看到的光盘基本没有什么区别，但与平时使用的只读光盘不同，刻录光盘可以被写入数据。刻录光盘主要分为可记录型光盘CD-R和可擦写光盘CD-RW，为了进行标识和区别，刻录盘表面一般都印有CD-R或CD-RW字样，如图3-54所示。

CD-R采用一次写入技术，利用高功率的激光束把数据烧制到盘片上，完成后就不再具备写入功能，它就成了平时使用的只读光盘。CD-RW采用了更先进的相变技术，可以做到和硬盘等存储器一样，可以多次重复写入。随着U盘、移动硬盘等便携型存储器的普及和应用，CD-RW的可擦写优势不再突出，市场应用前景堪忧。

平时使用的光盘只能读取光盘信息，被称为CD-ROM。刻录光盘需要专门的光盘刻录机，图3-55所示是索尼AD-7240S刻录机。

图3-54　CD-R刻录光盘

图3-55　索尼AD-7240S刻录机

外表上看，刻录机与普通光驱基本类似。根据可处理的光盘类型，其面板下一般标有VCD、DVD等字样。与刻录盘类型对应，刻录机上一般都标有CD-R或CD-RW字样。刻录机的刻录速度同样采用倍速的方式标识，目前主流刻录机的刻录速度一般都达到24×以上，最高可达56×。无论何种刻录机，它们都可兼作普通光驱使用，都可以读取普通光盘中的数据。刻录机的读取速度一般都高于刻录速度。

刻录光盘还需要选用一款优秀的刻录软件，目前国内比较流行的是产自德国的Nero软件。这款软件功能强大、界面友好、刻录格式丰富，深受国内用户的喜爱，请读者根据需要到其官方网站（http://www.nero.com）下载。

2．Nero 6.0的安装和使用

下面以普遍使用的Nero 6.0版本为例介绍光盘的刻录过程。

Nero 6.0中文版的安装非常简单，只需双击其安装程序，利用软件安装向导就可以方便地完成，这里不再赘述。下面以刻录光盘映像文件为例介绍光盘的刻录过程。

（1）启动Nero 6.0中文件版，打开如图3-56所示的软件主界面。界面顶端中间的列表框用以选择刻录盘类型，默认选择为CD/DVD。其下一排的图标是程序的主功能钮，将光标浮于功能钮之上，程序界面中将同步显示其功能名和对应的各子功能项。如图中所示，将光标浮于左数第2个图标之上，主界面则显示出“数据”字样及3个与其关联的子功能项。

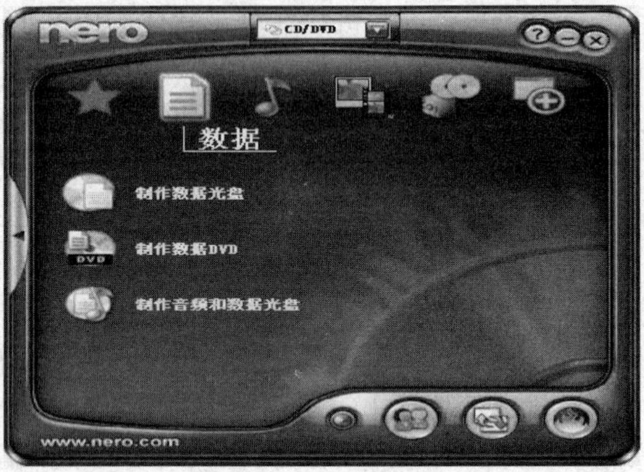

图3-56　Nero数据功能界面

（2）假如想把若干部电影保存在DVD光盘中，只需单击“数据”功能中的“制作数据DVD”子功能项，将打开如图3-57所示的“光盘内容”对话框。图中的中间空白区域为预刻区，其中将显示已选的数据列表；预刻区下面排有一排数字，是表示数据量的刻度，由图可知DVD数据盘的最大容量可达4500MB之多。由于是新建光盘，预刻区的列表中尚未有内容显示，目前的数据量也显示为0MB。

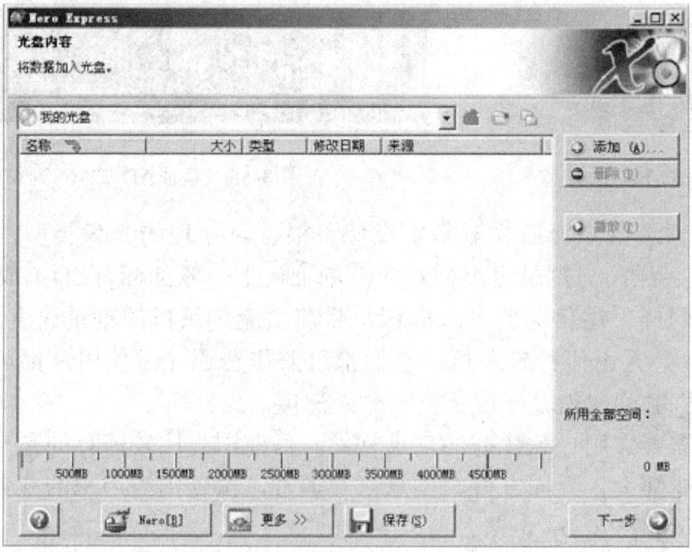

图3-57　“光盘内容”对话框

（3）单击右上角的“添加”按钮，打开“选择文件及文件夹”对话框，如图3-58所示。

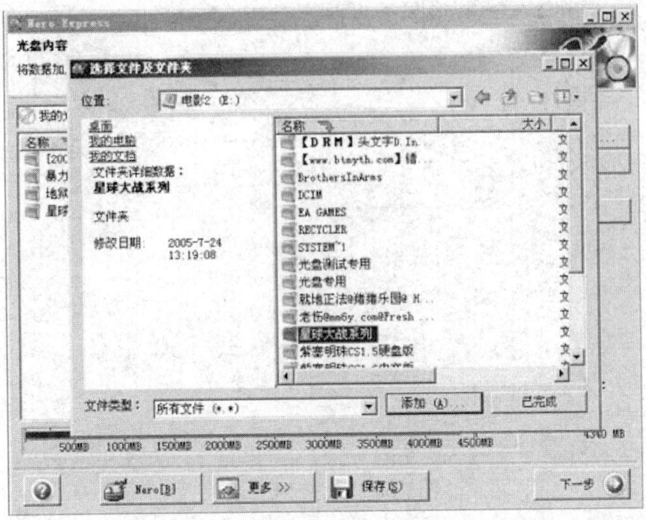

图3-58　“选择文件及文件夹”对话框

（4）用户选取硬盘中的文件夹或文件，单击“添加”按钮将其添加到预刻区中，直到刻录的内容全部添加完毕或光盘没有多余空间为止。预刻区添加结果如图3-59所示。

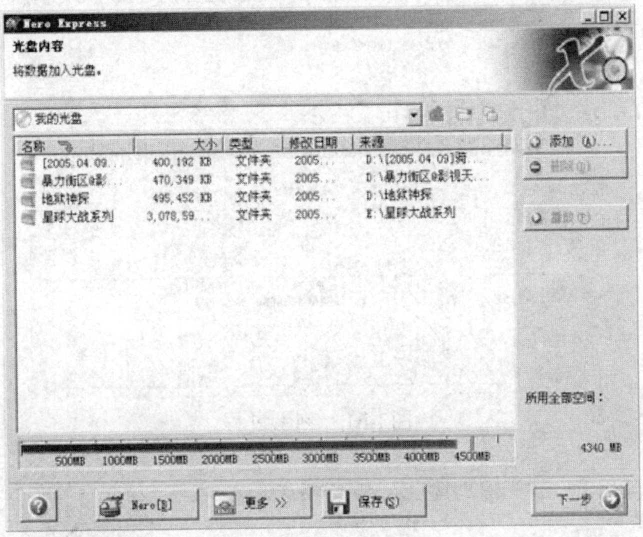

图3-59　预刻区添加结果

（5）单击“下一步”按钮，进入最终刻录设置界面，如图3-60所示。在其中可设置选择刻录机、光盘名称、刻录速度等信息。其中，刻录速度的设置应考虑计算机性能、刻录盘质量等因素，如果默认刻录速度的刻录效果不好，建议适当调低刻录速度，以确保较高的成功率。

（6）单击“下一步”按钮，将开始刻录过程，如图3-61所示。图中以百分比的形式显示过程状态。中部的“已用读取缓冲区”和底部记录机的“缓存级别”显示了刻录机使用缓存区的状态，刻录过程中如果缓存级别过低或已用缓存区过低，则很可能会导致刻录失败。

（7）光盘刻录完毕，光盘托盘自动弹出，并显示刻录完毕的信息框，如图3-62所示。

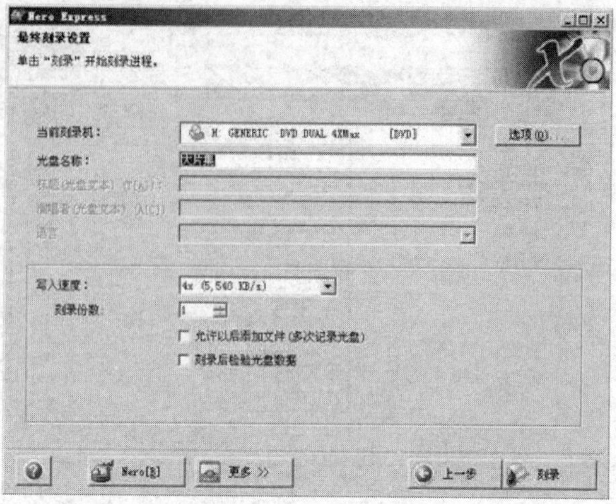

图3-60　最终刻录设置

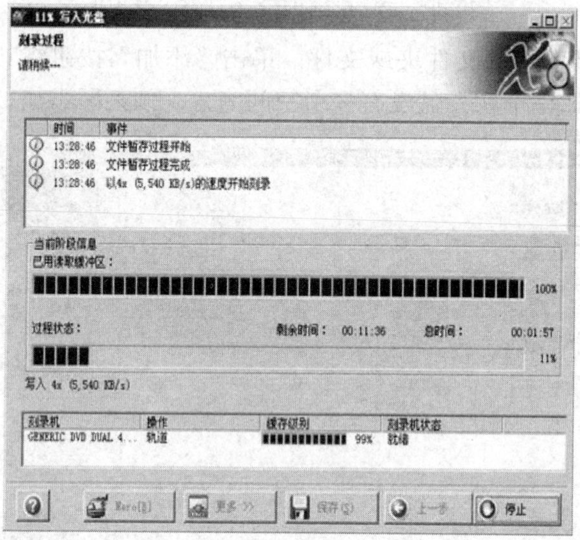

图3-61　刻录过程

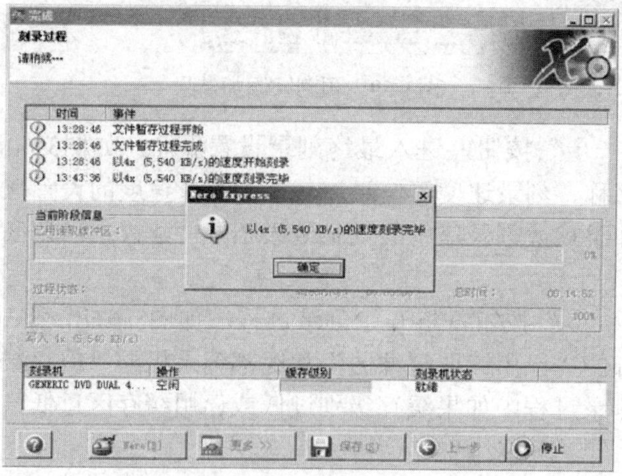

图3-62　刻录完毕

（8）单击“确定”按钮，打开如图3-63所示的界面，以便用户选择想要继续进行的操作。单击“退出”按钮，终止Nero软件的运行。

图3-63 选择想要做什么

3. 注意事项

光盘刻录是一个细致的工作，稍有不慎则会导致刻录失败，刻录盘报废。因此在刻录前要适当做好准备工作：首先要对计算机进行全面杀毒，防止病毒影响刻录过程或混入光盘文件；其次要防止刻录过程受到意外事件（屏幕保护、计划任务、网络访问等）的干扰，否则容易引起计算机停止响应，导致刻盘失败；挑选功能强大、用户熟悉的刻录软件，降低意外故障率；尽可能使用高配置计算机执行刻录操作，保障刻录成功率。

使用刻录机刻录光盘会占用较多的系统资源，而系统资源却是有限的，因此要求在刻录的过程中，应尽量关闭其他应用程序。

目前几乎所有的刻录机都支持“刻录前先做模拟测试”的功能。建议正式刻盘前最好进行“试刻”，以发现刻录过程中可能出现的问题并及时进行调整。在正式刻盘前使用可擦写的CD-RW盘进行试刻也是不错的选择。

刻录机在刻盘过程中要求不间断的数据供应。刻盘时，数据先从硬盘读入到刻录机缓存，然后再从缓存中写到盘片。选择的刻录速度过快或存储数据的硬盘太慢都会导致数据供应间断，可能会导致刻录失败，产生废盘。选择合适的刻录速度（根据试刻结果确定），选用传输快、工作稳的大容量硬盘都有助于成功刻盘。

刻录机刻盘过程就是高能量激光束在光盘表面烧制信息点的过程，其间会产生大量热量。刻录机不宜长时间不间断地进行刻录工作，否则会导致其激光头热量越聚越高，可能导致刻录出错甚至损坏光盘。

光盘的质量也是影响成功刻盘的重要因素。首先要购买高质量的刻录盘片，高质量盘片刻录稳定、读取流畅、易于久存，而劣质盘片刻录成功率相对较低，甚至还有可能损害刻录机。其次还要像保护普通光盘一样保护好空白盘片，防止高质量盘变成劣质盘，影响刻录效果。

3.5 手持存储设备

不仅U盘、移动硬盘和光盘，大家日常生活中常用的MP3播放器、MP4播放机及部分手机等，也都可以兼作移动存储设备。

3.5.1 MP3/MP4播放器

MP3播放器是现在比较流行的一种数字音乐播放器，如图3-64所示。MP3播放器机身小巧便于携带、存储量大、便于存储音乐，深受音乐爱好者的青睐。另外MP3播放器的存储介质与U盘类似，并可与计算机相连，完全可以用于移动存储。

目前市面上MP3播放器内存储器多采用闪存，存储容量一般在GB数量级，主要有1GB、2GB、4GB等，大多MP3还可以使用扩展存储卡以扩大其存储容量。另外还有硬盘式MP3，以硬盘作为存储介质，存储容量可达数百GB。

MP4播放器是继MP3之后的又一流行的便携式媒体播放器，如图3-65所示。MP4播放器除具备MP3播放器的基本功能外，最主要的是可以播放视频文件。与MP3播放器类似，MP4播放器通过数据线可以与计算机相连而交换数据，所以MP4也可以兼作移动存储器使用。

图3-64 MP3播放器

图3-65 MP4播放器

将MP3播放器或MP4播放器连接到计算机USB接口，计算机会自动把它识别为可移动磁盘，打开该磁盘，就可以看到MP3或MP4播放器中的目录结构。图3-66所示是某款MP3播放器的目录结构。

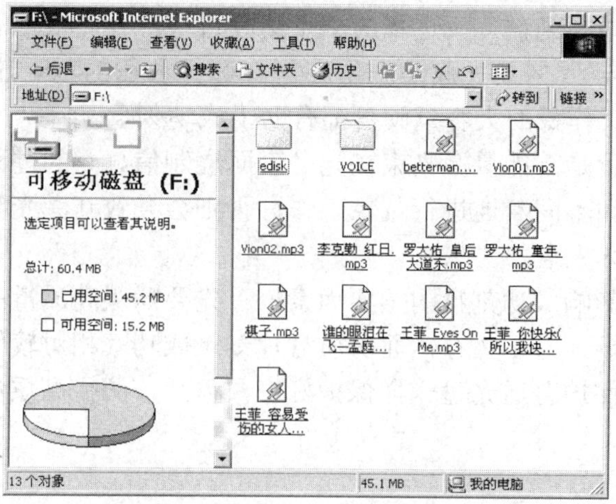

图3-66 MP3播放器的目录结构

音乐爱好者或影视爱好者只要把下载类型兼容的音乐或影视文件复制到该盘中，就可以在心爱的播放器中享受音乐、欣赏大片了。对办公人员来说，使用MP3或MP4播放器的存储空间暂存一下数据当然也未尝不可。

需要提醒的是，MP3或MP4播放器中部分内建的文件夹具有特殊作用，不应对其随意删除或更改，否则会影响播放器的正常使用。

3.5.2 手机

手机已经成为人们生活中重要的通信工具，并且如今的手机除具有基本通话功能外，又具备了更多的个性化的功能，如拍照、录音、摄像、阅读等功能，实现这类功能都需要手机具有一定的存储容量，需要配备存储卡。图3-67中所示是一款三星SGH-D608手机。

图3-67 三星SGH-D608手机

手机内置存储卡并具有一定的存储容量，而且还可以根据需要进行扩展；另外部分手机都配有数据线，可以和计算机等设备相连。这样手机就有可能成为计算机的移动存储器。

和U盘、移动硬盘等设备不同，利用Windows XP操作系统管理手机，常常需要安装专门的手机管理软件。本节将以三星SGH-D608手机为例，介绍介绍手机文件管理的过程。

将三星手机的配套光盘放入光驱，或从三星中国官方网站下载安装程序到本地硬盘。运行安装程序，将打开如图3-68所示的界面。

图3-68 三星PCStudio 3.0安装界面

首先执行“安装Samsung PC Studio”命令，然后再执行“安装USB驱动程序”命令。USB驱动程序安装完毕，接着选择“开始”→“所有程序”→“Samsung PC Studio”→“Samsung PC Studio 3”命令，将打开如图3-69所示的连接向导界面。

用户根据提示利用USB数据线将手机与计算机相连。正常连接后，系统会提示发现新硬件，如图3-70所示。注意，切不可提前连接手机，否则容易导致失败。

接下来的过程就与U盘的安装过程类似，系统成功识别新硬件并自动完成余下的安装过程，之后将自动打开如图3-71所示的手机已被成功识别的界面。

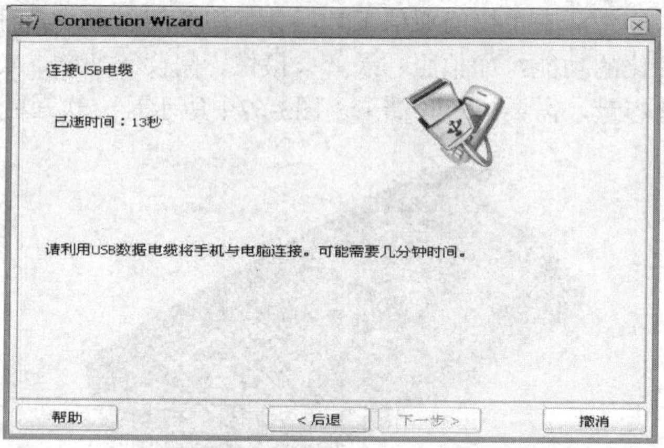

图3-69　提示连接USB电缆

图3-70　发现三星手机新硬件

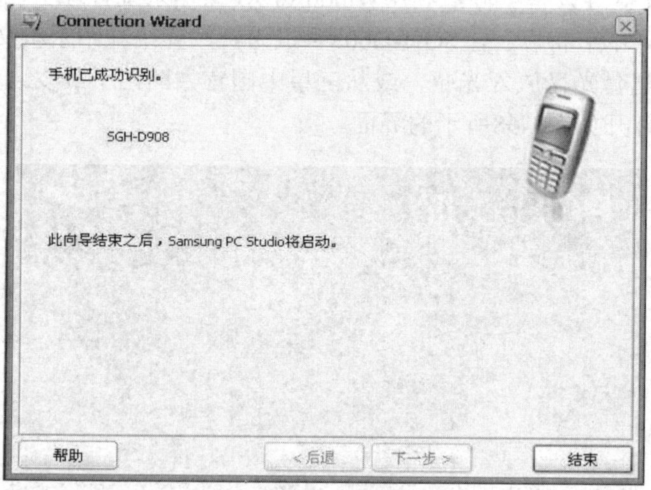

图3-71　手机已被成功识别

单击“结束”按钮，将打开三星PC套件的主管理界面，如图3-72所示。

图3-72　三星PC Studio主界面

单击主界面中的“管理文件”图标，打开如图3-73所示的文件管理界面。

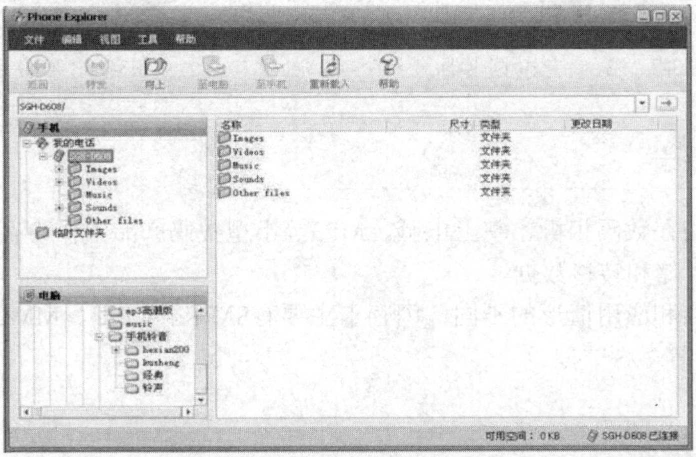

图3-73　三星PC Studio文件管理器

窗口分为3个窗格，左侧上、下两个窗格分别代表手机和计算机的资源。在左窗格中选中资源，右窗格则对应显示其内容。在该窗口里，利用简单的复制和粘贴命令就足以完成计算机和手机之间的数据交换。

3.6 存储卡与读卡器

存储卡形同卡片，是利用闪存（FlashRAM）技术存储电子信息的存储器，又称闪存卡、数字存储卡等。存储卡具有体积小巧、携带方便、使用简单的优点。另外，大多数存储卡都具有良好的兼容性，便于在不同的数码产品（如手机、数码相机、打印机、计算机等）之间交换数据，如图3-74所示。近年来，随着数码产品的不断发展，存储卡的存储容量不断得到提升，应用也快速普及。

存储卡是存储数据的存储介质，读卡器则是存储卡的读/写工具。图3-75中所示是一对相匹配的存储卡和读卡器。

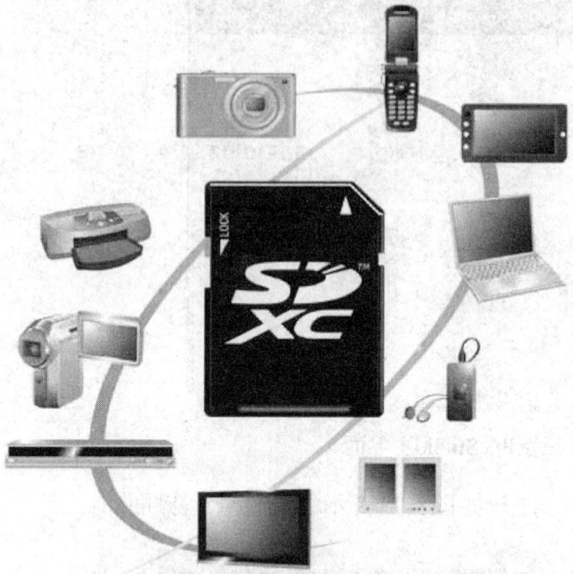

图3-74 存储卡和 读卡器

图3-75 存储卡和读卡器

3.6.1 存储卡

存储卡一般用在数码相机、掌上电脑、MP3等小型数码产品中作为存储介质，也常在日常办公中用于存储和转移数据。

根据生产厂商和应用情形的不同，闪存卡主要有SM卡、CF卡、MMC卡、SD卡、MS卡、XD卡和TF卡等多种类型。

1．SM卡

SM卡（智慧卡），如图3-76所示，是由东芝和Taec于1995年11月发布的，并得到了东芝、三星、索尼、夏普、JVC、菲利浦、NEC等知名厂家的支持。

SM卡体积较小，尺寸上与普通名片大体相当。SM卡内部结构简单，自身没有控制器（需在数码产品中内置），兼容性不足，发展潜力不大。

2．CF卡

CF卡（标准闪存卡），如图3-77所示，是由美国SanDisk公司于1994年推出的，是最早出现的存储卡。

CF卡把Flash Memory存储模块与控制器集成在一起，这样其外部设备就可以比较简单而不存在兼容性问题。CF卡有CF II 和CF I 两种接口标准，其中前者比后者大约厚一倍，插槽要宽，故CF II 卡不能在CF I 插槽上使用。

3．MMC卡

MMC卡（多媒体卡），如图3-78所示，是由美国SanDISK公司和德国西门子公司于1997年共同开发的多功能存储卡。

MMC卡具有体积小、质量轻、结构简单、兼容性好、耐冲击等特点，可反复读写记录30万次以上。现在这种闪存卡已被广泛用于多种数码产品中。

图3-76　SM卡

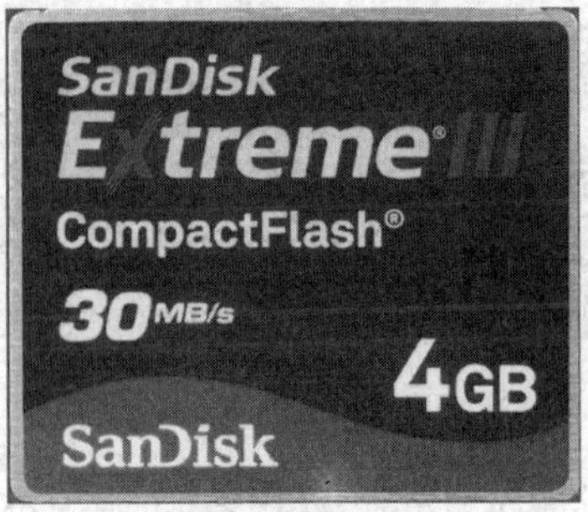

图3-77　CF卡

4．SD卡

SD卡（安全数码卡），如图3-79所示，是一种大容量、高性能、特安全的多功能存储卡，是由日本松下公司、东芝公司和美国SanDISK公司于1999年8月共同研制开发而成的。

图3-78　MMC卡

图3-79　SD卡

SD卡在保密性及数据传输速度上，比其他商品更好更快，因此，对于那些对资料的保密性要求高的用户来说，SD是最佳的选择。由于SD卡的结构能保证数字文件传送的安全性，并且也很容易重新格式化，所以有着广泛的应用领域，音乐、电影、新闻等多媒体文件都可以方便地保存到SD卡中。每秒高达2MB的数据传输速度，使得对大容量的数据有相当快速回应，它会对音乐和音像内容在网上的电子发行有所帮助。

5．MS卡

MS卡（记忆棒），如图3-80所示，是SONY公司于1999年年末推出的新型储存卡，主要应用于该公司的数码照相机和数码摄像机产品。

SONY公司力图使这种Flash Memory成为业界标准，可惜的是MS卡技术的许可费用过多，限制了其应用范围和进一步的发展。

6．XD卡

XD卡（极端数码卡），如图3-81所示，是由日本奥林巴斯株式会社和富士公司联合推出的一种新型存储卡。

图3-80　MS卡

图3-81　XD卡

XD卡具有质量轻、耗电省、体积小（只有SM卡的一半）、读/写快的特点，是目前读/写速度最快的存储卡之一。XD卡图像存储能力高达8GB；XD卡外形紧凑（邮票般大小），兼容性好，价格可与SD卡媲美。

图3-82　TF卡

7. TF卡

TF卡如图3-82所示，是由美国SanDISK于2004年10月26日宣布推出的，是目前世界上最小的闪存卡之一，仅约SD卡的 1/4。

TF卡可以用来储存个人数据，如照片、游戏等，且具有加密功能；内设置版权保护管理系统，让下载的音乐、游戏等受到保护；还可内建操作系统及数据，服务供应商可定制各类应用。

3.6.2　读卡器

数码产品产生或需要的数据都存储在各自的存储卡中，为了在各种数码产品之间交换数据，读卡器（Reader）产品则应运而生。

读卡器是存储卡的专用读/写设备。读卡器最初是为配合数码相机的存储而开发的，但目前则不再局限于此，而是朝着更为通用的方向发展，目前已扩展到常见的各种数码产品中。

1. 读卡器分类

存储卡的种类和应用的多样性决定了读卡器分类的复杂性。

按可识读的存储卡种类划分，读卡器分可以分为CF卡读卡器、SM卡读卡器、PCMICA卡读卡器及记忆棒读卡器等。

按可识读的存储卡种类数量，读卡器可分为单功能读卡器和多功能读卡器。目前市场上的多功能读卡器较为畅销，图3-83所示的读卡器可读/写多种类型的存储卡。

按端口类型，读卡器可分为串行口读卡器、并行口读卡器、PCMICA卡读卡器和USB读卡器等。

读卡器还有内置式和外置式之分。图3-84所示是笔记本电脑内置的多功能读卡器接口，图3-85所示是台式计算机内置的多功能读卡器接口；市场中单独销售的读卡器则都是外置式的。

图3-83　多功能读卡器

图3-84　笔记本多功能读卡器接口

图3-85　台式机多功能读卡器接口

2．读卡器应用

读卡器设有插槽可以插入存储卡，设有端口可以连接到计算机，如图3-86所示。把存储卡插入到与其兼容的读卡器中，然后将读卡器插入到计算机对应的接口中，待系统正确识别后会自动为其分配盘符，此时存储卡就可当作一个移动存储器来使用了。

图3-86　读卡器的使用

读卡器本身就是为了计算机能顺利读/写不同的存储介质而存在的，外置读卡器在Windows XP系统中使用就不需要额外安装驱动程序。但计算机中内置的读卡器则需安装专门的驱动程序才能使用，其驱动（安装）程序在计算机随机附带的驱动光盘中可以找到（一般有FlashMedia字样）。

第4章 显 示 设 备

本章要点

显示设备是计算机显示处理结果的设备，是重要的人机交互界面。本章主要介绍CRT和LCD等基本显示设备，介绍投影机的工作原理、基本应用、日常维护，以及多屏显示技术和应用等。

计算机内部对数据处理的结果既可通过打印机输出到纸面，又可通过音响设备被播放为声音，更多的则是通过显示设备呈现为直观可见的符号、图形及图像等形式。

显示器是计算机系统的基本显示设备，主要分为CRT显示器和LCD显示器。投影机属于扩展显示设备，主要用于放大显示内容，供多人交流和共享信息。

4.1 CRT显示器

CRT显示器在外观上与普通家用电视机基本相似，如图4-1所示，只不过前者成像质量更高、功能更强。

图4-1 CRT显示器

4.1.1 CRT及其工作原理

CRT即阴极射线管（俗称显像管），是CRT显示器成像最为核心的部件，其外观如

图4-2所示。

阴极射线管是一个真空玻璃容器，主要由电子枪、偏转线圈、荫罩、荧光粉层和玻璃屏等部分组成，如图4-3所示。其中电子枪能发射高速电子，偏转线圈控制电子束的运动轨迹，荫罩板上规则地分布着特定形状的孔隙，玻璃屏内壁涂有荧光粉层。

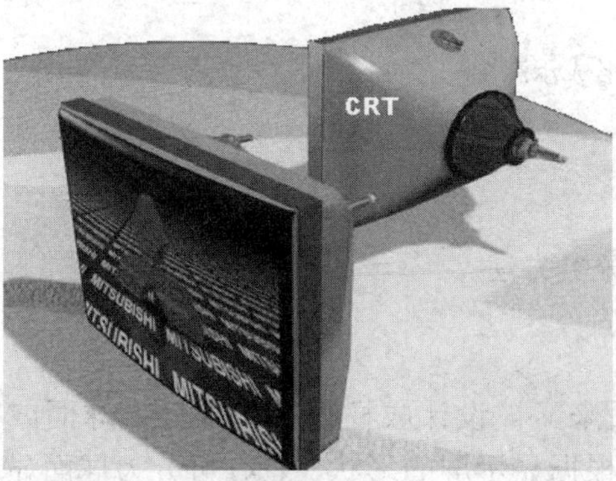

图4-2 CRT

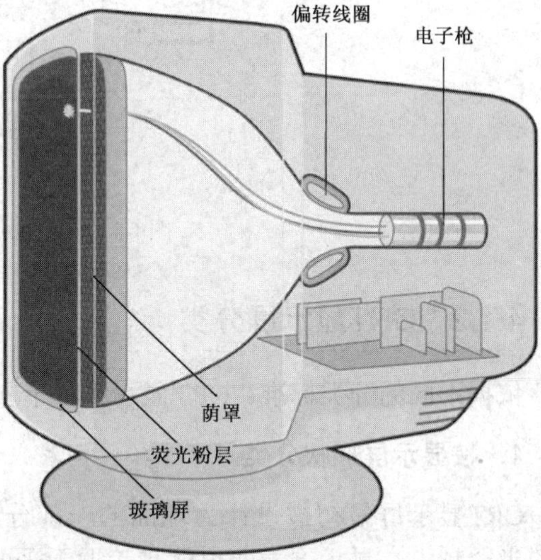

图4-3 CRT基本结构

电子枪发射的高速电子，在偏转线圈的控制下能准确地穿过荫罩层上的孔隙，撞击到荧光粉层，荧光颗粒受到高速电子的撞击能发出荧光，在荧光屏表面就表现为瞬间的亮点；改变电子撞击强度，则可改变亮点的亮度。电子枪连续发射电子，经偏转线圈控制，荧光屏表面就会形成明暗不同的连续亮点，并由它们最终形成屏幕图像，如图4-4所示。

图4-4 电子束扫描成像

荧光颗粒受到电子撞击可以发出不同颜色的光。分别把发红光、绿光、蓝光的荧光颗粒按一定方式组合成一个荧光单元，让电子枪同时发出三束高速电子分别撞击荧光单元的三色荧光颗粒，荧光单元将会同时发出红、绿、蓝三色的光，如图4-5所示，荧光屏表面就对应显示一个彩点（像素）。显示屏表面的系列彩点最终构成一幅绚丽的彩色屏幕图像。

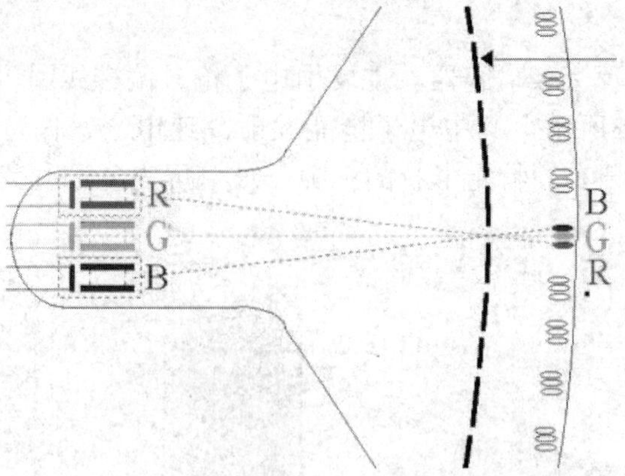

图4-5　彩色像点的形成示意图

4.1.2　CRT显示屏分类

依据不同的分类标准，CRT显示屏有不同的分类方法。

1. 按显示屏形状分类

CRT显示屏最初被设计为球面的一部分，后来又被设计成柱面的一部分；球面或柱面的半径越大，显示屏表面也就越趋近于平面。根据显示屏的形状，CRT可分为球面显示屏、平面直角显示屏、柱面显示屏和纯平显示屏4种。

（1）球面显示屏

球面显示屏在水平和垂直方向都是弯曲的，如图4-6所示，因此图像也随屏幕的形态而弯曲，这是早期CRT显示屏的主要特征。

（2）平面直角显示屏

平面直角显示屏采用了扩张型技术，使传统的球面显示屏在水平和垂直方向向外扩张，使得屏幕表面看上去比球面显示器要平坦得多，如图4-7所示。

图4-6　球面显示屏

图4-7　平面直角显示屏

（3）柱面显示屏

柱面显示屏是柱面的一部分，水平方向呈曲面，竖直方向呈平面，如图4-8所示。柱面显示屏透光性好、亮度高、色彩鲜明，适用于对色彩表现要求高的场合。

（4）纯平显示屏

纯平显示屏是目前主流CRT显示器，在水平和竖直方向都做成平面，如图4-9所示。纯平显示屏具有可视角度大、色彩还原度高、色度均匀、响应时间极短等优点。

图4-8　柱面显示屏

图4-9　纯平显示屏

2．按荫罩板分类

按照荫罩板中孔隙的形状，CRT又可分为点状荫罩板、栅格状荫罩板和沟槽状荫罩板3种类型。

（1）点状荫罩板

点状荫罩板是在一块金属板上开有数十万个圆孔，3束电子从不同的角度同时穿过同一个圆孔，分别投射到同一像素的红、绿、蓝3色荧光颗粒上，并在荧光屏上形成一个彩色亮点，如图4-10所示。点状荫罩板不易变形且耐受振动，对斜线、锐利边缘和文本的显示效果突出；但由于通过的电子相对较少，屏幕亮度不高，色彩还原欠真实。该技术主要用于传统的球面CRT显像管中。

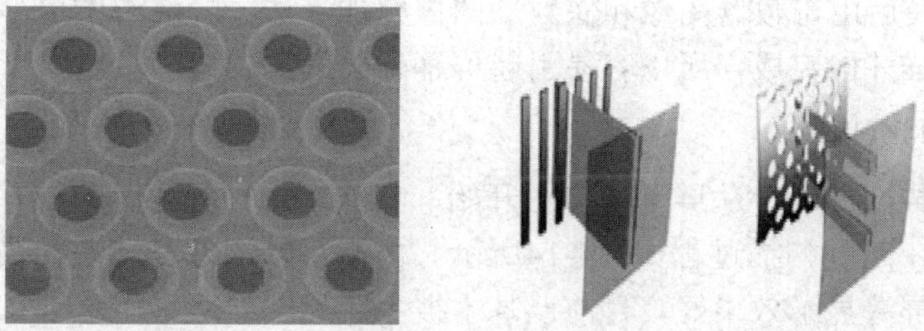

图4-10　点状荫罩板

（2）栅格状荫罩板

栅格状荫罩板是索尼特丽珑显示器采用的专利技术，多用在高档显示器中。栅格状荫罩板并不是实际的板，而是由许多相互平行的金属细丝组成的，如图4-11所示，这样能使尽可能多的电子通过，因此在亮度、对比度和色彩还原方面的性能明显提高。但由于金属细丝刚度有限，受力或受热容易变形，实际产品中加入了1～2条水平加固线，成为该类产品成像的最大缺陷。

（3）沟槽状荫罩板

沟槽状荫罩板结合了点状荫罩板和栅格状荫罩板两者的优点，把栅格分隔成若干个沟槽，如图4-12所示，既实现了图像的最大限度还原，又保证了屏幕的亮度和对比度，同时也减小了振动和环境对图像的影响。该技术是由NEC公司研制的，LG公司生产的显示器也采用了此项技术。

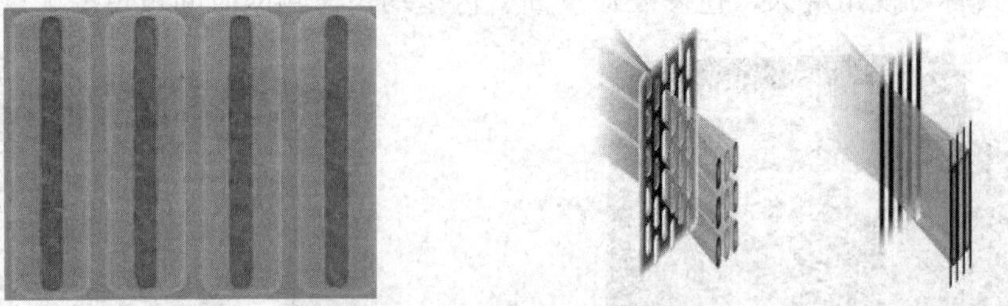

图4-11　栅格状荫罩板

图4-12　沟槽状荫罩板

3．按扫描方式分类

CRT按其扫描方式可以分为隔行扫描CRT和逐行扫描CRT。

（1）隔行扫描CRT

隔行扫描方式主要运用在早期的显示屏产品中。显示屏在扫描一幅图像时，先扫描其奇数场图像（由全部奇数行构成），完成后再扫描其偶数场图像（由全部偶数行构成），如图4-13所示；最后由奇数场图像和偶数场图像叠加形成一帧完整的屏幕图像。由于每帧图像需要两次扫描才能完成，所以容易引起屏幕画面闪烁。

（2）逐行扫描CRT

显示器在扫描图像时，从屏幕的首行开始，依次逐行扫描屏幕中所有行，直到扫描到屏幕的尾行为止，逐行扫描过程如图4-14所示。由于每帧图像是一次扫描完成的，因此图像画面闪烁少，屏幕显示效果好，目前已基本被主流显示器所采用。

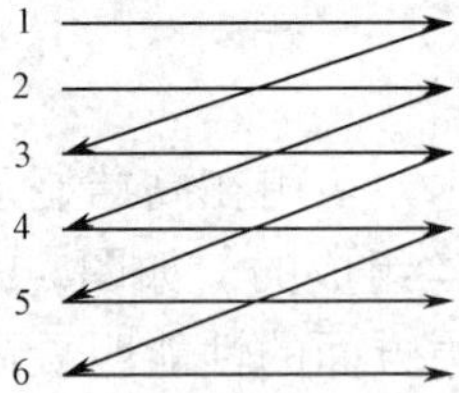

图4-13　隔行扫描图示

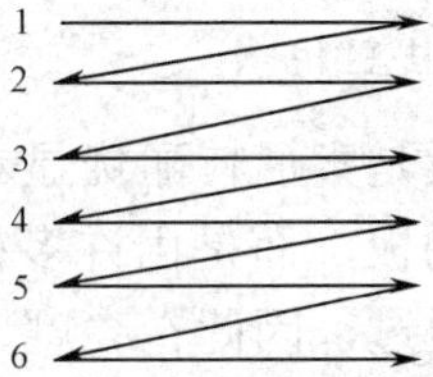

图4-14　逐行扫描图示

4.1.3　CRT显示器的主要性能指标

CRT显示器工作性能的高低，主要通过以下技术指标进行有效衡量。

1. 刷新率

刷新率是指单位时间内生成屏幕图像的数量，常以赫兹（Hz）为单位进行标识。刷新率对隔行扫描CRT而言，其值等于单位时间内产生场图像的数量；对逐行扫描CRT而言，其值等于单位时间内产生帧图像的数量。如果刷新率较低，屏幕图像会产生闪烁和抖动现象，容易使眼睛疲劳；如果刷新率较高，人眼就能观察到持续、稳定的画面，眼睛也不容易疲劳。

2. 分辨率

分辨率是指屏幕图像的精密度，是指单位长度内显示器所能显示的点数的多少。显示器分辨率可用水平像素和垂直像素表示，如1024×768像素即表示显示器在水平方向上可显示1024个像素，在垂直方向上可显示768个像素。显示器分辨率越高，显示图像越清晰，应用范围就越大，当然价格也会相对越高。

3. 点距

点距是指显示屏上相邻两个像素之间的连线距离，常以毫米数表示。对点状荫罩CRT来讲，点距实际等于相同颜色的两个荧光点之间最短连线的距离，如图4-15所示；对栅格状或沟槽状荫罩CRT而言，点距（常称栅距）实际等于相邻两条同色栅格或沟槽之间的最短垂直距离，如图4-16所示。

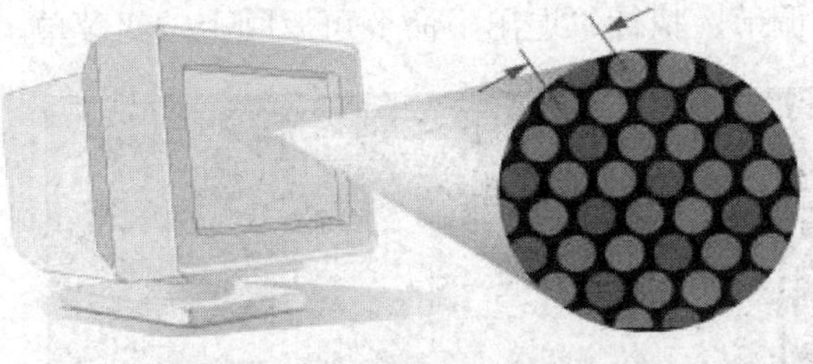

图4-15 点状荫罩CRT的点距

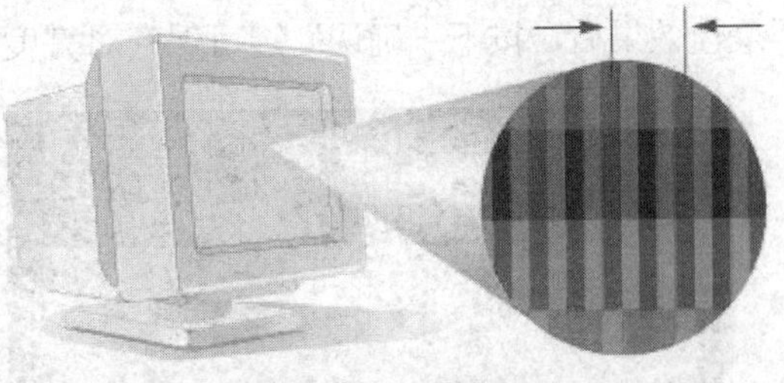

图4-16 栅格状或沟槽状荫罩CRT的点距

4. 带宽

带宽是指电子枪每秒扫描的图像点的个数，以兆赫兹（MHz）为单位。带宽越高则表明显示器电路可处理的频率范围越大，显示器性能就越高，图像质量就越好。CRT显示器的带宽与其分辨率和刷新率有关，其值等于水平分辨率、垂直分辨率和最大刷新率的1.5倍。目前，110MHz左右的显示器带宽已成为一个默认的基本标准，而一些更高水准的显示器达到了200MHz以上。

4.1.4 显示器调节

显示器提供了自身调节功能，既可以调节显示器的对比度、亮度、色彩、相位，也可以调节图像的垂直位置、水平位置、垂直高度、水平宽度等。

目前显示器的调节主要采用屏幕菜单控制方式（OSD）。激活后的OSD菜单将呈现在显示器屏幕中，用户利用显示器提供的菜单控制按钮，就可以轻松实现对显示器工作参数的设置。

不同厂家设计和开发的OSD菜单存在一定的差异，但主要分为数字按键式和单键飞梭式两大类。

1. 数字按键式OSD

数字按键式控制面板中通常有电源键、确认/菜单键和方向控制键等，如图4-17所示。

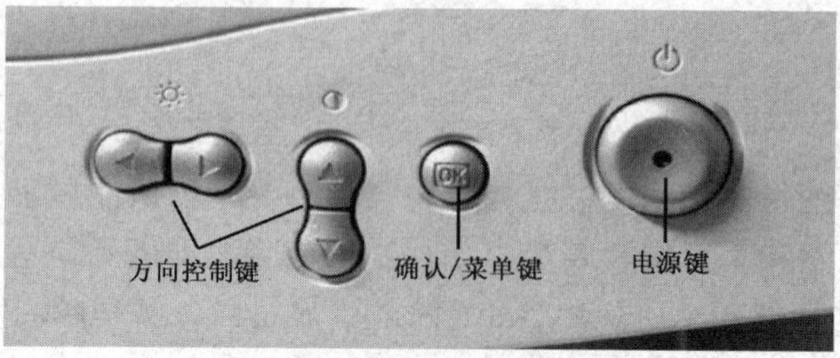

图4-17　数字按键式面板

按下“菜单”键，屏幕上将弹出如图4-18所示的OSD主菜单。在主菜单中利用方向键可以选择设置项，按下“确认”键进行设置或完成设置。在图中，通过方向键选择“Language”图标，按下“确认”键后选择其中的“中文”候选项，再按下“确认”键即完成菜单汉化（注意：并非所有OSD菜单都需要汉化）。

在主菜单中，利用方向键选择“亮度”图标，按下“确认”键，即可进入如图4-19所示的亮度设置界面，此时利用方向键可以改变亮度的值，显示器同步改变显示效果，调节至最佳效果后，按下“确认”键可保存对亮度的调节，执行“退出”命令可返回上一级菜单。

图4-18　OSD主菜单

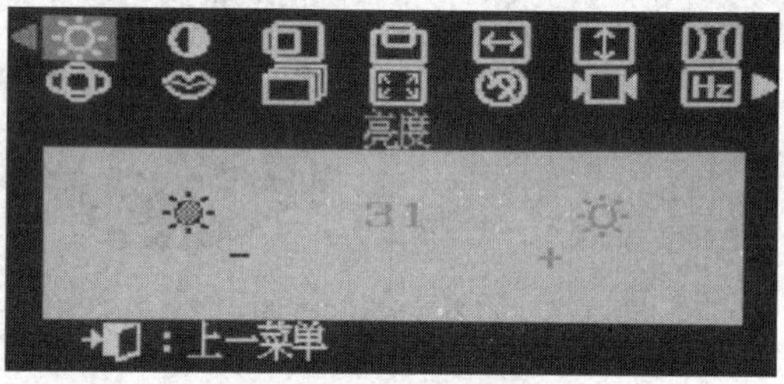

图4-19　亮度设置界面

OSD菜单激活后，若在一定的时间内没有任何操作，菜单会自动消失。

2. 单键飞梭式OSD

单键飞梭式调节面板中通常有一个飞梭调节旋钮，如图4-20所示，利用它可以激活OSD主菜单和设置显示器工作参数。

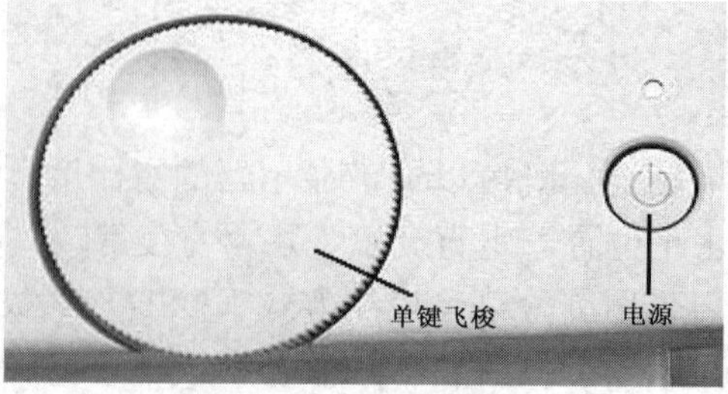

图4-20　单键飞梭面板

飞梭键中部区域的功能与数字按键OSD面板中的确认/菜单键类似，按下它可激活OSD菜单，或确认用户操作；旋转飞梭按钮的功能与使用数字按键OSD中的方向键类似，用于选择设置项或改变设置项的值。单键飞梭式OSD菜单中对象排列既有矩形的，也有环形的，图4-21中所示的OSD菜单是环形排列的。

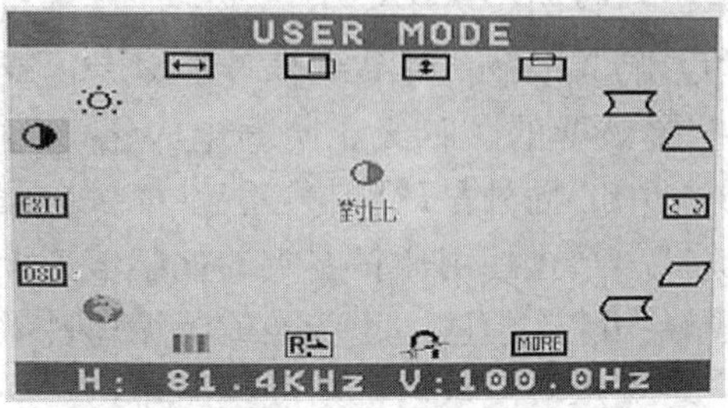

图4-21 环形排列的OSD菜单

4.1.5 使用和维护

CRT显示器是一种精密的电子产品，若使用和维护不当，不仅不能正常发挥其性能，而且还有可能缩短使用寿命甚至造成损坏。

1. 基本使用

使用CRT显示器前应检查其信号线缆连接是否牢靠，最可靠的做法是用带接头的紧固螺钉把接头牢固地接在一起；检查电源供电是否正常，如果条件允许，尽可能不要利用计算机主机供电，以减轻主机电源的负担。搬移显示器时，应注意断开其电源和信号线缆。

显示器应先于计算机主机加电，而后于计算机主机断电，以免显示器开关电源产生的瞬间高电压对计算机主机造成伤害。同时CRT显示器也不宜频繁地开机或关机，因为此时产生的剧烈电压变化对显示器的寿命会有很大影响。

CRT显示器在工作过程中会产生一定的电磁辐射（背部最强），虽然都被控制在国家安全标准之内，正常使用时对人体的影响极小，但对孕妇、体弱者或长时间使用CRT显示器者，建议购买并安装辐射防护屏，一方面可以阻止大部分电磁辐射，另一方面还有利于增强对比度、提高清晰度，有利于延长显示器的使用寿命。

使用调节功能旋钮调节显示属性时，要注意轻触缓旋，切忌猛按硬转，以防损坏旋钮。

2. 日常养护

CRT显示器应工作在温度和湿度相对适宜的环境中。高温会加快其元件的老化，缩短显示器的工作寿命；显示器的工作环境湿度最好保持在30%～80%之间，湿度过高时其内部元件容易受潮而生锈、腐蚀或引起短路，内部出现结露会导致高压漏电或放电，严重影响显示器的安全和寿命。显示器摆放在通风环境中（有空调会更好）有利于散热；显示器长时间不用时应定期通电工作一段时间，这样有利于驱除机内的潮气。

强光照射下显示器机壳容易老化；在强光环境中，显示器的亮度和对比度等显示参数被迫调高，显像管荧光粉加速老化，发光效率降低，用户不得不再次提高亮度和对比度等，结果导致恶性循环，将会大大缩短显示器的使用寿命。在不影响视线的情况下，建议把显示器摆放在弱光环境中。

电视、日光灯、电冰箱、电风扇等家用电器的周围会产生磁场，处于较强磁场中的CRT显示器的颜色画面容易失真，显示器在日常使用时应尽可能地远离磁场源；一旦出现磁化现象，应使用显示器的调节功能进行消磁处理。

CRT显示器工作过程中极易吸引空气中的尘埃粒子，特别是内部电路板，吸附较多的灰尘后会腐蚀电子元器件和影响其散热，导致元器件加速老化或损伤。

彩色显示屏表面涂有一层极薄的防眩光、防静电的化学物质层，平时擦拭时应注意使用柔软的干布小心地从屏幕中心向外呈放射状轻轻地擦拭；屏幕表面较脏时，可以用用水湿润的脱脂棉或镜头纸擦拭；禁止使用酒精之类的化学溶液擦拭显示屏。对显示器外壳的灰尘与污垢，可用毛刷轻轻扫除，但应防止灰尘或污垢通过散热孔落入内部；也可以用湿润的软布擦拭外壳，但应避免水液滴入内部造成电路短路。当显示器内部积累较多灰尘时，一般需要请专业人士打开显示器外壳，用细毛刷扫除内部的灰尘。显示器平时不用时，建议套上防尘罩或盖上防尘布。

CRT显示器的显示属性的设置应以适度为宜。亮度一般设置在60～80之间，过亮易引起视觉疲劳，也易使显像管荧光粉过快老化。对比度一般设置在80～100之间。一般人眼对75Hz以上的刷新率基本感觉不到闪烁，85Hz以上时则完全没有闪烁感觉，建议使用85Hz或75Hz的刷新率；但不宜把刷新率设置为显示器的最高极限，在极限条件下，显示器中的元器件会加速老化而最终造成损坏。

4.2 LCD显示器

虽然CRT显示器已经发展到一个相当高的技术水平，但是受其工作原理的限制，CRT显示器在体积、质量、功耗和辐射等方面都存在很多不足。与其相反，LCD显示器（见图4-22）则以其厚度薄、质量轻、能耗低、辐射小等优点而备受好评。随着制造工艺的成熟和成本的降低，LCD显示器在家用或办公领域已逐步取代CRT显示器而占据了上风。

图4-22　LCD显示器

4.2.1 光的偏振

由光学知识可知，光在沿直线传播的同时又垂直于传播方向振动。偏光片是一种光学装置，它只允许沿特定方向振动的光通过。如图4-23所示，由左侧入射的沿任意方向振动的自然光在经过偏振片后，只剩下沿纵向振动的偏振光，而沿其他方向振动的光全部被过滤掉。

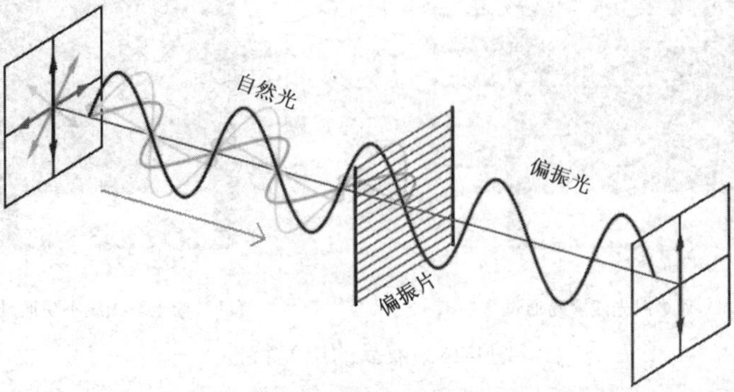

图4-23　光的振动与偏光片

光的偏振在日常生活中有着较广泛的应用。人们佩戴的太阳镜镜片大多具有偏光功能，可以在炎炎夏日里过滤掉某些方向的光从而减少强光对人眼的刺激。人们在观看立体电影时佩戴的立体眼镜的两个镜片也是偏光片，只不过两个镜片偏光方向互相垂直，通过它们可以分别看到银幕中放映的两种不同的影像，再经人的视觉系统合成便产生了立体效果。

4.2.2　液晶

自然界中的物质主要存在固态、液态和气态3种状态，但某些特殊物质还存在一种介于液态和固态之间的第四态——兼具有固态和液态双重特性液态晶体状态，被称为液晶态。图4-24和图4-25中所示分别是在高倍显微镜下观察到的液晶粒子及其排列。

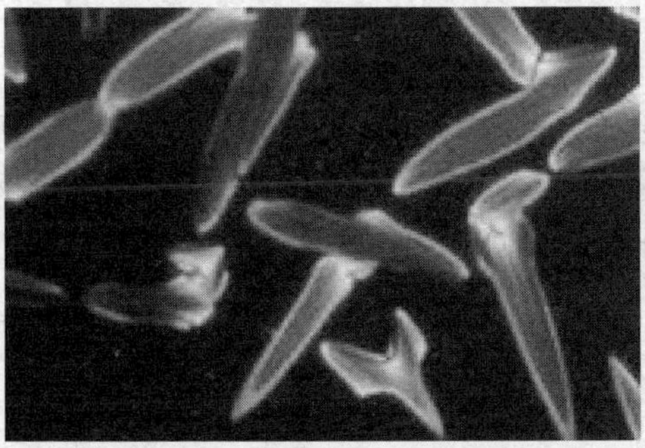

图4-24　液晶粒子

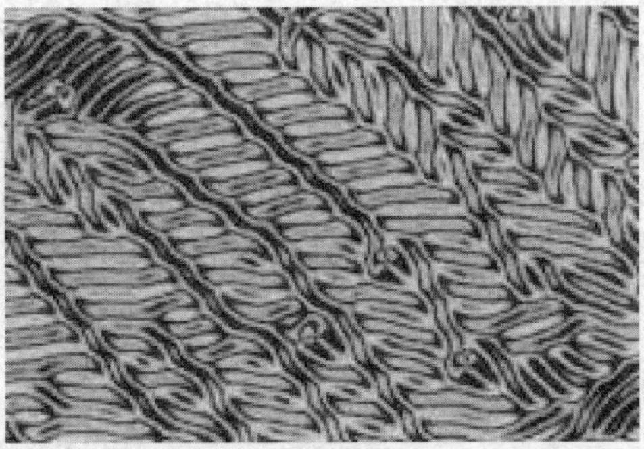

图4-25　液晶粒子排列

实验表明，当液晶中有电流通过时，液晶被极化而使得其粒子排列变得有序，光线能够通过液晶体，如图4-26（a）所示。当液晶断开电流时，其粒子又恢复至杂乱排列状态，此时光线不易通过液晶体，如图4-26（b）所示。液晶的这种特性被称为电光特性；利用这种特性，人们可以通过电路的通、断来控制其中光的通过与阻断。

将液晶粒子长轴平行排列且螺旋扭转一定角度，如图4-27所示，将偏振光同向于粒子长轴入射进液晶，结果发现光的偏振方向随液晶粒子长轴的螺旋而旋转，此为液晶的旋光特性。

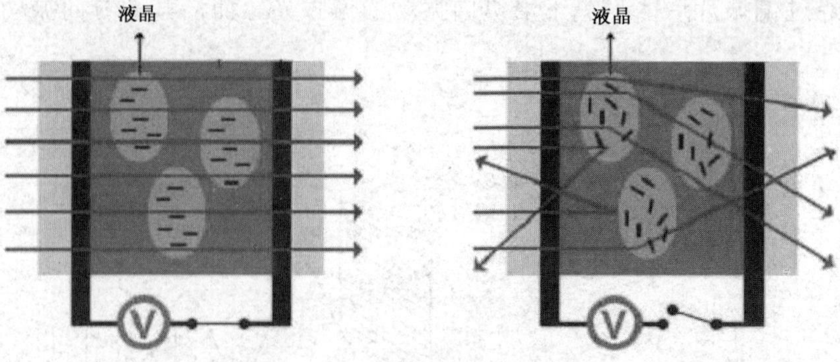

图4-26　液晶的电光特性

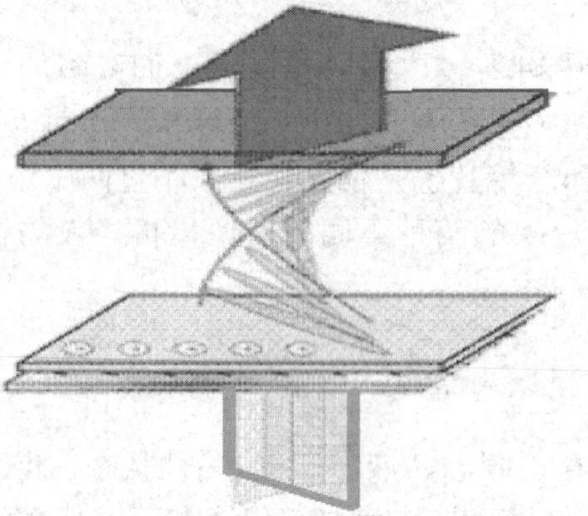

图4-27　液晶的旋光特性

4.2.3　液晶显示器的基本原理

液晶显示器（LCD）是利用液晶体单元实现图像显示的设备，其基本结构主要包括背光管（面）、偏光片、透明电极板、液晶层和滤色器等，其中两个偏光片的偏光方向相互垂直，两层透明电极板间液晶粒子长轴被螺旋扭转90°，如图4-28所示。

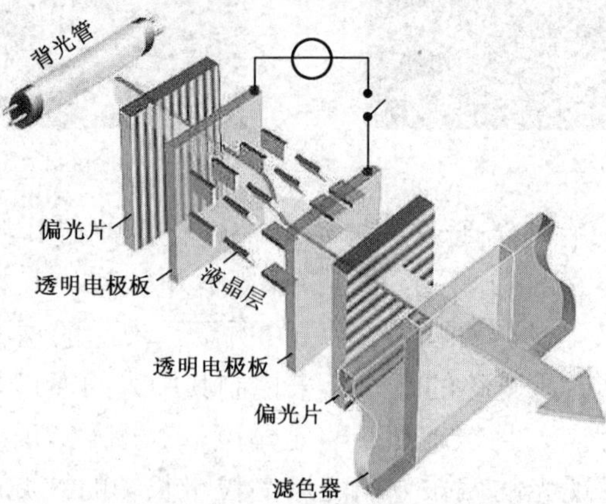

图4-28　液晶显示器的基本结构

背光灯发出的光通过纵向偏光片时，与偏光片同向的偏振光通过。光线通过透明电极板夹层中的液晶层时，若电极电路处于断开状态，在液晶的旋光特性作用下，入射光的偏振方向由纵向扭转至横向，可顺利地通过横向偏光片，再经滤色器过滤后，最终投射到液晶屏表面并呈现为一个单色亮点；若电极处于接通状态，不改变光的偏振方向，光的传播受阻于横向偏光片，液晶屏表面将呈现为一个暗点。

液晶屏中的滤色器是由众多的单色小格子组成的，每个格子对应一个液晶体小单元。液晶屏表面相邻的，紧靠在一起的红、绿、蓝三个小格子组合成一个像素，如图4-29所示，将每个像素的红、绿、蓝三色光合成在一起，就可以得到一个彩色像素。

图4-29 多种像素结构

4.2.4 液晶显示器的分类

根据驱动方式不同，液晶显示器可分为被动矩阵式LCD和主动矩阵式LCD两大类型。

1. 被动矩阵式LCD

被动矩阵液晶是由垂直与水平方向的电极所构成的，且将单独的液晶单元夹在彼此垂直的电极中间，可分为TN、STN、DSTN、FSTN等类型。

（1）TN型

TN型即扭曲向列型液晶，其基本结构是在两层玻璃间夹有一层液晶，如图4-30所示。玻璃基片内壁涂有透明电极层，电极层内壁划有平行细纹沟槽；在沟槽的导向作用下，贴近沟槽的液晶粒子长轴顺着排列，由于两层沟槽取向相互垂直，其间的其他液晶粒子长轴的排列顺势被逐渐扭转90°；另外，玻璃基片外壁各有一层偏光片，底面外加一层反光片，即构成TN型液晶。TN型液晶显示质量差，响应速度慢，只能呈现黑白色，多用于电子表或计算器等。

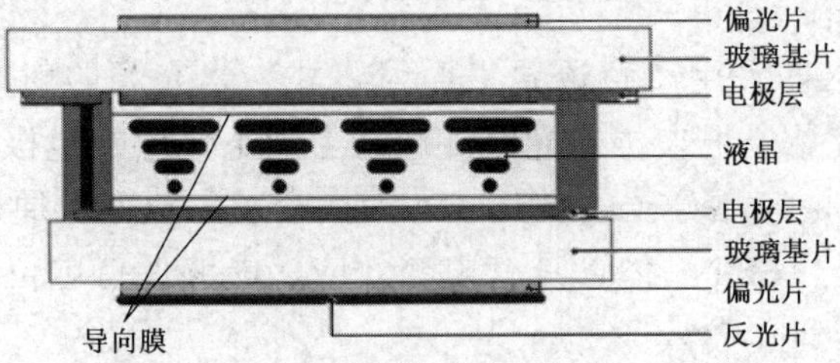

图4-30 TN-LCD基本结构

（2）STN型

STN型即超扭曲向列（Super TN）型液晶，其基本结构与TN型液晶基本相同，主要差异表现在两个方面：一方面是其配有彩色滤光片，可以显示逼近全彩模式的色彩；另一方面是液晶分子长轴排列被扭转180°～270°。STN型液晶光电性能高，响应速度快，成像品质高，但存在偏色问题，主要用于便携式电子设备（如PDA、手机等）。

（3）DSTN型

DSTN型即双层超扭曲向列（Double-STN）型液晶，与STN型等单层液晶不同，DSTN型具有两层扭转方向相对的液晶，有效地解决了偏色问题，当然其制造工艺要复杂很多。

（4）FSTN型

FSTN型即补偿膜超扭曲向列（Film-compensated STN）型液晶，在STN型液晶的底层和顶层外表面各加上一层补偿膜，达到了与DSTN型一样的显示效果，但其工艺难度和制造成本都大大降低。

2. 主动矩阵式LCD

被动矩阵式LCD难以快速、单独地控制每个液晶单元，速度、亮度、可视角及画质等性能都受到较大限制。主动矩阵式LCD技术成功地解决了这一问题，并迅速得到最广泛的应用。

薄膜晶体管（TFT）是主动矩阵式LCD技术中最流行的技术，TFT-LCD的每个像素都内建晶体管，每个晶体管电极都是利用薄膜技术做成，TFT-LCD是目前唯一在亮度、对比度、功耗、寿命、体积和质量等综合性能上全面赶超CRT的显示器件。

TFT液晶的结构与TN液晶基本结构类似，都是在两个透明基板间封装液晶，如图4-31所示，只不过是将TN-LCD中的一层电极改为FET电极，而另一层电极改为公共电极。

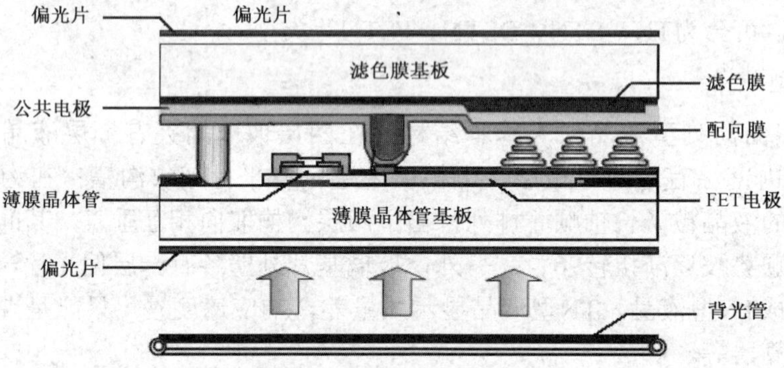

图4-31　TFT-LCD基本结构

TFT-LCD液晶显示器采用“背透式”照射方式。当光源照射时，先通过底层偏光板向上透出光线，借助液晶分子来传导光线。由于上、下夹层的电极改成FET电极和公共电极，在FET电极导通时，液晶分子的排列状态同样会发生改变，通过遮光和透光来达到显示的目的。但不同的是，FET晶体管具有电容效应，能够保持电位状态，当FET电极下一次导通时才能改变其排列方式。

4.2.5 广视角技术

LCD显示器中的图像是其背光源的光垂直穿过液晶显示器各层结构的结果，因此其图像的输出就具备了特定的方向特性，只有处于特定的角度范围内，才能观察到LCD中显示的图像。

随着TFT-LCD技术的改进，LCD厂商设计开发出了广视角技术（如IPS、MVA等），试图改善液晶显示器的可视角特性，解决了长期困扰液晶显示器发展的可视角问题。根据像素结构及其工作机制的不同，TFT-LCD可分为TN+File面板、VA面板、IPS面板及CPA面板等类型。

1．TN+Film面板

TN+Film基于传统的TN液晶技术，其液晶粒子呈螺旋扭转排列，从屏幕表面以不同的视角观察液晶粒子会得到差异较大的图像，在可视范围内可观察到清晰图像，而在可视范围之外的观察效果就不太理想，如图4-32所示。

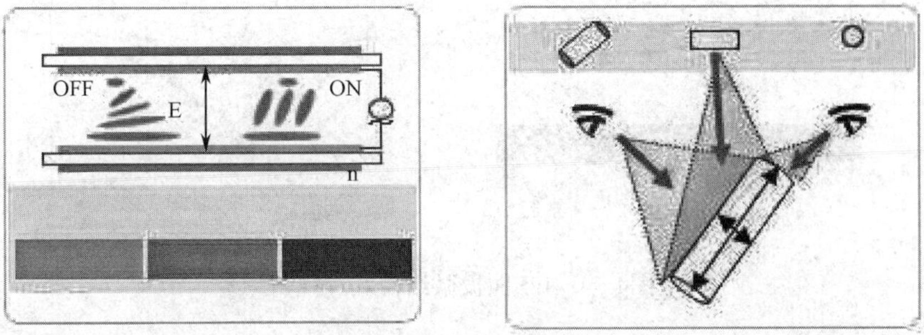

（a）（b）

图4-32 TN面板微结构及可视角

TN+Film是TN技术与TFT技术结合的产物，主要原理就是在显示屏表面覆盖一层特殊的视角扩展膜，可以扩大液晶显示器的可视角度（可达140°），是最易实现的广视角技术，主要用于入门级液晶显示器。

TN+File面板属于软屏，用手轻划会出现水状条纹。

2．VA面板

VA是指垂直配向技术，其液晶粒子长轴纵向排列，如图4-33（a）所示，同时也决定了VA面板具有较大的可视角（可达160°），如图4-33（b）所示。VA面板又可分为由富士通主导的MVA面板和由三星开发的PVA面板，其中后者是前者的继承和改良。

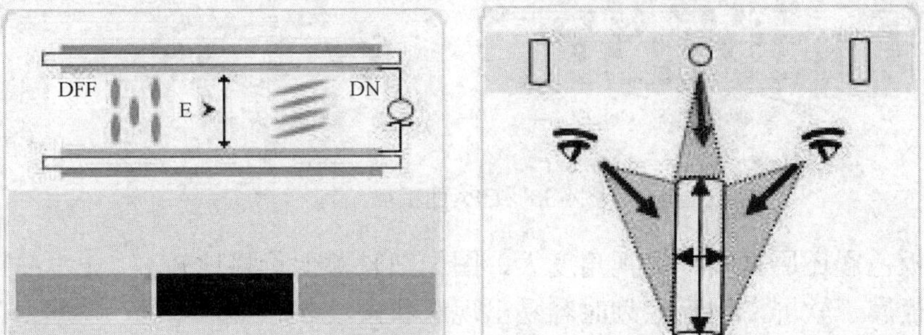

（a）（b）

图4-33 VA面板微结构及可视角

VA面板色彩丰富（可提供16.7M色），响应速度快（响应时间仅约20ms），主要用于中高端的液晶显示器。

VA面板属于软屏，用手轻划容易出现水状条纹。

3. IPS面板

IPS是指平面转换技术（俗称Super TFT），由日立公司于2001年推出。IPS面板的液晶粒子长轴水平排列，如图4-34（a）所示，其最大的特点就是它的两极都位于同一平面中；电极加电后液晶粒子长轴水平旋转排列，可以有效增大可视角（可达170°），如图4-34（b）所示。

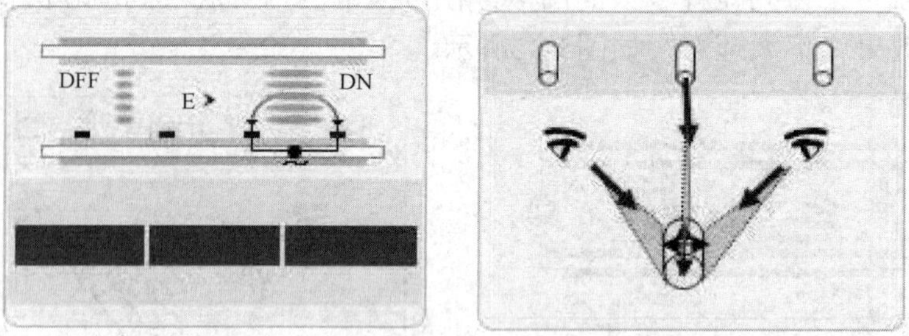

（a）　（b）

图4-34　IPS面板微结构及可视角

IPS面板的优势是可视角度大、响应速度快，色彩还原准确，价格低廉。但漏光问题较严重，黑色纯度不够。

IPS面板属于硬屏，用手轻划不易出现水状条纹。

4. CPA面板

CPA是指连续焰火状排列技术，严格来说属于VA范畴，其液晶粒子排列如图4-35（a）所示；由于上端电极位于基板中间，加电时液晶粒子朝中心电极呈放射的焰火状排列，如图4-35（b）所示。

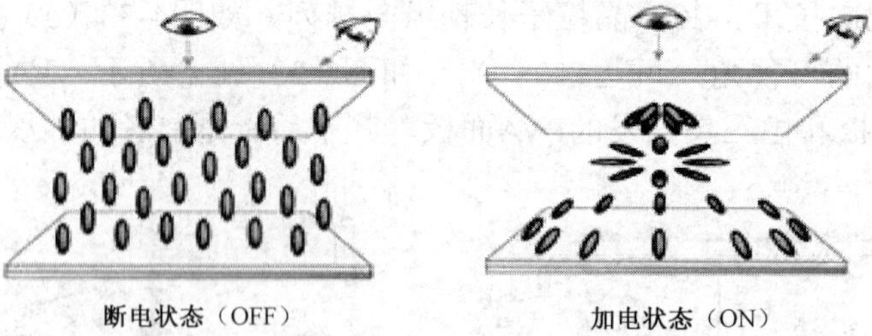

断电状态（OFF）
（a）

加电状态（ON）
（b）

图4-35　CPA面板微结构

CPA面板色彩还原真实、可视角度大、图像细腻，但价格比较高。

CPA面板属于软屏，用手轻划时容易出现水状条纹。

4.2.6　液晶显示器的主要技术指标

液晶显示器基本原理虽然相同，但实现细节却多种多样，显示性能也有较大差别，需要利用其技术指标进行衡量。

1．可视角度

可视角度是指观察者站在始于屏幕边线的某个角度的位置时，仍可清晰地看见屏幕显示的图像时的最大角度。由于提供LCD显示器显示的光源经折射和反射后输出时已有一定的方向性，超出这一范围观看就会产生色彩失真现象。目前市场上出售的LCD显示器的可视角度都是左右对称的，但上下就不一定对称了，常常是上下角度小于左右角度。视角越大，观看的角度越好，也就更具有适用性。

2．显示分辨率

显示分辨率是指屏幕图像的精密度，是指单位长度内显示器所能显示的点的数量。LCD显示器的分辨率常用水平和垂直像素来表示，如1680×1024即表示在水平方向上可显示1680个像素，在垂直方向上则可显示1024个像素。显示分辨率越高，显示的图像越清晰。

3．色彩度

自然光的色彩都是由红、绿、蓝3种基本色组成的，色彩度是指表现LCD显示屏中像素基本色的表现度。如大部分液晶显示器利用6bit来表达每个基本色（R、G、B），则其色彩度即为64（$=2^6$），则每个独立像素将有262144（=64×64×64）种色彩；部分显示器采用8bit来表现基本色，则其色彩度为256（$=2^8$），每个独立像素就达16777216（256×256×256）种色彩。

4．对比值

对比值是指最大亮度值（全白）除以最小亮度值（全黑）的比值。一般来说，人眼可以接受的对比值约为 250∶1。CRT显示器的对比值通常高达500∶1，可以很容易地呈现真正全黑的画面；而LCD却不是那么容易，背光源始终处于点亮的状态，要得到全黑画面，液晶模块必须完全阻挡背光源发出的光，但液晶单元却无法完全达到这样的要求，总是会有一些漏光发生。

5．亮度值

亮度值是指液晶显示器的最大亮度，通常由背光源来决定。液晶显示器的亮度略低，会觉得屏幕发暗。虽然技术上可以达到更高亮度，但是这并不代表亮度值越高越好，因为太高亮度的显示器有可能使观看者眼睛受伤。

6．响应时间

响应时间是指液晶显示器各像素点对输入信号反应的速度。如果响应时间较长，在液晶显示器显示动态图像时，就会有尾影拖曳的感觉。响应时间越短越好，一般液晶显示器的响应时间在20～30ms之间。

7．接口类型

液晶显示器一般有D-Sub和DVI两种接口，如图4-36所示。D-Sub接口传输模拟信号，也是CRT显示器最常用的接口；DVI接口一般分为DVI-D接口和DVI-I接口，前者只支持数字信号，后者同时支持数字信号和模拟信号；DVI-I接口向DVI-D接口兼容，DVI-I接口线可替代DVI-D接口线，但反之则不成立。

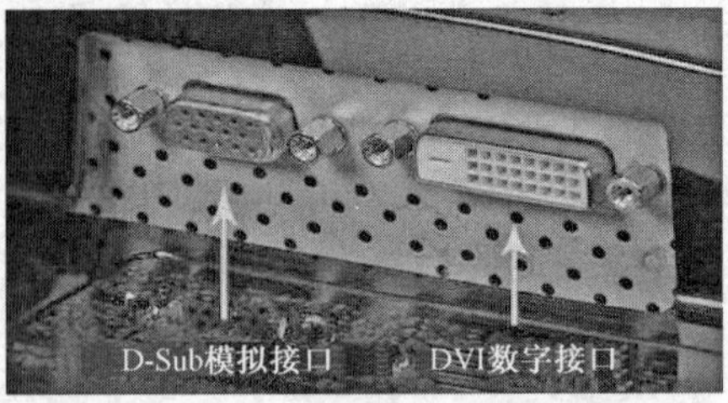

图4-36　D-Sub接口和DVI接口

4.3 投影机

随着计算机多媒体技术的飞速发展，人们对媒体信息显示的要求越来越高，总希望在某些应用（如交通监控中心、学术会议、技术讲座等）中获得高清晰、大幅面的显示输出，然而普通显示器很难满足人们这种要求，于是产生了投影机等大屏幕输出设备。1991年，世界上第一台LitePro系列数据投影机研发成功，人们得以体验新型大屏显示设备的魅力。近些年投影机技术得到较快发展，目前已较普遍地用于家庭、办公和教育等各种领域。

4.3.1 投影机的工作原理

投影机是一种集机械、微电子技术于一体的精密电子产品，其基本工作机制是接收信源设备的影像信息并将其重新合成为放大的影像。投影机主要技术有CRT、LCD、DLP和LCoS等，其中CRT和LCD投影机采用透射式投射方式，技术成熟，性能稳定；DLP和LCoS则采用反射式投射技术，投影亮度高、对比强、体积小、质量轻，虽然技术有待完善，但市场发展潜力巨大、发展前景可观。

1. CRT投影

CRT投影技术是最早的投影技术，CRT投影机可谓投影机的鼻祖，由于其具有3个显著的投射镜头，因而被形象地称为“三枪投影机”，如图4-37所示。

CRT投影机主要是由投影管、透镜和电子线路等部分组成，如图4-38所示。

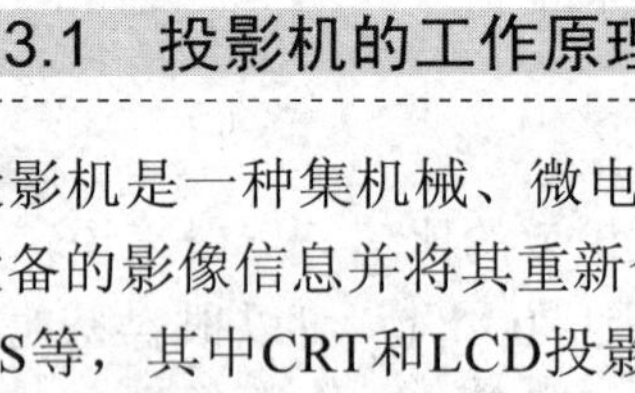

图4-37　CRT投影机

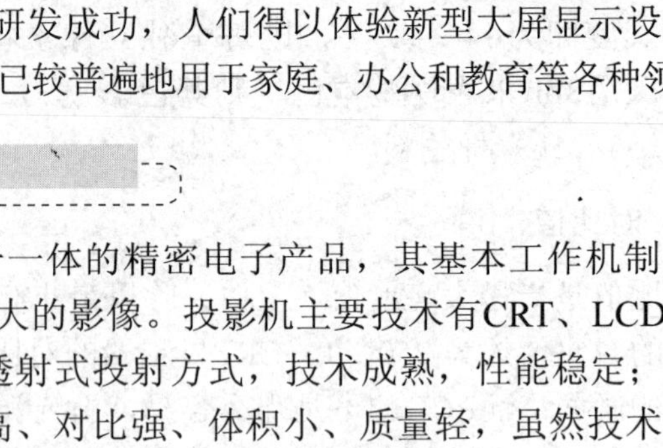

图4-38　CRT投影机基本结构

CRT投影管的结构及原理与CRT显示器类似，在电子线路的控制下，经图像信号的驱动，投影管中的电子枪发出的高速电子扫描撞击成像面上的荧光颗粒，由荧光颗粒发光点组成的图像经透镜聚焦后被投射到投影屏上产生投影图像。

为了得到彩色投影图像，CRT投影机中设有3个CRT投影管，可以分别产生红、绿、蓝3种颜色的投影图像。调整红、绿、蓝3束投影光到幕布的投射角度、亮度、焦距等参数，就可使3色投影光在幕布的相同位置上合成产生清晰放大的彩色图像。

CRT投影机技术成熟、分辨率高、对比度好、色彩饱和度佳、信号兼容性强，在相对高端的专业领域（如航空航天、遥控监控）具有无法替代的地位。另外，由于CRT投影机结构复杂、机体笨重、调校困难等原因，CRT投影机在办公领域中已基本被淘汰。

2. LCD投影机

LCD投影机（见图4-39）是液晶显示技术和投影技术相结合的产物，采用目前最为成熟的透射式投影技术，是目前市场上占有率最高、应用最广泛的投影系统。

图4-39 LCD投影机

LCD投影机主要由光源（灯泡）、分色镜、反光镜、LCD液晶片及透镜构成，如图4-40所示。LCD投影系统的核心成像部件是LCD液晶片，现代液晶投影机大都采用3片液晶片，分别用于处理红、绿、蓝3种颜色的图像。

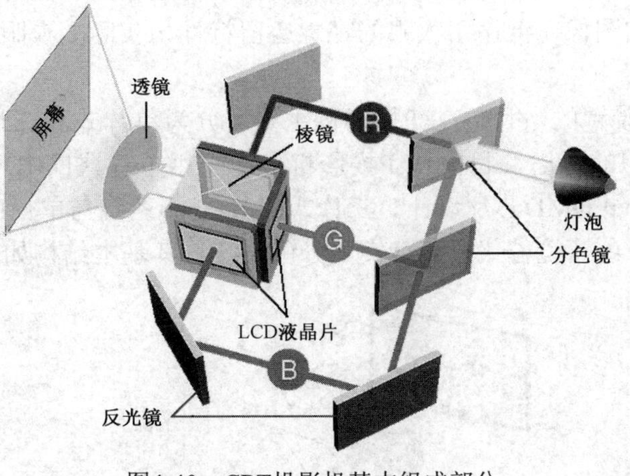

图4-40 CRT投影机基本组成部分

LCD投影机灯泡发出的白光经分色镜分光，分别得到红、绿、蓝3色光，再经反光镜反射后对应投射到LCD液晶片上；3片LCD液晶片各以灰度方式记录其入射光的图像信息并各自透光生成图像投射光；红、绿、蓝3色图像投射光分别投射到棱镜上汇聚，汇聚光最后经投影镜头投射到投影屏幕上形成彩色图像。

3. DLP投影机

DLP是指数据光处理技术，是高速发展中的反射式投影技术。DLP投影机是一种反射式投射设备，属于投影机家族中的后起之秀，如图4-41所示。

DLP投影机的基本结构如图4-42所示，主要包括光源灯、分色轮、DMD芯片和若干透镜头等。DMD芯片由众多微镜片组成，每个微镜片对应图像中的一个像素；在微电路控制下，微镜可以旋转一定角度以准确反射入射光。分色盘可高速旋转，其表面被划分为若干扇形色彩区域，用于对其透过光进行色彩过滤。

图4-41 DLP投影机

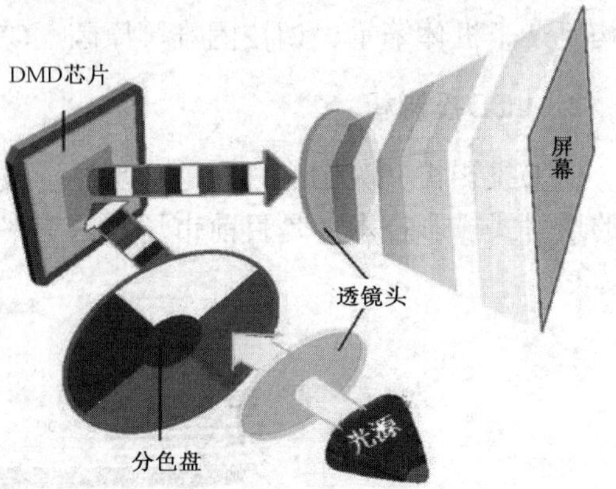

图4-42 DLP投影机的基本结构

DLP投影机中光源灯发出的光经透镜聚焦后入射到高速旋转的分色盘上；根据分色盘表面色彩区域的划分，某一时刻只允许特定色彩的光入射到DMD芯片表面。DMD芯片在微电路控制下对其入射光进行反射，再经投影镜头投射到大屏幕上成像。由于分色盘的高速旋转，本来连续传播的自然光被分割为断续传播的特定色光，因此在某一时刻屏幕上实际只显示特定颜色的图像，但由于人眼的视觉暂留特性，实际上人眼感觉到的是自然的彩色图像。

根据采用DMD装置的数目，DLP投影机主要可分为单片式和三片式DMD投影系统。出于成本和机身体积的考虑，目前DLP投影机多半采用单片式DMD芯片设计，另有部分高端投影机采用三片式DMD芯片设计。三片式DMD投影系统与单片DMD投影系统的主要差异就是前者利用分色棱镜替代分色盘实现分色系统，其基本结构如图4-43所示。

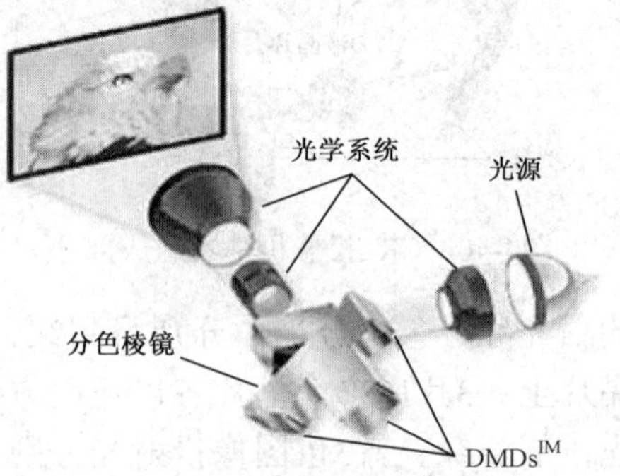

图4-43 DLP（3DMD）投影机的基本结构

4. LCoS投影机

LCoS（硅基液晶）属于新型的反射式micro LCD投影技术，其结构原理是在硅片上，利用半导体制成驱动面板（又称为CMOS-LCD），然后在电晶体上通过研磨技术磨平，并镀上铝当作反射镜，形成CMOS基板。将CMOS基板与含有透明电极的玻璃基板贴合，充入液晶并进行封装。

LCoS投影技术的成像采用反射式光路。在早期的产品中采用过单片式LCoS时序成像方式（与单片式DLP类似），但由于反应速度等原因难以与DLP相抗衡，只得被迫下马。目前市场上的主流产品普遍采用三片式LCoS成像方式，如图4-44所示。

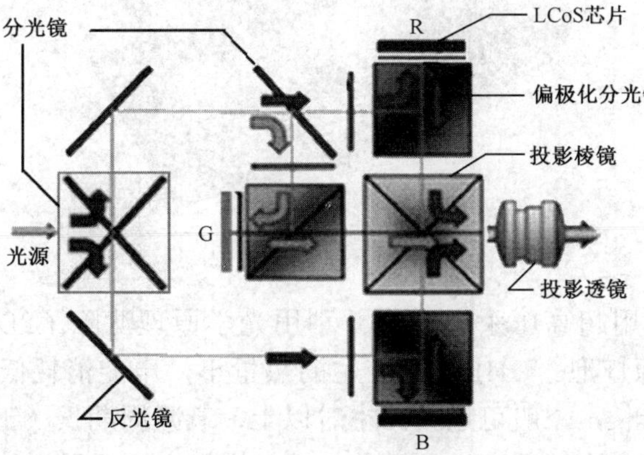

图4-44　3LCoS投影机结构

LCoS投影机主要由分光镜、偏极化分光镜、反光镜、LCoS芯片、投影棱镜和投影透镜等组成。从投影机灯泡发出的白色光线，通过分光镜分解成红、绿、蓝三原色光，各原色光经反射镜反射照射到LCoS芯片，通过控制LCoS中液晶分子的状态可控制每个像素反射光的强弱，三束原色反射光最后汇聚到同一投影棱镜混合成一束彩光，再经过投影透镜投射成彩色图像。3LCoS投影机产品是目前最成熟的LCoS投影方式，索尼、HVC、视创、佳能等公司都曾推出过优秀的3LCoS产品。

LCoS投影技术几乎具备了DLP和LCD全部的优点，并同时克服了这两者的不足之处。采用LCoS技术的投影机产品，由于其拥有着近乎完美的画面效果，受到了业内人士及消费者的普遍好评。

4.3.2　投影机光源

随着投影机技术的进步和生产成本的降低，投影机距人们的生活越来越近，但价格依然相对高昂。然而对消费者来说，投影机昂贵的不仅仅是它自身，其光源灯泡（见图4-45）的使用寿命及价格也让消费者大伤脑筋。在投影机的使用费用中，灯泡的耗费占据着巨大的比例。

根据发光原理的不同，目前投影机普遍采用的光源主要有金属卤素灯、UHE灯和UHP灯共3种。

（1）金属卤素灯泡（高强紫外卤素灯），因在灯泡中填充了金属卤化物而得名。金属卤素灯属于热光源灯，灯泡处在点亮状态时，灯泡内的气体产生较高压强，且灯丝处于半熔状态，灯泡温度高达上千摄氏度。金属卤素灯泡的优点是价格低廉，更换成本比较低。其缺点是使用寿命短，一般不超过2000小时；衰减速度快，工作1000小时后投影效果就变得较差；发热量大，对投影机的散热能力要求较高，也不宜长时间连续使用。目前金属卤素灯泡已逐步退出国内投影机灯泡市场。

图4-45　投影机灯泡

（2）UHE灯泡采用超高压汞填充，并利用光学原理滤除了红外线等热光，只发冷光，因此被称为冷光源灯泡。UHE灯泡产生的热量小，电能消耗低，适于长时间连续使用；UHE灯泡使用寿命长，一般可达3000小时以上，衰减周期长（工作2000小时后亮度几乎不衰减），UHE价格也比较适中，是目前中档投影机中广泛采用的理想光源。

（3）UHP灯泡是超高压汞灯泡，也是一种理想的冷灯源。UHP灯泡使用寿命更长，一般为6000小时，甚至高达12000小时；衰减速度慢，工作4000小时后也不会出现明显的衰减。但由于UHP灯泡价格相对较高，一般用于高档投影机。

另外，不同品牌投影机的灯泡一般是不能互换使用的，因此购买投影机应选择正规渠道销售的知名品牌投影机，以免因买不到可更换的灯泡而造成投影机的报废。

4.3.3　投影机采购建议

了解了投影机的原理、分类及各自的特点，明确了用户实际需求后，在购买投影机时还要重点关注以下几个方面的要素。

1. 分辨率

分辨率越高，图像就越清晰，目前常用的分辨率有SVGA（800×600）、XGA（1024×768）等。当演示的内容比较精细时，应选择分辨率相对较高的投影机。

2. 光亮度

投影机的光亮度是决定图像显示清晰度的关键因素，以流明数表示，数值越大亮度越高。目前市场上销售的投影机亮度差别很大，从数百流明到上万流明不等。一般家用亮度选择1000流明左右即可，教育机构多选择2000～3000流明。

3. 对比度

对比度越高，图像层次感就越强，图像就越逼真、生动。若演示内容中常包含图片或影视资料时，应选购对比度较高的产品。

4．灯泡寿命

灯泡作为投影机的主要耗材，且使用成本较高，这是选购投影机时首要考虑的重要因素。建议购买UHE或UHP冷光源长寿命灯泡，这样可在较长时期内不必为灯泡寿命而担心。

5．梯形矫正

在使用投影机时，投影机应尽可能位于投影屏幕的垂直中心线上，否则投影图像将呈现梯形。为得到正常的投影效果，需要依靠投影机的梯形校正功能进行校正。投影机的梯形校正能力（一般为±30°）将决定投影机摆放位置的灵活程度。

6．便携性

大部分的机型质量为2～6kg，可以很方便地移动，但对于需要经常出差的人，由于必须携带笔记本电脑，因而应选择质量在0.9～2kg之间更加轻巧的投影机，这些投影机都能够满足一般商业环境的需要。

7．售后服务

由于投影机的技术含量相当高，其配件、耗材（基本上就是灯泡）比较昂贵而且多为专用产品，如果投影机出现问题，所需的维修成本就相当大，所以购买拥有良好售后服务的产品显得尤其重要，良好的售后服务为用户提供更好的保障，让用户用得更放心，总之，选择品牌好的投影机是一个比较明智的抉择。

4.3.4　投影机安装和使用

1．安装方式

投影机的安装方式有正面投影与背面投影之分。正面投影是指用户与投影机位于投射画面的同侧，其投射的图像与用户观察到的图像左右一致，如图4-46所示；而背面投影则是指用户与投影机位于投射画面的两侧，其投射的图像与用户观察到的图像左右相反，如图4-47所示。

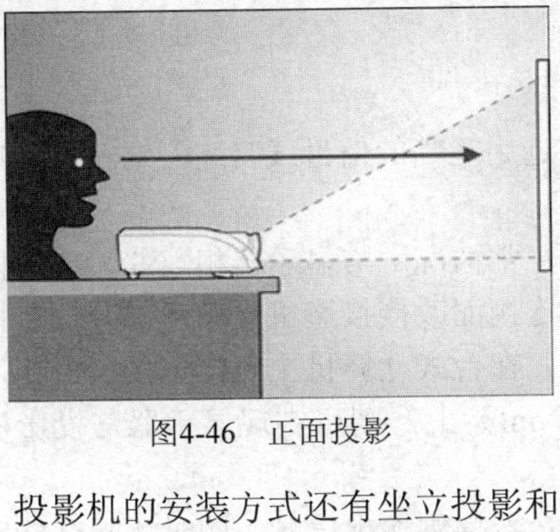

图4-46　正面投影

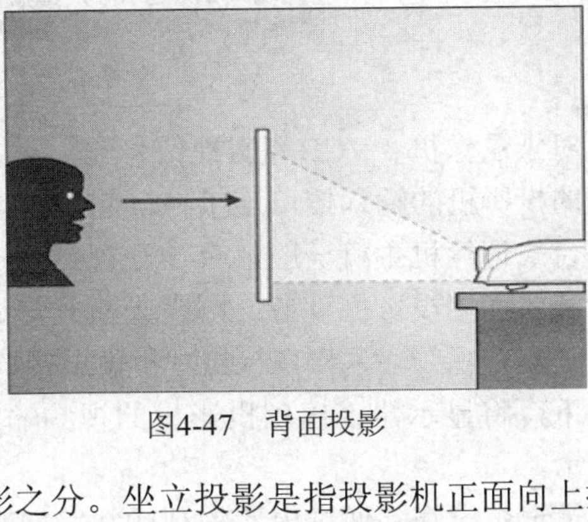

图4-47　背面投影

投影机的安装方式还有坐立投影和倒挂投影之分。坐立投影是指投影机正面向上摆放在平面（如桌面）上，其投射的图像与用户观察到的图像上下一致，如图4-46所示。倒挂投影是指投影机正面向下倒挂在高处，其投射的图像与用户观察到的图像上下相反，如图4-48所示。

根据场地限制和使用需求，用户实际上常常灵活地选择上述安装方式的组合，如图4-46所示的是坐立投影和正面投影的组合，这是最常用的安装方式；同样，图4-47是坐立投影和背面投影的组合；图4-48是倒挂投影和正面投影的组合，图4-49则是背面投影与倒挂投影的组合。

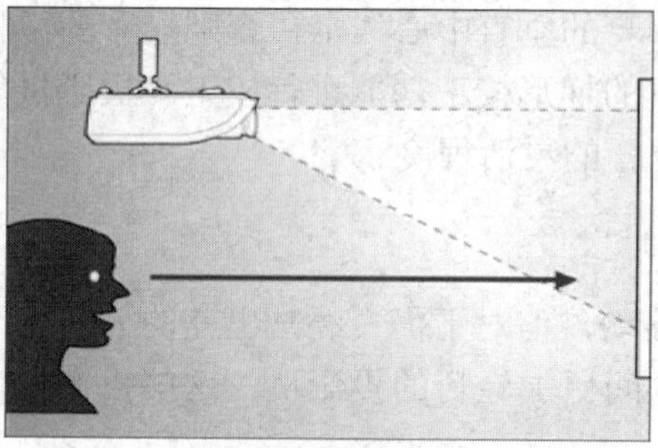

图4-48　悬挂正面投影

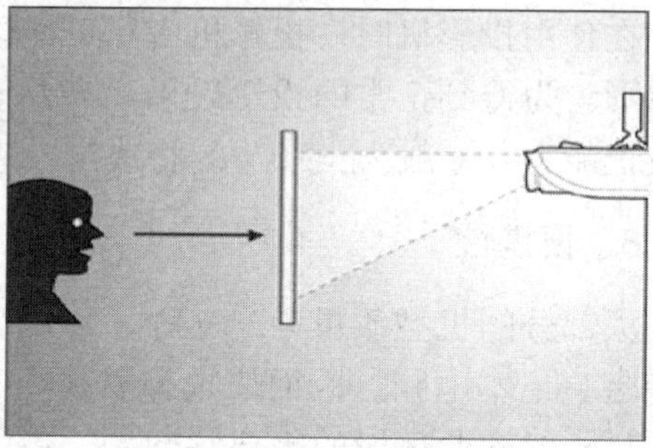

图4-49　倒挂背面投影

2. 设备连接

在确定投影机的安装方式及有关设备的摆放位置后，就可以进行设备之间的连接。

投影机提供了丰富的输入接口，用于与其他影视设备相连，如图4-50所示。图中S-VIDEO接口多用于与录像机连接，VIDEO接口多用于与VCD连接，VGA接口和DVI接口多用于与计算机主机相连。

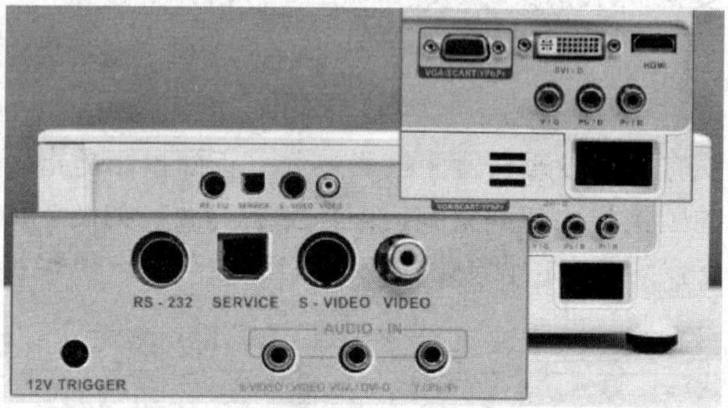

图4-50　投影机常见接口

对于录像机、VCD等影视信号输出设备，只需选用适当的信号线将它们的输出接口与对应的投影机的输入接口连接在一起即可。

台式计算机主机一般只有一个视频输出接口，正常情况下与显示器相连并输出图像；此时若要连接投影机设备，则需先断开与显示器的连接而改接投影机设备；部分投影机设备同时配有视频输入接口（in）和输出接口（out），在台式计算机主机已与投影机相连的情况下，将显示器连接到投影机的视频输出接口（out）上，则可实现显示器与投影机同步显示。

笔记本电脑除通过内置的视频线路向其LCD显示器提供输出信号，同时还配有外置的视频输出接口向其他显示设备提供视频输出，因此可以直接将投影机用视频线连接到笔记本电脑的视频输出接口（out）。

3．基本使用

默认情况下，处于开机状态的投影机可以自动检索信源设备，成功检索后才可显示信源设备的影像信息。

将投影机与笔记本电脑正确连接并先后打开它们的电源，一般情况下投影机并不显示笔记本电脑的屏幕界面，这是因为笔记本电脑默认为不向其外置视频输出接口提供视频信号，故而投影机不可能检索到笔记本电脑的存在，因此也不会显示笔记本电脑的屏幕界面，除非用户对笔记本电脑的屏幕显示方式进行切换。

笔记本电脑存在3种屏幕显示组合方式，分别是仅笔记本、仅监视器、笔记本与监视器，其中监视器是指外接的显示设备（如投影机或显示器等）。不同厂商的笔记本电脑的显示组合的切换方式略有不同，但一般都可利用笔记本电脑的【Fn】按键和某功能按键的组合进行切换，如戴尔（DELL）品牌的笔记本一般采用【Fn+F8】组合键进行切换。

投影机将影像投射到屏幕上后，可能会出现投射尺寸不当、图形扭曲变形、图像失真模糊、明暗对比失当等现象，这时就需要对投影机进行必要的调整，以便得到良好的投影效果。调整投影机的工作参数既可以利用投影机自身控制面板（见图4-51）进行操作，也可以利用投影机随机配送的遥控器（见图4-52）进行操作。

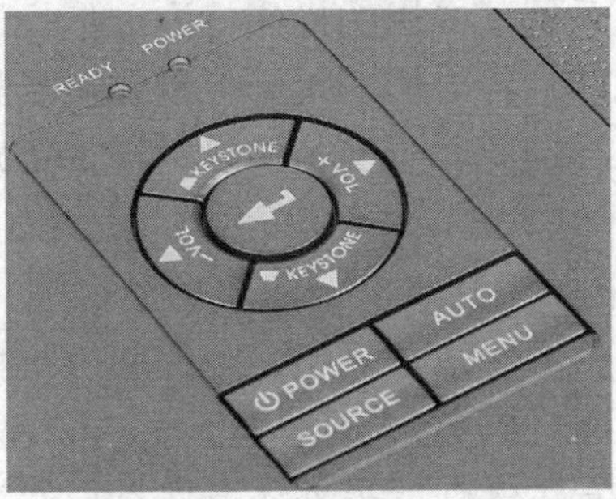

图4-51　投影机控制面板

图4-52　投影机遥控器

对投影机的基本调节可通过控制面板或遥控器中的快捷按钮执行操作，如左右两个【VOL】键分别用于改变音量，上下两个【KEYSTONE】键分别用于梯形校正；投影机镜头附近的【FOCUS】和【ZOOM】调整轮（见图4-53），分别用于调整镜头焦距和图像放大倍数。

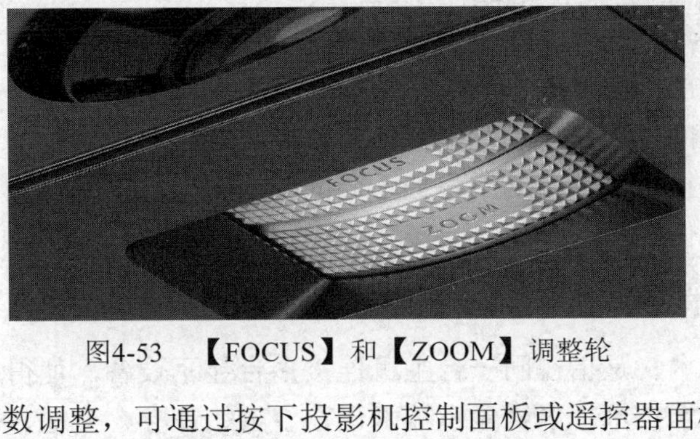

图4-53　【FOCUS】和【ZOOM】调整轮

对于更高级的参数调整，可通过按下投影机控制面板或遥控器面板中的【MENU】键激活投影机菜单，如图4-54所示。在控制面板或遥控器面板中，按左右方向键可以横向选择菜单，按上下方向键可以纵向选择菜单，按下“确认”按钮可以确认执行菜单命令。

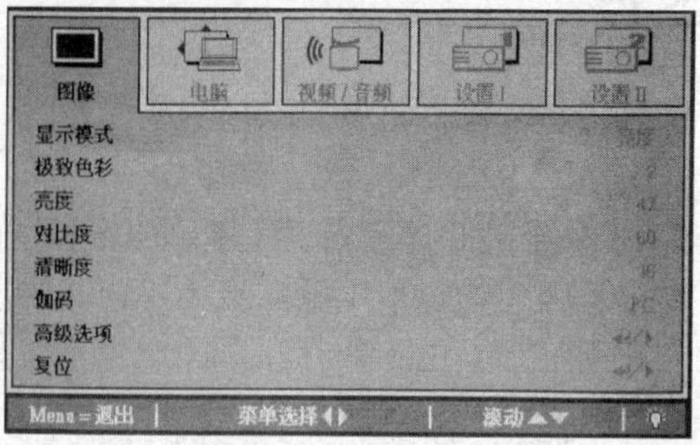

图4-54　投影机菜单

投影机自身设有电源开关，另外在控制面板和遥控器面板上还设有【Power】按键。开机时，打开投影机的电源开关，则电源指示灯亮；按一下【Power】键，则状态指示灯闪烁，直到启动成功，此时投影机就可显示信源信息了。投影机的关机过程正好相反，连按两下【Power】键投影机状态指示灯闪烁直到正常停机（风扇停转），最后再关闭投影机电源开关，为投影机断开电源。

4．日常维护

为得到高清晰、高亮度的投影效果，投影机采用了专用的投影灯泡。但投影灯泡在发光过程中会产生大量热量，如果不能及时排出机外，将会影响投影灯泡和投影机的使用寿命，严重时还可能引发灯泡爆炸，造成更多危害。因此对投影机的日常维护最重要的就是为投影机及时排放机内热量。

投影机是精密的光电设备，在其使用过程中要注意通风、防尘、防高温，在日常存放过程中要注意防湿、防潮、防霉变。运输过程中应注意防挤压、防振动、防擦划。在投影机使用一段时间后，要注意及时清洗防尘过滤网，以免影响通风过滤；当投影亮度急剧下降时，应及时更换投影灯泡，以防过度使用而发生爆炸；另外还要保持投影镜头表面清洁，避免用硬物进行擦拭。

投影机在使用过程中会释放大量热量，投影机使用完毕应首先使用【Power】键关机，等到投影机面板上指示灯停止闪烁和机内散热风扇停止转动时，再关掉电源开关，最后再从供电电路中断开。

4.3.5　多屏显示技术及应用

随着计算机性能的不断提升，人们习惯在计算机中同时运行多个程序，但过多的窗口占用了大量的桌面空间，用户在进行多窗口操作时只能频繁地进行窗口切换，大大降低了工作效率。多屏显示技术可以帮助用户把不同的应用窗口各自在不同的显示器中显示，以便为用户扩展桌面工作空间。

1．多屏显示技术

所谓多屏显示技术，是指在同一台主机连接多台显示设备，使得这些显示设备可以同时显示影像界面的显示技术。多屏显示技术已在金融、证券、交通、航天等领域中得到广泛应用，特别是在办公领域中也开始大显身手。图4-55中所示是2008年9月25日“神七”

发射前，北京航天飞行控制中心的工作场面。

图4-55　北京航天飞行控制中心的工作场面

多屏显示技术主要有复制和扩展两种工作模式。复制模式是使主机连接的多个显示器同步显示相同的内容；此模式对各显示器的规格不作一致性要求，但系统的实际工作效果却受制于其中性能最低的显示器。扩展模式是将多个显示器虚拟成一个分辨率超大的显示器，可以实现更宽阔的桌面空间；此工作模式对显示器的规格同样不做一致性要求，同时在实际运行过程中各显示器各自独立工作，互不影响。

2．多屏显示实现方案

多屏显示技术依赖于计算机的显卡，普通的显卡只能实现多屏复制模式，主要有两种实现方案。一种是端口串接方案，如投影机输入端与计算机主机输出端连接，显示器输入端再与投影机的视频输出接口连接；另一种视频分配器方案，是先将其输入端与计算机主机输出端相连，然后再将显示器分别与其输出接口相连，连接结果如图4-56所示。

多屏显示扩展模式需要专门的硬件支持，主要有两种实现方式。一种是多块显卡方案，即在计算机主机中安装多块显卡，每块显卡单独与一台显示器连接，通过计算机的配置实现多屏显示；另一种是多屏显卡方案，将具有多个视频输出接口（如2口、4口、8口等）的多屏显卡（见图4-57）安装在计算机主机中，显卡的每个接口都可单独与一台显示器连接。

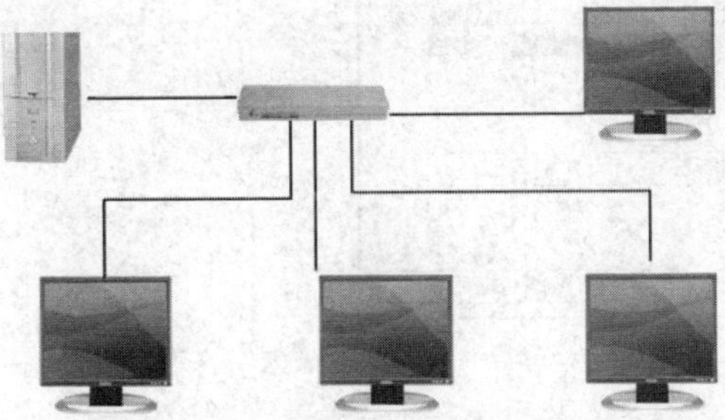

图4-56　多屏复制-视频分配器方案

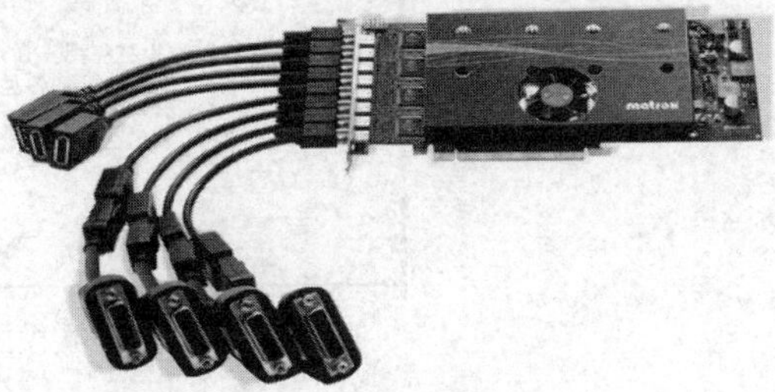

图4-57　多屏显卡

Matrox公司还推出了一种独立的多屏显示设备，如图4-58所示，它可以将普通显卡的输出信号经过自身的渲染和处理，扩展为多屏显示的信号，既可实现复制模式，也可实现扩展模式。

3．笔记本电脑双屏显示

笔记本电脑一般都配有单独的视频输出接口，除自身的LCD显示屏外，还可以外接一部显示设备，因此可以利用笔记本电脑直接实现双屏显示。

图4-58　渲染信号方案

由于不同品牌或型号的笔记本电脑的具体操作细节存在差异，为便于描述操作过程，下面以的DELL笔记本为例，描述笔记本电脑多屏显示的操作和实现。

（1）将投影机与笔记本电脑用视频线相连，打开外接显示设备电源直到设备状态稳定，接着打开笔记本电脑电源直到系统启动成功。

（2）按住笔记本电脑的【Fn】按键，再按下【F8】功能键对屏幕显示组合方式进行切换，当笔记本液晶屏和外接显示设备同步显示内容时，就实现了复制模式的多屏显示。

（3）打开“控制面板”，双击“显示”控制图标，打开“显示 属性”对话框；切换到“设置”选项卡，进入如图4-59所示的设置界面。

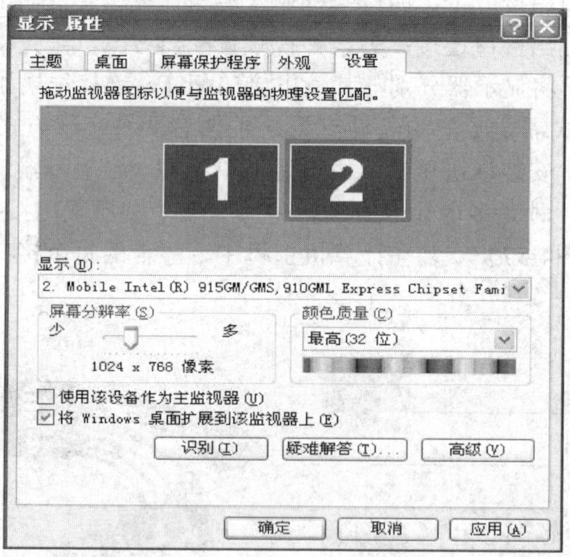

图4-59　扩展模式多屏显示设置界面

从图中预览区可以看到该笔记本电脑支持两个监视器，其中1号默认监视器代表笔记本显示屏，2号监视器代表外接显示设备。选中“将Windows桌面扩展到该监视器上（E）”复选框；笔记本电脑屏默认为主监视器，除非选中“使用该设备作为主监视器”复选框，外接显示屏才可变为主监视器；单击“应用”或“确定”按钮完成显示设置。经过投影机和笔记本电脑的短暂自动调整后，主监视器中的显示内容保持不变，而次监视器中将显示空白，这样扩展模式的多屏显示就设置成功了。

（4）在扩展模式的多屏显示方式下，用户可以为不同的监视器设置不同的桌面背景；新打开的窗口或对话框，通过鼠标拖动，既可以放在主监视器中显示，也可拖放到次监视器中显示，当然还可以跨监视器显示，如图4-60所示。

图4-60　扩展模式双屏显示

用户也可以利用显卡驱动管理程序实现多屏显示模式的设置。打开“控制面板”，找到显卡驱动程序（如Intel(R) GMA Driver for Mobile）图标进行双击，打开如图4-61所示的显卡管理程序界面。利用该界面，用户可以多重显示模式，也可设置主、次显示器。

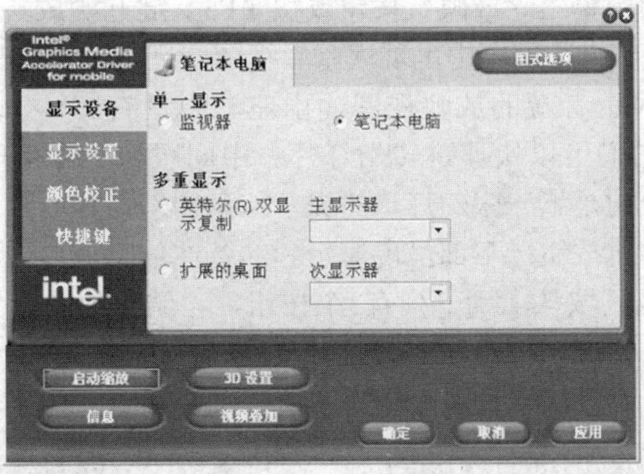

图4-61　显卡（Intel(R) GMA Driver for Mobile）管理程序界面

4．PowerPoint多屏显示应用

放映PowerPoint演示文稿时，演示者端的演示视图与观众端的投影视图在内容上一般是完全一致的。然而当演示内容众多、所涉问题复杂时，演示者往往希望能在演示视图中及时获取一些提示信息或得到有关注解，同时也希望在不影响用户体验的前提下能方便地控制演示文稿的放映。Power Point 2000 （SP3）及以后的版本提供的多监视器放映功能，很好地解决了此类问题。

使用PowerPoint多监视器放映功能，应首先把计算机系统设置成扩展模式的多屏显示系统。

启动Microsoft Office PowerPoint程序，打开演示文稿主界面，选择“幻灯片放映”→“设置放映方式”命令，将打开“设置放映方式”对话框，如图4-62所示。在“多监视器”选项区域内将“幻灯片放映显示于”设置为“监视器2 默认监视器”（该选项不可用时，请检查和设置多屏显示为扩展模式），再选中“显示演示者视图”复选框。单击“确定”按钮即可完成放映方式的设置。

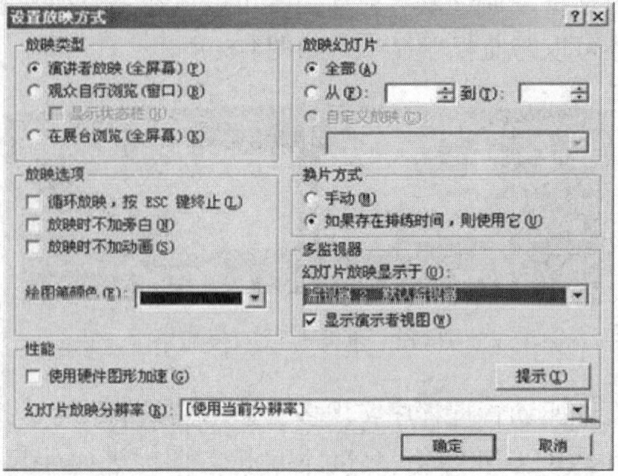

图4-62　设置放映方式

在演示文稿主界面中单击“放映”按钮或按【F5】键开始放映演示文稿，放映效果如图4-63所示，其中笔记本电脑屏幕中呈现演示者视图，远端屏幕中呈现观众视图。

图4-64所示的是演示者端的放映视图，由左、中、右3个区域构成。左侧区域显示幻灯片缩略图，单击它们可以快速跳转幻灯片。中间区域上部呈现的就是观众端演示效果；中部呈现将要播放的是下一张幻灯片的提示信息和幻灯片的辅助信息，并提供“上一张”、“下一张”等导航按钮；下部呈现演示者的备注信息，以便演示者在演示过程中及时获取有关提示。右侧区域从上到下列有3个按钮，“结束放映”按钮用以随时终止幻灯片的放映；“黑屏”按钮可以把观众视图暂时变黑，再执行一次则恢复演示；“键盘快捷方式”用于设定和查看键盘快捷设置，以提高演示操作效率。

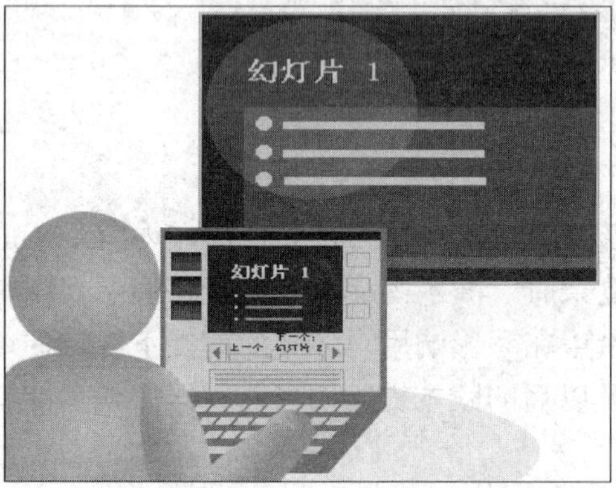

图4-63　双屏放映示意图

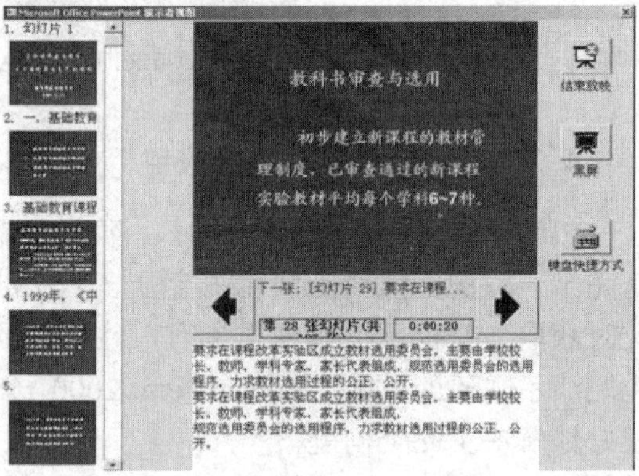

图4-64　演示者视图

第5章 打 印 机

本章要点

打印机是重要的办公设备之一。本章将主要介绍打印机的分类、安装和设置技巧，介绍各类打印机的基本原理、结构、特点和应用，介绍打印机的使用、维护方法，并对常用的打印机类型提供了购置指导建议。

5.1 打印机概述

计算机已经融入了人们的工作、学习和生活，人们时常会利用计算机完成各种工作和事务，并形成形形色色的文件，如图文并茂的个人简历，风趣幽默的人物漫画等。在现有技术条件下，利用计算机显示屏人们就可以很直观地观察到这些作品的设计效果，但有时人们还希望能把自己设计的作品输出到纸面上，以方便存档或提供给更多的人观赏或阅读。打印机设备应运而生，它可以把计算机设计处理的结果打印到纸张等介质上。

5.1.1 打印机的分类

古时候人类采用各种各样的方式来记录信息，如将文字用硬器刻在甲骨上、用火烙在牍简上、用毛笔写在纸帛上、刻版印刷到纸面上。2008年北京奥运会开幕式上，全体演职人员和世界各国运动健儿共同印制的巨幅美幻画卷（见图5-1）将永载奥林匹克史册。

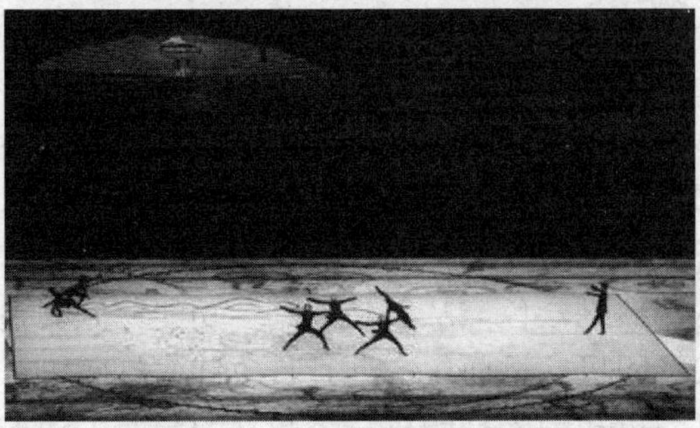

图5-1 北京奥运会开幕式

人类的智慧是无穷无尽的，进入现代文明后，人们创造出了多种多样的打印技术来记录人类活动信息，打印机就是将数据信息输出到特定介质（如纸张）上的一类设备。

根据不同的标准，打印机可以有多种分类方法。

根据印字技术，打印机可分为击打式打印机和非击打式打印机。前者通过击打，将颜料印制在纸面上，后者则通过其他方式（如喷绘）将颜料印制在纸面上。

根据印字方式，打印机可分为串行式、行式和页式。串行式打印机以字为单位打印，按照逐字、逐行到逐页的顺序打印，其打印速度常以“字符/秒（CPS）”表示。行式打印机以行为单位打印，按照逐行到逐页的顺序打印，其打印速度常用“行/分钟（LPM）”表示。页式打印机工作时生成整个页面，然后以页面为单位整页打印出来，打印速度常以“页/分钟（PPM）”表示。

按照其实际用途，打印机又可分为通用打印机、商用打印机、专用打印机、家用打印机、便携式打印机、网络打印机等。图5-2中所示是一种条码专用打印机，图5-3中所示是一款数码照片专用打印机。

图5-2　条码专用打印机

图5-3　数码照片专用打印机

根据工作方式，打印机可分为可分针式打印机、喷墨打印机、激光打印机、热敏打印机和热升华打印机等，LED等新型打印机技术也如雨后春笋般地不断涌现。日常生活或办公中常用的打印机类型主要有针式打印机、喷墨打印机和激光打印机；热敏打印技术常用于传真机、POS终端、银行系统和医疗系统；热升华打印机主要用于专业级需求的打印，如数码照片的打印；LED打印机则是具有与激光打印机类似工作原理的新型打印机。

本章主要介绍与人们日常办公和事务应用关系密切的针式打印机、喷墨打印机、激光打印机和LED打印机等。

5.1.2　打印技术的发展

世界上第一台针式打印机是由Centronics公司推出的，但由于当时技术上的不完善，没有推广进入市场，所以很少有人了解它。1968年9月，日本精工株式会社推出EP-101针式打印机（见图5-4），正式揭开了打印机的发展历史。

随着计算机技术的发展和日趋完善，用户需求的不断提高，打印技术得到迅猛发展：从击打式到非击打式、从黑白到彩色、从单功能到多功能。尤其是近年来，打印机技术发展更快，各种新型实用的打印机应运而生，并且一改针式打印机一统天下的局面，逐步形成了针式打印机、喷墨打印机和激光打印机三足鼎立的局面。随着数码相机的普及，打印机市场中也正在形成喷墨打印机、激光打印机和热升华打印机三分天下的新局面。值得一提的是，虽然针式打印机市场份额大幅下滑，但由于其独具特色的复制和应用功能，其市场地位暂时很难被其他类型打印机所取代。

图5-4　世界上首台针式打印机EP-101

目前互联网络技术飞速发展，互联网应用渗透到各行各业，因此有人预言世界范围的无纸时代即将来临，打印机的末日即将来临。然而纵观世界，全球纸张消费每年成倍增长，打印机的销量以每年接近8%的速度递增，这一切都预示着打印机非但不会消失，而且其应用领域会越来越广，市场规模越来越大，技术发展越来越快。网络打印机的出现，也很好地验证了这一点。实际上打印机正向着轻、薄、短、小、低功耗、高速、智能和网络化方向发展。

5.2 针式打印机

针式打印机是打印机市场上较早出现的一种打印机，20世纪80年代到90年代中期曾经一统打印机市场。但随着喷墨打印机打印质量的提高、激光打印机制造成本的降低及各种新型打印技术的不断冲击，针式打印机的市场占有率大幅下滑。但由于针式打印机具有独特的打印功能，目前尚且还没有一种打印设备能够完全取代其市场地位，针式打印机仍然具有较广泛的和专业的应用。

5.2.1 针式打印机基本原理

大家或许有过这样的经历：把一张复写纸（用多层复写纸也可）铺在白纸上面，然后用笔尖点印自己喜欢的内容（如自己的名字），揭开复写纸，就会在白纸上看到如图5-5所示的点印图案。

针式打印机基本工作原理就和用复写纸点印名字类似。针式打印机的核心部件是打印头，由若干金属撞针组成，撞针按一定规则排列在一起，并可在脉冲电流的控制下弹出或缩回。涂有颜料的色带位于打印头的表面。当打印头移动到某个位置时，脉冲电流驱动相应撞针弹射出，撞针推动色带打击纸面，这样就会把色带上的颜料染印到纸面上，并形成一系列色点，这些色点排列在一起就会勾勒出文字或图形，如图5-6所示。

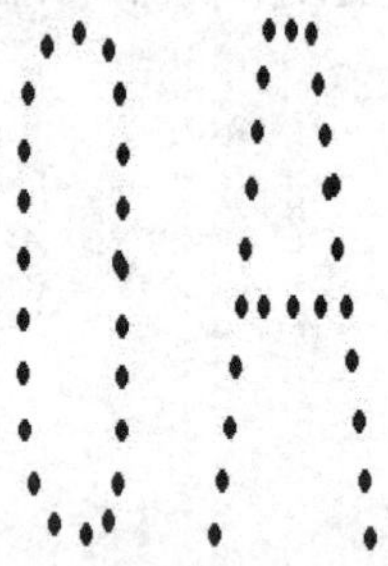

图5-5　用复写纸点印的图案

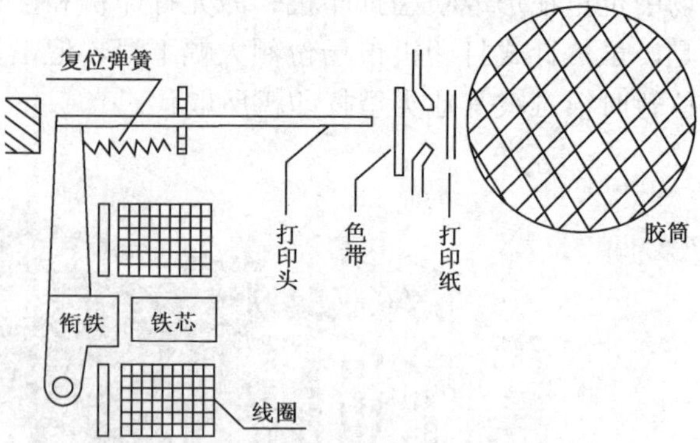

图5-6　针式打印机撞针控制示意图

5.2.2　针式打印机结构

针式打印机是一个机电一体化的设备，主要由机械部分和电气控制部分构成。其中机械部分主要包括四大部分，如图5-7所示。

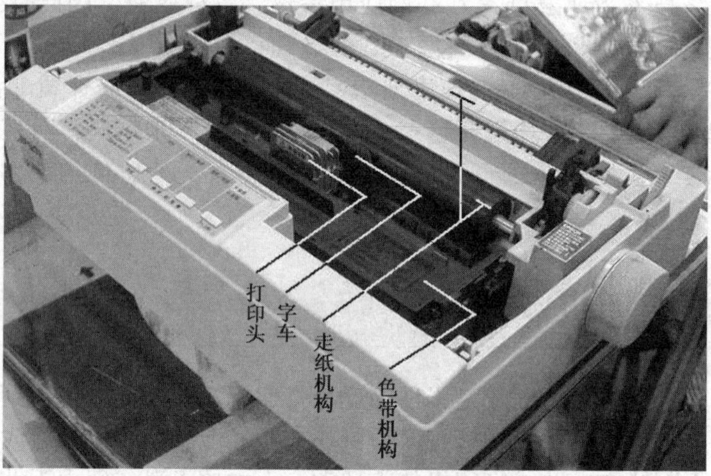

图5-7　针式打印机构造图

1．印字机构

印字机构又称打印头，由一定数量的打印针纵向排成若干列，打印针在打印机的控制下可向外弹出撞击纸面，从而可以点印出文字或图形。

2．横移机构

横移机构又称字车，打印头置于字车之上。字车在横向步进电动机的驱动下，带动打印头沿横轴左右往复运动。

3．色带机构

色带机构由色带和色带架组成，色带置于色带架之内；色带架上设有动力装置，色带在该装置带动下，按照一定的速率和方向循环步进，使得打印头与纸张接近区域的色带不断得到更换，从而保证印迹清晰、着色均匀。

4. 走纸机构

走纸机构在打印过程中控制进纸、退纸及纸张步进等动作。

电气控制部分主要完成从计算机接收打印数据和控制信息；控制信息控制打印机动作，协调完成打印任务。

5.2.3 针式打印机的安装

EPSON的LQ-1600K系列打印机是针式打印机时代最典型、最具统治力的打印机系列之一，鼎盛时曾席卷整个中国打印机市场整整十年，一直傲视群雄。下面以EPSON的LQ-1600KII打印机为例介绍针式打印机的安装过程。

（1）将打印机与计算机连接起来，针式打印机常采用并口或串口与计算机连接。为保障设备安全，实施连接前应确保计算机和打印机都处于断电状态。用打印机提供的信号线将打印机和计算机连接起来，之后将打印机电源插头插入供电插座（一般为照明电源），打开打印机电源开关后即完成了硬件部分的连接。

（2）打开计算机电源开关，启动计算机，通过“控制面板”进入其中的“打印机和传真”窗口，可发出现“添加打印机”功能项，如图5-8所示（视计算机情况，还可能包含其他内容）。

（3）双击“添加打印机”功能项，将打开如图5-9所示的“添加打印机向导”对话框，单击“下一步”按钮进入“本地或网络打印机”界面，如图5-10所示。由于打印机连接到了本地计算机上，故选择“连接到此计算机的本地打印机”单选按钮，选中“自动检测并安装即插即用打印机”复选框，让Windows系统自动检测本机连接的打印机类型和端口等信息。单击“下一步”按钮，向导将进入“新打印机检测”界面，如图5-11所示。

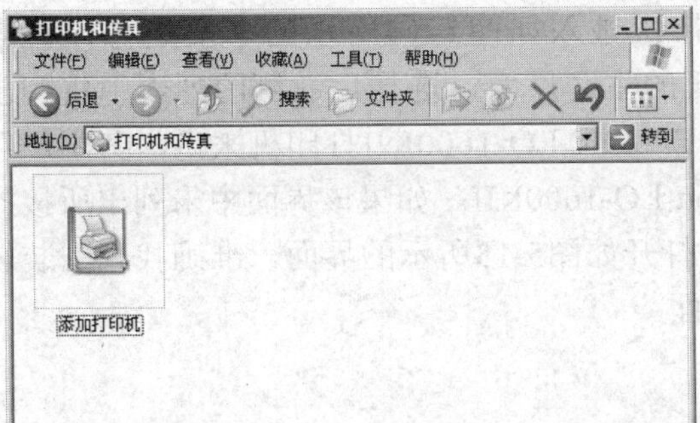

图5-8 “打印机和传真”窗口

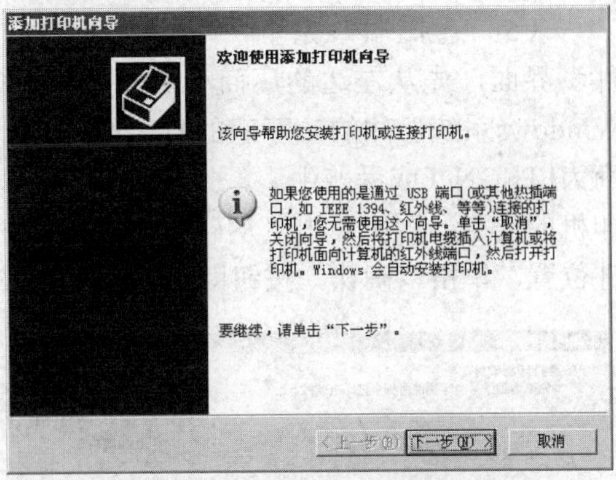

图5-9 “添加打印机向导”对话框

如果所连接的打印机支持即插即用功能且能被Windows系统识别，则直接跳过接口和类型的选择，否则将进入打印机自动检测失败的界面，如图5-12所示。这就意味着余下的步骤需要用户手动设置完成。

（4）单击图5-12中的“下一步”按钮进入如图5-13所示的“选择打印机端口”界面。计算机中可能存在多种打印机接口，一般选择推荐的打印机端口即可。对特殊端口，用户需要根据实际的打印机接口类型和接口位置进行选择。EPSON LQ-1600KII打印机的信号线为并口线，默认接在LPT1端口。

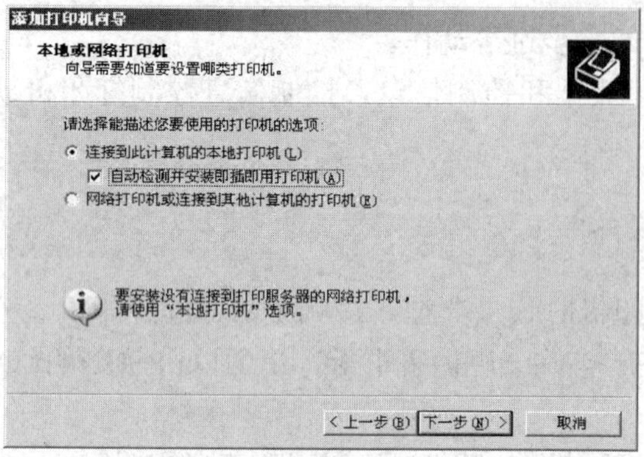

图5-10 “本地或网络打印机”界面

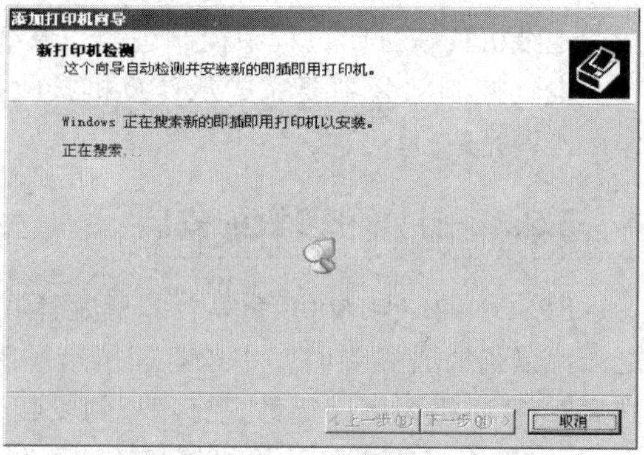

图5-11 “新打印机检测”界面

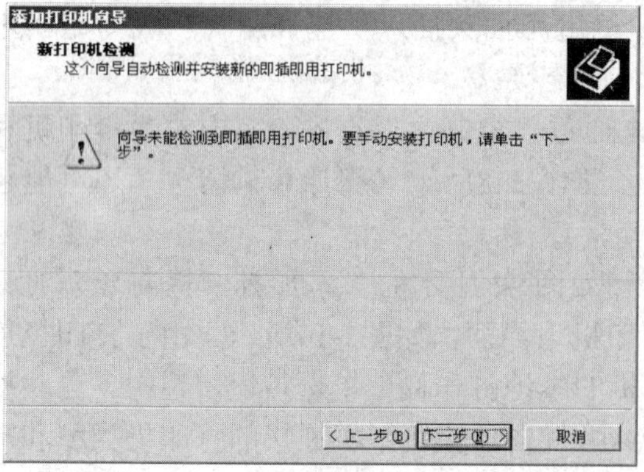

图5-12 新打印机检测失败

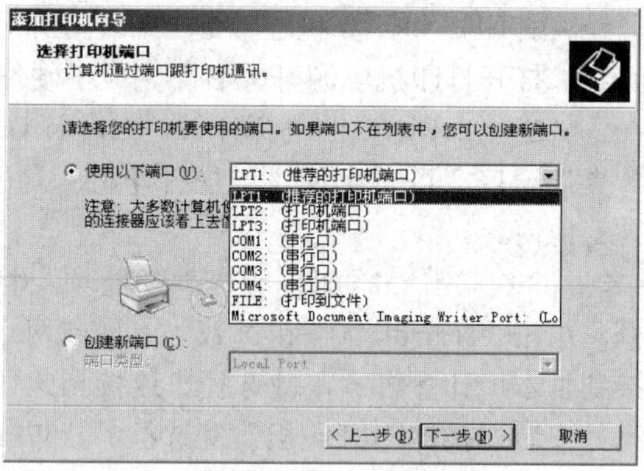

图5-13 “选择打印机端口”界面

（5）选择端口完毕，单击“下一步”按钮进入如图5-14所示的“安装打印机软件”界面，先从左边的厂商列表中选择打印机的生产厂商，选择后右侧的列表中将列出Windows系统已知的该厂商的打印机型号。对EPSON LQ-1600KII打印机来讲，其生产厂商为EPSON（或爱普生），打印机类型为Epson LQ-1600KII。如果该界面中未列出所接打印机的类型，则应单击“从磁盘安装”按钮，打开如图5-15所示的界面，准确找到安装软件位置，单击“确认”按钮即可返回上一级界面。

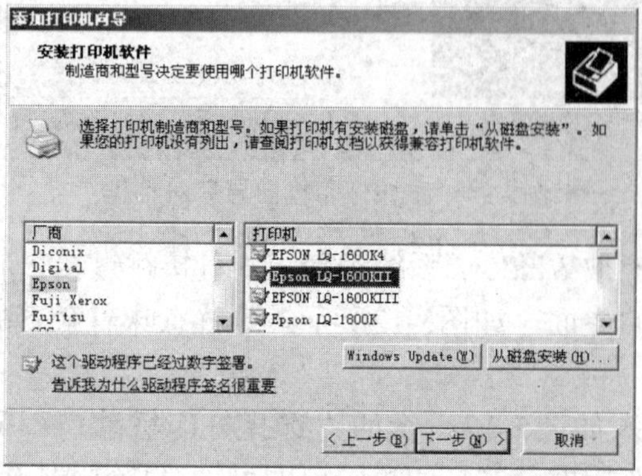

图5-14 “安装打印机软件”界面

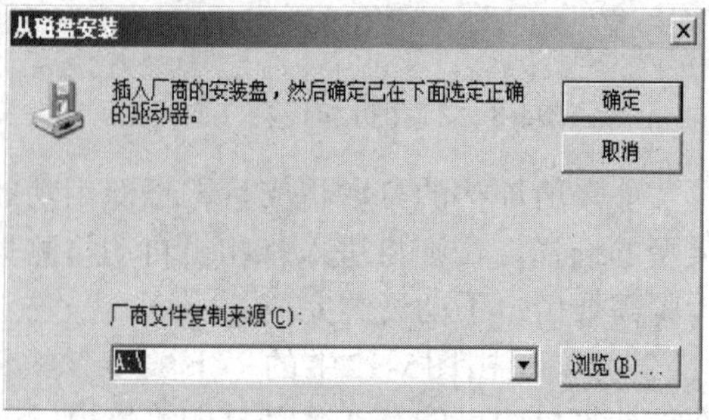

图5-15 从磁盘安装

（6）选定打印机类型后，单击“下一步”按钮。如果本地计算机上已经安装了该类型的打印机驱动程序，则Windows系统会弹出如图5-16所示的界面，要求用户确认是否保留原有的打印机软件。如果能够确认原驱动程序工作不正常，则需选择“替换现有驱动程序”单选按钮，否则应选择系统推荐的“保留原有的驱动程序”单选按钮。

（7）单击“下一步”按钮则进入如图5-17所示的“命名打印机”界面，在此界面中可以为打印机指定打印机名。需要注意的是打印机名称长度不能超过221个字符，不能包含感叹号（!）、逗号（,）和反斜线（\）。计算机会根据打印机的实际型号自动给出默认的打印机名供用户选用。

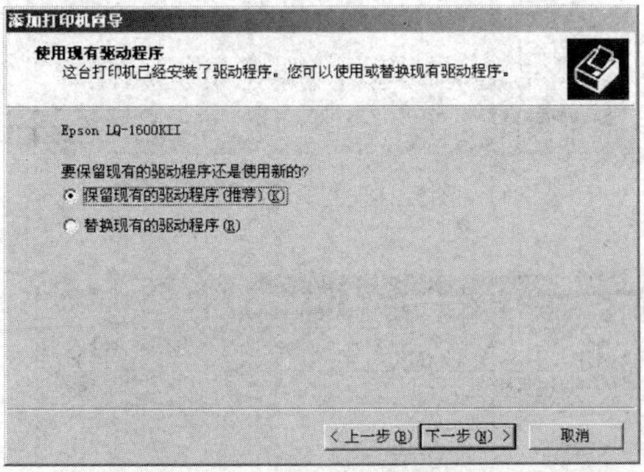

图5-16　使用现有的驱动程序

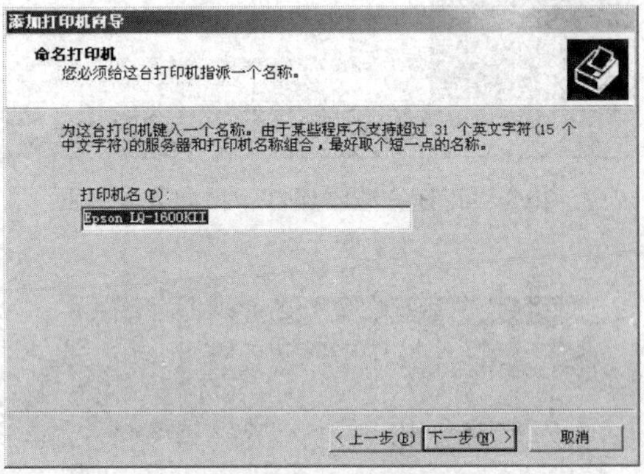

图5-17　命名打印机

（8）单击“下一步”按钮进入“打印机共享”设置界面，如图5-18所示，选择“不共享这台打印机”单选按钮。单击“下一步”按钮，进入“打印测试页”界面，如图5-19所示。如果想立即测试打印机安装是否正常，可选择“是”单选按钮以打印测试页，否则选择“否”单选按钮。

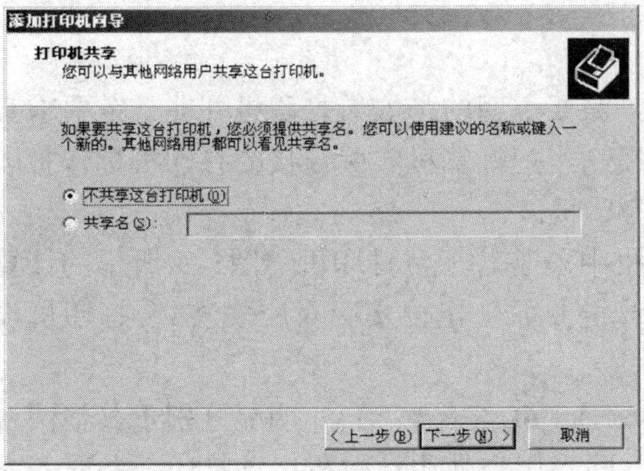

图5-18　“打印机共享”设置界面

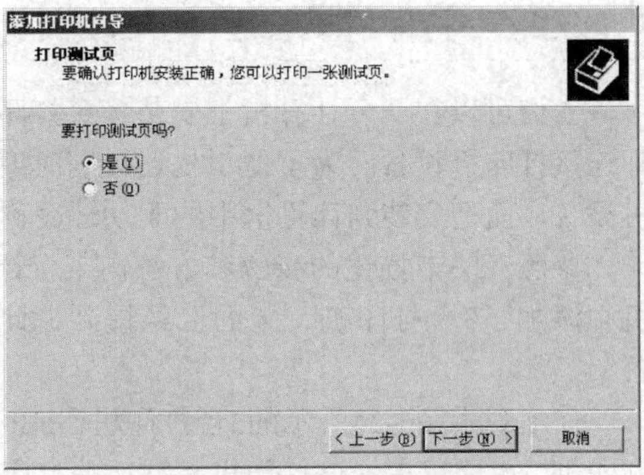

图5-19　“打印测试页”界面

（9）设置完测试页后，单击“下一步”按钮，进入“正在完成添加打印机向导”界面，如图5-20所示，此界面中简略概述了打印机的安装设置信息。单击“完成”按钮，Windows系统将开始进行程序的复制和安装，如图5-21所示。

（10）复制和安装结束后，如果用户选择了打印测试页，则还会弹出如图5-22所示的界面。如果测试页打印异常，则可利用该页面中的“疑难解答”功能帮助用户排除打印机故障。当在控制面板中的“打印机和传真”窗口中看到新安装的打印机（如图5-23中所示的Epson LQ-1600KII）后，打印机安装过程即告结束。

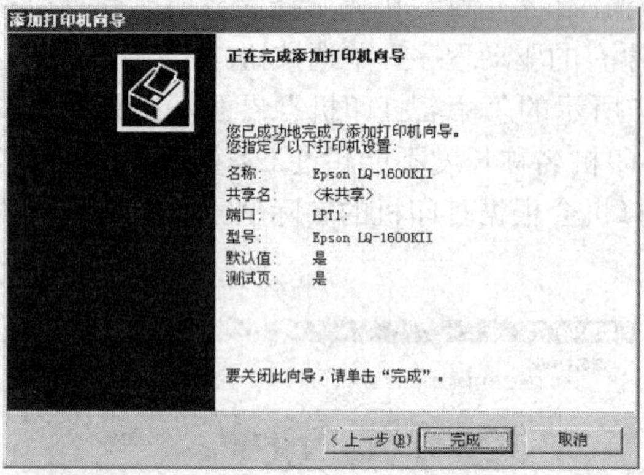

图5-20　“正在完成添加打印机向导”界面

图5-21　打印测试页

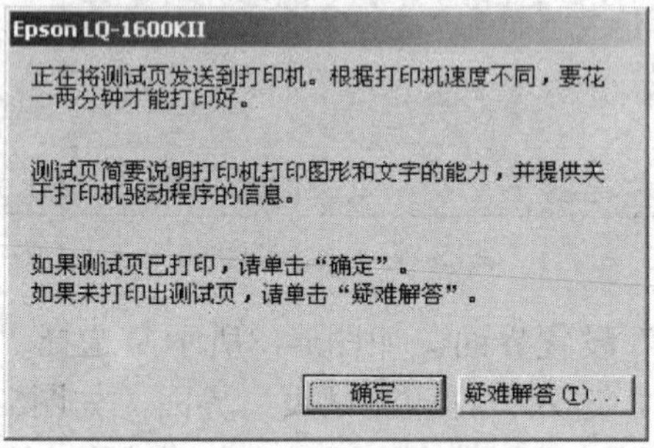

图5-22　问询测试页效果

图5-23　新打印机安装完成

5.2.4　打印机的管理

人们可以在一台计算机上安装多台打印机，需要说明的是安装打印机并非一定要求实际连接打印机设备。为了便于描述，同时遵照惯例，把计算机实际连接的打印机称作打印机设备，而把安装到计算机中的驱动程序称作打印机。

参照5.2.3节描述的步骤和方法向某台计算机中安装若干台打印机，图5-24所示的计算机中添加了3台打印机。上面已经提到，此计算机并非一定要实际对应安装3台打印机设备。

仔细观察图5-24所示的3台打印机，HP Laster Jet 6L带有✔标记，明显区别于其他两台打印机。✔标记指示该打印机是默认的打印机，即当用户使用计算机启动打印任务时，系统将默认选择使用该打印机。在一台计算机上，有且最多只能有一台默认打印机。

在某打印机上单击鼠标右键，从弹出的快捷菜单中选择“设为默认打印机”命令则可将相应打印机设置为默认打印机。

在某打印机上单击鼠标右键，从弹出的快捷菜单中选择“属性”命令，可打开打印机属性对话框，如图5-25所示（不同型号的打印机的界面和内容不尽相同）。

图5-24 计算机中安装多台打印机

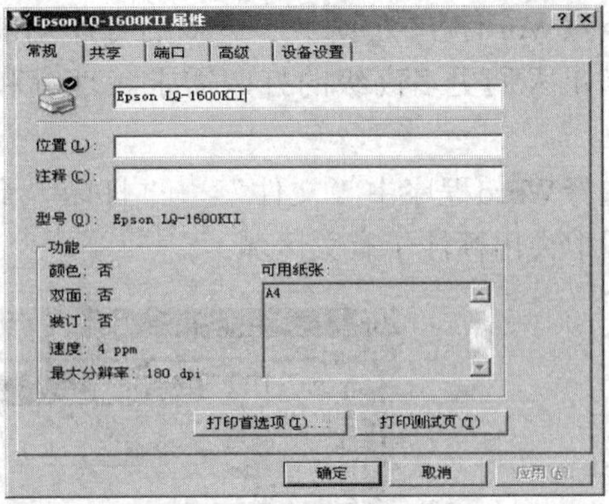

图5-25 Epson LQ-1600KII属性

选中打印机，还可以像删除文件或文件夹一样将其删除，这样也就卸载了指定的打印机。

当在应用程序中执行打印命令时，打印任务就被发送到打印机的打印队列中等待打印。当存在打印列表时，Windows状态区出现如图5-26所示的打印机图标。双击该图标，将打开打印任务管理器，其中列出了正在等待打印的打印队列，如图5-27所示。右键单击任意打印任务，执行弹出菜单中的命令，可对打印任务进行管理。右键单击管理器的空白处，执行弹出菜单中的命令，可对打印机进行管理。在图5-24所示的“打印机和传真”窗口中双击打印机图标，也可打开该打印机的打印任务管理器。

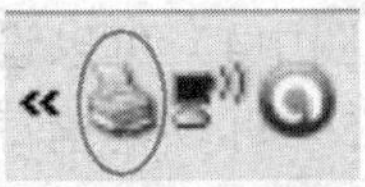

图5-26 Windows通知区打印机图标

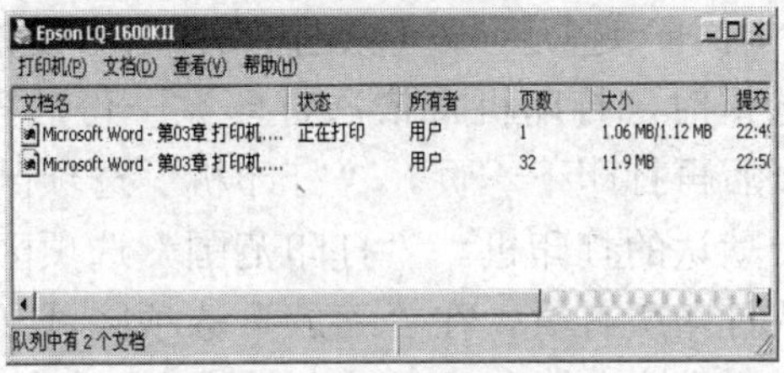

图5-27 打印任务管理器

5.2.5 打印机的使用

当计算机中正确配置了打印机后，就可以利用它执行打印任务了。下面以打印Word文件为例说明打印机的用法。

在使用打印机之前，应确保打印机处于正常的联机状态。启动Word程序打开一个已经编辑好的Word文件，打开如图5-28所示的“常用”工具栏。确保打印机入纸槽中已正确放置符合输出需要的打印纸张，单击工具栏中的打印按钮，一般经过短暂的等待即可得到打印机的输出结果。如果希望在实际打印前提前预览一下打印效果，可以单击工具栏中的打印预览按钮进行预览，这样可以减少损耗。打印机的这些基本用法，在大多数情况下都可以应付日常的打印需求。

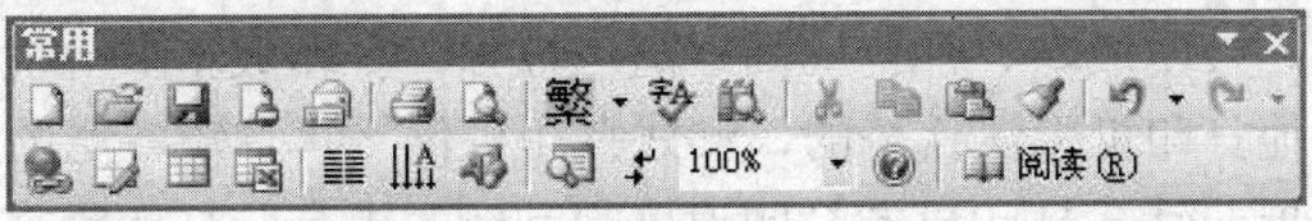

图5-28 Word“常用”工具栏

当然Word程序还提供了更多的打印功能和选项（视具体打印机型号而有所不同），可以满足人们更多高级的打印需求。理解和掌握这些功能和选项有助于提高打印机应用水平。

选择Word程序中“文件”→“打印”命令，打开如图5-29所示的对话框（为便于描述，图中突出标注了有关区域）。

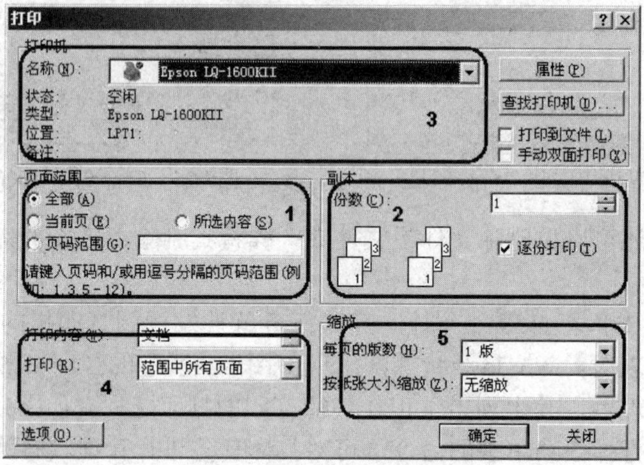

图5-29　打印属性对话框

在图5-29中，“页面范围”选项区域（见图中1）用于设置打印页的范围，默认为打印所有页。“副本”选项区域（见图中2）用于设置打印的份数，默认打印1份；选中“逐份打印”复选框时，打印机将依次打印完一份后再打印下一份；否则将先按设置的份数打印完某一页后再打印下一页。“打印机”选项区域（见图中3）用于设置已安装的打印机，默认选中默认的打印机。“打印范围”选项区域（见图中4）可以设置打印奇数页或偶数页，默认打印所有页。在“缩放”选项区域（见图中5）可以设置每页打印多少版，或将单页放大，或缩小打印，不过由于针式打印机打印质量不高，此项功能实用性不强。Word程序文档打印对话框中还提供了“双面打印”、“打印到文件”、设置打印机“属性”等多种功能。

Word文档更多的高级打印功能已超出了本书的范围，确有需要时，请结合具体的打印机型号，参考专门的Word书籍进行学习，在此不再多述。另外，不同的应用程序中打印设置界面不尽相同，请读者在具体应用过程中予以注意。

5.2.6　针式打印机的特点和应用

使用针式打印机打印文件时，不得不忍受烦人的击打声音、缓慢的打印过程及粗糙的打印效果。20世纪90年代末期，随着新型打印机的不断涌现，针式打印机已失去了其往日的风光，市场份额在不断下降。

不过产品的兴衰是由市场的实际需求来决定的。相对其他类型的打印机而言，针式打印机具有结构简单、技术成熟、性价比高、适应性强、打印成本低等优点，另外，其独特的击打能力也是其他打印机无法代替的，针式打印机仍然具有较广泛的应用群体。

随着技术的发展，针式打印机的打印速度得到较大提高，打印噪声得到有效控制，打印品质有了较大改善。同时针式打印机也正向着专用化、专业化方向发展，针式打印机已经走上了专业市场前台，并将成为打印机市场新的增长点。在特定专用领域，针式打印机仍然保持着较高的打印水平，票据打印机更是成为针式打印机产品实现市场发展的灵丹妙药，不但完善了针式打印机行业的市场细分，而且为针式打印机市场带来了新的契机。

针式打印机在银行存折打印、财务发票打印、记录科学数据连续打印、条形码打印、快速跳行打印和多份复制制作等应用领域具有其他类型打印机不可取代的功能。随着政府、行业信息化、金税、金保等工程的深化，大量行业票据需要存档保存，针式打印机更能大显身手，我国针式打印机市场又将会得到更快、更深入地发展。

5.2.7　针式打印机的日常维护

使用针式打印机，除了正确地使用打印机外，同时还应注重针式打印机的日常维护和保养，这对针式打印机长时间正常运转非常重要。

第一，因为针式打印机是通过打印头的机械往复运动进行打印的，为了保证打印头的正常工作，针式打印机必须放在平稳、防尘、防潮、防腐、防晒的地方，并且还要远离热源、振源。

第二，要保持打印机的自身清洁和环境清洁。用户需定期清除机内的灰尘和纸屑，经常用在稀释的中性洗涤剂（注意不要使用酒精等有机溶剂）中浸泡过的软布擦拭机壳。勿在机身上放置重物，并应避免异物掉入机器内部。

注意：针式打印机工作时打印头表面产生高温，切勿用手随意触摸打印头表面。

第三，要对打印机进行经常性检查。要经常检查打印头前面的色带保护片是否破损，如有损坏应及时更换，以免在打印过程中刮破色带或纸张，严重时也可能折断打印针。定期检查色带及色带盒，确保色带松紧合适、色带表面无起毛现象，否则容易影响字车移动或刮断打印针。检查其他机械部件有无松动、脱落、润滑和磨损情况，发现异常时需及时处理，以免故障范围扩大。

第四，尽可能选择高质量的耗材。高质量的色带接痕不明显，油墨细腻且分布均匀；低质量的色带有明显的接痕，油墨质量很差，油墨容易堵塞或淤积，影响打印头的正常打印。尽量使用质量较好的纸张，质量较差的纸张容易塞纸或者起毛，影响打印质量和效果。

第五，正确使用打印机。打印机是计算机的外围设备，应坚持按照“先外设后主机”的顺序开机，按照“先主机后外设”的顺序关机。尽量使用打印机操作面板对打印机进行操作控制，避免手动强行控制（如打印过程中强行抽纸、推拉字车等）。适当调节打印头与打印滚轴之间的间距，以适应打印纸张的厚度。

5.3　喷墨打印机

针式打印机曾经一统天下，但它的打印清晰度、色彩、噪声、速度等都难以满足更高的打印要求，这样就催生了喷墨打印机。

世界上首台喷墨打印机于1984年诞生于美国HP（惠普）公司。它弥补了传统针式打印机输出色彩单调的缺陷，将用户带入了一个五彩斑斓的打印世界；不过由于最初推出时的喷打技术还没有完全成熟，各种设计开发的成本相对较高，当时的喷墨打印机仅仅用于一些专业印刷系统或者广告设计行业。随着喷墨打印技术的不断成熟和日益创新，喷墨打印机的应用范围也在不断地扩大，除了可以用于正常的商务办公及个人办公外，喷墨打印机的"身影"已经开始出现在桌面印刷系统、广告设计系统、印刷出版系统及摄影绘制系统等领域。现在喷墨打印技术越来越成熟，其各种设计成本费用也在大幅度下降，喷墨打印机在各类办公领域得到快速普及。

最近几年，伴随着家庭计算机用户数量的不断攀升，喷墨打印机凭借其价格优势和良好的打印效果，正逐步成为个人用户的首选。目前的喷墨打印机，也已经从最初的效果粗糙、输出缓慢、耗时较长，发展到现在的照片级效果、输出快速、操作简便，特别是最新的喷墨打印机整合了数码功能，它能根据用户的不同要求，打印出各种非常有趣的家庭数码影像效果。

喷墨打印机是一种具有较高性能的彩色图像输出设备，在打印机市场的竞争中以后来者居上，逐渐成为市场的主流产品之一。

5.3.1 喷墨打印机的结构与原理

生活中有时不注意，常会把墨水、菜汤、污水溅洒到衣服上，从而在衣服上形成污渍。喷墨打印机的基本原理与此相似：它把某些颜色的墨水滴喷射到纸面上，纸面上就会留下墨点；这些墨点数量巨大且非常精细，按一定规则组合在一起便组成一幅打印图案。喷墨打印机就是基于这种思路进行打印工作的，如图5-30所示。

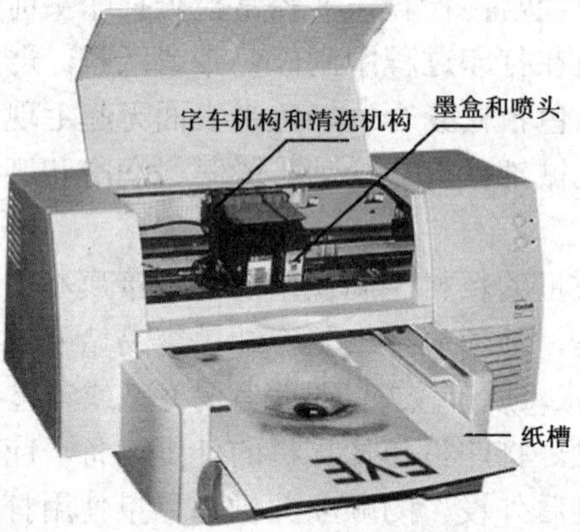

图5-30 喷墨打印机

喷墨打印机是一种具有较高性能的机电一体化设备，与针式打印机一样，同样由机械部分和电路部分组成。

机械部分主要由喷头和墨盒、字车机构、清洗机构和走纸机构等组成。

- 喷头和墨盒：喷头是喷墨打印机的关键部件，它在很大程度上决定了打印质量和速度。喷头由大量精密且细小的喷嘴组成，可以喷出高速的墨水微粒；墨盒为喷头喷墨提供墨水来源。喷头和墨盒有两种组合方式：一类是集成式的，喷头和墨盒集成在一起，二者一损俱废，成本较高，如图5-31所示；另一类是分离式的，喷头和墨盒各自独立，墨水耗尽或喷头损坏只需更换相应部件即可。

- 字车机构：可以带动喷头水平移动，用于实现喷头的横向定位。在横向步进电动机的控制下，字车可以把喷头准确送达指定的列位置，如图5-32所示。

图5-31 喷头和墨盒

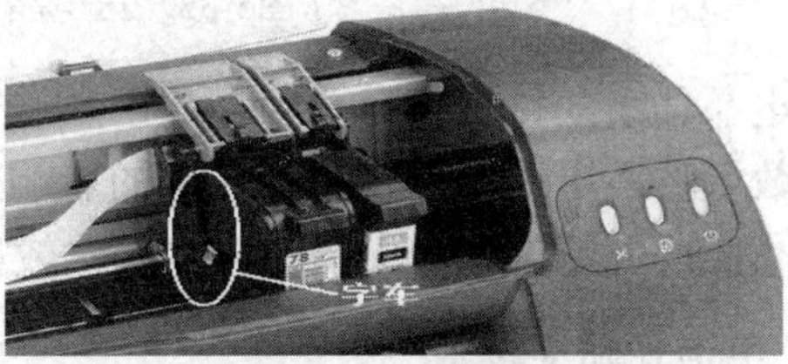

图5-32 字车机构

- 清洗机构：喷头中集成了大量喷嘴，由于非常精细，比较容易堵塞；喷墨打印机中均设有清洁机构（一般和字车集成在一起），负责喷头中喷嘴的保护和清洁。
- 走纸机构：实现打印中的纵向送纸。包括进纸槽、出纸槽和纸张传输通道等，在纵向步进电动机的带动下，实现纸张的纵向移动，以改变打印行位置。

电路部分主要由主控制电路、驱动电路、传感器检测电路、接口电路和电源电路构成。主控制电路主要由喷墨打印机的内部元器件控制；驱动电路驱动各机构部分协调工作；传感器检测电路主要用于检测打印机各部分的工作状态；接口电路控制打印机与计算机的数据通信；电源电路为打印机提供电力支持。

5.3.2 喷墨技术

喷墨打印机发展过程中主要出现过两大类喷墨技术，分别是固体喷墨技术和液体喷墨技术，现在又以后者更为常见。

人们一般会认为油墨一定是液体的，固体喷墨是不能实现的。实际上很简单，固体喷墨所用的油墨与平时使用的蜡烛类似，在常温下呈现固体状态，在打印时被迅速加热熔化成液体，再经喷嘴喷出后形成墨滴。

液体喷墨相对于固体喷墨更为常见。当前在喷墨打印机市场中主要存在两种液体喷墨技术：一种是压电晶体喷墨技术，由EPSON（爱普生）公司独创并使用；另一种是气泡喷墨技术，主要由HP（惠普）公司、CANON（佳能）公司和Lexmark（利盟）公司采用。

1. 压电晶体喷墨技术

打印墨水被封装在墨室中，墨室一侧留有一个微小的喷孔，正常情况下墨室中的墨水不会从喷孔中流出。在墨室的另一侧贴有由压电晶体材料制造的簧片，压电晶体材料在其两端电压变化的情况下会发生固定频率的振动。在电信号的驱动下，压电晶体产生振动，带动墨室空间受压或扩张。墨室被挤压时，墨水受压从喷孔喷出形成墨滴；墨室扩张时，墨室将通过供墨管线吸入墨水。压电晶体喷墨过程示意图如图5-33所示。

压电晶体喷墨技术通过调节压电晶体的振动，能够精确控制墨滴大小和喷射位置，打印精度很高；墨水在常温下工作，稳定性较高，打印色彩真实度高；另外，喷头也工作在常温状态下，一方面有利于降低能耗，另一方面也有利于减轻腐蚀，喷头的使用寿命较长。

图5-33　压电晶体喷墨过程示意图

压电晶体喷墨技术也存在明显的不足：一是随着打印头压电晶体数量的增多，其喷嘴的集成数量将不可避免地要受到一定的影响，而喷嘴数量的多少在一定程度上决定着打印速度的高低；二是这种喷头制造成本相对较高，在市场竞争中处于劣势。

2．气泡式喷墨技术

气泡式喷墨技术与压电晶体式喷墨技术在喷头结构上存在相似之处：墨水被密装于墨室中，墨室壁上留有细小喷孔，喷孔足够小，正常情况下墨水不会从喷孔流出。

但气泡式喷墨工作原理与压电晶体式有着本质的区别。它在墨室壁上设有加热元件，该元件可在瞬间（3μs左右）将喷头加热到300℃。墨室内加热元件附近的墨水受热汽化成气泡并急速膨胀，墨室压力增大迫使部分墨水通过喷嘴喷出，形成打印墨滴。之后喷头冷缩，墨室内压力减小，将通过供管线重新吸入墨水。气泡式喷墨过程示意图如图5-34所示。

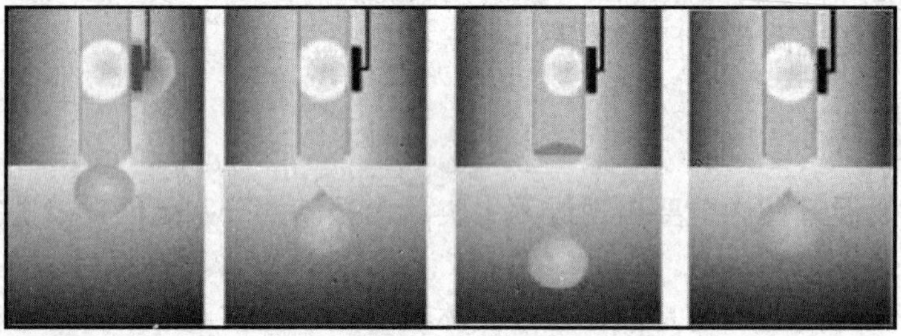

图5-34　气泡式喷墨过程示意图

气泡式喷墨技术实现比较简单，成本较为低廉，有利于参与市场竞争。而且随着制作工艺的发展，这种打印机可以轻易地实现高密度的喷嘴集成，这也意味着更快的打印速度。

气泡式喷墨方式的缺点同样明显。首先，墨滴是通过气泡喷出的，墨滴的方向和大小不好掌握，打印线条边缘容易参差不齐，打印精度较差，影响打印质量；其次，墨水在高温下性质不稳定，容易发生化学变化，打印色彩的真实性受到影响；最后，由于在打印时需要不断地加热和冷却，喷嘴更容易遭到腐蚀，直接影响使用寿命。

5.3.3　彩色喷墨原理

针式打印机更换彩色色带，可以打印出简单的彩色图案，但其效果并不理想。而喷墨打印技术与生俱来就具有彩色打印的功能，而且彩色打印效果还相当突出。

自然界中的色彩一般都是由红色、绿色、蓝色三种基本颜色按照不同的比例混合而成的，红色（R）、绿色（G）、蓝色（B）被称为光学三原色（记为RGB），如图5-35所示，主要用于显示领域。由光学三原色图可以看出，绿和蓝组合成青色、红与蓝组合生成洋红、红与绿组合生成黄色，青色（C）、洋红（M）和黄色（Y）被称为印刷三元色（记为CMY），如图5-36所示，主要用于印刷领域。

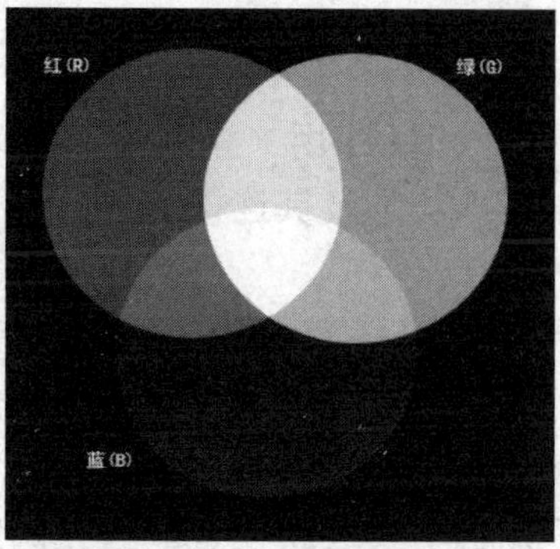

图5-35 光学三原色

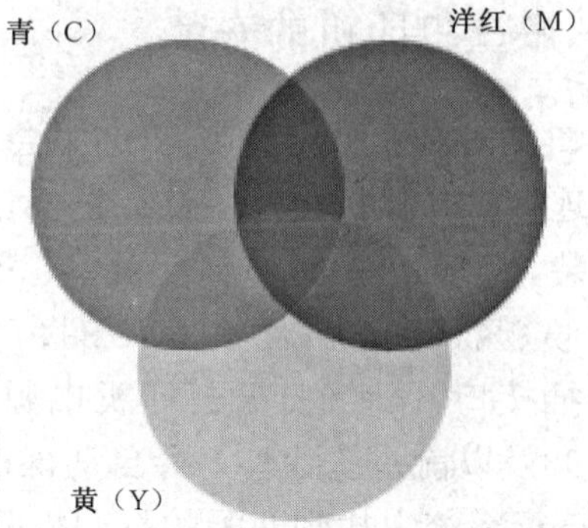

图5-36 印刷三元色

比较CMY色系与RGB色系可以发现，CMY三元色两两组合的结果正好与RGB三原色对应，RGB三原色两两组合的结果正好是CMY三元色对应，因此CMY与RGB存在色系互补关系，青（C）与红（R）、洋红（M）与绿（G）、黄（Y）与蓝（B）存在单色互补关系。

RGB色系是在黑色基础上添加颜色，在数字显示技术中，分别用0～255之间的整数来表示各原色数值；各色全为0表示不加色，颜色仍为黑，各色全为255表示加全色，颜色变为白。CMY色系是在白色基础上删减颜色，在数字印刷技术中，分别用0～100之间的整数表示各原色数值；各色全为0表示不减色，颜色仍白色，各色全为100表示减全色，颜色变为黑。

喷墨打印机通常采用性质比较稳定的青色（C）、洋红色（M）、黄色（Y）三种基本颜色来配置墨盒，但出于技术和成本方面的考虑，在实际应用中通常增配黑色墨盒（用K表示），一方面可以保证黑色打印纯度，另一方面也有利于降低打印成本。

在喷墨打印机中，最初采用CMYK四色集成的墨盒，但只要有一种颜色的墨水用尽，整个墨盒就要报废。当前喷墨打印机主要采用CMYK各自独立的四色墨盒，如图5-37所示，当某一种颜色的墨水用尽时，只需更换对应的墨盒即可。

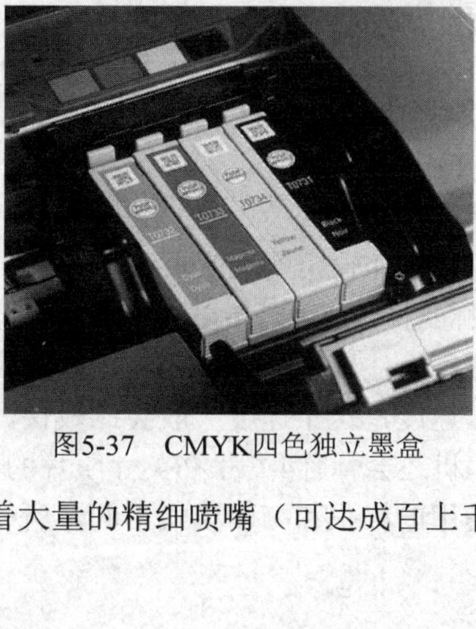
图5-37 CMYK四色独立墨盒

喷墨打印机喷头上密集着大量的精细喷嘴（可达成百上千个），每个喷嘴只负责喷射一种单色墨水，并且还可以控制喷嘴的喷墨量。在喷墨打印机工作时，邻近的喷嘴喷出的不同颜色、不同墨量的小墨滴飞溅到纸面上近似的同一点上，混合后就会得到一个彩色喷点，大量的彩色喷点组合在一起，一幅彩色打印作品便会跃然纸上。

5.3.4 喷墨打印机的安装

不同接口的设备，安装方法和过程会有所区别；即插即用（指能被操作系统自动识别）的设备连接到计算机上后，计算机会自动识别设备类型及其连接的端口，并试图自动完成设备安装。

现代的喷墨打印机，大多以USB接口为主，支持即插即用和热拔插（可在带电状态下进行拔插接口）。当打开打印机电源，并将USB接口接入计算机后，Windows系统（Windows 98及以前系统除外）会自动识别USB接口。第一次安装时会提示发现新硬件，尝试从Windows系统中找到匹配的打印机驱动程序并自动安装新设备。当尝试失败后，系统会自动打开如图5-38所示的新硬件安装向导，引导用户完成硬件的安装。

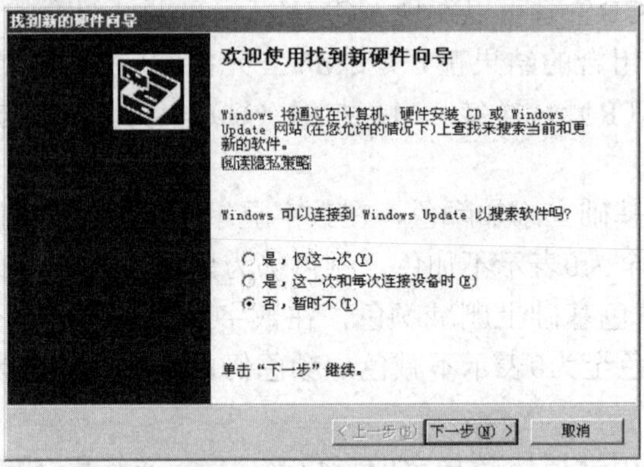

图5-38 “欢迎使用找到新硬件向导”界面

对常用的USB接口的喷墨打印机，打印机厂商一般会提供功能较强、使用简便的光盘安装程序，一方面可以帮助用户自动安装设备驱动程序，另一方面设备厂商一般也会提供设备管理和应用程序的安装。因此，对USB接口的计算机外围设备，建议大家尽可能采用厂商提供的安装程序进行安装。安装过程比较简单，在此不再赘述。

5.3.5 喷墨打印机的技术指标与选购指南

1. 技术指标

（1）打印速度

打印速度是指打印机每分钟打印输出的纸张页数，单位用“页/分钟（PPM）”表示。一般情况下，打印机产品中标称的打印速度是指以5%的覆盖率打印A4幅纸面时的打印速度。

彩色喷墨打印机一般会分别标注黑色和彩色两种打印速度，部分打印机还会提供经济（省墨或草稿）模式下的打印速度，这个速度一般会比较快，但会牺牲一定的打印质量。另外部分面向照片打印的打印机还会标称4英寸×6英寸照片的打印速度。

由于各厂商标称速度时使用的样张和打印模式不同，所以不同厂商的喷墨打印机的标称速度之间可比性不强。

（2）分辨率

分辨率又称为输出分辨率，是指在打印输出时横向和纵向两个方向上每英寸最多能够打印的点数，通常以点/英寸（dpi）表示。平时所说的打印机分辨率一般指打印机的最大分辨率。

打印分辨率是衡量打印机打印质量的重要指标，它决定了打印机打印图像时所能表现的精细程度，它的高低对输出质量有重要的影响，因此在一定程度上来说，打印分辨率也就决定了该打印机的输出质量。分辨率越高，其反映出来可显示的像素个数也就越多，可呈现出更多的信息和更好更清晰的图像。

打印分辨率一般包括纵向和横向两个方向，喷墨打印机在纵向和横向两个方向上的输出分辨率相差很大，一般情况下所说的喷墨打印机分辨率就是指横向喷墨表现力。如2400dpi×1200dpi，其中2400表示横向（水平）方向上的分辨率，1200则表示纵向（垂直）方向上的打印分辨率。

彩色喷墨打印机的打印质量对介质有很强的依赖性，一般标称的分辨率都是基于高级照片纸，通常的应用都是基于普通纸，对分辨率指标不必过分苛求。

（3）喷墨头

喷墨头是喷墨打印机的打印核心部件。喷墨头上有许多极其微小的小孔，被称为喷嘴，打印时墨水从喷嘴中高速喷射到纸面上，形成打印图像。

喷嘴的数量直接决定着打印的效果和速度。喷嘴越多获得的打印分辨率越高，同时对打印对象一些细节的表现会更加充分。喷嘴数量越多，打印速度越快。

（4）最小墨滴

最小墨滴是指喷墨打印机的喷墨头能够喷射的最小墨滴尺寸，一般以pL为单位，最小墨滴是影响喷墨打印机打印质量的一个重要因素，喷射的墨滴越小，就越容易实现更高的分辨率，喷墨打印机打印出的每一个点都是由多个墨滴形成的，更小的墨滴意味着可以在同一个点上喷射更多的墨滴用于调色，这样能够表现的色彩层次就会更丰富。

（5）墨盒类型

墨盒类型指的是产品墨盒配置的基本情况，主要包括采用的颜色的数量，墨盒的容量和是否采用独立的墨盒。

色彩数目是衡量彩色喷墨打印机包含彩色墨盒数多少的一种参考指标，数目越大意味着图像色彩越丰富。目前彩色喷墨打印机将黑、青、洋红、黄4色墨盒作为基本的要求。中高端的产品已经普遍采用了黑、青、洋红、黄、淡青、淡洋红的6色墨盒，也有的达到了7色或8色。但是随着墨盒颜色的增加，打印机的使用成本自然也会增加。

墨盒容量又称打印量，一般以能够打印的页数来表示，容量越大意味着日后更换墨盒的频次可以越低，意味着可以节省以后打印机的使用成本。墨盒容量一般有黑色墨盒容量、彩色墨盒容量、照片墨盒容量3种，而采用各种颜色分离的分体墨盒，会将每一种颜色的墨盒单独标称。

（6）打印幅面

打印幅面是打印机可打印输出的面积。打印机的打印幅面越大，打印的范围越大。打印幅面的大小也是衡量打印机的重要性能指标。不同用途的打印机所能处理的打印幅面是不尽相同的，不过正常情况下，打印机可以处理的打印幅面主要包括A4幅面和B5幅面这两种。但也有一些特殊幅面，比如，在处理数码影像打印业务时，有可能用到A6幅面。

2．选购指南

喷墨打印机产品丰富、价格低廉、噪声低、效果好，逐步受到用户的青睐，日益成为家庭或办公打印机的首选。目前黑白喷墨打印机已被淘汰，市面上多为彩色喷墨打印机。但喷墨打印机市场新技术不断涌现，新产品类型层出不穷，对于普通用户而言，挑选一款称心如意的喷墨打印机确实不太容易。下面简略地介绍喷墨打印机的选购知识。

打印质量主要是通过颜色数和分辨率来衡量的。更多的颜色数代表着更好的色彩表现力，现在市场上的4色打印机对于一般的彩色文本或是要求不高的图片打印需求一般都能够满足，但如果需要打印照片，建议选用6色照片打印机。分辨率的单位是dpi，分辨率越高，图像越自然、越清晰。打印机虽然标称高分辨率，但这是需要专业打印纸的配合才能做得到的。除非特别需要，采用普通纸进行打印，根本达不到计算机标称的高分辨率。另外对高于360dpi×360dpi的分辨率，人眼的分辨能力就不容易体现了。

打印速度的单位是PPM，即每分钟打印页数。如果打印量不大的话，打印速度其实并不很重要，用户完全不必太过计较。

打印成本主要包括纸张和墨盒两方面。从长远的眼光看，打印成本是一笔不小的投入，一款优秀的打印机确实能帮助用户节约不少的打印成本。与纸张相比，墨盒的价格就更需注意，应注意同样容量的墨盒所带来的打印总张数的区别。

美观和实用都是用户在选购打印机时需要的注意的，只是每个人的侧重点不同而已。对于普通用户来说，购买打印机的真正目的是要让它辅助工作，而并非要它作为摆设的艺术品，因此应该更看重其实用性。当然，随着喷墨打印机厂商越来越注重实用和外观，既实用又美观的喷墨打印机也将越来越多，相信这种打印机定能让人满意。

目前市场上的喷墨打印机大多采用液态喷墨方式。根据工作原理，液态喷墨打印机又可分为惠普、佳能使用的热气泡式和爱普生使用的微压电式。两种方式各有特色，压电式打印机打印质量优于气泡式，但打印成本和打印速度并不占优势，用户可根据自己的实际需要择优而置。

5.3.6 喷墨打印机的使用和维护

喷墨打印机的使用与针式打印机在使用方法上基本上是一致的，只是在操作细节上存在部分差异，在此不再赘述。另外相对于针式打印机，喷墨打印机具有较高的打印质量，Word等软件提供的缩放打印功能（见图5-29）具有较强的实用性。

喷墨打印机的科技含量较高，零件构造非常精密，正确使用和操作打印机，对于减少打印机的故障概率和延长使用寿命有着不可忽视的作用。

喷墨打印机应置在防尘、防腐、防潮、防晒、防振、防压的平稳表面上，并预留足够的空间以利于打印操作。经常检查打印机各部件工作是否正常，如出现异常应及时进行排除。运输打印机时应将墨盒留在打印机内并用胶带固定。

打印机在打印过程中必须关闭其前盖，以防止异物进入机内阻碍打印机字车的运动，引起不必要的故障。

打印机使用一段时间后，应使用其自身的自动清洗系统对喷头进行清洗，以期墨水供给和喷嘴喷墨都处于最佳状态；应定期对打印机机械部分进行润滑；经常保持打印机自身清洁，发现灰尘或纸屑，应及时排除。

喷头是整个打印机中最昂贵的部件，使用寿命一般为20～30套墨盒。正确操作打印机（使用前仔细阅读说明书）和选用优质墨盒有利于减少喷头故障。机内必须保持安装有充足墨水的墨盒，且每周至少使用一次，否则有可能因墨水干涸而堵塞喷嘴。对不经常使用的打印机，建议在关机前清洗一次打印头。

不得带电拆卸喷头，不要将喷头置于易产生静电的地方，拿取喷头时不可接触其金属部位，以免因静电造成喷头内部电路损坏。不可用嘴向喷头内或其他墨水管路内吹气，以防唾液玷污管路内部而影响墨水畅通。

关机时应确保打印头回到初始位置，一方面可以避免下次开机时打印机自动清洗打印头，另一方面是打印头在初始位置可受到保护罩的密封保护。

禁止在打印机正在打印时或带电状态下插拔打印电缆（即插即用接口除外），这样容易损坏打印机的打印接口，甚至会击穿PC的主板。

更换墨盒时应在喷墨打印机开机的状态下进行，更换后打印机将对墨水输送系统进行充墨。喷墨墨水具有导电性，因此更换墨盒时应注意勿将墨水漏洒在电路板上，否则通电时容易损坏电路元件。

5.3.7 喷墨打印机成本控制

虽然购买喷墨打印机的一次投入成本较低，但对普通用户来讲其后期的使用成本却比较高，主要体现在购买墨盒的投入相对较高，使用打印机原装墨盒成本会更高。

喷墨打印机通常提供经济、普通和精细等多种打印模式。当对打印质量要求不高时，可考虑使用经济模式，此模式相对普通模式可省墨1/3左右。调整方法为：进入系统“控制面板”中“打印机和传真”窗口，右击需要设置的打印机执行“属性”菜单命令，找到质量控制相关设置选项，设置打印质量为经济模式（或高速模式）即可。当然不同型号的打印机，打印质量设置方法也略有差异。

在打印机耗材市场上，除提供打印机原装墨盒外，还有部分商家专门提供兼容墨盒，且销售价格便宜很多；对普通用户来讲，使用兼容墨盒的打印质量一般足以满足用户要求，购买兼容墨盒是降低打印成本的有效方法之一，但打印质量可能会稍受影响。

采用主动关机（即采用打印机电源键来关机）较被动关机有利于省墨；墨盒未被用尽时中途被取出，会造成墨水浪费和计量失准；自动清洗打印头将消耗墨水，因此通常仅在打印质量有问题时才考虑自动清洗。

下面探讨两种更经济的控制喷墨打印成本的方法。

1．灌墨

钢笔中墨水用尽后可以为其加注墨水，墨盒中墨水用尽后同样可以加注，因为无论是集成墨盒还是独立墨盒，墨水用尽后墨盒（和喷头）或许仍然完好。

喷墨打印机耗材市场专门有商家提供灌墨服务，当然如果个人有兴趣，也可以自己向墨盒中加注墨水。

首先要确保墨盒（和喷头）是完好且可继续使用的，其次要到耗材市场购买打印机的兼容墨水，如图5-39所示，再准备一个小刀和部分吸水纸（布）就可以进行灌墨了。

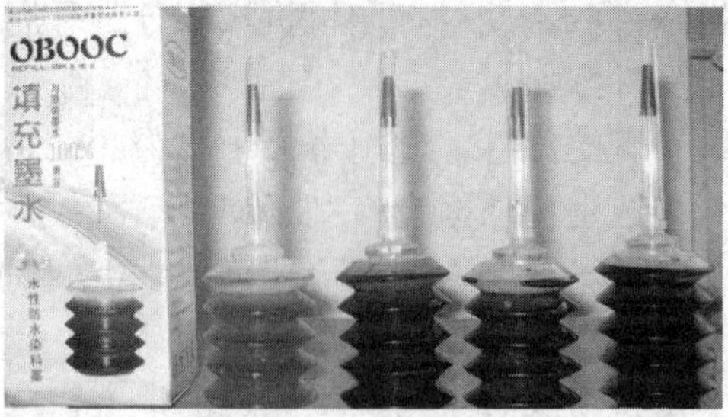

图5-39 彩色兼容墨水

为独立墨盒灌墨的操作过程如图5-40所示。首先用手捏住墨盒，揭开盒盖上的封签后露出透气孔；另一只手拿起同色墨水瓶，将其细针伸至墨盒底部，然后慢慢向墨盒中注入墨水，边注入边缓缓提起针管，防止产生气泡，直到墨水将要注满为止；将封签重新封盖住透气孔（注意不是堵死），防止漏墨，以及在打印过程中墨水溅出；最后将墨盒擦拭干净。用同样的方法向其他颜色的墨盒中对应灌入墨水。

（a）揭开封签　　（b）小心注入墨水　　（c）压紧封签

图5-40 为独立墨盒灌墨

集成墨盒与独立墨盒在结构上存在差异，因此灌墨过程略有不同，如图5-41所示。首先用刀片启开墨盒盖，露出墨盒内部各个小容器；然后依次向各容器中对应地慢慢注入彩色墨水，注意避免产生气泡；最后将墨盒盖盖好，并用胶带牢固密封。

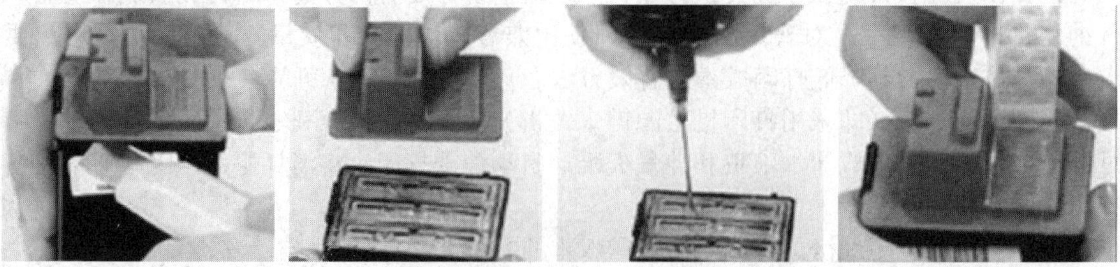

（a）揭开盒盖　　（b）露出内容器　　（c）灌注墨水　　（d）密封盒盖

图5-41 为集成墨盒灌墨

向墨盒中注墨完毕并封装好后，将墨盒装入打印机，自动清洗打印头，直到打印正常。

2. 墨水连供系统

喷墨打印机使用的墨水来自于墨盒，而墨盒容量非常有限；一般来说，一套墨盒大约只能打印5%覆盖率的A4纸300～500页。对于打印量非常大的部门来讲，一方面喷墨打印机使用成本相对较高；另一方面，需要不断更换墨盒或为空墨盒灌墨也会影响工作效率。市场是神奇的，有些商家很快意识到市场的需求，设计制造出墨水连供系统以解决上述问题。

图5-42所示的喷墨打印机上配置了连续供墨系统，墨水用尽后无须再为墨盒注墨了，只需向墨水瓶中加入墨水即可。如果读者动手能力较强的话，还可以自己动手制作一套连续供墨系统，如图5-43所示。

图5-42 连续供墨系统

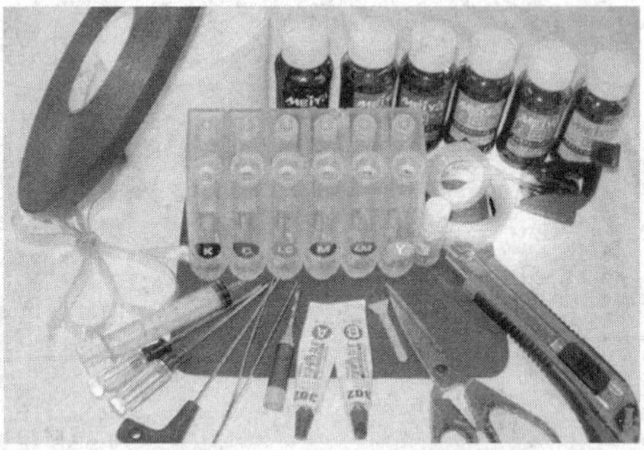

图5-43 自制连续供墨系统

虽然连续供墨系统可以降低成本、提高效率，但若日常打印量不是太大，不建议用户采用这种系统。一方面，这种系统裸露在打印机外面，看起来很不美观；另一方面，连续供墨系统中存有大量墨水，如果长期不用，有可能变质，从而造成浪费。

5.4 激光打印机

世界首台激光打印机是由施乐公司（Xerox）于20世纪60年代末发明的。20世纪80年代初，佳能公司将台式激光打印机商品化，激光打印机才逐步得以推广和普及。20世纪90年代初，以美国、日本为代表的科研人员，在静电复印机的基础上，结合了激光技术与计算机技术，又研制出了半导体激光打印机，同时HP（惠普）公司的分辨率增强技术和PCL打印机语言技术，已经成为激光打印机事实上的通用标准。

现在激光打印机仍以惠普、佳能、爱普生占据主要市场。此外，还有利盟（Lexmark）、施乐、松下、理光等系列。近年来我国的联想公司和方正公司也各自相继推出比较优秀的激光打印机，并占据了一些市场份额。图5-44所示是爱普生激光打印机。

图5-44 爱普生EPL-6200L激光打印机

5.4.1 激光打印机的基本原理

将带静电的橡胶棒（玻璃棒）靠近铅笔细末，结果细末被吸附到橡胶棒的表面，且静电量大的区域吸附量多，静电量少的区域吸附量就少。这样在橡胶棒表面就由铅笔细末构成了一幅图案，如图5-45所示。将吸附铅笔细末的橡胶棒压在平放的白纸上滚动，结果橡胶棒上的“图案”就被转印到白纸上了。

激光打印机就是利用静电吸附原理进行工作的，如图5-46所示。激光打印机中，在外部打印信号的驱动下，激光扫描器在特制的感光鼓表面画出将要被打印的图案。图案以静电的形式分布在感光鼓的表面，当感光鼓靠近墨粉时，其表面的静电就会吸附墨粉，并在感光鼓表面形成由墨粉构成的图像，最后再经过一系列过程把图案输出到打印纸面上。

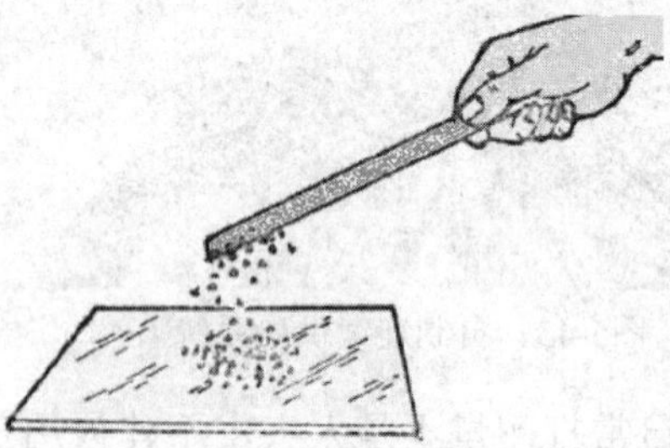
图5-45　静电吸附

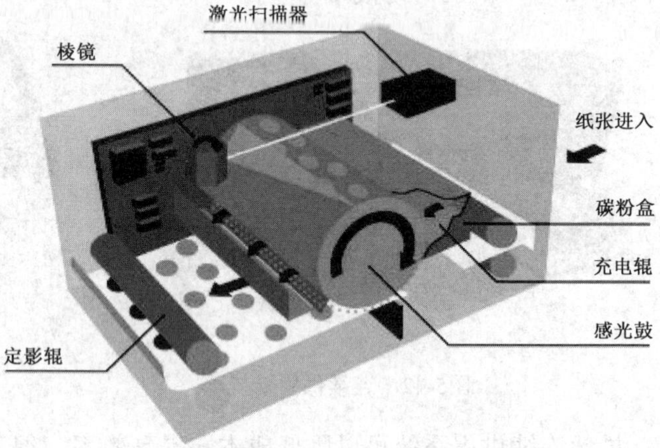

图5-46　激光打印示意图

5.4.2　激光打印机的主要部件

激光打印机主要由供电系统、直流控制系统、接口系统、激光扫描系统、成像系统、进出纸系统共六大系统组成。供电系统为打印机提供电力支持，直流控制系统主要用来控制打印机的各系统间协调工作，接口系统负责数据翻译和传递，激光扫描系统用于产生激光束并对感光鼓曝光，成像系统是激光打印机最核心的成像部件，进出纸系统负责纸张的传送。

本节将主要介绍激光打印机打印的感光鼓、墨盒和激光扫描装置等主要部件。

1. 感光鼓（墨盒）

感光鼓的基本功能是将光信号转换成电信号，它是激光打印机的核心部件，主要由光导材料制成，是激光打印机中的易耗品，且价格较高，如图5-47所示。

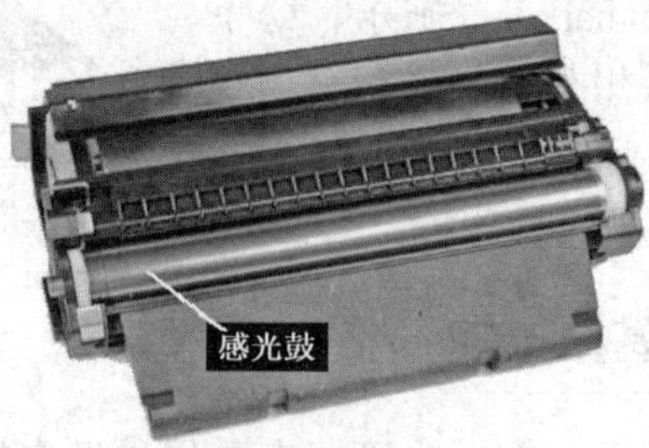

图5-47　感光鼓

感光鼓又称硒鼓，原因是感光鼓中最初使用的光导材料主要是硒-砷。由于硒等微量元素价格太高，光导材料也出现了一些替代品。当前按采用的光导材料，感光鼓可以分为OPC鼓（有机光导材料）、硒鼓（Se硒）和陶瓷鼓（a-si陶瓷）3种；其中OPC鼓的寿命一般只有3000页左右，硒鼓的寿命为9000页左右，陶瓷鼓的寿命高达到90000页，当然售价自然也是依次攀升。

感光鼓由内向外共有3层结构，如图5-48所示。第一层是铝合金基筒（导电层），其制作工艺精细，圆筒强度较高；导电层与激光打印机的地线相连。第二层是镀在导电层上的光导体材料（光导层），光导材料具有“光导电”特性，不受光照的部分会表现为绝缘体，受到光照的部分会表现为导体。第三层是镀在光导层外的透明绝缘材料（绝缘层），可防止光导体受到磨损，保护光导层的“光导电”特性，延长感光鼓的使用寿命。

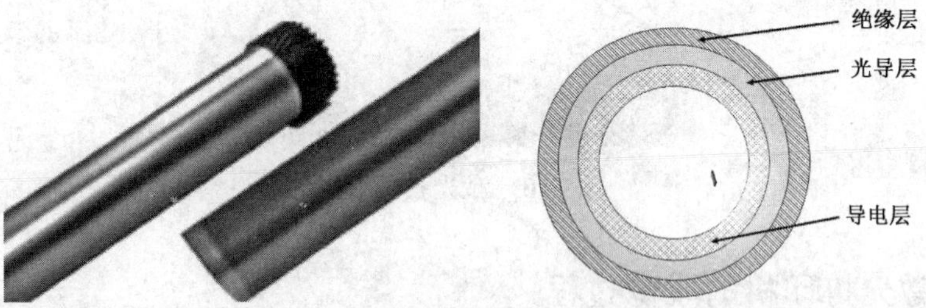

（a）实物　　（b）截面示意图

图5-48　感光鼓

与感光鼓紧密相关的装置是墨粉盒，用于存放打印机墨粉。墨粉由特殊的合成材料制成，墨粉越精细、越均匀，所产生的图像就越细致。墨粉一般都是黑色的，所以习惯上也被称为碳粉，当然彩色墨粉除外。惠普的碳粉颗粒在业界享有极高的声誉。

根据感光鼓与粉盒的组成结构，感光鼓又可分为整体式（又称一体式）和分离式两种，如图5-49所示。一体式感光鼓是把墨粉盒与感光鼓集成为同一装置，当墨粉用尽或感光鼓被损坏时整个感光鼓都要报废。分离式感光鼓的墨粉盒和感光鼓各自独立，感光鼓寿命一般都很长，当墨粉用尽只需换上新墨粉盒即可。

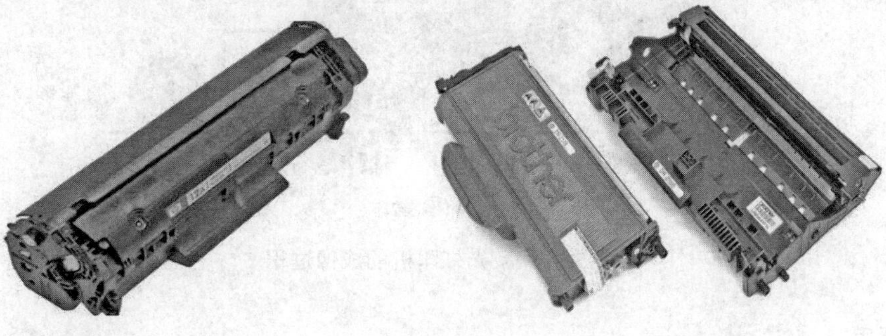

（a）一体式　　（b）分离式

图5-49　感光鼓

2. 激光扫描装置

激光扫描装置主要包括激光器、旋转多棱镜（反射）和透镜，如图5-50所示。旋转多棱镜始终保持匀速同向旋转，激光发生器固定在特定位置，它发出的激光束直射到棱镜上，通过棱镜的反射再通过透镜的聚集，最终投射到感光鼓表面。由于棱镜是不断旋转的，结果激光束便会不断地从感光鼓一端沿轴向扫射到另一端。旋转棱镜有三棱、六棱等多种规格，三棱镜旋转一周激光束会扫描3次，六棱镜旋转一周激光束就会扫描6次，以此类推。

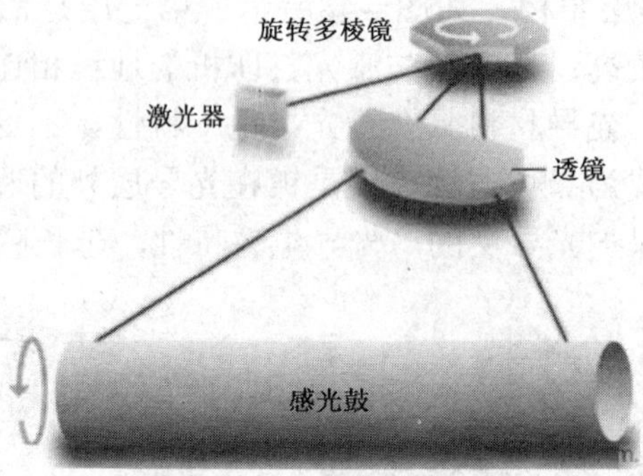

图5-50 激光扫描装置

5.4.3 激光打印机的成像过程

激光打印机是精密的机电系统，它利用光、电、热的物理、化学原理通过相互作用输出文字或图像。当激光打印机设备收到打印信息后，由激光扫描系统进行扫描，将需要输出的图案以静电的方式体现在感光鼓表面，然后利用电子照相系统将电子图案进行显像处理，最后通过转印、定影等手段输出到纸面上。激光打印机基本成像过程大体可以分为充电、曝光、显影、转印、定影、清洁共6个步骤，如图5-51所示。

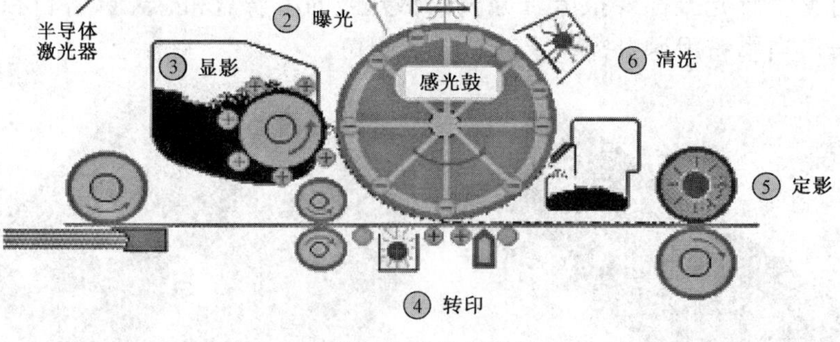

图5-51 激光打印机的成像过程

1. 充电

感光鼓是激光打印机成像的核心部件，在不见光的情况下它表现为绝缘体，受到光照后受光部分则变成良好的导体。为了充分利用感光鼓的“光导电”特性，在进行打印之前，首先要向它的表面充满电荷。激光打印机对感光鼓充电的方法，因机型不同而采用的具体充电方法也有所不同，但都是采用直流高压电使空气电离后让感光鼓表面均匀带电。

2．曝光

在如图5-52所示的打印信号驱动下，激光器发出脉冲激光束，脉冲激光束在控制系统的控制下投射到感光鼓表面。由于感光鼓光导层具有“光导电”特性，当光照射感光鼓表面时，受光部分变为导体，其表面电荷就会通过导电层释放，释放后受光部分将不再带电。

激光器发出激光束直射到反射棱镜，棱镜不断定向匀速旋使得反射光从感光鼓的一端扫描到另一端，一行扫过后感光鼓步进到新行，重新接受激光器扫描。这样，在经过一系列激光脉冲的扫描后，感光鼓表面最终形成了一幅由电荷表示的图像，如图5-53所示。该图像真实存在但却不可见，称作“电荷潜像”。

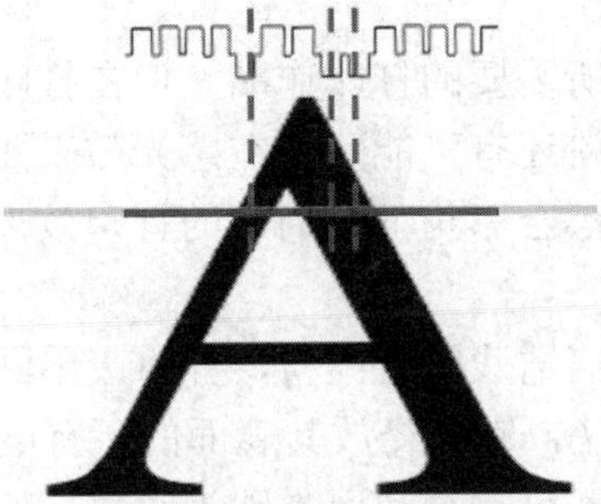

图5-52 打印信号

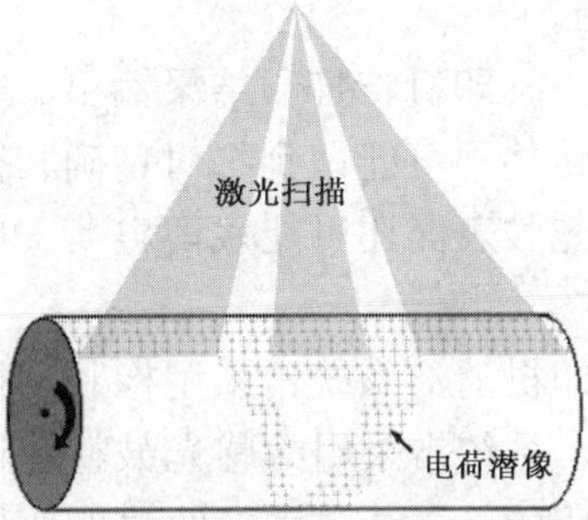

图5-53 电荷潜像

3．显影

激光打印机的墨粉盒与感光鼓平行放置，带有电荷潜像的感光鼓不断步进转动，当电荷潜像转动到墨粉一侧时，墨粉就被吸附到感光鼓表面，从而形成墨粉颗粒构成的“墨粉图像”，如图5-54所示。图像由不可见变成可见的过程叫做显影。

4．转印

打印图案已经在感光鼓表面形成“墨粉图像”，在此需要将这个“墨粉图像”转印到打印纸张上来。处理的手段是在打印纸表面充上与“墨粉图像”极性相反的强电。打印纸通过传送装置随感光鼓旋转，当靠近“墨粉图像”时，带强电的打印纸便与带弱电的感光鼓展开对“墨粉图像”的争夺，很显然带强电的打印纸会取得胜利，最终“墨粉图像”将被转印到打印纸表面，形成浮在纸面上的墨粉图像。浮在纸面上的图像称作“纸面浮图”，如图5-55所示。

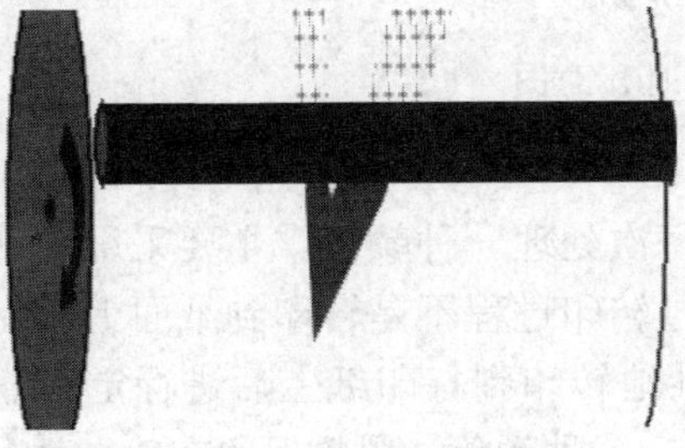

图5-54 墨粉图像

图5-55 纸面浮图

当墨粉图像转印到打印纸上的同时，打印纸也带上了电荷。在打印纸输送过程中，由于电场和摩擦可能破坏“纸面浮图”的墨粉结构，所以在转印完成后，打印过程会再增加一个用交流电消电的过程，以中和打印纸和墨粉上的电荷，使墨粉不会被干扰，浮在水平的打印纸面上。

5．定影

激光打印机中有两个定影辊，当打印纸携带墨粉图像穿过这两个定影辊时，上面加热辊的热量把墨粉熔化，下面承力辊的压力把熔化的墨粉挤入打印纸的纤维之间，打印图案就最终固定到打印纸上了，固定在打印纸上的图案称作“纸面实图”。

6．清洁

定影后，打印机将打印结果输出，就得到了所需要的打印作品。但在打印过程中，墨粉的使用和转移不可能做到绝对精确和彻底，墨粉还有可能残留在感光鼓表面或送纸通道中；另外感光鼓表面还可能残留电荷。所有这些都会影响下一周期的打印效果，清洁过程必不可少。

激光打印机清洁系统常采用橡胶刮板或毛刷清洁残留废墨粉，并将废墨回收。对感光鼓残留电荷，系统常采用给感光鼓整个曝光的方法，完全释放其表面的所有电荷。

需要说明的是，清洁系统收集的废墨粉一般不可重复利用，因为收集后的墨粉中会有很多的杂质，会影响到打印质量。也有打印机采用循环墨粉的使用方式，但使用一段时间后，新粉的补充量不足或新旧粉不能充分混合，打印质量会下降很多。

5.4.4 彩色激光打印

对激光打印机来说，无论黑白打印还是彩色打印，其基本原理都是相同的，都要经过感光鼓充电、曝光、显影、转印、定影和清洁共6个步骤。只不过彩色激光打印机为了实现彩色打印，增加了青、品红和黄3种颜色的彩色墨盒，如图5-56所示。

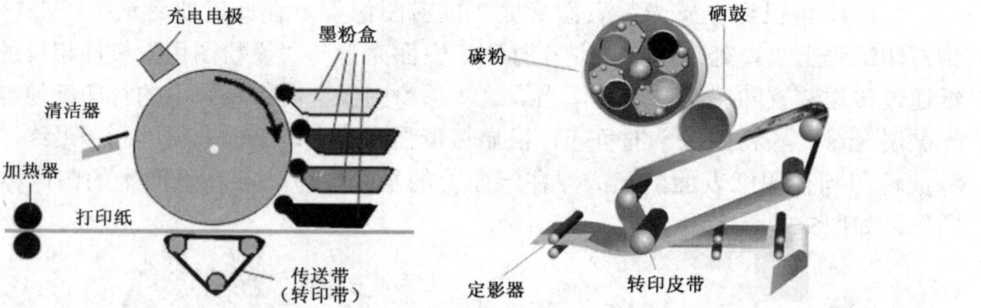

图5-56　彩色激光打印示意图

由于彩色激光打印机使用青（C）、品红（M）、黄（Y）和黑（K）4种颜色的墨盒，因此需要4次成像，部分步骤需要重复4次，每次处理一种颜色。主要采用两种方式：一种方式是重复从充电过程到转印的过程，只不过转印过程不是转印到纸面上，而是临时转印到转印带上，当4种颜色处理完毕，再一次性地转印到打印纸上后进行定影输出。另一种方式则是重复充电和显影之间的过程，每处理完一种颜色，墨粉保留在感光鼓上，接着再处理另一种颜色，直到所有颜色处理完毕，再一次性地转印到打印纸上进行定影输出。

很显然，彩色打印所需的时间远远长于黑白打印，因此彩色打印速度较慢。为了克服彩色打印速度慢的缺陷，激光打印机厂商在积极探索所谓的“一次成像”技术。“一次成像”技术的关键是需要把激光发光管做得足够小，在现有一个发光管的位置要放下对应于4种颜色的4个发光管。

彩色激光打印机在经历了4次成像（见图5-56）、垂直一次成像（见图5-57）两次技术演变之后，2008年惠普发布了彩色激光打印成像的第三代技术——水平一次性成像技术（见图5-58），弥补了彩色激光打印机体积大、纸路长、输出速度慢等缺点。

图5-57　墨盒垂直排列

图5-58　墨盒水平排列

4次成像、垂直一次性成像和水平一次性的技术对比如图5-59所示。

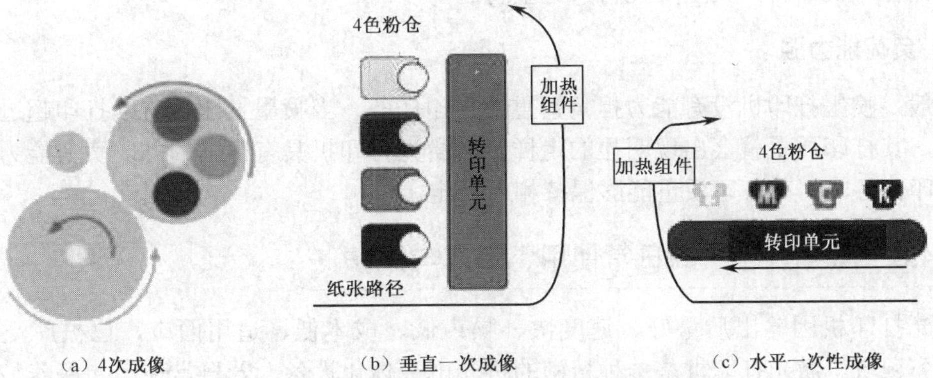

（a）4次成像　（b）垂直一次成像　（c）水平一次性成像

图5-59　激光彩色打印技术对比

5.4.5　激光打印机的特点与应用

激光打印机有黑白与彩色之分。黑白激光打印机无论是打印黑白文档或彩色文档，打印出来的东西都是黑白的，而彩色激光打印机则可分别打印黑白和彩色两种类型的文档。激光打印机的价格在千元至数万元不等，其中彩色激光打印机价格相对高于黑白激光打印机。虽然低端激光打印机产品价格目前已降至千元左右，但相对于喷墨打印机几百元的价格而言，激光打印机在价格竞争上暂处于不利的竞争地位。不过，激光打印机强大的处理能力、高速的打印速度、较高的打印机质量及相对低廉的打印成本等方面却是喷墨打印机所不能比拟的。

1．处理能力强大

激光打印机的控制器中配有CPU和内存，控制器相当于计算机的主板，所以它可以进行复杂的文字处理、图像处理、图形处理，这种强大的处理能力是喷墨打印机所不能比拟的。

2．打印速度快

激光打印机的主要特点是打印速度快，在一般情况下，激光打印机黑白打印速度在16PPM以上，高速黑白激光打印机打印速度可达50PPM左右；普通彩色激光打印机打印速度为10～15PPM，高速彩色激光打印机打印速度可达35PPM以上。

3．打印质量高

激光打印机标称的分辨率不如喷墨打印机高，但打印质量并不逊色于喷墨打印机，实际上600dpi激光打印效果与2400dpi喷墨打印效果基本一致。激光打印机对打印纸张的要求不像喷墨打印机那样苛刻，无论在普通打印纸上还是在专用相片纸上，其打印的效果同样出众，特别是对黑白文档或图表，其打印效果更为突出。另外，由于激光打印机使用的固体碳粉微粒不易被空气分解，因此其打印作品不易褪色，适于长久保存。

4．打印成本低

虽然激光打印机在价格上处于不利的竞争地位，但激光打印机使用耗材的成本却很低。激光打印机的耗材主要有感光鼓和墨粉，感光鼓自身寿命很长，对感光鼓与墨粉盒分离的激光打印机而言，其主要耗材只是墨粉。

5．负荷能力强

一般，喷墨打印机没有能力担负繁重的打印任务，当喷墨打印机连续打印超过三四十页纸后，其打印质量就会出现明显的走样。而激光打印机具有很强的打印负荷能力，执行繁重打印任务时，其打印质量能够保持相对稳定。

5.4.6 激光打印机的日常使用、保养与维护

激光打印机因输出质量好、速度快、噪声低、成本低、适用面广，已被广泛应用于各种办公领域。激光打印机是一种精密的机光电一体化设备，若日常使用、保养与维护不当，很容易发生部件损坏，影响打印品质。

1．日常使用

激光打印机的使用过程要注意防高温、防灰尘、防潮湿、防振动、防止阳光直射和化学物品侵蚀。

激光打印机机壳应保持良好的接地，避免打印机机身产生静电。激光打印机是利用静电将墨粉转印到打印纸上的，机身产生静电会使机器性能不稳，影响打印质量，严重时会

损坏机器和击伤人体。

激光打印机中的碳粉对人体和环境有一定的危害，虽然厂商们都在提倡打印耗材的环保设计，但使用者一定注意按照要求正确安装和使用。不要让打印机的排气口直接吹在脸上，否则会影响身体健康。

激光打印机的主板比较精密，不要带电插拔打印机接口，防止打印机的主板被烧坏。激光打印机工作过程中会产生高温、高压，为避免意外伤害，不要随便打开打印机机壳。

使用规范的纸张进行打印。过轻、过厚，过于光滑或特殊的纸都容易引起卡纸，最好是胶版纸或复印纸，尽量不用信封等超厚和厚度不均匀的不规则纸张，禁用铜版纸或含塑料材料介质。打印纸长时间暴露在空气中会导致纸张过于潮湿或干燥，从而影响打印质量。打印过程中发生卡纸故障时，一定要先确定卡纸部位，然后轻巧地将卡纸取出，否则容易损坏有关部位或纸屑留在机器内，影响出样质量。

激光打印机打印成本相对较高，合理采取一定的措施将有利于降低激光打印机综合应用成本。如多使用软件提供的打印预览功能，减少实际打印操作，预览满意后再进行打印；激光打印机也几乎都提供了“经济模式”打印，其与“普通模式”相比，节约一半的碳粉量，当对打印质量要求不高时，可选用“经济模式”打印。

2．打印机清洁

激光打印机依靠静电工作，容易吸附灰尘；打印纸张本身带有细小纤维、大量碳粉颗粒被静电吸附到纸面时，不可避免地会有一些残留在打印机内部构件上。粉尘是几乎所有电气设备的天敌，过多的粉尘滞留在激光打印机内部会影响打印机的正常工作。激光打印机出现的一些故障皆源于灰尘，而清洁是保养打印机非常有效的手段。

一般清洁时，可以使用清洁纸，它具有很强的吸附作用。把清洁纸装入打印机入纸口，让激光打印机重复几次打印一张空白文件，这样清洁纸就会在纸道中正常运动，能粘走滚轮和纸道上的粉尘。另外它也有粉尘吸附功能，通过它也能够清理掉内部粉尘。

当打印机内部污染较严重，打印纸面发生污损时，应该考虑彻底清洁。方法如下：关闭打印机电源，打开打印机翻盖，取出感光鼓，再用干净柔软的湿布（禁止用侵蚀性清洗液）来回轻轻擦拭有关部件，去掉纸屑和灰尘。值得注意的是，对机内实施清洁的过程中只能轻擦，千万不能碰到光学器件，使用硬物时应避免划伤感光鼓等成像部件，否则会严重影响打印效果。擦拭完毕，等待机内完全干燥方可打开电源，以免造成短路而烧毁元件。

3．更换硒鼓（墨盒）

对于原装的墨盒，生产厂家要求在墨粉用尽后予以更换，不支持装填墨粉；但购买墨盒是一笔不小的开支，对于大多数型号的激光打印机来说，重装墨粉是比较经济的。然而重装墨粉可能带来漏粉问题，会造成打印机内部污染，也有可能使光电器件受到不同程度的影响，这些都不在保修范围之内，对粉鼓一体的墨粉盒不建议重装墨粉。

更换墨盒应根据打印机型号确定。更换墨盒时，首先关闭打印机电源，打开打印机翻盖，取出原墨盒，并把机内残留的墨粉及纸屑等清除干净；然后手持新墨盒，把盒内墨粉轻轻平行摇匀，用手顺时针转动齿轮数圈，使墨粉均匀地附着在磁辊上，保证墨粉均匀；最后把墨盒装入打印机，闭合打印机翻盖，进行打印页测试后，即可得到较好的打印效果。

4．常见故障排除

激光打印机在使用过程中碰到的不只是清洁问题，还有很多故障问题，可以自己动手处理。

（1）卡纸现象

卡纸是很常见的打印机故障，在处理激光打印机卡纸时，应先关掉打印机的电源，然后打开打印机盖，双手轻轻拽着被卡住的纸张，顺着走纸的方向，缓慢地将卡纸从打印机中取出来。抽纸时注意不要用蛮力，以免撕破纸带来不必要的麻烦。如果对机器不熟悉，一定要看懂说明书的卡纸处理提示再动手。在无法取出卡纸的情况下，找专业人士帮忙。

卡纸这种故障可能有机器的内因，但也可能是由于使用不当造成的。纸张质量较差，纸面潮湿或不平整都会增加卡纸的故障率。有些部门为了更好地控制成本，经常使用双面打印，打印后的页面重新装入打印机时纸面已经不再平整；有些部门打印纸放置时间过长，纸张潮湿变形，纸面附有较多灰尘等。使用适宜的纸张可以有效防止卡纸，质地优良的复印纸无疑是非常适合的。另外，为防止静电感应造成一次进多页纸或不进纸的现象，在安装打印纸之前，先将打印纸像翻书页一样打开几次，确保每张纸都已单独分离，然后将纸边抹平，放入导纸槽中，用卡纸片紧卡住纸张两边，可以有效避免卡纸。

目前，有些厂商为了减少卡纸故障率，对打印机走纸通道做了改进。例如，HP LaserJet 1020系列采用的“C”型走纸通道的设计，相比于“S”型的走纸通道，可以有效减少卡纸现象发生，所以关于走纸通道这样的小细节，在采购时就应该先做了解。

（2）打印质量故障

打印时露出清晰的白色轨迹线时，最有可能是墨粉即将用尽。可将硒鼓取出，轻微左右晃动后再放入打印机内，如打印效果明显改善，则说明硒鼓内的碳粉不多了；若确认碳粉是充足的，则需要考虑更换硒鼓。

连续打印时内容丢失，表现为文件前面的页面能够正常打印，但后面的页面会丢失内容或者文字出现黑块甚至全黑或全白，而分页打印时却又正常。这可能是该文件的页面信息描述较复杂，打印机内存无能力存储所致。可降低打印机分辨率，重新打印测试，如果正常则说明打印机应添加内存。

打印内容出现乱码这种现象时，可考虑采用以下步骤进行排查。先让打印机自检，以判断打印机本身是否存在硬件故障；检测打印机的电缆及连接；在Windows下打印测试页，以确定打印机驱动程序是否正确安装；检查应用程序本身是否存在问题。

打印纸面出现碳粉污点，这是打印机内部纸道污损或墨盒漏墨所致，应该考虑清洁打印纸通道，或更换墨粉盒或感光鼓。

5.4.7 激光打印机的主要技术指标和选购指南

激光打印机分为黑白打印机和彩色打印机。黑白激光打印机价格适中、打印成本较低，打印效果和打印性能突出，逐渐成为日常办公的新宠。彩色激光打印机售价高、速度慢，偶尔的彩色打印业务常用彩色喷墨打印机来替代，但对彩色打印业务量大、色彩要求不太高的打印需求，在经费充足的情况下可以考虑购置彩色激光打印机。

选购激光打印机时应注意了解常用的技术指标，主要有打印分辨率、打印速度、预热时间、首页输出时间、打印接口、打印幅面、感光鼓寿命、送纸器总容量等。

1．打印分辨率

打印分辨率是指单位长度内打印的点数（记为dpi），决定打印清晰程度。dpi的值越大，说明打印的图像越细致，当然价格也越贵。在同精度下，激光打印机的打印效果要比喷墨打印机的打印效果好。对激光打印机而言，一般办公用600dpi的打印机就足够了。

2．打印速度

激光打印机的打印速度从每分钟打印的页数（PPM）来表示。目前激光打印机的打印速度一般为12PPM左右（A4幅面5%覆盖率），较快的打印速度已达135PPM甚至200PPM。

3．预热时间

打开激光打印机电源后，需要一定的时间进行预热后才能接受打印任务，被称为预热时间；部分具有待机功能的打印机在重新启动时也仍需要重新预热。部门级或生产型激光打印机预热时间一般为5～15min，办公用激光打印机一般在2min内完成预热，而HP公司的激光打印机甚至达到了0预热的水平。

4．首页输出时间

打印机接收到打印数据后，需要花一定的时间为打印新任务做准备，被称为首页输出时间。首页输出时间主要是专门针对中小企业和家庭用户而设置的，因为很多用户日常打印通常仅打印几页内容，因此它是衡量输出速度快慢的重要指标之一。通过计算，一般打印内容在50页以内的用户，选购时应该特别注意首页输出速度。从现有的产品看，惠普激光打印机的首页输出时间较短，一般是10s左右，而其他品牌中耗时最长的在40s以上。

5．打印接口

打印接口是指打印机设备与计算机相连的接口，主要有并行接口、USB接口（通用串行接口）、IrDA接口（远红外接口）。并行接口最初就是有意为打印机设计的，是打印机最常用的接口，几乎所有PC都具有并行接口；USB接口是新型打印机常用的接口，连接方便，传输速度快；IrDA接口常用于便携式打印机，可以接收红外端口发送的打印任务。

6．打印幅面

现在窄行激光打印机可以打印A4、B5型复印纸大小的文稿，而宽行激光打印机可以打印A3、B4型复印纸大小的文稿。如果需要打印较宽的图像、表格的话，就需要购买宽行的激光打印机，反之，则只需购买窄行激光打印机。宽行激光打印机的价格要比窄行激光打印机贵许多。

7．感光鼓寿命

购买激光打印机一定要考虑感光鼓（硒鼓）寿命、碳粉容量等耗材因素。主要是考虑墨盒的价格与容量比、硒鼓的价格与寿命比。墨盒容量高则打印量就大，同样的价格选高容量的墨盒，就会降低综合打印成本；感光鼓的寿命长则打印量就大，同样的价格选长寿命的墨盒，也会降低综合打印成本。

总体说来，激光打印机是领先于喷墨打印机的，但不可否认二者各有优势。高端喷墨打印机在色彩方面的表现力相当出众，激光打印机在对文字、图表等内容的打印上显得更得心应手（在用普通纸打印时更为明显）。当打印量较小且对色彩要求高时，可考虑使用喷墨打印机；当打印任务繁重且经常打印文字、图表内容时，常用黑白激光打印机。当以上两种情况需兼顾时，不妨考虑同时配备一台千元左右的黑白激光打印机和一台千元左右的中档彩色喷墨打印机，相对购买三四千元的中档高端彩色激光打印机而言，既满足了多样性的工作需求，又降低了综合办公应用成本。

目前，激光打印机一般应用在企业、商务、小型工作组等工作环境中，而喷墨打印机由于被激光打印机步步紧逼，现已经逐渐向家用领域靠拢，成为个人消费品。

5.5 LED打印机

长期以来，采用LASER技术的彩色激光打印机的核心技术一直占据着激光打印技术的主导地位。20世纪90年代中期Casio发明了LED（Light Emitting Diode）页面式激光打印技术，在激光打印技术领域掀起不小的波澜。人们曾对LASER技术和LED技术谁更有优势的问题争论不休。不过LED技术简单的光学系统、易实现小型化和高速打印设计的优势却是一个不争的事实。图5-60所示的映美LP-C2024打印机就是基于LED技术的彩色打印机。

图5-60　映美LP-C2024打印机

5.5.1 LED打印机的原理

LED打印机的成像原理和激光打印机基本相同，都是依靠携带有图像信号的光线照射在感光鼓上形成电荷潜像，电荷潜像在吸收碳粉后，转印到打印纸上并进行定影，从而完成打印任务。因此人们常常会认为LED打印机其实就是激光打印机的一种，而事实上这两者是完全不同的两种技术。它们最大的区别在于光源类型与光路系统不同。

激光打印机的光源是一只大功率的激光二极管，在打印信号的控制下，激光管根据打印需求发射激光束，激光束在经过聚焦透镜聚焦后，投射到一个高速旋转的多棱镜上，而多棱镜不停旋转，随时改变着反射出的激光束角度，从而形成一个位置变化的单点光束，这一光束在经过透镜组整形与改变方向后，在感光鼓上形成往复扫描的轴向激光，使感光鼓曝光。在单行感光完毕后，感光鼓转动，激光束继续使下一行感光，从而完成感光鼓的感光过程，如图5-61所示。

而LED打印机将成千上万个微小的LED发光二极管排成一个队列，放置在感光鼓轴向上方，打印机的每一个物理分辨率对应一个发光二极管，在打印信号的控制下，需要打印的部分LED管点亮，它们产生的光线通过聚焦头直接投影在感光鼓表面，使感光鼓曝光。在单行感光完毕后，感光鼓转动，LED重新按打印要求点亮，使下一行感光，从而完成感光过程，如图5-62所示。

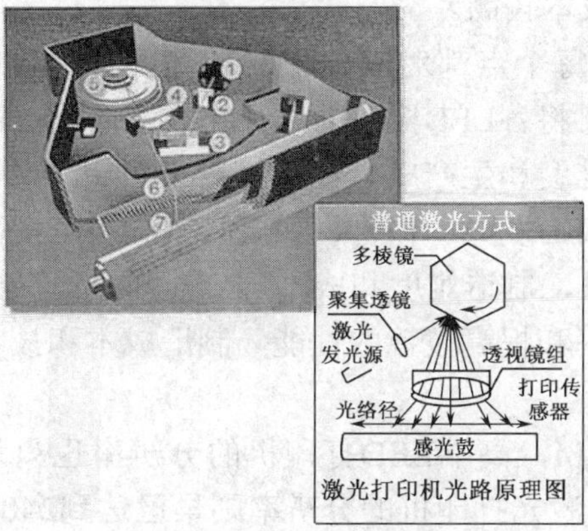

图5-61　激光打印机光路原理图

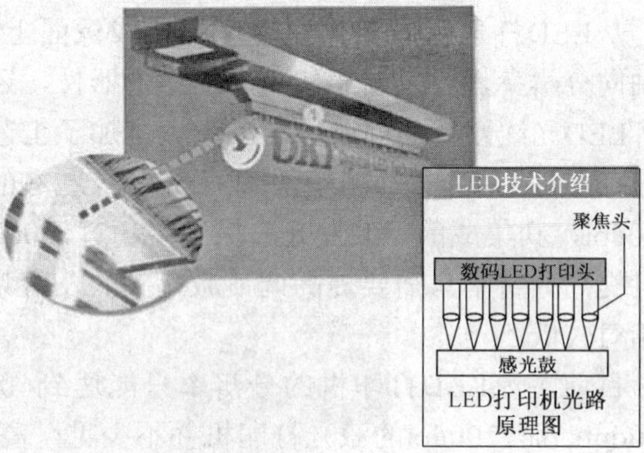

图5-62　LED打印机光路原理图

5.5.2　LED打印机的优劣

图5-63所示是LED打印机的四个光头和四色硒鼓。

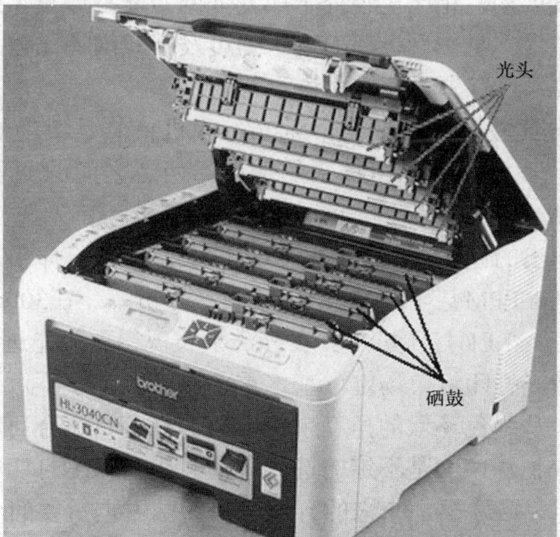

图5-63　LED打印机的光头和硒鼓

在彩色打印机市场中，LED打印机与激光打印机基本具有完全相同的市场定位，因此二者之间的市场竞争是不言而喻的。同时，激光打印机与LED打印机比较而言，二者的相对优势和不足也是非常明显的。

首先，LED打印机使用寿命长。LED打印机光源工作在低电压小功率的状态下，几乎不易老化，工作寿命非常长。其次，LED打印机光路简单，且无机械部件，既利于降低故障率又利于缩小打印机体积，同时还有利于提高打印质量。另外，LED打印机采用LED陈列作为光源，可以一次性完成多点扫描，提高了打印速度。最后，由于LED灯发出的普通光不会像激光打印机中高能激光束那样使空气电离而产生臭氧，因此LED打印机更环保。

在现有技术条件下，LED打印机在与激光打印机的最初较量中暂时处于弱势，主要的原因在于提高LED打印机的打印分辨率难度大且成本较高。

从LED打印机的工作原理可知，成像面上的每个点都对应一个发光二极管，要想提高轴向分辨率，不仅要集成更多的LED器件，还要将各LED器件的直径缩小，而且还需解决各LED光线互扰的问题，这就大大增加了工艺难度和生产成本。如一款600dpi的A4幅面LED打印机，单个光头上已集成了5000只左右的LED发光二极管，如要将其分辨率提高到1200dpi，其集成的LED发光二极管要超过10000只，制造难度和成本可想而知。而激光打印机提高分辨率只需要提高调节激光头的发射频率和提高棱镜的性能，制造成本和技术难度相对较低。

目前主流LED打印机的分辨率只能达到600dpi，高端LED打印机的分辨率也只达到1200dpi；而1200dpi的激光打印机并不少见，高端激光打印机的分辨率则早已达到2400dpi以上。

5.5.3 LED打印机市场展望

在国内市场上，OKI是LED打印机的主导者，富士和施乐也积极进行了参与。LED打印机正在处于一个发展期，相比已经处于成熟期的激光打印机，LED打印机在品牌上尚不具备优势，但是从技术本身来看，LED技术的可发展空间还比较大，尤其是在环保、节能等方面，LED打印技术具有先天性的优势。

预计在未来一段比较长的时期内，激光打印机依然是市场的主力军，特别是在黑白打印领域。随着彩色商务办公应用需求的增多，两者之间的竞争预计主要在彩色打印领域展开，LED打印机也会在某些方面赶超激光打印机。首先在打印质量上，二者相差不大，但已出现LED超出的倾向；其次在打印速度上，激光打印机已被超越，LED打印已达30PPM，将会提高到60PPM甚至120PPM；最后是分辨率，在300dpi、600dpi时二者相差不大，但进入1200dpi后，LED打印机的真实分辨率表现得更为先进。

LED打印机与激光打印机市场定位基本重叠，市场竞争不可避免。消费者在选购打印机时容易迷失方向。从绿色环保的角度来说，LED打印机适合商用办公环境，对普通的要求不高的商务用户来说，LED是不错的选择。而且随着LED打印机技术的发展，LED打印机将克服自身的缺点，必定会在未来的打印机市场中占据重要的一席之地。

第6章 光学输入设备

6

本章要点

计算机可以装配多种输入设备，其中光学输入设备相当于计算机的眼睛，使计算机能够“观察”到外部事物。本章将介绍扫描仪、数码相机等常见光学输入设备的基本原理、日常应用及维护方法。

6.1 扫描仪

扫描仪是一种计算机外围设备，可以将印刷件、书面文稿、照片等媒介信息扫描输入到计算机内，并将它们转换成计算机可以处理的数字格式。

6.1.1 扫描仪工作原理

平时人们读书总需要先找一个光线充足的环境，这样较强的环境光线投射到书面后被反射进人的眼睛，经眼球晶体折射后在视网膜上成像，视网膜上的图像经神经系统送交大脑处理，人们就可以获知图书的内容。

扫描仪集光学、电子、机械等技术于一体，是计算机重要的输入设备，其工作过程与人们读书的过程类似。如图6-1所示，将被扫描物（如图书）放在扫描平台上进行扫描，扫描的结果通过信号线传输到计算机进行计算、保存或识别。在这个过程中，扫描仪的作用相当于人的“眼睛”，负责数据采集；计算机相当于人脑，负责对扫描数据进行处理。

扫描仪的工作过程如图6-2所示。扫描仪内有一个细长灯管（或发光组），执行扫描动作时，灯管发光透过玻璃板照亮原稿表面的窄条区域；原稿表面反射的光经系列反光镜反射，由凸透镜汇集后投射到光学成像元件表面。该元件可将光信号转换成电信号，电信号又被转换成数字信号送入计算机处理。平移灯管继续扫描另一个紧邻的窄条区域，重复执行前面的动作，直到整篇原稿被扫描完毕。计算机把得到的扫描数据进行计算整合，就会得到一幅完整的原稿扫描图像。

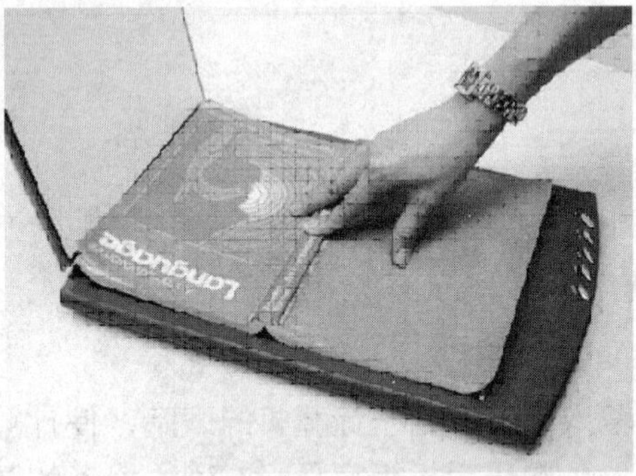

图6-1　扫描仪扫描图书

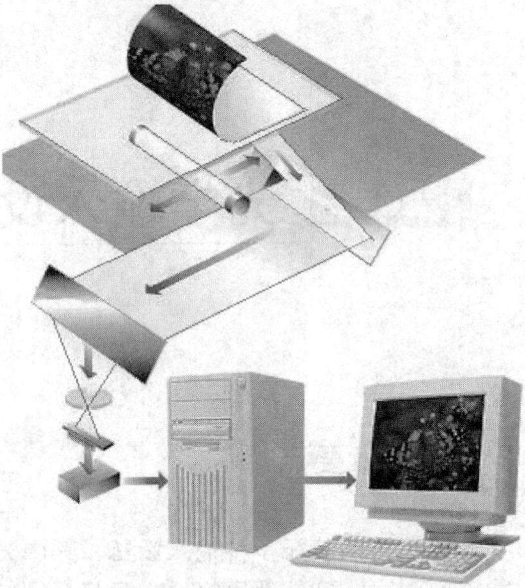

图6-2　扫描仪的工作过程

6.1.2　扫描仪常用分类

扫描仪作为输入设备，已在广告、宣传、出版、印刷、办公等领域得到广泛应用。业务需求的多样性，决定了扫描仪的种类有很多，分类标准也多种多样。

1．按扫描方式分类

按照扫描方式，扫描仪可分为滚筒式扫描仪、平板式扫描仪和手持式扫描仪等。

（1）滚筒式扫描仪

滚筒式扫描仪（见图6-3）主要应用在专业的、大幅面的扫描领域。由于扫描原稿幅面较大，采用滚筒式的走纸方式，可以有效减小扫描仪的体积，滚筒扫描仪因此得名。计算机辅助设计（CAD）等应用飞速发展，生产、设计、研究部门经常会有大量的图纸要计算机进行处理，市场需求不断增加。近年来滚筒式扫描仪的性能不断提升，配套的管理软件功能也不断增强，又促使社会对滚筒式扫描仪的需求进一步扩大。目前我国的滚筒式扫描仪市场稳步发展。

（2）平板式扫描仪

平板式扫描仪（见图6-4）常用于平面文档的扫描。目前平板式扫描仪的性能已经达到很高的水平，扫描速度、精度、色彩等技术方面都比较成熟，能够较好地满足部门、个人或家庭等的日常需要，它已经成为最常见、最主要的办公设备之一。平板扫描仪主要以A4和A3幅面为主，其中又以A4幅面应用最为普遍。有的平板扫描仪还配有自动送纸器，当需要以同样的方式扫描多幅图稿时，只需要把这些图稿放入自动送纸器中，自动送纸器就会把图稿逐幅“喂”给扫描仪，大大提高了工作效率。

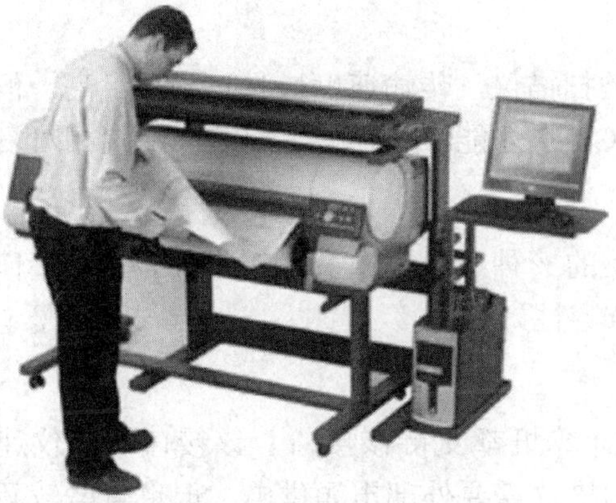

图6-3　滚筒式扫描仪

图6-4　平板式扫描仪

（3）手持式扫描仪

手持扫描仪内置发光管，扫描时只需贴近物体表面平缓移过即可得到扫描图像，如图6-5所示。手持扫描仪体积小、质量轻、携带方便，但扫描精度低、扫描质量差、扫描幅面小，多用于移动办公领域。

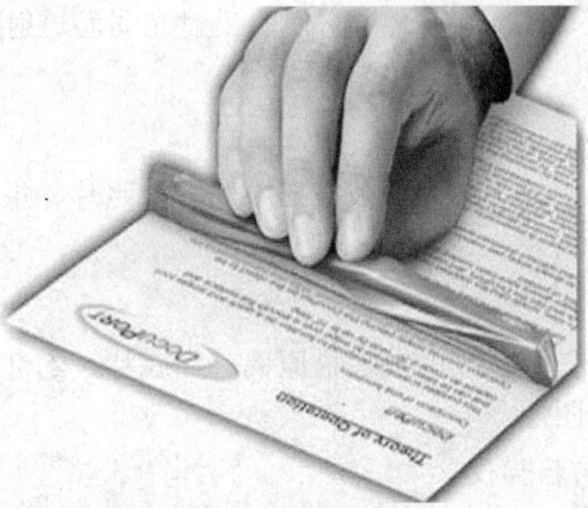

图6-5　手持式扫描仪

2000年前后，手持扫描仪市场又出波澜，市场推出笔式扫描仪，如图6-6所示。笔式扫描仪是手持式扫描仪的一个突破，它结合文字识别和语音技术，贴在纸面上即可进行文字识读；笔式扫描仪体积小、质量轻、携带方便，还可以脱离计算机单独使用，深受消费者喜爱。

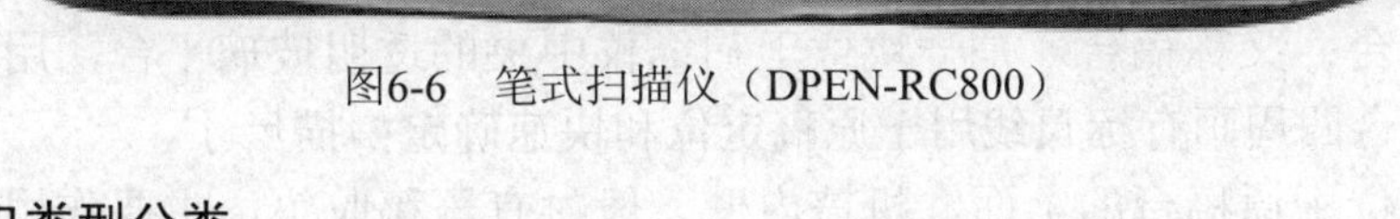

图6-6　笔式扫描仪（DPEN-RC800）

2．按接口类型分类

按照扫描仪连接计算机所使用的接口类型，扫描仪主要可分为SCSI接口扫描仪、EPP接口扫描仪、USB接口扫描仪等类型。

（1）SCSI接口扫描仪

SCSI接口扫描仪主要用于早期或专业级的扫描仪，传输速度快且扫描质量高，但对普通计算机而言，需要在计算机内安插专用的SCSI卡才能实现连接，安装和配置相对复杂。

（2）EPP接口扫描仪

EPP接口就是人们常说的打印口（并口）的一种工作模式。相对而言，EPP接口扫描仪速度较慢，成像质量稍差，但安装方便，兼容性好。

（3）USB接口扫描仪

USB接口是很普遍的接口形式，一般的计算机都支持该接口。该接口扫描仪速度较快，支持热拔插和即插即用。有些USB接口扫描仪需要外部电源供电，但也有些较新的扫描仪可以直接由USB接口供电而无须外加电源，连接和使用更加简捷。

3．按原稿介质分类

按被扫描原稿的介质，扫描仪可分为反射式、透射式、反射和透射两用式三种类型。扫描原稿的介质大多数是不透明的（如书稿、相片、宣传海报等），人们更多地利用它们的反射光获取其图像信息。另外有些扫描原稿的介质是透明的（如幻灯片）甚至是负片（如电影胶片、相片底版、X线片等），它们的反射光弱而透射光强，人们则利用它们的透射光来获取其图像信息。

（1）反射扫描仪

反射扫描仪主要用于扫描不透光的被扫描原稿，如照片、报纸、书包等；扫描仪利用原稿表面的反射光来形成图像。

（2）透射扫描仪

透射扫描仪主要用于扫描透光的被扫描原稿，如底片、幻灯片等，扫描仪可利用透过被扫描原稿的透射光形成图像。

（3）反射和透射两用扫描仪

为增加扫描仪功能，拓展其使用范围，扫描仪厂商设计制造了既可利用反射光成像又可利用透射光成像的多功能扫描仪。

6.1.3　扫描仪结构

根据扫描仪的原理可知，扫描仪要实施扫描操作，至少需要具备下列要素：扫描光源、扫描原稿、光学成像、信号转换、机械传动等部件。典型的平板式扫描仪的基本结构如图6-7所示。平板式扫描仪主要由稿台、机盖、扫描头、传动装置、光电转换系统等部分组成。

- 玻璃平台：又称稿台，是一块位于扫描仪中央的透明玻璃平台，用于放置扫描原稿，稿台四周画有标尺线用于原稿定位和快速确定扫描尺寸。
- 机盖：位于原稿台的上面，机盖内壁一般衬有压稿胶垫，主要作用是压紧扫描原稿，减少扫描光线泄漏，同时还具有保护稿台玻璃的作用。
- 扫描头：扫描头是扫描仪的光学成像部分，是核心部件；扫描头的主要作用是扫描原稿表面，将得到的光信号转换成模拟电信号。扫描光源一般也集成在扫描头中。

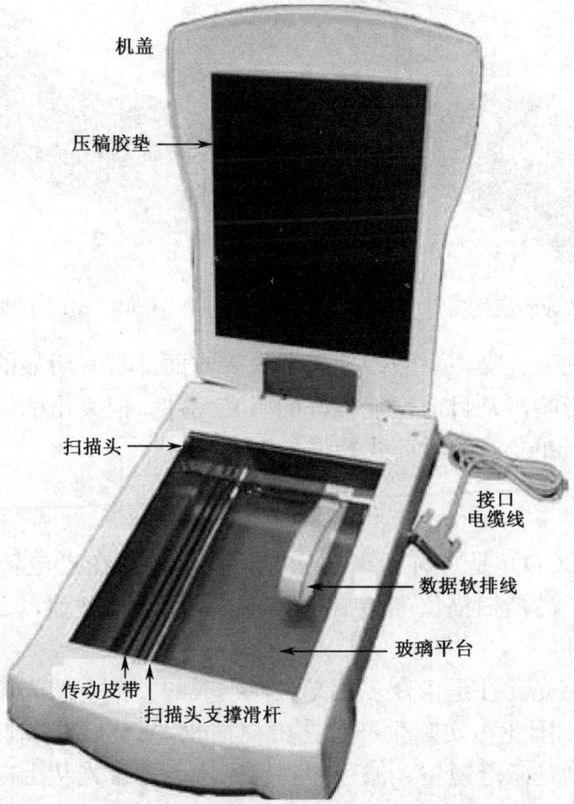

图6-7 平板式扫描仪的基本结构

- 传动装置：扫描仪的机械传动部分主要包括传动皮带、扫描头支撑滑杆等；扫描头在传动皮带的带动下，可沿支撑滑杆水平移动，以便对原稿进行扫描。
- 模数转换器：模数转换器置于扫描仪的内部，其主要作用是将扫描图像的电信号转换成数字信号。

总之，扫描仪是一种精密的光电机一体化设备，它不仅具有复杂的电子线路控制、精密的光学成像器件，而且还具有设计精巧的机械传动装置。

6.1.4 主要感光器件

1887年，德国物理学家赫兹发现，在光的照射下，某些物质内部的电子会被光激发出来而形成电流，如图6-8所示，这就是光电效应。

扫描头中的感光元件就是基于光电效应工作的，它们可以把原稿的光信号转换成电信号。目前市场上扫描仪所使用的感光器件主要有光电倍增管、电荷耦合器件、接触式图像传感器和互补性氧化金属半导体4种。

1. 光电倍增管

光电倍增管（PMT）是最早出现的图像传感器，如图6-9所示。

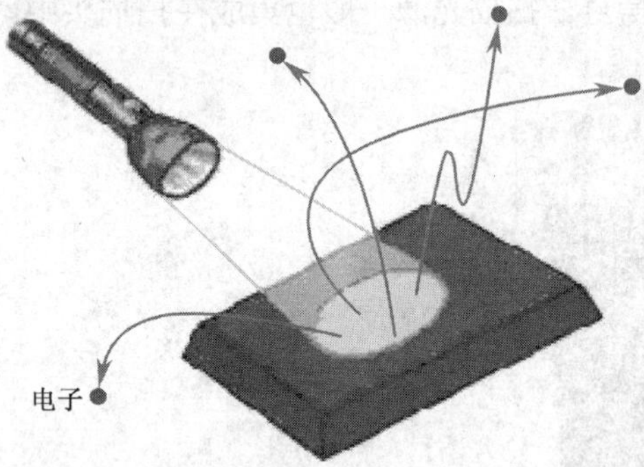

图6-8　光电效应示意图

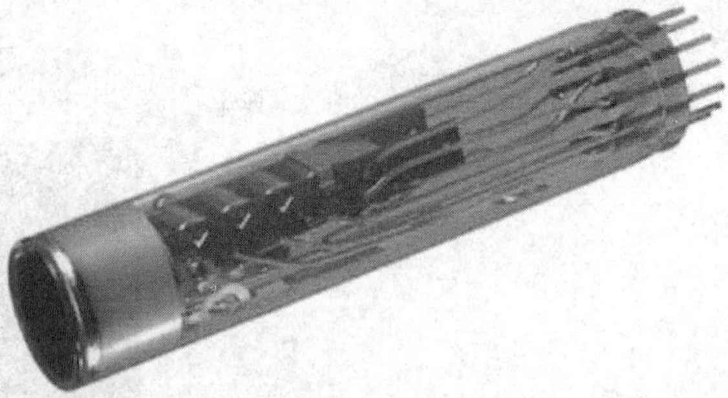

图6-9　光电倍增管

光电倍增管在灵敏度、噪声系数、使用寿命等方面都具有明显的优势，工作性能几乎不受周围环境温度的影响，是目前性能最好的感光元件。但突出的缺点是生产成本很高、扫描速度却很慢，仅用在专业的滚筒式扫描仪上。

2．电荷耦合器件

电荷耦合器件（CCD）是一种新型的光电转换器件，在光电转换领域有着广泛的应用。在平板扫描仪或中高档扫描仪产品中，CCD的应用较为普遍，图6-10中所示是扫描仪中常用的线型CCD元件。

在微观上，CCD感光元件是由众多感光微粒组成的。单个感光微粒只能感应光的强弱而不能感应光的色彩，因此在实际生产工艺中扫描CCD元件常被制造成如图6-11所示的3层结构，由上至下分别是微透镜层、滤色层和感光层。图像光从上向下透过时，感光层中相邻的感光微粒就可分别感知到不同单色光的强弱，并最终合成彩色扫描图像。

图6-10　线型CCD元件

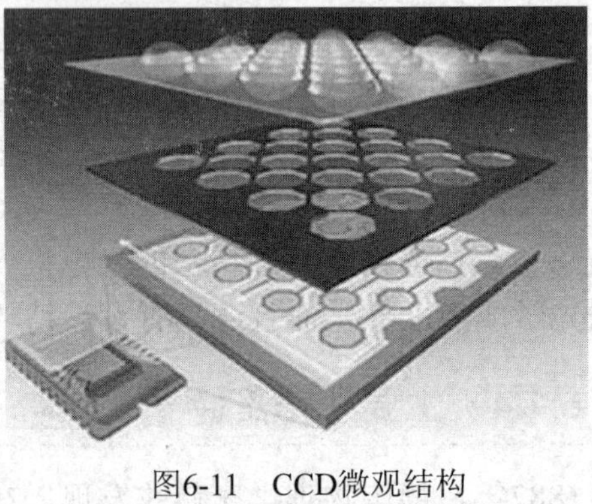

图6-11　CCD微观结构

CCD感光元件体积小，成像质量高，使用寿命长，性能受温度影响小；CCD制造工艺复杂、生产成本高，数据处理复杂、效率较低，器件发热量大、功耗较高。但随着技术的进步，CCD高端产品在性能上已经接近低档光电倍增管产品。

3．接触式图像传感器

接触式图像传感器（CIS）也是一种新型的感光元件，如图6-12所示，它与CCD技术几乎同时诞生，只是最近几年才出现在世人面前。绝大多数手持式扫描仪采用CIS作为光电转换元件。

CIS以近似地贴在原稿表面的方式进行扫描，并因此而得名。图6-13所示是CIS扫描组件的基本结构。CIS采用LED发光二极管作为光源，LED发出的光经三棱镜折射后投射到原稿表面，原稿反射光经聚光透镜后投射进光电接收管，感光后产生电信号。

图6-12　CIS元件

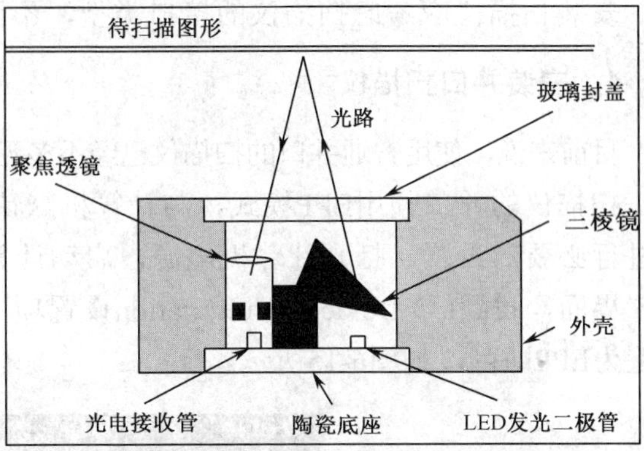

图6-13　CIS扫描组件的基本结构

CIS扫描仪采用LED灯作光源，功耗低，但光线不均匀，导致扫描仪色彩还原能力较低。CIS扫描组件贴在原稿表面进行扫描，无须复杂的光学系统，扫描仪可做得小巧轻便，但由于没有镜头，景深差，只适合扫描文稿，不宜扫描实物。

另外，CIS感光器件对环境温度变化比较敏感；感光单元间干扰大，扫描清晰度不高、精度不高；LED发光阵列的使用寿命较短。

LIDE是基于CIS技术的一种革新技术，能使二极管光源产生均匀且亮度足够的光线用于扫描，同时减少了各种像差和色差，能够较好地重现原稿的细节和色彩。

4. 互补性氧化金属半导体

互补性氧化金属半导体（CMOS）技术起源于20世纪60年代，最初用于为计算机存储数据，直到1998年它才被应用到图形传感领域，对CCD感光元件来说算是后来者，但后来者居上，已在高速扫描仪市场与CCD争唱主角。图6-14所示是一款CMOS感光元件。

CMOS与CCD都采用感光二极管进行光电转换。CCD的优势是成像质量好，但制造工艺复杂且只被少数厂商掌握，制造成本居高不下。CMOS的优势是速度快，工艺结构简单，生产成本不断降低。竞争引发进步，新一代的CCD传感器一直在功耗上作改进，而CMOS传感器则在改善分辨率与灵敏度方面的不足。

图6-14　CMOS感光元件

从发展趋势上看，CMOS以其高集成度、高速度和低耗电等特性渐领风骚，并被寄予厚望，有望在不久的将来成为主流的感光器。

6.1.5　扫描仪的安装

扫描仪的安装过程包括硬件连接和软件安装两部分。硬件的连接比较简单，一般只需把扫描仪配带的信号线的另一端插头插接到计算机相应的接口中即可。

扫描仪的软件安装包括两部分：首先是扫描仪驱动程序，这是扫描仪正常工作所必需的；其次是管理软件，方便用户管理和使用扫描仪。为方便普通用户安装扫描仪软件，大多数扫描仪厂商提供集成的安装程序，由安装程序自动完成驱动程序和管理程序安装。

安装扫描仪应考虑扫描仪的接口类型，不同接口的扫描仪安装过程有着较大差异。

1．安装并口扫描仪

目前来说，使用普通并口的扫描仪已经不多见了，这种接口通常见于老式扫描仪中。

扫描仪的并口使用EPP模式，与计算机默认的并口模式不同，因此安装并口扫描仪前应进行必要的设置。打开计算机电源，启动计算机时按住设置键（见表2-1），打开BIOS设置界面，找到I/O Device configuration设置项，把其中的并口模式（Parallel Port Mode）设置为EPP即可，如图6-15所示。

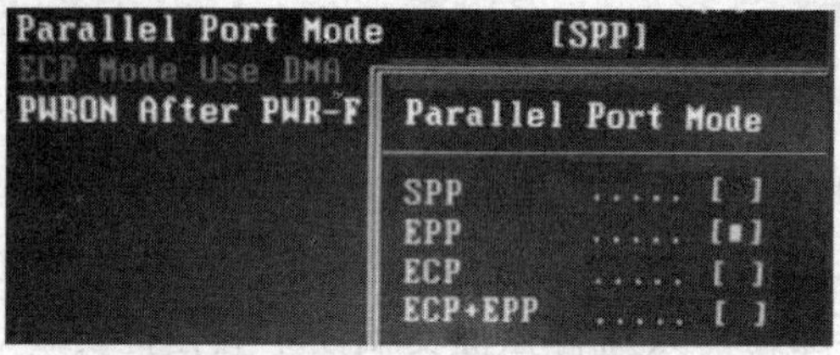

图6-15　并口模式设置

关闭计算机，将扫描仪信号线的一端插入扫描仪标识为“PORT A”的接口，另一端插入计算机的并口。将扫描仪电源插头插入电源插座，打开电源为扫描仪供电。

扫描仪供电稳定后启动计算机，并以管理员身份登录到系统中。Windows XP系统会自动发现扫描仪，并自动启动安装向导。一般来说，用户根据向导提示就可以完成扫描仪的安装。

用户也可以取消向导运行，使用扫描仪随机提供的安装盘完成软件部分的安装。具体步骤如下：把扫描仪安装光盘放入光驱中，运行安装程序，选择扫描仪的EPP接口模式，继续安装驱动程序。在驱动程序的复制过程中可能会对扫描仪的连接情况进行测试，确认后等待驱动程序安装完成。在随机光盘中一般都提供扫描仪的管理和使用工具，一般选择安装即可。

2．安装SCSI接口扫描仪

使用SCSI接口的扫描仪要求计算机必须配备SCSI插卡，而普通的计算机中并不装配这种插卡，常常需要在计算机主板上安插SCSI接口卡。

关闭计算机系统，断开电源，打开计算机机箱，找到计算机主板上的空闲PCI插槽。把扫描仪自配的SCSI插卡插入到主板空闲插槽中，并用螺钉将插卡牢靠地固定在机箱外壳上，如图6-16所示。打开计算机电源开关，启动计算机系统，系统启动成功后会自动发现新安装的SCSI插卡并试图自动为其安装驱动程序。如果系统内置的驱动程序不匹配，则会启动向导提示用户放入SCSI插卡的驱动程序盘。正确指定驱动程序盘所在的位置，确认后交由系统完成SCSI插卡驱动程序的安装。

图6-16 安装SCSI插卡

SCSI插卡硬件及驱动程序安装完成后，下面的安装过程与EPP（并口）扫描仪的安装过程类似：在计算机关机状态下完成硬件连接，开机后等待计算机识别扫描仪，之后安装驱动程序和管理工具，这里不再赘述。

3. 安装USB接口扫描仪

USB接口扫描仪具有传输速度快、使用简单、操作方便等特点，很适合于普通用户使用；目前，绝大多数扫描仪都使用USB接口。

Windows XP操作系统能够自动识别USB设备，硬件连接完成后，操作系统会自动为其安装驱动程序。若自动安装不成功，则会启动安装向导，引导用户完成扫描仪设备的安装。

事实上按照上述常规的安装方法，多数USB接口扫描仪并不能正常工作。原因是Windows XP系统内置了通用USB接口驱动程序，发现USB设备后系统会试图利用自身的程序进行安装。由于内置驱动程序与实际硬件间可能存在不匹配问题，无论自动安装是否成功，都可能会对扫描仪的后续安装或使用埋下隐患。

在Windows XP操作系统下安装USB接口扫描仪比较可靠的做法是：安装前先断开扫描仪与计算机之间的连接，然后用扫描仪随机安装盘在Windows XP系统中安装扫描仪驱动程序。根据提示重启计算机系统后，再将扫描仪用信号线与计算机连接。系统发现USB接口的扫描仪，会自动用新装入的驱动程序进行安装，这样就排除了安装和使用隐患。

6.1.6 扫描仪的使用

扫描仪硬件连接和驱动程序正确安装后，打开扫描仪电源，启动计算机系统，等待扫描仪联机成功后就可以使用了。

HP Scanjet 4070是由惠普公司推出的高速USB接口的数字平板式扫描仪，其外观构件如图6-17所示，是专为希望将照片、幻灯片、底片和投影胶片转换成高质量数字图像，并能够进行A4尺寸扫描的用户而设计的，并随机配送HP控制器软件。

本节以HP Scanjet 4070扫描仪为例介绍扫描仪的使用方法。

1. 利用Windows XP系统组件进行扫描

选择“开始”→“控制面板”→“扫描仪和照相机”命令，如果扫描仪已启动且联机正常，则可找到如图6-18所示的扫描仪图标。

先把扫描原稿的图片朝下且平放到扫描仪的璃板稿台上（见图6-19），然后盖好机盖。

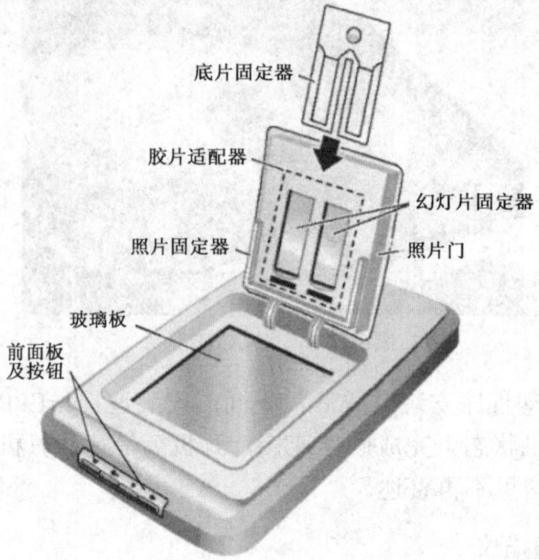

图6-17　HP Scanjet 4070扫描仪外观构件

图6-18　控制面板中扫描仪图标

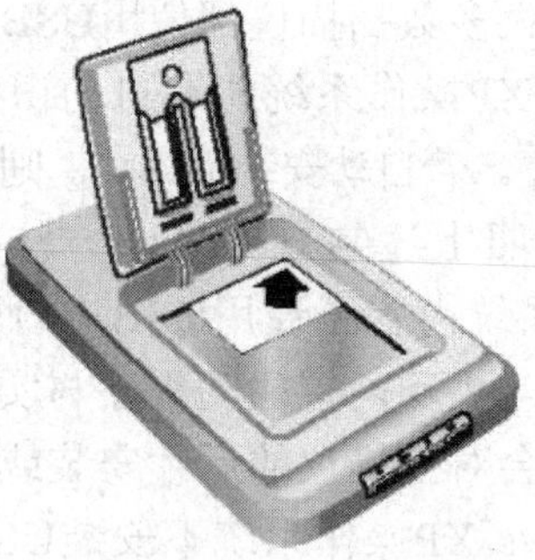

图6-19　将原稿放到稿台上

双击控制面板中 HP Scanjet 4070 扫描仪图标，打开如图6-20所示的“扫描仪和照相机向导”界面。

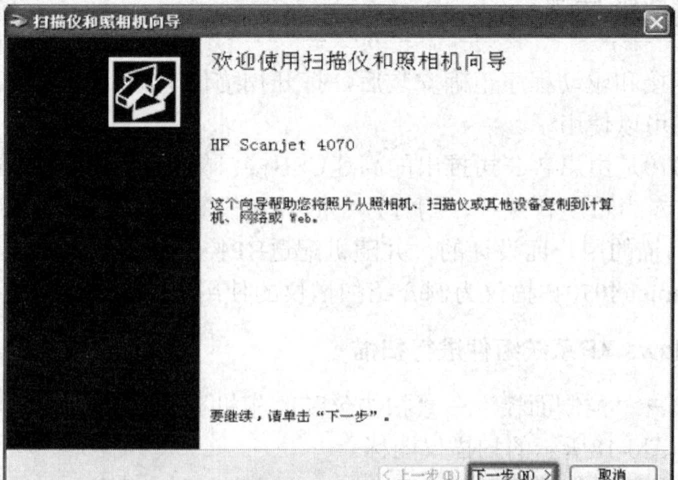

图6-20　“扫描仪和照相机向导”界面

单击“下一步”按钮，打开如图6-21所示的“选择扫描首选项”界面，要求用户选择原稿的类型。单击“预览”按钮可以观察到原稿的预览图像，拖动预览图像周围控点，可设置扫描的区域；单击“自定义设置”按钮，用户可根据需要对各属性进行个性化设置。

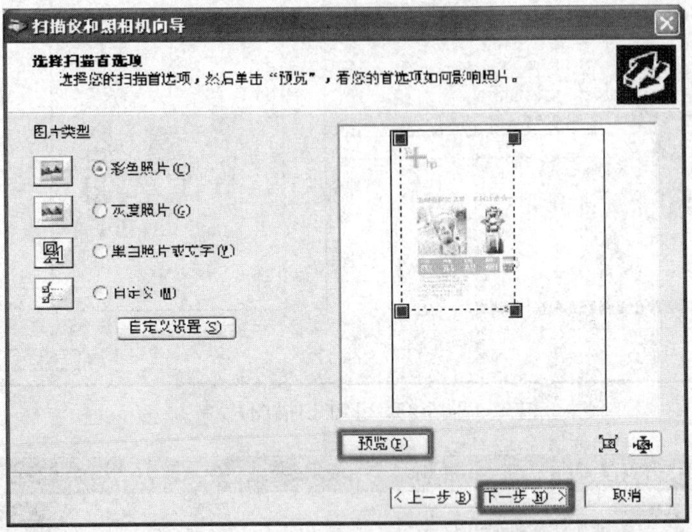

图6-21　“选择扫描首选项”界面

在“选择扫描首选项”界面中单击“下一步”按钮，则打开如图6-22所示的“照片名和目标”界面，要求用户在其中设置将要保存的图片名称、类型及保存位置。

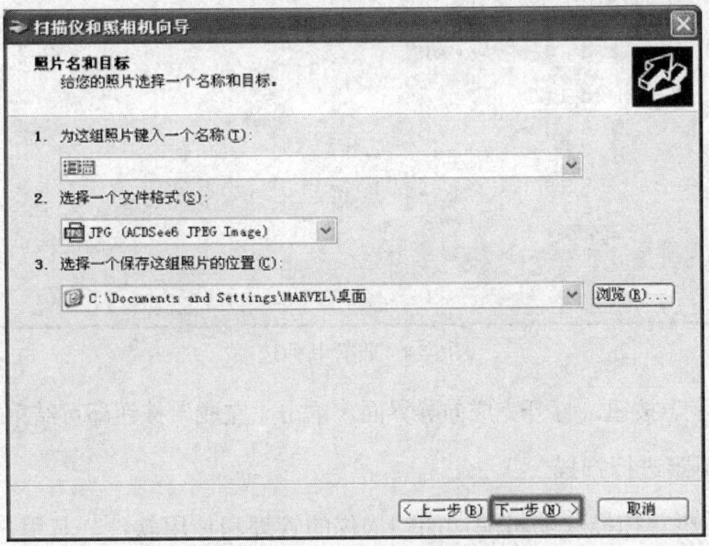

图6-22　“照片名和目标”界面

单击“下一步”按钮，扫描仪开始扫描，如图6-23所示。如果是开机后首次使用则在预热后再开始扫描。图像处理的速度与计算机的硬件配置有关。

扫描完成后弹出如图6-24所示的“其他选项”设置界面，在该界面中系统会询问将如何处理得到的图像，系统默认的选择为“什么都不做，我已处理完这些照片”。

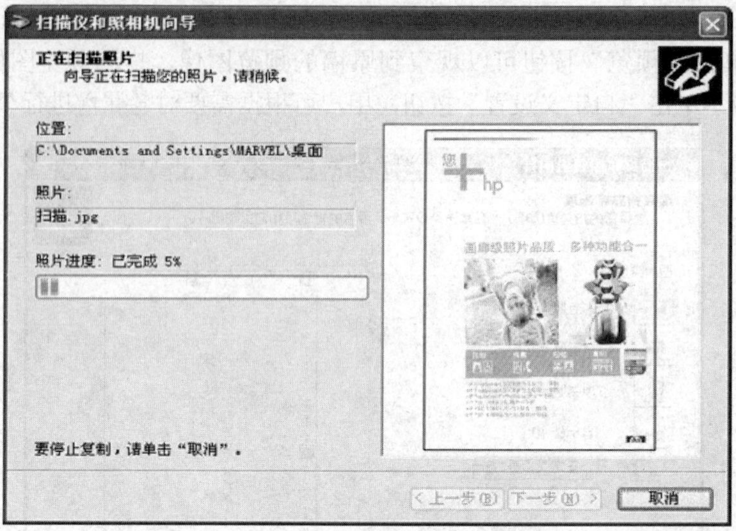

图6-23　正在扫描图片

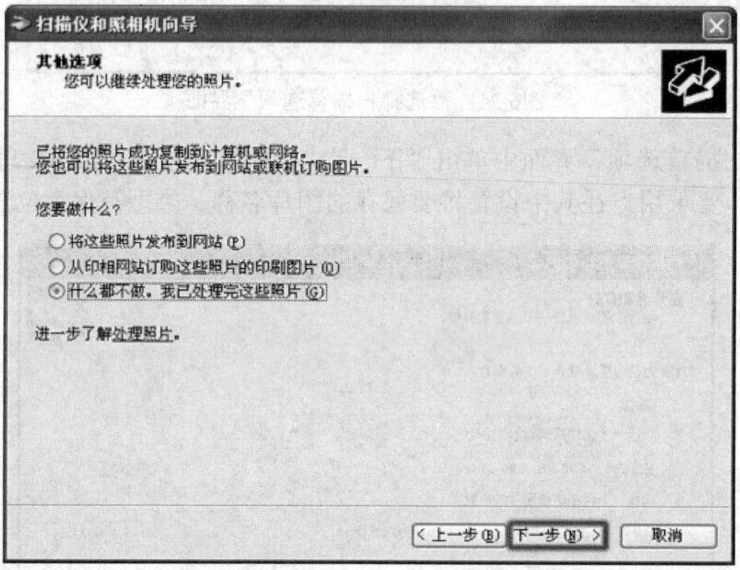

图6-24　设置其他选项

单击“下一步”按钮，打开完成向导界面，单击“完成”按钮即可结束本次扫描任务。

2. 利用控制器进行扫描

HP控制器是惠普扫描仪随机配送的扫描仪的管理和使用软件，其用户主界面如图6-25所示，利用HP控制器软件进行扫描可以更好地控制扫描过程。HP Image Zone是HP控制器中集成的一个专门的图像管理软件，用于预览和管理扫描图片。

在HP控制器中，可以根据扫描原稿的类型进行图片扫描、文档扫描、幻灯片和负片扫描，甚至可以将原稿图像直接通过打印机打印出来，实现复印功能。

HP Scanjet 4070扫描仪提供了专门的照片扫描功能。扫描照片需要选配照片固定器，固定器中可以放置一叠最多为12张的4英寸×6英寸（即10厘米×15厘米）照片。如图6-26所示，将照片放入照片固定器中，同时要求照片正面朝下且顶端指向扫描仪盖板铰链处。

图6-25　HP控制器主界面

图6-26　照片放入照片固定器

在HP控制器主界面中，单击“扫描图片”按钮，发送扫描指令。扫描仪接到任务后则开始扫描照片，照片扫描完毕则将扫描的结果送交计算机处理。如果照片固定器中放置了多张照片，当一页扫描完毕，打开照片门取出当前照片，再关闭照片门后就可继续扫描下一张照片，如此往复，直至完成对所有照片的扫描。

3．利用扫描仪面板进行扫描

HP Scanjet 4070扫描仪前面板配有如图6-27所示的扫描按钮，利用它们也可以发布扫描指令，完成扫描工作。

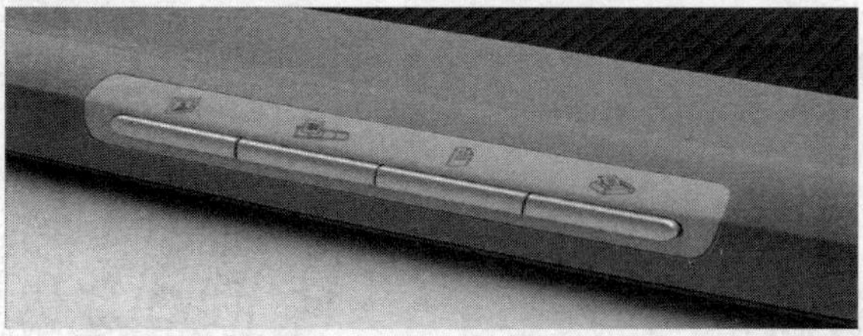

图6-27　扫描仪前面板

表6-1列出了扫描仪前面板各按钮的功能，并且这些按钮与HP控制器面板中的命令按钮的功能相对应。按下前面板按钮，系统将会自动启动关联的软件，执行相应的任务。

表6-1　HP Scanjet 4070扫描仪前面板按钮功能

图　标	名　称	功能描述
	图片按钮	用于扫描放置于扫描仪玻璃板或照片固定器上的图片
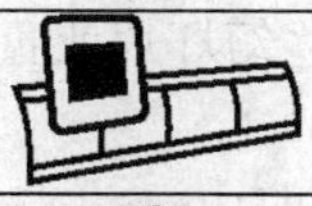	幻灯片和负片按钮	用于扫描扫描仪盖板集成底片TMA中的幻灯片或底片
	文档按钮	用于扫描放置在扫描仪玻璃板上的文档
	复印按钮	用于将放置在扫描仪玻璃板上的物品直接扫描至默认打印机

打开扫描仪照片门，如图6-28所示，将最多两张35mm幻灯片放入幻灯片固定器一侧或两侧（位于照片固定器之后），保持幻灯片顶端向下且前端朝向用户。关闭照片门，按下前面板中的“幻灯片和负片”按钮，系统则启动扫描进程对幻灯片进行扫描，最后得到幻灯片内容的图像。

扫描底片的过程要比扫描幻灯片稍微复杂一些。打开扫描仪照片门，从幻灯片固定器中取出底片固定器，如图6-29所示。将底片组插入底片固定器的一侧或两侧，且光亮面朝向用户，如图6-30所示；装好底片后将底片固定器重新插回幻灯片固定器，如图6-31所示。关闭照片门，按下前面板的“幻灯片和负片”按钮，扫描仪启动扫描进程对底片进行扫描，并得到底片中的图像。

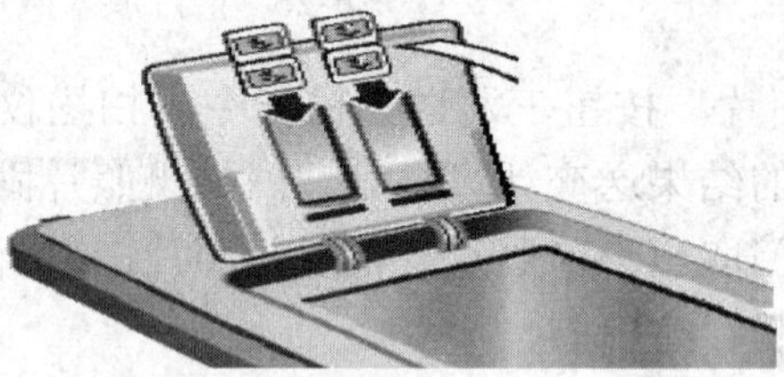

图6-28　幻灯片装入固定器

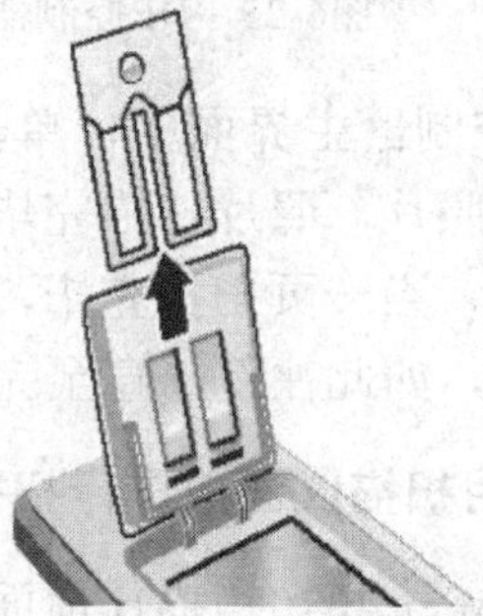

图6-29　取出底片固定器

图6-30　底片插入底片固定器

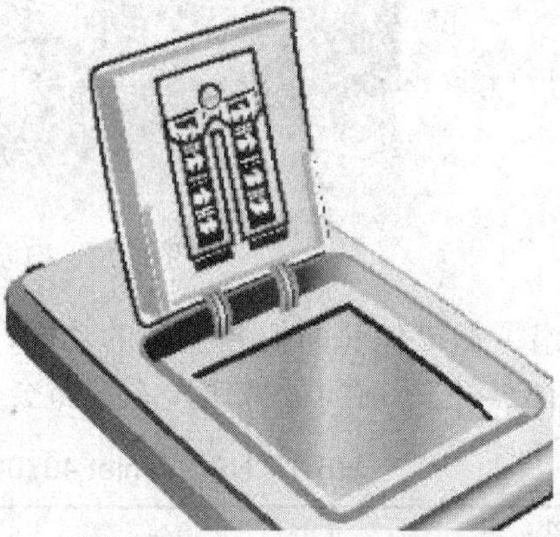

图6-31　将底片固定器插回幻灯片固定器

底片固定器中可以放置两个底片组，并且可以同时扫描每组的前两幅。如果扫描仪检测到多个选择区域，选择的内容将会以单独的扫描图像进行显示。“幻灯片或负片”按钮的预览设置默认为“关”，否则不能一次连续扫描多张图片。

扫描底片时，扫描软件会自动将图像放大至大约4英寸×6英寸（即10×15cm）。

4．在Word中调用扫描仪

打开Word 2003应用程序，打开或新建Word文档，在Word文档中选择“插入”→“图片”→“来自扫描仪或照相机”命令，如图6-32所示。

打开如图6-33所示的对话框。

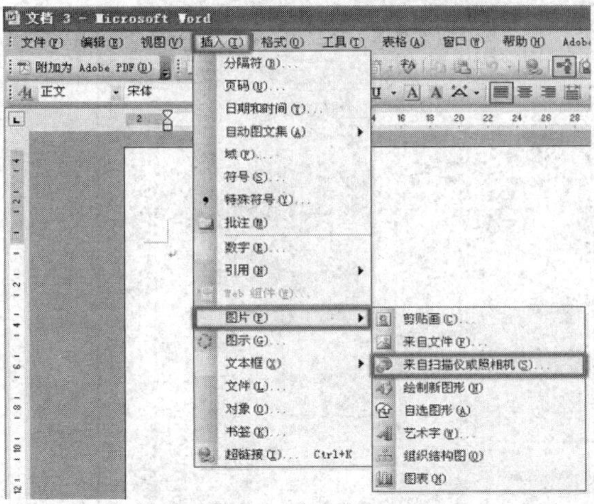

图6-32　插入来自扫描仪的图片

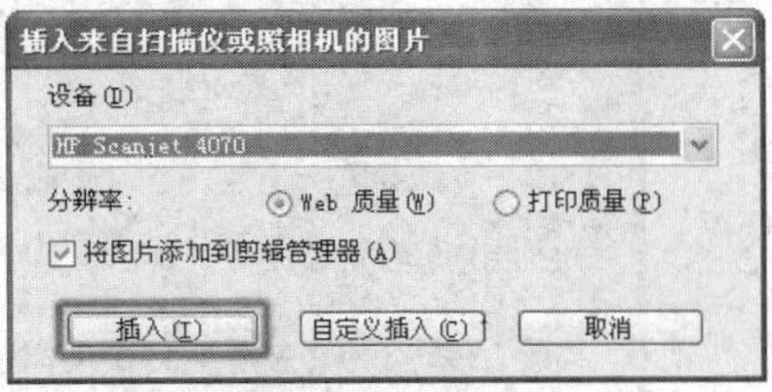

图6-33　选择扫描仪设备

对话框中的“设备”下拉列表中列出了系统已经连接的扫描仪和数码相机。指定扫描仪，单击“插入”按钮，扫描仪就开始执行扫描动作，并把扫描得到的图片直接插入到Word文件的当前位置。如果单击“自定义插入”按钮，则系统将激活扫描仪关联的工具软件，用户可利用这些软件完成自定义扫描。

Microsoft Office Document Imaging是Office 2003办公套件中的一个组件，且默认已经安装。在Word 2003软件中调用扫描仪，需要该组件的支持。当扫描仪工作正常，但却在Word 2003中无法调用时，则可能是该组件已经损坏或被卸载，可以考虑重新安装该组件。

TWAIN协议是应用软件（如Word、Photoshop等）从计算机外设（如扫描仪）获取静态图像的国际标准，目前覆盖的外设范围包括扫描仪、数码相机等。符合TWAIN协议要求的软件都可以从符合TWAIN协议的设备获取数据。在Word中调用扫描仪扫描图片就依赖于这个协议。

5．OCR文字识别

OCR是指光学字符识别，是一种图形识别技术，其中包括文字识别技术。OCR文字识别技术可以将图片中的文本信息识别出来，以便用户对它们作进一步的加工处理。需要说明的是，OCR技术并不依赖于扫描仪，它既可以从扫描仪的扫描图像中识别文字，也可以从已有的图像中识别文字。

使用HP控制器可以对文稿进行文字识别，为获得理想的识别效果，有必要先对扫描文档进行设置。

打开HP控制器主界面，单击其中的“设置”按钮，打开“按钮设置”对话框，切换至“扫描文档按钮（控制器）”选项卡，如图6-34所示。用户应根据扫描原件的情况对其中的设置项进行正确的设置。

单击“修改扫描文档设置”按钮，打开如图6-35所示的对话框，可在其中完成对扫描文档使用的分辨率、输出类型和 OCR 语言做出更改和设定。为确保对文本的识别，应保证软件中设置的语言与原稿中的语言保持一致。

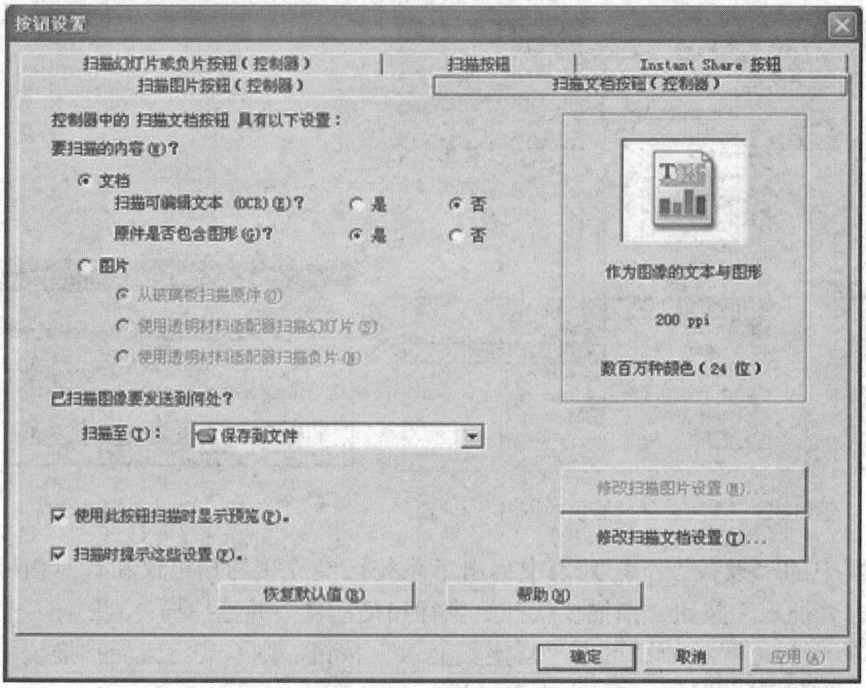

图6-34　按钮设置

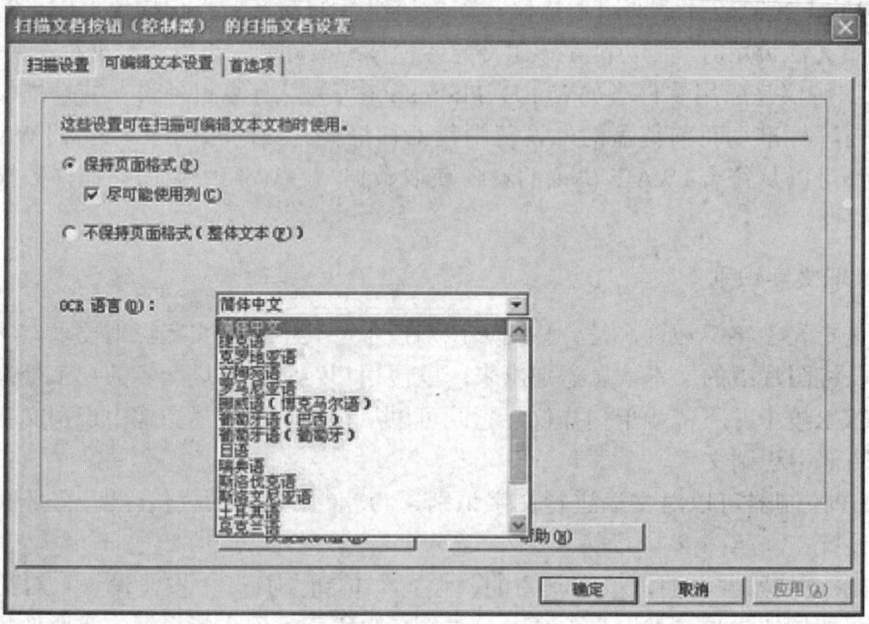

图6-35　扫描文档设置

如果更改了设置，为确保各项修改的设置生效，应在确认各项修改之后，重新启动HP控制器。

把将被识别的原稿放在玻璃板稿台上，单击HP控制器主界面中的“扫描文档”按钮启动扫描任务，系统随后显示如图6-36所示的扫描前设置界面，用户可根据个人实际需要做出相应的选择。对“扫描可编辑文本”选项，除非确实需要进行编辑改动才选择“是”

单选按钮，否则难以确保识别正确率，增加人工校对负担。设置完成后，单击“扫描”按钮开始执行扫描任务。

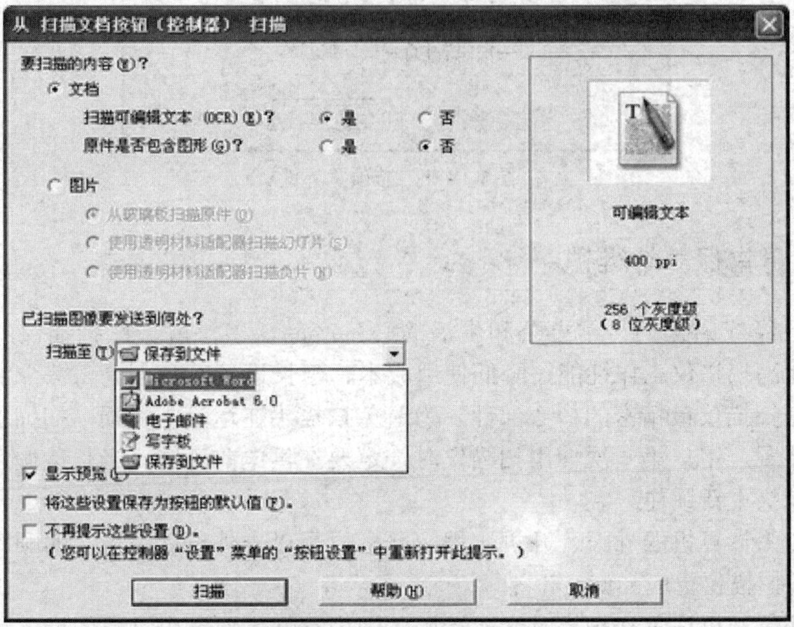

图6-36　扫描前设置界面

扫描程序默认打开预览界面，如图6-37所示。为了获得较好的识别效果，可以用鼠标把不需要识别的部分框选在外。

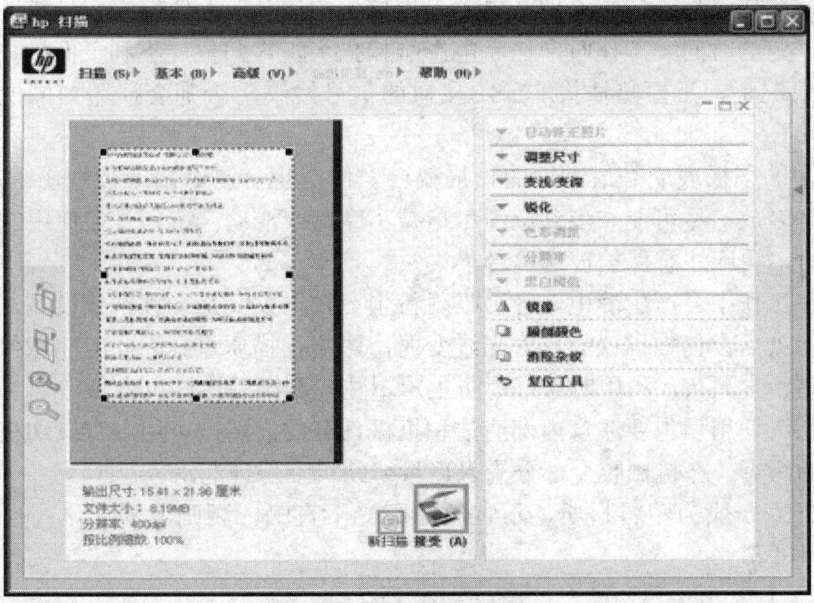

图6-37　扫描预览界面

单击“接受”按钮，软件将弹出“是否要扫描另一图像？”对话框，如图6-38所示。如果有多页文档需要识别并合成一个文件，则应在原扫描稿取出后再放上新扫描稿，然后单击“是”按钮。重复这个步骤，直到所有的文件全部完成扫描，最后再单击“否”按钮。

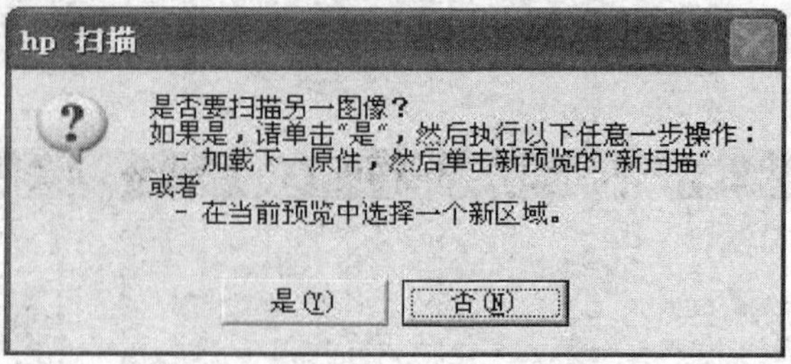

图6-38　扫描预览界面

6.1.7　日常保养与维护

扫描仪已经成为人们日常办公和生活的必备产品，多了解一些扫描仪的使用保养常识，有利于提高扫描仪工作性能、降低使用成本、延长设备寿命、提高综合工作效率。

扫描头是扫描仪最精密的核心部件，为避免扫描头在运输中受损，扫描仪一般都装有扫描头锁定装置。用户第一次使用扫描仪时一定要在供电前开锁，当长途搬运时则须用锁定装置把扫描头重新锁住。

扫描仪作为计算机的外设，开机过程应严格执行“先外设后主机”的顺序，特别是对非USB接口的扫描仪更应如此。

有些扫描仪开机后首次扫描时会比较慢，因为它们需要一个预热的准备过程。当天气较冷，室内温度过低时，预热时间可能会更长；提高工作环境温度可以减少预热时间。

扫描仪长时间不用时应切断电源，一方面有利于节约能源，另一方面也有利于延长扫描仪灯管的寿命。

扫描仪在扫描过程不应中途切断电源。扫描头的运动速度比较慢，扫描图片或扫描头归位都需要一定的时间，工作时中途断电影响扫描头正常归位，不利于保护扫描头。在扫描仪通电的情况下，不要热插拔非USB接口的信号线缆，否则会损坏扫描仪或计算机的接口。

扫描仪中的平板玻璃是最常用的扫描稿台，同时也容易磨损或被划伤。在收/放扫描原稿时应轻拿轻放，尽可能一步到位，尽量减小摩擦或滑动；特别是在使用CCD扫描仪扫描立体物品时，更应注意保护玻璃稿台。

扫描仪在工作中会产生静电，容易吸附粉尘。扫描仪又是一种精致设备，稿台玻璃、光学系统受污染后会使扫描仪的反射光线变弱，影响扫描质量。因此应注意保持扫描仪自身清洁并远离粉尘源头，不用时最好用防尘罩罩住，减少受污染机会。

扫描仪长久使用后也要注意内部清洁和机械部分的润滑；可用浸有缝纫机油的棉布擦除机械部分的污垢，在机械咬合部分滴入适量缝纫机油保证润滑。

扫描仪外壳一般为塑料材质，不宜放在阳光下直晒，否则容易老化；也不宜承载物品，否则容易变形。

6.1.8　扫描仪的技术指标与选购指南

1. 主要技术指标

扫描仪的工作性能可以通过主要技术指标来体现，扫描仪的性能指标主要有反映扫描仪精度的分辨率、扫描图像彩色范围的色彩深度（色彩数），另外还有灰度级、接口方式、扫描速度和扫描幅面等。

（1）扫描元件

目前市场上扫描仪所使用的感光器件主要有电荷耦合元件CCD、接触式感光器件CIS、光电倍增管PMT和互补金属氧化物导体CMOS共4种。

光电倍增管的生产成本最高，扫描速度很慢，只用在最专业的鼓式扫描仪上。而CCD和CIS的生产成本相对较低，扫描速度相对较快，扫描效果能满足大部分工作的需要，主要用在家用、办公扫描仪上。CMOS器件生产成本最低，扫描速度快，扫描质量好，功耗低，主要用在高速扫描仪上。

（2）分辨率

扫描仪对图像细节的表现能力用分辨率来衡量，分辨率通常用每英寸扫描图像上所含有的像素点的个数表示，记作dpi。分辨率是扫描仪最主要的技术指标，它决定了扫描仪所记录图像的细致度，目前大多数扫描仪的分辨率在300～2400dpi之间。dpi数值越大，扫描的分辨率越高，扫描图像的品质也越高。

扫描分辨率又分光学分辨率和插值分辨率两种。光学分辨率就是扫描仪的实际分辨率，它决定了图像的清晰度和锐利度等关键性能指标。插值分辨率则是通过软件运算在采样点之间插入计算得到点，使每英寸中点的数量增加，

分辨率又有水平与垂直之分，水平分辨率取决于扫描仪使用的感光元件和光学系统的性能；而垂直分辨率则取决于步进电动机的步长。所以扫描仪的参数说明中会有诸如300dpi×600dpi或600dpi×1200dpi的写法。

（3）色彩深度

扫描仪的色彩深度能标识出扫描仪在色彩空间上的识别能力，通常用表示每个像素点上颜色的数据位数（bit）表示。色彩的位数越高，对颜色的区分就越细腻，扫描图像就越生动艳丽，扫描效果越真实。

目前有18位、24位、30位、36位、42位和48位等多种，常用的真彩色采用24位色彩深度，可以表现2^{24}种颜色。

（4）灰度级

灰度级分辨率多半用在单色（黑白）扫描仪中表示性能指标，一般直接用灰度级表示，如32级灰度、64级灰度、256级灰度等。也有用数据位数方式表达的，如6位灰度级、8位灰度级等。灰度级越多的扫描仪，扫描的图像层次就越丰富，效果就越好。

（5）扫描速度

扫描速度可分为预扫速度和实扫速度。扫描仪在开始扫描稿件时必须通过预扫的步骤确定稿件在扫描平台上的位置。预扫结束后扫描仪开始实际扫描，实扫速度受参数设置、扫描幅度、接口类型等多种因素的影响，实际扫描速度可能差异很大。因此在选择扫描仪时，应尽量选择预扫速度快的产品。

（6）接口方式

扫描仪的接口方式主要有EPP、USB、SCSI共3种。EPP是增强型并行接口，其优点是

连接简单、使用方便、价格低廉、可与大多数PC直接相连，其缺点是数据传输速度慢。USB是通用串行总线接口，数据传输较快，支持热插拔功能，可即插即用，但绝大多数的旧款PC无此接口。SCSI属于小型计算机标准接口，数据传输速度快，CPU占用率低，但安装设置复杂并占用一定的软硬件资源。

（7）扫描幅面

扫描仪的幅面规格一般有A4、A4加长、A3、A1等。扫描幅面越大，扫描仪价格越高。

2．选购指南

用户在选择扫描仪时要有很强的针对性，用户应明确自己的需求，量体裁衣，根据个人使用或工作需要选择合适的扫描仪产品。

普通家庭用户应重点关注经济和易用两个方面的问题，而不必过于追求高分辨率。在易用性方面，关注的是安装和使用手册是否详细、软件界面是否容易理解等。另外，扫描仪的体积、外观、色彩和风格对家庭用户而言也很重要。

普通办公用户选购扫描仪的目标就是扫描效率高。重点关注与提高效率有关的技术或配置，如扫描速度、进纸器配件、易用性、智能化设计、双面扫描功能等。

在平面设计、广告制作和印刷排版等领域中从事专业处理图像工作的用户，重点关注的是扫描效果，要求色彩还原、清晰度及层次都要高于一般扫描仪的效果。在选购扫描仪时，除了注重色彩数、分辨率（一般为1200dpi以上）等指标以外，还要了解扫描仪的动态密度，以把握扫描仪的层次表现能力。

扫描仪的分辨率有水平分辨率、垂直分辨率和插值分辨率3种，其中水平分辨率是最重要的，应“严格把关”，不宜随意提高或降低要求；另外两种分辨率并非越高越好，可根据实际需要进行选择。普通用户可选择600dpi×1200dpi分辨率的扫描仪，专业用户则应根据工作的实际需要，选用档次相匹配、分辨率较高的扫描仪。

目前30位、36位、42位色彩的扫描仪开始成为市场上的主流产品。普通用户使用30位色的扫描仪就够了，而专业用户则最好购置36位或以上的扫描仪。当然色彩数扫描仪价格越高，形成的文件将占用的硬盘空间也就越大，扫描时间也会增加。

在四种感光元件中，CCD扫描仪是目前市场上的主流产品，生产成本高，成像质量好，用户多为普通消费者，同时也有部分高端产品为专业用户所使用；CIS扫描仪超轻、超薄、便携，适合于移动办公用户；CMOS扫描仪制造成本低、扫描速度高，适用于对速度要求高但对效果不太计较的用户；PMT扫描仪价格昂贵，不是办公人员所能奢求的。

扫描仪的三类接口各有特点，EPP是增强型并行接口，连接简单、使用方便、价格便宜、可与大多数PC直接相连，但数据传输速度慢，若用户使用的是旧款PC一般只能使用EPP接口扫描仪；USB是通用串行总线接口，数据传输较快，即插即用，支持热插拔，普通用户选用USB接口扫描仪最佳，只是大多数旧款PC无此接口；SCSI属于小型计算机标准接口，数据传输速度快，CPU占用率低，但安装和设置较复杂，专业用户有条件的话使用SCSI扫描仪为佳。

用户在选购扫描仪产品时，往往只依据技术指标来判断扫描仪质量的好坏，实际上有些技术指标有可能不准确甚至是虚假的，或者扫描仪自身存在质量问题，仅靠技术指标是不能发现问题的。选购扫描仪时可邀请有经验的用户或技术人员给予指导，以免吃亏上当。

6.2 数码照相机

随着数码影像技术的发展，各类影像设备在现代办公环境中得到越来越广泛的应用。照相机是一种利用光学成像原理形成影像并记录影像的设备，根据记录影像的介质不同，照相机主要分为胶片照相机、数码照相机（DC）。胶片照相机（见图6-39）通过镜头成像并用胶片记录影像，再经复杂的过程把图像转印到相纸上；数码照相机（见图6-40）采用感光元件成像并用数字存储器记录影像，再经过数码方法呈现为图像。胶片相机成像周期慢、使用成本高、存放和传播困难，除非在专用领域，胶片照相机逐渐被数码照相机所取代。

图6-39　胶片照相机

图6-40　数码照相机

6.2.1 照相机的工作原理

照相机的工作过程是基于凸透镜成像原理的，如图6-41所示。外部景物反射的光经凸透镜汇聚后，在照相机的暗室内壁形成图像；在暗室内壁成像处放置某种感光介质，可以把外部景物的瞬间图像信息记录下来。

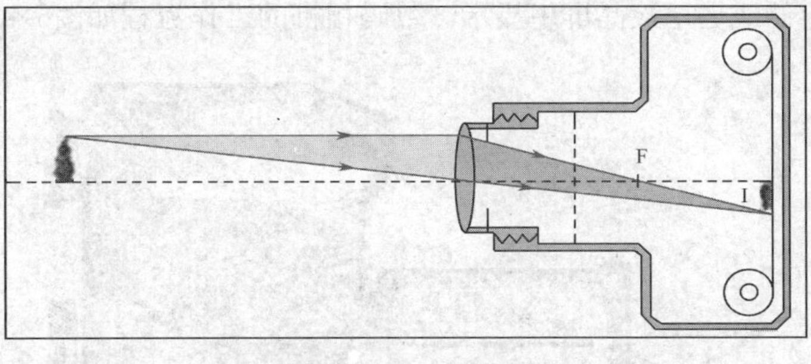

图6-41　照相机成像原理

1839年8月19日，法国画家达盖尔的“银版法摄影术”公布于世，并制造了首台实用的银版照相机（见图6-42），拍摄了当时巴黎的林荫道照片（见图6-43），从此揭开了现代摄影技术的序幕。达盖尔因“银版法摄影术”而赢得“摄影之父”的美誉，人们曾经普遍使用感光胶片也是对这一技术的承继和发扬。

图6-42　生产于1839年的银版照相机

图6-43　1839年巴黎林荫道照片

1981年索尼公司发明了世界上首架不用感光胶片的马维卡照相机，是当今数码照相机的雏形。与胶片照相机不同的是，数码相机将影像聚焦在CCD或CMOS等感光传感器上。感光传感器将图像划分成若干个微小像素，每个像素将各自捕获的光信号对应转换为电信号，电信号又经模/数转换（A/D）和数字信号处理器（DSP）处理后形成数码图像，最后送达存储介质中存储或送至液晶屏中显示。数码相机的工作流程如图6-44所示。

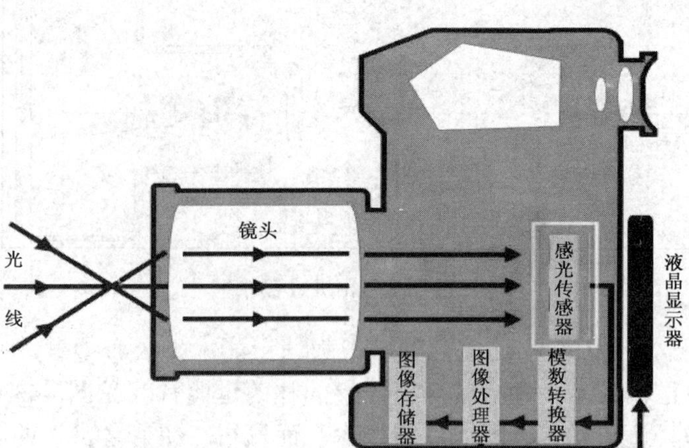

图6-44　数码相机的工作流程

由于感光传感器只能感应图像中光的灰度，而不能感知光的颜色。因此，为获得彩色照片，必须先从镜头产生的图像中分离出红、绿、蓝单色的图像，再分别对应送交感光传感器记录单色图像信息；将独立的红、绿、蓝单色图像信息汇聚在一起，就可以合成为一幅彩色图像。数码相机拍摄彩色图像，既可以采用1片感光传感器，也可以采用3片感光传感器，只不过实施的方法和过程有所不同。下面以CCD为例介绍数码相机拍摄彩色图像的过程。

单CCD方式采用单个CCD感光器记录图像。在CCD的前面放置一滤光片，滤光片由为数众多的单色微格组成，每个单色微格只允许同色光通过；透过滤镜的光分别投射到CCD表面，其中，同色的单色光会组成单色图案；CCD表面的红、绿、蓝三幅单色图案经系统合成后就形成彩色图像，如图6-45所示。

图6-45　单CCD合成彩色图像

3CCD方式采用3片CCD感光传感器记录图像。在镜头之后安放一片分光镜，以便将镜头形成的图像分解成红、绿、蓝3种单色图像；各单色图像对应投射到CCD表面，每片CCD仅对应记录一种单色图像的信息；最后3片CCD记录的各单色图像信息合成在一起就可得到一幅彩色图像，如图6-46所示。

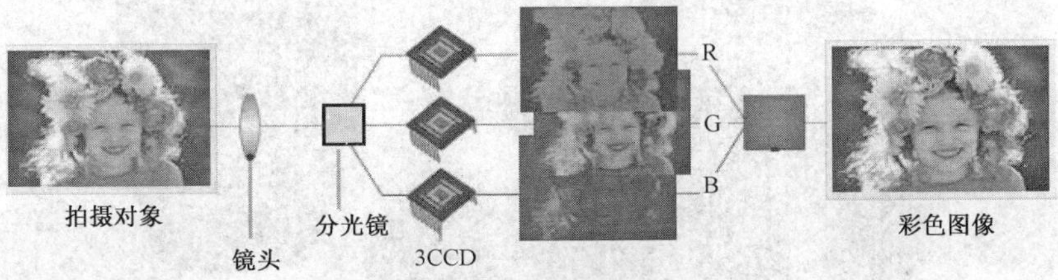

图6-46　3CCD合成彩色图像

6.2.2　数码照相机的基本结构

数码照相机的外部结构如图6-47所示，主要包括镜头、LCD显示屏、取景器、快门按钮及其他调节或设置按钮等。

数码照相机的剖面结构如图6-48所示，主要包括镜片组、光圈、快门装置和感光介质（如CCD）等。

- 镜头：照相机的镜头理论上只需一只凸透镜，但实际上却是由一组（或多组）透镜组合而成的（组合效果相当于凸透镜），如图6-48中所示；改变透镜组中透镜的相对距离就可以改变组合凸透镜的焦距，克服了单凸透镜焦距不可变的不足。按照与机身的连接方式，镜头可分为可拆卸镜头和不可拆卸镜头，可拆卸镜头多用于专业照相机，图6-49中所示为Nikon D50照相机及其镜头。

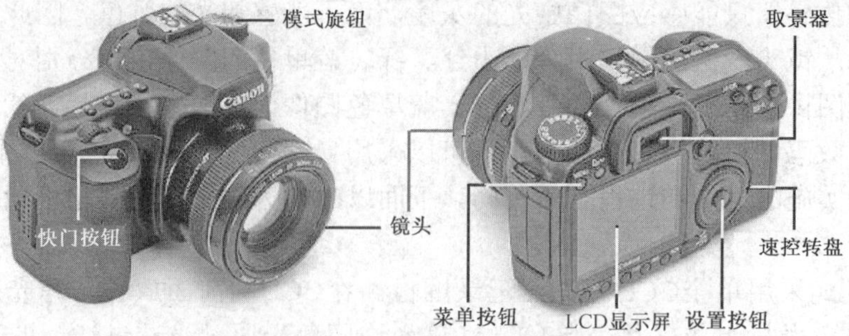

图6-47　Canon EOS 40D外部结构

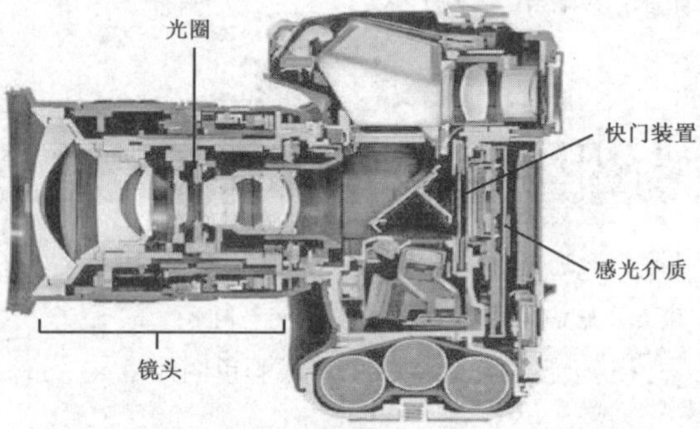

图6-48　数码照相机的剖面结构

图6-49　Nikon D50照相机及镜头

- 快门和光圈：为了适应亮暗不同的拍摄对象，以期在记录介质上获得合适的感光量，必须控制介质曝光时间的长短和光线进入镜头的强弱。照相机利用快门按钮开启快门装置，如图6-50所示，调整快门的速度可以控制曝光时间的长短；利用光圈调节器可以改变光圈通光孔径的大小，如图6-51所示。光圈通光孔径越大入射光强度越强，否则入射光越弱。
- 取景器：在进行实际拍摄前，应先通过取景器确定被拍摄景物的范围，并通过取景器选择恰当的构图。有的照相机在机身前设有取景窗，在机身后都设有观察窗，如图6-52所示；有的照相在机身前不设取景窗（见图6-47），而是改用镜头取景。

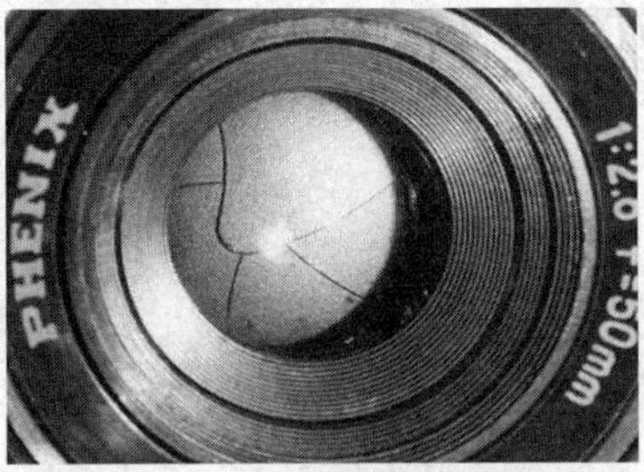

图6-50　照相机快门装置

图6-51　照相机光圈装置

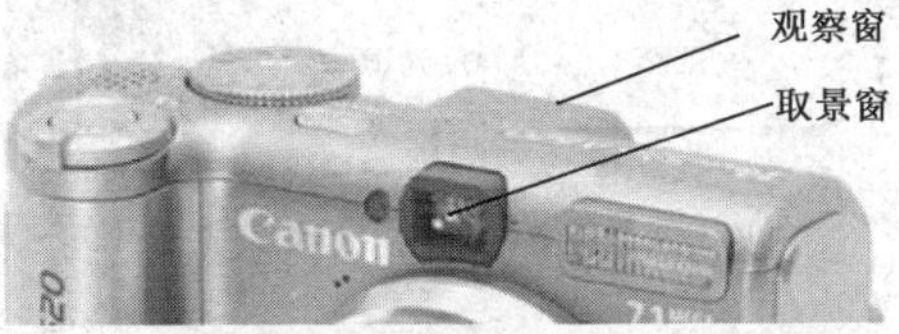

图6-52　Canon PowerShot A620取景器

6.2.3　数码照相机的分类

由于品牌、型号、体积、功能、用途等多方面的原因，数码照相机很难有清晰的分类，日常生活中数码相机的实际类别往往是多种分类标准的组合。

1．按对焦方式分类

按照是否可以自动对焦，数码相机主要可分为自动对焦型（俗称傻瓜型）和手动对焦型两种。自动对焦型数码相机采用电子技术自动对焦，可以满足一般的家用。手动对焦照相机采用手动方式调整相机焦距，以获得专业或特殊的拍摄效果。另外，部分具有自动对焦功能的照相机也允许用户手动对焦。

2．按镜头焦距分类

根据焦距是否可调，数码相机可分为定焦相机和变焦相机。定焦相机的焦距是固定的，只有在一定距离外才能拍摄出清晰照片，多用于家庭拍摄。变焦相机的焦距是可调的，允许用户拍摄不同距离下的清晰图像，如远距或微距拍摄等。

3．按取景方式分类

按相机取景方式的不同，数码相机可分为旁轴取景相机、双反取景相机、单反取景相机和液晶取景相机。旁轴取景相机的取景窗是一个普通的玻璃窗口，工艺简单，造价较低，但是取景图像与镜头图像之间存在视角偏差，实际拍摄效果与观察效果并不完全相同。双反相机使用两个完全相同的镜头，一个用于取景，一个用于拍照；该类相机目前已经落伍，只用于一些特殊的场合。单反相机使用同一个镜头取景和拍照，是目前高端相机的主流取景方式。液晶取景相机是采用LCD取景的小型数码相机。

6.2.4　单反相机

单镜头反光技术（SLR）是当今照相机最流行的取景方式，采用这种技术的相机被称为单反相机。单反相机的暗室中，感光介质前装有一块活动的毛玻璃反光镜片，可以把入射的光线向上反射；反光镜上方是一个透明的五棱镜，反射光经其多次反射后可送达观察窗，如图6-53所示。

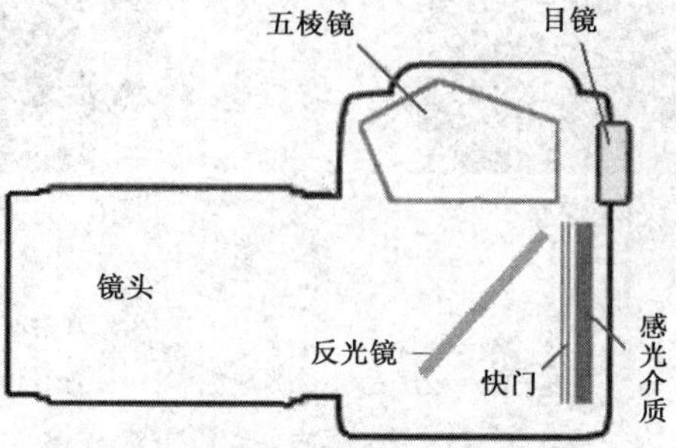

图6-53　单反相机结构示意图

单反相机取景时（见图6-54），相机快门关闭，不会有光投射到感光介质上；同时反光镜呈水平45°角挡在镜头汇聚光的光路上，并将光反射进上面的五棱镜中；反射光经五棱镜的多次反射被送达观察窗口。单反相机拍摄时（见图6-55），按下快门按钮后，反光镜片迅速向上翻起让开光路，同时快门开启，景物实像光线到达感光介质表面，经记录和曝光处理后，快门和反光镜分别复位，拍摄过程结束。这种独到的设计使得摄影者可以从取景器中直接观察到通过镜头的影像，即在单反相机取景器中看到的影像就是将要拍摄的影像，消除了取景偏差。

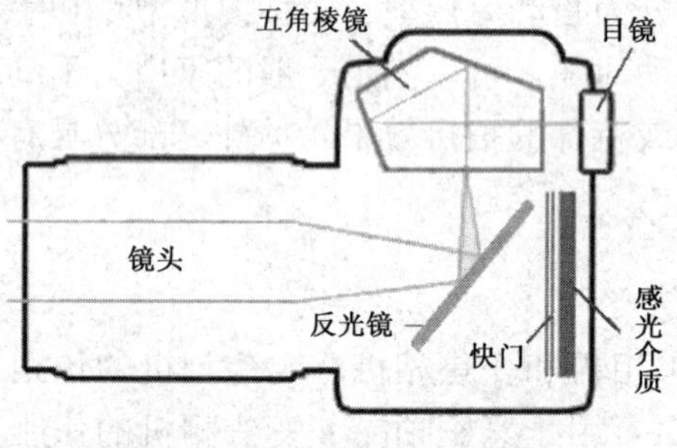

图6-54　单反相机取景光路图

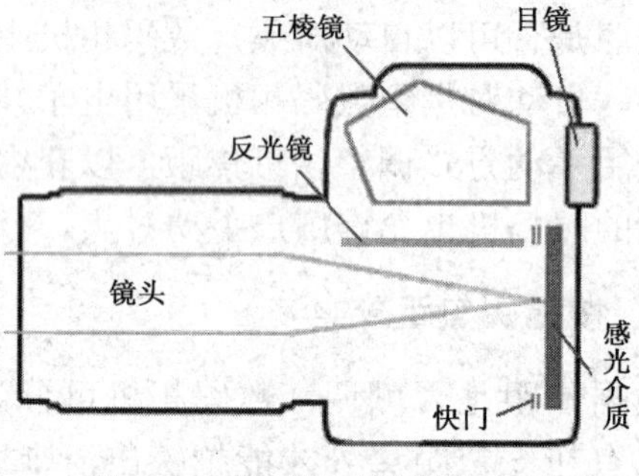

图6-55　单反相机拍摄光路图

6.2.5　数码相机的使用和维护

数码相机集光学、电子、数字、机械等技术于一体，是一种精密的办公设备，其使用和维护要特别注意方式和方法。

1. 基本用法

新手使用数码相机，要通过阅读其使用说明书或者向专业人士请教，熟悉各个部件的性能和操作，了解各种附件（见图6-56）的功能和用法，避免强行拨弄相机，造成损坏。

正常使用新数码相机前要进行必要的准备工作，如安装电池，安装存储卡，初始化系统等。使用高级设置功能时，可按照相机的“MENU”按钮调出系统管理菜单执行管理任务。

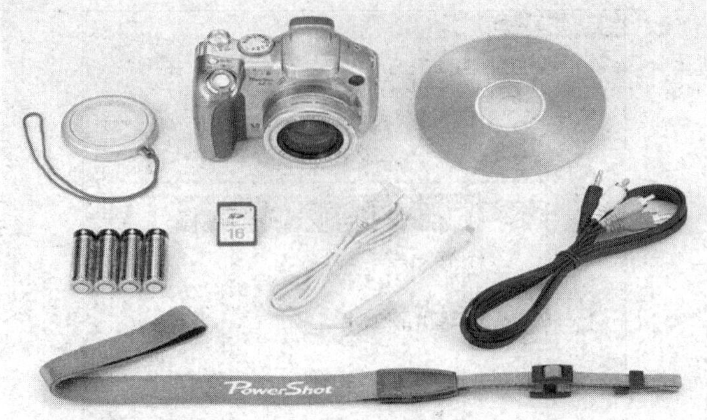

图6-56　数码相机的常用附件

拍摄照片前，应将照相机的工作模式改为拍摄模式，这样新拍摄的照片就被存入存储器中；而要查看或删除存储器中存储的照片，则需把照相机的工作模式改成播放模式。

拍摄时拿照相机要持正持稳；按快门时双肘夹紧，尽量避免相机悬空拍摄；按快门时要轻轻按动，切忌手指悬空猛然按下快门；若快门速度较快，有必要使用三脚架。

拍照时，切忌将照相机镜头长时间对着强烈的直射阳光，尤其在逆光摄影时更要加倍注意。因为太阳聚焦的作用可能会损坏镜头和帘幕，而在使用数码相机时，这点更要注意，因为有可能会烧坏CCD。

有自动对焦功能的相机，在拍摄时快门不宜即按即放。正确的方法是，先半按下，观察取景器中自动对焦完毕再全部按下，拍摄完毕再轻轻松开。

近距离给人物拍照时应注意避免使用闪光灯，以免强光刺伤人的眼睛，尤其是给儿童拍照时要注意。

部分数码相机具有与计算机联机的功能。连接前先将数码相机关闭，并将其工作模式设为播放模式，然后用专用数据线将其与计算机连接，之后打开数码相机的电源，Windows XP及以后的操作系统会自动把数码相机的存储器作为移动存储设备，并为之分配盘符，这样用户就可以在计算机和数码相机之间交换数据了。

2. 照片转存

数码相机所拍摄的照片都存储在其存储卡中，通过一定的方法可以把它们转存到计算机中。实现照片转存的方法主要有存储卡转插法和数据线联机法两种。

（1）存储卡转插法是指在数码相机关机的状态下，取出其存储卡并转插到计算机的多功能插槽中。存储卡被正确识别后就可作为移动存储设备（与U盘类似）使用，用户可以对其中的照片进行移动、复制、重命名或删除操作。

（2）数据线连接法是指利用数码相机随机配送的专用USB线将数码相机与计算机联机后二者交换数据。关闭数码相机电源，并切换至播放模式；用专用USB连线的U型插头插入数码相机的U型接口，另一端（USB插头）插入计算机的USB接口；打开数码相机开关，计算机开始对数码相机进行联机初始化；联机成功后，将弹出如图6-57所示的向导界面，利用该向导用户可选择将要执行的操作。

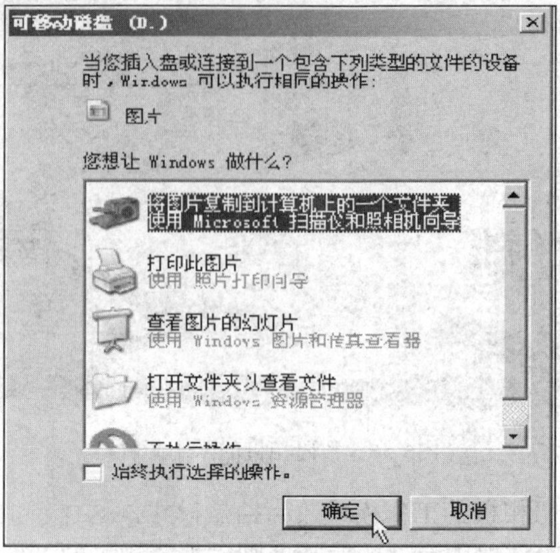

图6-57　移动设备操作向导

① 选择“将图片复制到计算机上的一个文件，使用Microsoft扫描仪和照相机向导”，单击“确定”按钮，将弹出如图6-58所示的“扫描仪和照相机向导”对话框。

② 单击“下一步”按钮，将打开“选择要复制的照片”界面，如图6-59所示。界面中每幅照片的右上角都有一个复选框，复选框被选中表示对应照片将要被复制，否则将不被复制。

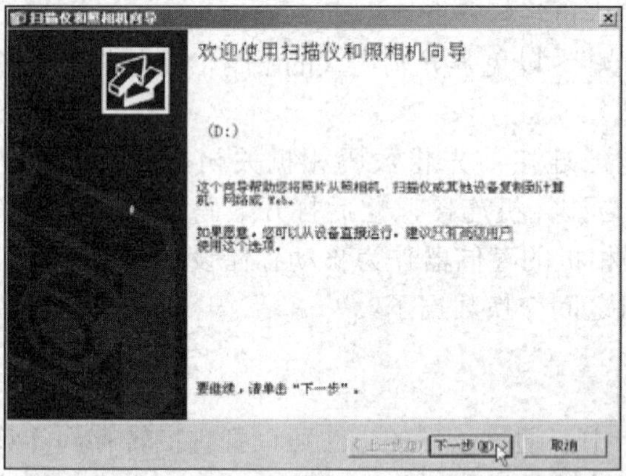

图6-58　“扫描仪和照相机向导”对话框

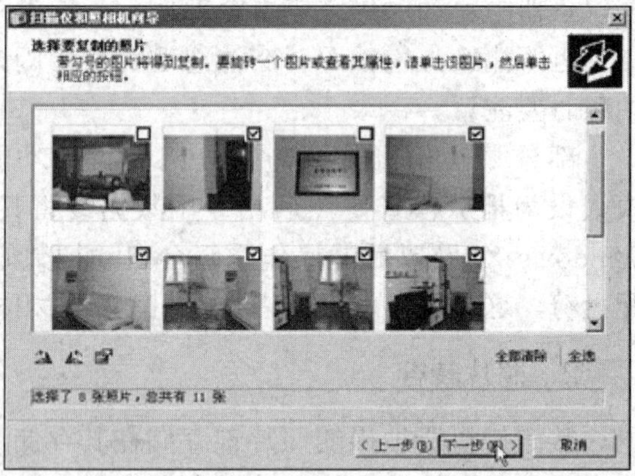

图6-59　“选择要复制的照片”界面

③ 将需要被复制的照片全部选中后，单击“下一步”按钮，将打开如图6-60所示的“照片名称目标”界面。

④ 在“照片名称目标”界面中，为选定的照片指定一个名称并指定其存储的位置，单击“下一步”按钮，系统将开始复制照片到指定的位置，如图6-61所示。

⑤ 复制完毕，在打开的“其他选项”界面（见图6-62）中选择“什么都不做，我已处理完成这组照片”单选按钮，单击“下一步”按扭，在打开的“正在完成扫描仪和照相机向导”对话框中单击“完成”按钮终止该向导。打开指定的目标文件夹，即可看到刚被复制的照片，如图6-63所示。

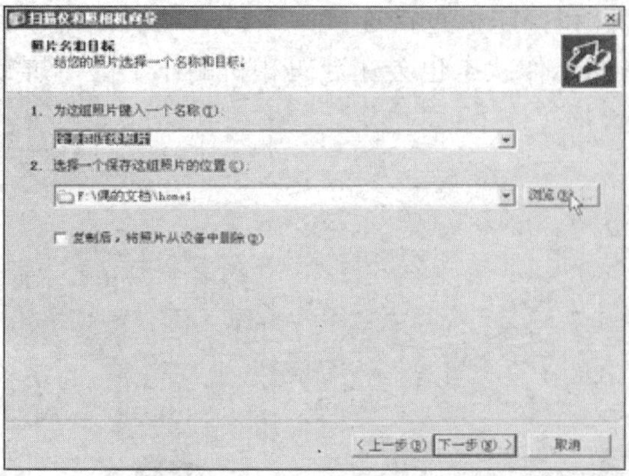

图6-60 “照片名称目标”界面

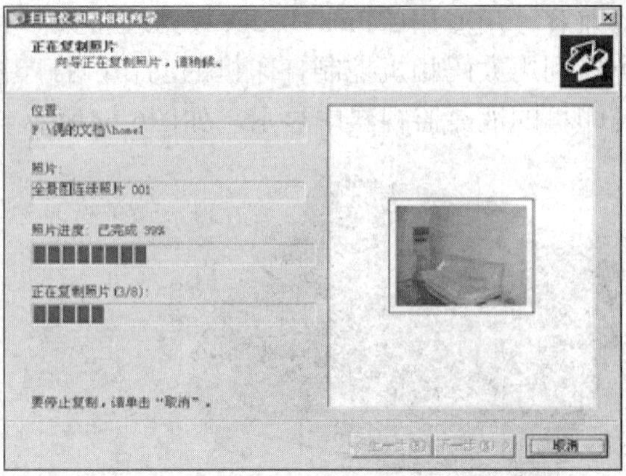

图6-61 正在复制照片

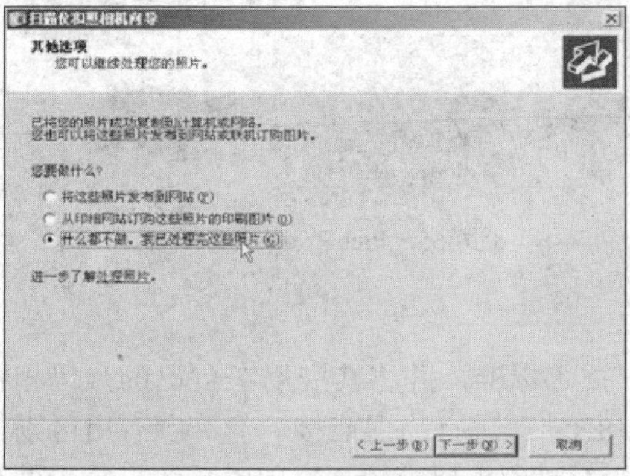

图6-62 “其他选项”界面

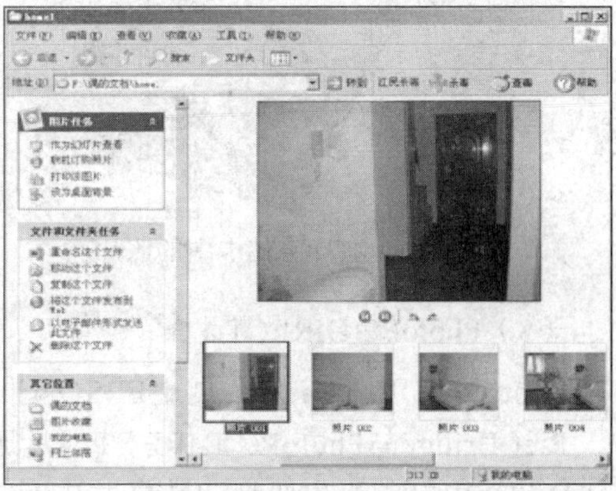

图6-63 浏览复制结果

3. 照片打印

打印数码相机中照片的传统做法是，将数码相机中的照片转存到计算机中，然后利用计算机实施照片打印动作。然而，随着信息技术的发展，特别是打印机技术的发展，数码照片的打印已经完全可以脱离计算机而单独进行，这种能够直接打印照片的打印机常被称为数码相片打印机。

数码相片打印机一般都配有打印机控制按钮和LCD监视器，打印机功能菜单在监视器中显示，利用控制按钮可调用和执行菜单命令。直接打印数码相片的实现方法主要有读卡器方案、Pict Bridge方案和PhotoPC DIRECT方案3种解决方案。

（1）读卡器方案

部分打印机配有多功能读卡器，可与数码相机采用的多数存储卡兼容，将数码相机的存储卡转插到打印机的读卡器中，利用打印机的功能按扭和功能菜单对数码照片进行管理和简单编辑后，即可打印出自己所需要的数码照片，如图6-64所示。

（2）Pict Bridge方案

Pict Bridge方案最初是由佳能、富士、惠普、奥林巴斯、EPSON和SONY等几家公司联合推出，后来又由日本主导发布的数码相片工业标准。它可让数码相机和照片打印机通过USB连线实现直连打印，而且只要是符合这个标准的产品，就可以实现跨机型、跨品牌的兼容。用专用的Pict Bridge数据线将数码相机和打印机直接连接，联机成功后，用户就可以利用数码相机控制打印机的动作，打印机的工作状态也会在数码相机的LCD显示屏或打印机的液晶监视器中显示，如图6-65所示。

图6-64　打印存储卡中的照片

图6-65　Pict Bridge打印方案

（3）PhotoPC DIRECT方案

PhotoPC DIRECT方案是由EPSON推出的技术标准，并将其应用在自己的数码相机中。Pict Bridge与PhotoPC DIRECT都是通过USB端口进行物理连接，但二者有所区别。Pict Bridge由打印机生成打印数据并进行打印，对打印机要求较高，同时与较早推出的打印机难以兼容。而PhotoPC DIRECT则由数码相机生成打印数据，打印机收到数据后无须专门处理就可以进行常规打印，如图6-66所示。遵守PhotoPC DIRECT标准的数码相机中内置一定类型的打印机驱动程序，且可以根据需要进行更新；内置的打印机驱动程序越丰富，数码相机能支持的打印机类型就越多。

图6-66　PhotoPC Direct打印方案

4．日常维护

照相机是精密的机械设备，结构较为复杂，部件互为作用，因此应避免振动、碰撞或挤压；同时作为精密的电子光学设备，还应注意防尘、防潮、防腐蚀。

镜头是照相机精密的光学核心部件，平时要用镜头盖保护，并注意保持清洁；可用吹气球、镜头纸等专用物品清洁镜头表面，但禁止用手帕、纸巾或酒精等化学物品进行擦拭。

照相机应保存在凉爽干燥的地方，最好放在有干燥剂的玻璃缸内，要防止镜头因受潮而发生变色、产生污点或霉斑，从而影响影像效果。

当镜头表面结雾时，不要急于擦拭，更不要放在高温处烘烤，最好的办法是让水雾慢慢挥发，严重时应考虑请专业人士进行维护。

照相机不应长期放置不用，其部件因时间过久可能会发生锈蚀或霉变，影响相机的使用寿命，甚至会损坏照相机部件。因此建议每隔一段时间，就应打开照相机的电源，有目的地进行试用。

如果长时间不用相机，最好把电池取出，防止电池漏液腐蚀照相机电路，以免影响照相机正常工作。

6.2.6　数码相机的性能指标和购置策略

1. 主要性能指标

数码相机是集光学、电子学、机械学等技术为一体的精密数码设备，衡量指标众多，其中重要的技术指标主要有以下几种。

- 取景方式：目前所有数码相机的取景方式为反光五棱镜取景或平视取景，同时还采用彩色液晶屏（LCD）取景。LCD取景方式的优点是更加直观，并能显示存储器中已拍摄的图像。其不足是由于LCD的分辨率不高，不容易观察景物中的细节，同时LCD对电能消耗较大。
- 感光元件：数码相机感光元件的类型和数量对其成像质量有着重要的影响。数码相机的主要感光元件有CCD和CMOS，感光元件数量一般为1片或3片。感光元件是数码相机的重要核心部件，在其机身上一般有明确标注，如CMOS或3CCD等。
- 分辨率：数码相机分辨率的高低主要由感光元件（如CCD或CMOS）上像素的数量来决定。一般来说像素越多分辨率高，细部表现越好，色彩还原越真实，数码相机的档次也越高。
- 变焦倍数：数码相机的变焦倍数有光学变焦倍数和数字变焦倍数之分。其中光学变焦倍数代表光学镜头的性能，由镜头决定；数字变焦倍数代表的是照相机的图像缩放能力。数码相机的总变焦倍数等于其数字变焦倍数和物理变焦倍数之积。
- 感光度值：感光度值（ISO）是表明感光材料对光线敏感程度的单位，ISO值越大其感光能力越强，反之则弱。一般来说，民用级数码相机的ISO值一般在50～400之间，专业数码相机的ISO值在50～1600之间。与传统相机不同，数码相机的ISO值是可调的。
- 存储容量：数码相机一般配有内存储器，其容量一般为十几兆字节（MB），也可通过插卡扩展存储容量，一般可以达到数吉字节（GB）。

2. 购置策略

数码相机已经走进大众消费领域，作为一个技术集成度很高的数码产品，人们在购买过程中除要考虑必要的性能指标外，采用和依据一定的策略对买到一款价格实在、功能实用、称心如意的数码相机也是非常必要的。

在购买数码相机之前首先要明确购买相机的用途和目的，只有明确了自己的需求，才能有的放矢地选择自己所需要的相机。如用于客户接待和用于微距拍摄的相机在性能选择上是有区别的，前者选用傻瓜型的自动相机就可胜任，而后者则对镜头的最小焦距有要求。拍摄用于在计算机屏幕上观看和拍摄用于印制大幅海报的相机对像素的要求也是不一样的，前者200万像素足够，而对后者则可能需要数千万像素。

购买数码相机还应结合自身经济能力决定一个可以接受的心理价位，继而明确所购买产品的档次。购买数码相机时一定要量力而行，对经济条件有限的消费者而言，只买对的不买贵的。

明确了相机的购买目的、用途及产品档次后，就要注意通过各种途径收集相关资料，一方面可以增加对数码相机的了解，另一方面有助于把目标产品限定在一个较小的范围之内。

对数码相机只有感性认识还是远远不够的，要到商场实际去看或实际去用才能真正增加对数码相机的理性认识。面对真实的相机，可以请服务员介绍，也可以请行家讲解，还可以动手实际操作。在看过多家商场、试过多种型号之后，对品牌、价格、性能等方面进行综合评定权衡，直到确定心仪的机型。

第7章 文稿复制设备

本章要点

常见的文稿复制设备包括复印机、传真机等。本章主要介绍复印机和传真机的基本构造、原理及使用和维护方法，另外又简单介绍了多功能一体机和一体化速印机等文稿复制设备。

在日常办公事务中，人们经常需要把文件、图片、报表等资料进行复制，以便存档或分发。借助复印机、传真机等文稿复制设备，办公人员可以轻松高效地完成这些任务。

7.1 复印机

复印机是可以把书写的、绘制的或印刷的原件复制出副本（复印件）的装置。复印机已成为办公室、文印社等不可或缺的办公设备。

7.1.1 复印机概述

第一台真正意义上的复印机出现于1780年，由现代蒸汽机的发明者詹姆斯·瓦特设计制造的。使用者把刚刚用特殊墨水写好的文件放到潮湿的复写纸上，经挤压让墨水渗透进复写纸中。整个复印过程完毕，把半透明复写纸翻过来，从另一面就可以看到拓下来的文字。

此后又出现了一系列具有文件复制功能的机器，但是它们都必须使用昂贵的、经过复杂化学处理的特殊纸张，且复制出的文件不甚清晰，味道难闻，持久性也很差。

1959年，美国施乐公司生产出914型复印机，成就了伟大的技术革新，它可在普通纸上快速地复制出清晰的、可以长期保存的复制文件，如图7-1所示。

施乐复印机采用了静电复印技术，完全出乎当时物理学家和化学家的预料，甚至在参观了施乐复印机的生产车间后还在怀疑这项技术的理论可行性。更让科学家们大跌眼镜的是，静电复印技术的发明者竟然是一名律师——切斯特·卡尔森（Chester Carlson）。1936年，卡尔森在纽约法律夜校深造期间，大部分时间都在图书馆里抄写那些买不起的法律书籍，常常累得手臂抽筋，非常希望有一种可以直接复制资料的设备。

现代复印机都基本上延续了静电复印技术，不仅如此，现代的激光打印机也采用了静电式复印技术实现打印功能。

图7-2所示是一台佳能iR2016型复印机，外部结构主要包括稿台、进纸盒、出纸槽和控制面板等。另有部分复印机配置了连续送稿器，以减少用户更换原稿的次数，提高复印效率。

图7-1　施乐914宣传图片

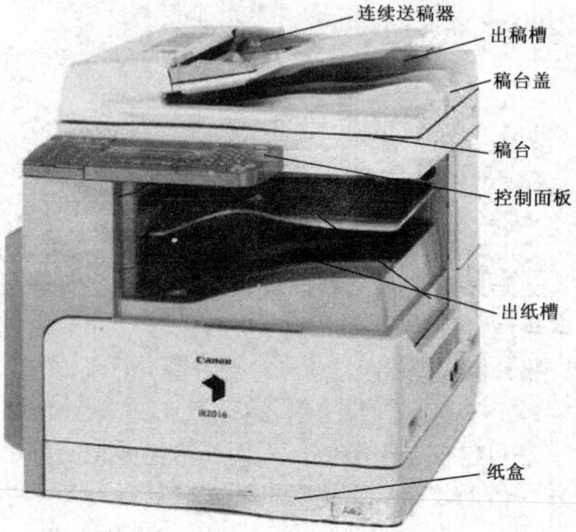

图7-2　佳能iR2016 型复印机

7.1.2　复印机的原理和分类

1. 基本原理

当收到一份纸质文档时，人们可以利用键盘、扫描仪等输入设备，把原稿中的文本、图像、表格等录入到Word文档中。经过精心排版和调试，最终就可在Word文档中形成与原稿基本一致的数字文档。把数字文档通过高精度的打印机（如喷墨、激光打印机等）打印到纸面上，就得到一份与原稿一致的复制品，实现了对文稿复制的功能，如图7-3所示。这就是复印机的基本工作原理，甚至可以认为复印机是扫描仪和打印机的结合体。图7-4所示是复印机的内部结构示意图。

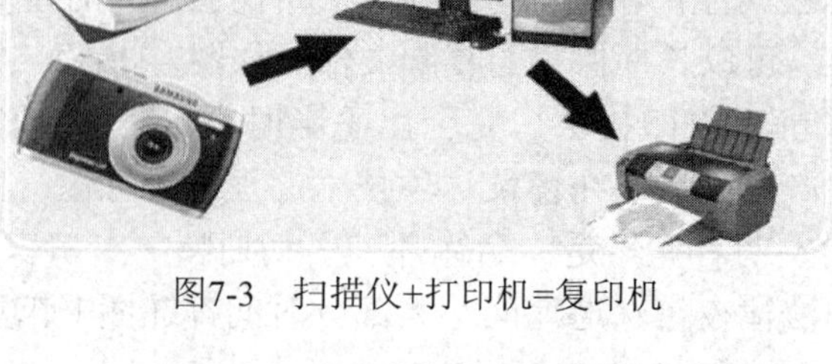

图7-3　扫描仪+打印机=复印机

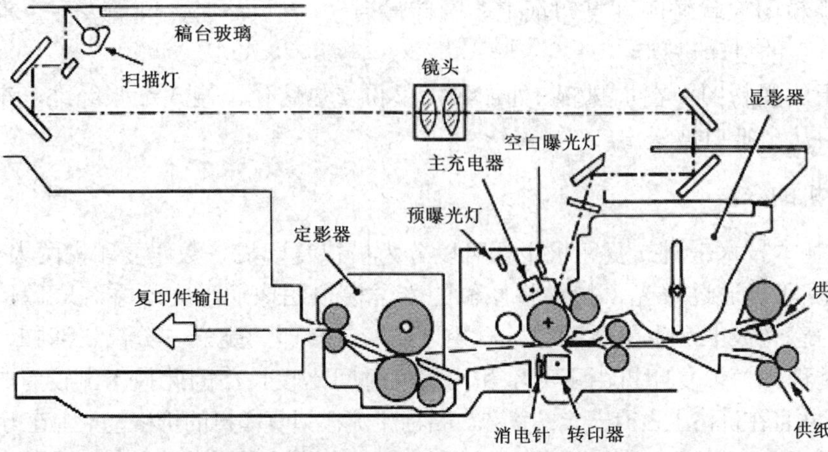

图7-4 复印机的内部结构示意图

打印机工作原理和扫描仪工作原理已分别在第4章和第5章中作了详细的描述。复印机的复印过程主要包括扫描和印像两个部分。其扫描部分与扫描仪的扫描过程类似，印像部分与激光打印机的打印过程基本类似。图7-5展示了复印机工作的过程。

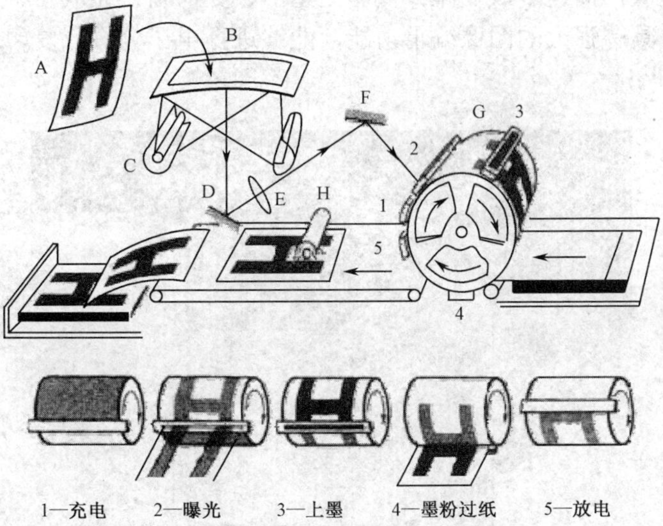

图7-5 复印机工作的过程

当用户将复印原稿A放在水平稿台B上，被曝光灯C照亮，其反射光经旋转反射镜D、凸透镜E及固定反射镜F，联合把文稿的实像投射到大圆筒G上。

圆筒由铝制成，其表面布满一层硒，硒是一种半导体材料，具有无光绝缘、受光导电的特性。圆筒工作之前，先在复印机内的黑暗位置1预先充电，使其整个表面均匀带正电。当圆筒转动到位置2时，就受到文稿实像光的照射而曝光。于是在曝光的面积上，所充的电就沿着铝质圆筒及接地线流走，因此圆筒上对应文稿白色的地方就不带电，而文件上黑色区域由于没有光照射到硒上，就仍然保留着正电，这样就会形成以正电荷表示的静电潜像。当圆筒转到位置3时，带正电的部分就吸附施粉器上，带负电的墨粉形成墨粉图像。圆筒继续转动到位置4时，靠近的带更强正电的复印纸将与圆筒表面争夺带负电的墨粉，结果墨粉图像就转印到复印纸上。圆筒最后转到位置5时，圆筒表面全部的电荷放掉，进入下一页的复印进程。

复印纸上的墨粉图像在加热辊H处加热，墨粉受热熔化，浸入纸张纤维，牢牢粘在复印纸上，最后从出纸口被送出。

2. 复印机的分类

（1）从基本技术来讲，复印机主要可以分为模拟复印机、数码复印机两大类。

① 模拟复印机通过曝光、扫描将原稿的光学模拟图像通过光学系统成像，直接照射到已被充电的感光鼓上产生静电潜像，再经过显影、转印、定影、分离、清扫、消电等步骤完成复印过程。模拟复印机由于诞生和应用的时间比较长，因此技术上较为成熟，性能也比较稳定，并且在价格上占有一定的优势。目前主流模拟复印机的价格基本上在万元左右。

② 数码复印机也是通过曝光、扫描将原稿的光学模拟图像通过成像系统成像，通过CCD等传感器进行光电转换，然后将经过数字技术处理的图像信号输入到激光调制器，调制后的激光束对被充电的感光鼓进行扫描，在感光鼓上产生由点组成的静电潜像，再经过显影、转印、定影、清扫、消电等步骤，完成复印过程。

数码复印机（见图7-6）由于采用了数字图像处理技术，大大提高了复印机的生产能力和复印质量：一次扫描，多次复印；复印更整洁、更清晰；无废粉、低臭氧、自动关机节能，更加环保；具有强大的图像编辑功能，能够进行电子分页；复印速度更快，使用故障率更低。

图7-6　佳能iR3025N数码复印机

部分数码复印机（如松下DP-8060）还配有网络接口卡，可以供工作组内用户共享使用，如图7-7所示。

数码复印机与模拟复印机相比，外观上差别不太明显，但功能和性能上的优势是比较明显的，同时在价格上也比模拟复印机要贵一些。入门级数码复印机和模拟复印机的价格差距不大，基本价格在1万元左右；中高端产品在性能上和模拟产品相比要出色得多，同时价格也有较大的差距，高端产品的价格高达数十万元。

（2）从应用范围来讲，复印机又可以分为家用型复印机、办公型复印机、工程图纸复印机和便携式复印机。

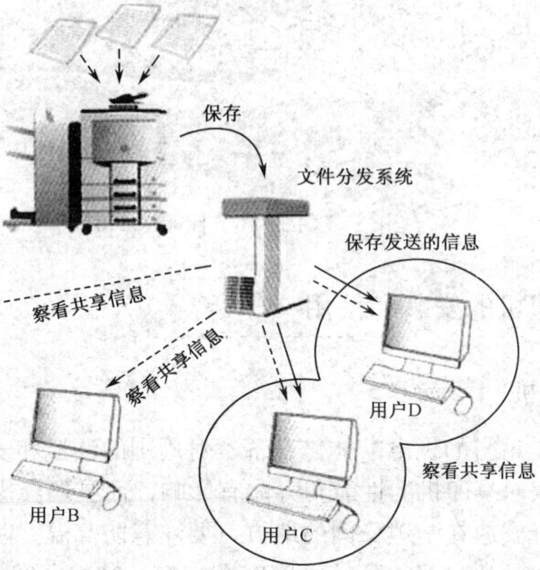

图7-7　松下DP-8060数码复印机数据共享

① 家用型复印机价格较为低廉，以A4幅面为主，一般兼有扫描仪、打印机的功能，打印方式主要以喷墨打印为主，如图7-8所示。

② 办公型复印机是最常见的复印机，基本上以A3幅面为主，主要用在日常的办公中复印各类文稿。从技术原理上来说，模拟型产品和数字型产品目前基本上各占半壁江山。

③ 工程图纸复印机（见图7-9）的印幅面比一般的办公复印机要大，达到了A0幅面，用于复印大型的工程图纸。根据技术原理，工程图纸复印机也分为模拟工程图纸复印机和数字工程图纸复印机。目前，虽然仍是以模拟型产品居多，但是正在以比较快的速度向数字型产品过渡。工程图纸复印机的价格较高，低端产品价格大多为数万元，大多数产品价格都在数十万元左右。

图7-8　爱普生ME Office 360家用型复印机

图7-9　奥西TDS 600工程图纸复印机

④ 便携式复印机（见图7-10）以A4幅面为主，机体小巧，质量较轻，比较方便携带。便携式复印机目前还是以模拟型产品为主，价格多在数千元左右。和前两类产品采用固定稿台相比，便携式复印机多采用移动式稿台。

图7-10　佳能FC290

7.1.3　复印机的安装和使用

1. 安装复印机

静电复印机是精密的机电一体化设备，对周围的环境和安装位置都有一定的要求。不良的工作环境不仅对复印机的性能和寿命有影响，而且还会影响复印件的质量。

复印机应选择安放在平坦稳固的地方，要注意防高温、防尘、防振、防阳光直射，同时要保证通风换气环境良好。环境温度应在10℃～35℃之间，湿度应在30%～75%之间，避免靠近可燃性气体和腐蚀性气体。

复印机进纸槽、出纸槽和控制面板部位在水平方向上至少要各留出90cm的空间以便实施操作；复印机靠墙部位一般要留出10～15cm的空间（如分页器则需增至25cm左右）。

复印机一旦安装完毕，应尽量减少搬动，确实需要搬动时一定要保证水平移动。

复印机电源引线只能直接与电源插座连接，电源插座必须符合额定电压和电流的规定要求而且还必须带有良好的接地。在为复印机供电的插座上尽量不要再接其他用电设备，以免开关这些设备的电源时影响复印机的工作。

2. 使用复印机

确保电源插座供电稳定，打开复印机主电源开关，控制面板上的主电源指示灯亮，机器进入预热状态。预热完毕，应首先检查操作面板上的信息窗或指示灯显示是否正常，检查纸盒中的纸质、纸量、纸型等是否符合复印要求等。

复印机的工作任务都是在控制面板的控制下进行的，图7-11所示是理光Aficio MP1800复印机的控制面板，主要包括信号窗口、复印数量（默认为1）、复印浓度、复印速度、复印幅页等设置按钮，以及启用（Start/OK）和停止（Stop/Pasue）按扭等。

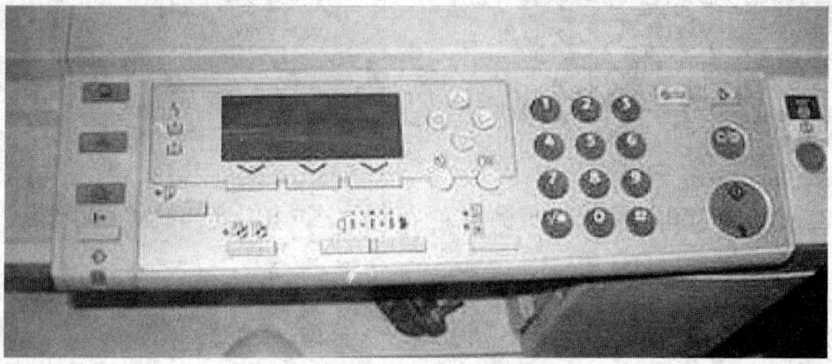

图7-11　理光Aficio MP1800复印机的控制面板

复印文稿前，应大致检查原稿尺寸、质地、颜色、字迹色调、装订方式、页数等，做到心中有数。对原稿上不清晰的字迹、线条应在复印前描写清楚，尽可能避免事后补救；对已经装订但允许拆开的原稿应尽可能地予以拆开，以免复印时不平整部位出现复印阴影。

打开复印机稿台盖板，根据稿台玻璃上刻度板的指示，以及纸盒的尺寸和横竖方向，把复印原稿左上顶角与稿台玻璃的左上角对齐，如图7-12所示。

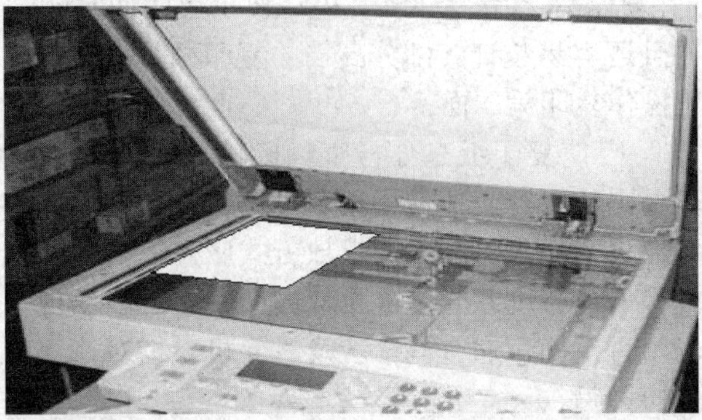

图7-12　打开稿台盖板放入原稿

接着利用控制面板，设置复印的数量、纸张的尺寸、对比度、复印浓度、缩放倍数等。根据原稿尺寸、放大或缩小倍率按下纸盒选取健。如机内装有所需尺寸纸盒，即可在面板上显示出来；如无显示，则需更换纸盒。根据原稿纸张、字迹的色调深浅，适当调节复印浓度。原稿纸张颜色较深的（如报纸）应将复印浓度调浅些，字迹线条细、不十分清晰的（如铅笔原稿）则应将浓度调深些，复印图片时一般应将浓度调谈。

参数设定完毕，请按下【启动】键，复印机即开始复印，复印的文稿从出纸口（见图7-13）送出，复印完毕，将复印稿直接取出，同时不要忘记打开稿台盖板取出原稿。

图7-13　复印稿出口

复制过程中，应注意观察复印机的运行情况，如遇复印故障，应及时进行排除，以免引发更大的故障。复印过程中如果想取消复印，只需要按一下控制面板中的【停止】键即可。

3. 使用技巧

复印是一项技术性较强的工作，技术熟练不但可以提高工作效率，而且可以节省纸张，减少浪费，保证机器的正常运转。如果再掌握一些复印技巧，就可以大大提高工作质量，为烦琐的办公事务增添不少乐趣。

（1）适当曝光：复印过程中会遇到各种色调深浅不一的原稿，甚至夹杂着深浅不一的字迹，如铅印件上的圆珠笔、铅笔批示等。遇到这种情况应当以较浅的字迹为条件，减小曝光量，具体方法是将浓度调向加深的一端。相反，对于照片、图片等反差小、色调深的原稿则应将浓度调节向变淡的一侧。如果复印品质仍难令人满意，则可请专业人士加大曝光量。

（2）双面复印：在日常办公中，许多文稿需要正反两面复印，不仅节省一半纸张，而且减小所占空间，并且还容易装订。部分高档的复印机具有自动双面复印功能，而对绝大多数复印机仍需人工操作复印第二面。

手工套印双面之前，应使复印纸充分与空气接触，避免纸张粘连，防止出现双张现象。复印时先复印奇数页码的内容，然后根据所使用机器的类型，将复印品装入纸盒，再复印偶数页码的内容。双页套印时，纸张的摆放方式应视机器的具体情况而定，详情请查阅产品使用指南或向技术人员咨询。套印多页双面文件时可能出现页码套错现象，需时常注意查看第二面的页码是否正确，遇有差错应及时停机，核对待套印的复印品，继续复印完后，最后再补印错漏的页码。

（3）遮挡消除：复印文稿时，经常会遇到排除局部内容的情况。如屏蔽原稿中的污迹、去除原稿产生的阴影等，可以利用遮挡技巧来消除不需要的部分。用一张白纸遮住原稿中对应的部分，然后再放在稿台上复印，即可去掉不想要的部分。比如，复印书籍等较厚的原稿时，常会在复印品上留下一条阴影，在待印页边缘下垫一张白纸，即可消除书籍边缘阴影。同样，两页夹缝之间的阴影也可以一遮而除之。

（4）反向复印：在设计、制图工作中，有时需要绘制出与某图案相反的反向图像，利用反向复印可以方便地实现。取一张复印纸和一张比图案大些的透明薄纸，在薄纸边缘涂上胶水并与复印纸复合在一起。复合纸干燥后，将复合纸透明薄纸部分朝上放入复印纸槽中开始复印。复印后揭去复印纸只留透明薄纸，并将其反面图案朝下放在稿台玻璃上，再进行第二次复印，即可得到反向图案。复印纸也可用绘图的硫酸纸或透明的聚酯薄膜代替。

（5）制作投影：利用复印机可以将任何文字、图表复印在透明薄膜上，用来进行教学投影。具体做法是将原稿放好，调节好显影浓度，通过手工供纸槽将透明薄膜送入复印机，之后则可开始复印。由于透明薄膜容易被卡在机器中，因此不提倡技术不熟练的用户使用此技巧。

（6）避免透影：两面有内容的原稿，透过页面常常可以看到背面的内容，复印时会影响复印效果。为得到清晰的复印图像，最简便的方法就是在要复印原稿的背面垫一张黑色纸。

4．注意事项

复印机是聚集了光、机、电等现代高科技精华的精密产品，它对环境、纸张、碳粉都有严格的要求。

首先，要求环境必须整洁，无粉尘，通风干燥。如果粉尘太多，会使复印机的光学系统在使用过程中受污染，使复印件不清晰；如果环境过于潮湿，纸张容易吸湿，机内高压部分也容易漏电，严重影响复印质量。

其次，要求复印纸张表面平滑，胶面均匀，边缘光洁。最好使用80g以上的复印纸，可以延长复印机硒鼓寿命，保持良好的复印效果。

再次，复印机对碳粉的要求特别高，尤其是双面复印机。使用不符合要求的代用粉，容易造成排粉管道堵塞，影响其他的机械部件，扰乱复印机的自动检测，严重时还可能损坏电路板。

最后，复印机应安放在平坦、稳固的位置，避免阳光直射，减少移动，严禁倾斜。

复印机在工作过程中会产生微量有害物质，长期从事复印工作的人要注意加强劳动保护，有条件者可在工作室中安装排气扇或排气管道，使室内的臭氧和氮氧化物及时排出室外。在复印机多、工作量大的房间里应安装除尘设备，以减少粉尘。复印机操作人员还应当增加维生素E的摄入，以保护细胞生物膜免受氮氧化物的损伤。此外，有呼吸系统疾病和失眠、头晕的人员及孕妇，最好不要从事复印机的操作。

另外，在复印机工作过程中一定要盖好稿台盖板，避免强光对人眼的刺激。每次使用完复印机，一定要及时洗手，以消除手上残余粉尘对人体的伤害。复印机工作过程中，操作人员每工作一段时间都应到户外进行适当活动。

7.1.4 复印机的日常保养与维护

1. 日常保养

复印机是集光学、机械、电路等高科技的精密产品，复印机的保养就是尽可能地为其创造一个良好的工作环境，必要的保养可以提高复印机的工作质量，延长使用寿命，节约维修费用。

确保电力供应稳定正常，否则，将会影响复印机寿命和复印质量；避免其他用电设备与复印机共用一个电源插座，其他用电设备电源的开关会对复印机的工作过程产生影响。

每天开机保证一定时间（如半小时）的预热，以使复印机内部保持干燥。每天用毕复印机，要先用控制面板关闭复印机，再关闭其主电源，最后再切断供电电源；严禁直接拔出电源插头而强行关机，否则会容易造成机器故障。关闭复印机主电源开关后，重新打开时至少需要等待10秒以上。

复印机在使用过程中，如遇机器内部发出异响、机器外壳变得过热、机器部分被损伤、机器被雨淋或内部进水等情况时，应立即关闭复印机和电源，并请技术人员查明故障原因。

在复印机的运行过程中，它的光学系统、机械系统、电路系统，除了正常的磨损外，还受到来自复印机内部和外部的灰尘等杂物的侵害，造成复印品质变差和运行故障。日常保养还要对复印机的光学、显影、充电、转印、分离、消电、定影、转送等部件和色粉回收等系统进行清洁或局部调整。

- 清洁盖板：由于接触各种原稿和被手扶摸，会使洁白的塑料衬里或传送带变黑，造成复印件的边角出现黑色污渍。用棉纱布蘸些洗涤剂反复擦拭，然后用清水擦拭，再擦干即可。严禁用酒精、乙醚等有机溶剂擦拭。
- 清洁稿台：由于稿台玻璃容易受到稿件和手的沾污，同时也容易被划伤，所以应定期清洁保养才能保证良好的复印效果。在工作中要避免用手直接接触稿台玻璃，遇有装订，应将原稿上的大头针、曲别针、订书钉等拆掉，并放在指定位置。用涂改液涂后的原件，一定要等到涂改液干了以后再复印。稿台玻璃上涂有透光涂层和导电涂层，清洁稿台玻璃时，应避免用有机溶剂擦拭。

- 清洁电路：电路系统因长时间在高压下工作，吸附了大量的粉尘，从而造成电子元件间的电阻率降低，引起电流击穿电子元件，烧毁电路板。应用毛刷或吹风机清除电路表面吸附的灰尘。

其他的光学系统、机械系统、进纸系统、出纸系统的清洁工作应由专业技术人员进行。

- 清除墨筒：小心地清除废旧墨筒，以防墨粉充斥在空气中过多地被人体吸入。
- 更换部件：在复印到一定张数后，复印机的易耗性零件（如清洁刮片、电极丝、搓纸轮等）由于磨损，可能需要更换，一般应请专业技术人员进行处理。

2. 常见故障与排除

复印机的大多数故障都可通过观察其复印效果来判断。如光学系统中的杂物会造成复印件底灰较重，出现黑色斑点，机械系统中的杂物会造成卡纸，复印件出现污迹等问题。

（1）卡纸故障

卡纸是复印机的一种常见故障，卡纸会导致纸张、墨粉浪费。造成卡纸的原因主有两方面：一方面是纸路问题，应检查纸路是否清洁、是否有异物或是否有磨损，磨损严重的应进行更换。另一方面是纸张问题，纸张质量不达标、受潮折皱等也会发生卡纸故障，另外，纸张尺寸设置不当也会造成频繁卡纸。

（2）进纸异常

进纸口的搓纸轮由于经常与纸张摩擦，会产生静电且容易吸附纸屑、灰尘等，其表面变得光滑就会搓不动纸，不能将纸送入复印机。清洁进纸处的输纸系统，一般可以排除进纸异常故障。

（3）缺粉警报

复印机面板显示缺粉警报时，意味着复印机墨盒中的碳粉即将耗尽，用户就应及时对复印机添加碳粉，添加不及时则可能会造成复印机故障。加碳粉时应摇松碳粉并按照加粉说明书操作，或者呼叫维修人员上门服务。

（4）缺纸故障

当前纸盒中复印纸用尽时，复印机停止工作，并提示添加复印纸。添加复印纸应保证纸型与纸盒匹配，要检查纸张是否平整、干爽、洁净，把纸张打散，使其与空气充分接触，以消除纸间静电。拉出纸盒，把纸张理顺整齐平放进去，再用固纸装置将其卡实，把纸盒推送到位即完成复印纸的添加。

（5）复印稿颜色浅淡

在排除复印原稿自身颜色浅淡原因后，复印稿颜色浅淡可能与机器设置有关，加深复印浓度后重新测试。如果还是色浅，则有可能是复印纸受潮、碳粉量不足或碳粉质量差，更换复印纸或碳粉后再进行测试。如果复印稿依然浅淡，则应考虑机器元件故障，应请维修员现场检查。

（6）复印稿有额外黑斑

复印原稿时，复印稿比原稿上多出许多斑点。出现这种现象一般由3种情况所致：一是玻璃稿台太脏，只需要用浸过中性清洁剂的软布擦拭干净即可；二是光学装置较脏，挡住了光的传播；三是复印机的定影辊上残留的碳粉过多，这是比较常见的。对后两种情况，建议在维修人员的指导下进行清洁。

（7）复印件字迹模糊

复印件字迹模糊比较容易出现在冬天及湿度较高时，可能是由于复印机刚启动达不到理想的复印效果，一般用复印机上面的除湿键即可解决。若复印件字迹依旧模糊，可以打开复印机前面板，把复印机硒鼓部件拉出来（不必拿下），用吹风机对复印机内部加热去潮也会有不错的效果。另外，纸张受潮也有可能出现复印稿件字迹模糊的现象。

（8）出现故障代码

复印机出现故障，并提示代码。这些代码代表一定的含义，可通过查阅有关资料获知。用户也可记下故障代码，及时与维修人员联系。

7.1.5 复印机的主要技术指标与选购指南

1. 主要技术指标

- 复印速度：复印速度是单位时间内复印机能够复印的张数，由于复印机预热需要时间，首张复印也需要花费比较长的时间，因此，复印速度在计数时一般应该从第二张开始。
- 最大幅面：最大幅面指的是复印机最大的扫描或打印尺寸范围，这个范围取决于复印机的内部机构设计和复印机的外部物理尺寸。办公型的复印机最大幅面一般在A3以上，家用或便携型复印机则一般只有A4。
- 首张复印时间：首张复印时间是指在复印机完成了预热后处于待机的状态下，用户完成了在稿台放好复印原稿，盖好盖板等一切准备工作后，从按下按钮向复印机发出复印指令到复印机输出第一张复印稿所花费的时间。
- 预热时间：复印机进行复印的基本技术原理是利用光导材料的光敏特性和静电电荷库仑力作用。因此复印机在进行复印时首先需要对感光材料进行充电，利用电晕放电的方法使感光材料的表面带上一定数量的静电电荷，从而能够进行正常的复印工作。这个过程所花费的时间就称为复印机的预热时间。
- 缩放比例范围：所谓缩放就是复印机对需要复印的文稿进行放大或缩小后再输出，但由于技术问题，复印机只能在一定范围内进行缩放，如果打印机的最大幅面和复印的稿件都是A3大小，稿件则无法再进行放大。
- 连续复印能力：连续复印是指对同一复印原稿，不需要进行多次设置，复印机就可一次性连续完成的最大复印量。连续复印可以减少对同一原稿的重复设置次数，节省了复印时间。
- 输出分辨率：输出分辨率是最重要的技术指标。用户选购时可以根据自己实际的应用需求来进行选购。不过，1200dpi的分辨率对于日常办公来说绝对是绰绰有余了。
- 扫描分辨率：扫描分辨率的意义在于保证输出原稿的清晰度，其实复印机主要用于文稿和图表的复印。如果用于复印照片，由于输出的是“黑白”效果，因此600dpi的扫描输入就足够了。

- 内部配置：一般来说，复印机都配置较大容量的内存，以便有能力实现连续复印，并且在作为网络输出设备时能够容纳尽可能多的等待队列，有的产品还会内置处理器以使产品处理数据的能力更加强大。内存容量越大越好，内置处理器的产品要比没有处理器的产品要好，不过这样价格也稍微高一些。因此用户应该根据应用的需求情况来选择，尤其工作量特别大的用户，应该选择存储器容量大并且带有处理器的产品。

2．选购策略

由于复印机的价格普遍较高，选购复印机时一定要考虑周全，谨慎行事。选购复印机的根本原则是在兼顾性价比的前提下，尽可能地满足实际需求。选购复印机应主要考虑以下几个因素。

复印机价格从几千元到数十万元不等，即使高价复印机也不乏性价比高的机型。因此复印机的价格因素应包括两个方面，一是机器本身的价格，二是购买者自身的价格承受能力。购买前用户需要事先做好价格定位。

复印机工作速度是决定其价格的一大因素，因此购买之前应分析一下现在及将来每个月的复印量大概是多少、复印高峰期每小时要复印的份数有多少，这些数据将决定购买何种档次的复印机，然后根据分析结果来选购机型。例如，每月复印量在1万份以下时，每分钟15份左右的低速复印机即可满足要求。每日复印量有500张时可选购22张/分钟以下机型。

复印机的功能是否能满足用户使用过程中出现的一些特殊用途是首要考虑的。如是否具有消钉功能，是否适合复印红头文件，是否具有双面复印和多原稿成套复印功能等。对于需要单独计费的用户，还可考虑选择支持电子账户的复印机。

有的复印机配有分页器、双面器和装订器等以帮助用户提高办公效率，但多数复印机都把它们作为可选配件提供，在购买前应该将这些问题询问清楚。一方面避免购买后不能满足实际需要，另一方面也利于对复印机性价比做出判断。

复印机有数码和模拟两种工作方式，目前数字复印机的绝对价格比模拟复印机要高一些，注重经济性的用户可选购模拟复印机，想引入数字办公模式的用户和对图像复印效果要求较高的用户则最好选购数码复印机。另外，数码复印机的使用复杂度相对较高，对操作人员也具有较高的要求。

复印机不同于普通消费性商品，作为一种电子机械设备，出现故障的概率比较高，并且通常需要由专业人员来维修。应根据使用方的技术力量来决定购买售后服务的层次。如果单位有技术人员，在购买时可就此而要求降低价格；如果单位无技术人员，则在购买时应与销售方签订保养/保修协议。总之，要从有资金和技术实力的代理商处购买，要买维修点多、代理商多的品牌，这也意味着今后购买配件和耗材会方便些。

7.2 传真机

传真机（见图7-14）是现代办公常备的通信设备之一。通过普通电话网，可以准确地、原样地收发通知、信函、图表、证件等各类书面信息，它具有其他通信工具无法比拟的优势，在办公自动化领域占有极其重要的地位。

图7-14　兄弟878传真机

7.2.1　传真机概述

传真机虽然是近二三十年才开始广泛使用的通信工具，但早在1843年5月27日，传真机的原理就得到了专利保护，比电话专利整整早了30年。

1843年，英国人亚历山大·贝特（Alexandef Bate）提出："通过通信线路（电话线），利用扫描从发送端传输出去，从而在接收端得到与原稿完全一样的复制品"。1913年法国人爱德华·贝兰研制出第一台传真机，1925 年美国贝尔电话实验室制造了第一台实用化的电子传真机。

传真机种类繁多，分类方法也多种多样。按传送的内容，可分为文件传真机、相片传真机、报纸传真机及气象传真机等；按通信时所占电话电路，可分为单路传真机及多路传真机；按色调，可分为单迹传真机、彩色传真机等。

根据国际电报电话咨询委员会（CCITT）建议，将目前已应用与开发的文件传真机分为以下四类。

- 一类传真机（G1）发送的信号不采取任何压缩措施，传送一页A4幅面文件需要6min。
- 二类传真机（G2）采用频带压缩技术，传送一页A4幅面文件需要3min。
- 三类传真机（G3）在调制处理前采取措施，减少报文信号中的冗余信息，传送一页A4幅面文件需要1min。
- 四类传真机（G4）对发送前的报文信号采取了减少信息冗余度措施，传送一页A4幅面文件需要15秒。

一、二类传真机因技术陈旧且传送速度慢已被淘汰；三类传真机是高速传真设备，是当前主流的传真机；四类传真机是更高速的传真设备，需要高质量的通信网络来支持。

从贝特提出"传真"到普及使用，传真机的发展经历了一段艰难的历程。随着大规模集成电路、微处理机技术和信号压缩技术、光电技术的应用，传真机正朝着自动化、数字化、高速、保密和体积小、质量轻的方向发展。计算机网络的普及与信息种类的不断增多，传真机又具备了图像与数据的处理能力，成为办公自动化的常用设备。

7.2.2　传真机的结构原理

传真机俗称"远程复印机"，可以异地实现图文的复印，是常备的办公自动化设备。

图7-15是传真机与电话网的连接示意图。

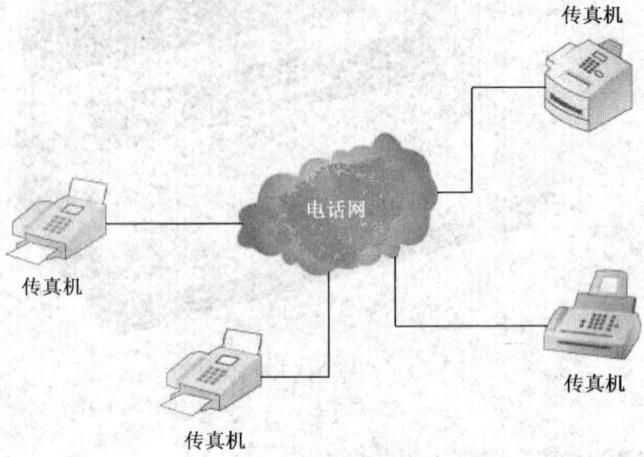

图7-15　传真机与电话网的连接示意图

传真机主要由主控电路、图像输入机构、图像输出机构、调制解调电路、操作面板及电源5部分组成。

传真机的工作原理很简单，传真机将需发送的传真原件图案通过图像输入机构分解成系列微小单元（称为像素），并将它们的亮度等信息由光电转换器件顺序转换成电信号，经放大、编码或调制后送至通信线路传送。接收端将收到的信号放大、解码或解调后，按照与发送端相同的扫描速度和顺序，用图像输出机构复制出原件的副本。

传真机在功能实现上无外乎扫描与记录两个主要方面。

传真机按采用的扫描方式可分为电荷耦合（CCD）扫描和接触式图像感应器（CIS）扫描，CCD扫描优于CIS扫描，得到的图像更清晰，层次更丰富。

传真机采用的记录方式可分为感热纸记录方式和普通纸记录方式。目前采用感热纸记录方式的传真机较多，但采用普通纸记录的传真机是发展趋势。根据传真机的记录原理不同，目前市场上常见的传真机主要有以下四大类。

1．热敏纸传真机

热敏纸传真机是通过热敏打印头将打印介质上的热敏材料熔化变色，生成所需的文字和图形。

热敏传真纸是呈卷状的，因此热敏纸传真机又称卷筒纸传真机。热敏纸传真机价格低廉，耗材便宜，适合个人和单位使用。其缺点是传真文件保存时间较短，一般在半年到一年之间。

2．热转印式普通纸传真机

热转印是从热敏技术发展而来的，它通过加热转印色带，使涂于色带上的墨转印到纸上形成图像。

热转印传真机产生的传真文件易保存，且耗材便宜。热转印传真机适合传真量不大，文件需要长期保存的小型组织机构或个人用户。

3．激光式普通纸传真机

激光式普通纸传真机的图像输出原理与激光打印机类似。它是利用碳粉附着在纸上而成像的一种传真机，其工作原理主要是利用脉冲激光束扫射硒鼓表面，从而在硒鼓表面产生静电图像，静电图像吸附墨粉后再转印到纸面，墨粉在高温下熔化渗入纸张而形成稳定图像。

激光式普通纸传真机输出质量好、速度快、寿命长、消耗低，适合传真量很大的机构和个人使用。其主要缺点是购机成本较高。

4. 喷墨式普通纸传真机

喷墨式普通纸传真机的图像输出原理与喷墨打印机类似，步进电动机带动喷墨头左右移动，把从喷墨头中喷出的墨水依序喷射在普通纸上完成打印工作。

喷墨式普通纸传真机又称喷墨一体机，可以收发彩色传真，适用于有彩色传真需要的用户。喷墨传真机主要缺点是耗材比较贵、应用成本高、适用领域窄，即使如此，对特殊用户来说这种设备又是必不可少的。

目前市场上最常见的传真机基本上分为两大阵营，一类为热敏纸传真机，另一类为喷墨/激光传真一体机。

热敏纸传真机的发展历史长，价格也比较低，具有弹性打印和自动剪裁功能，可以兼容复杂和较差的电信环境，传真成功率高。该类传真机可以被设定为手动接收、自动接收和智能接收等模式。当被设为智能模式时，传真机会自动检测对方是电话信号还是传真信号，若是传真信号则自动接收，否则将继续响铃。相对而言，喷墨/激光传真一体机出现时间较短，价格相对较高，在较差的电信环境里成功率不高，一般需要与电信公司的电话线路直接相连；传真一体机不支持智能模式，只支持手动接收和自动接收两种接收模式。

热敏传真机最大的缺点就是功能单一，仅有传真功能（少量兼有复印功能），不能作为计算机的输入于/输出设备；硬件设计简单，分页功能比较差，一般只能单页传送，大多只能收发黑白文稿，传真特殊稿件时需人工调整，且不易达到预期效果。相对而言，喷墨/激光传真一体机的功能则丰富得多，除了普通的传真和复印功能，还可以连接到计算机上而成为其输入/输出设备，既可以用作扫描仪，也可以用作打印机，另外通过安装相关软件，还可以利用计算机实现传真收发功能；在喷墨/激光传真一体机的面板上可以很方便地设定要传真稿件的各种参数，还可以实现彩色复印和彩色传真等功能；支持自动分页功能，可以自动分页进纸，发送传真方便快捷。

7.2.3 传真机的使用与维护

传真机既可语音通话，又可传真图文信息，是常用的办公通信设备。

传真机背后有多个插孔，如图7-16所示，其中LINE接口（A）用于连接电话外线，EXT或PHONE接口（B）用于连接电话机，HAND SET接口（C）用于连接传真机电话手柄。

传真机在正确连接后，打开其电源，启动传真机，调试正常后就可以用它收发传真或复印文稿了。

1. 基本应用

随着技术的发展和人们办公需求的提高，现代传真机的类型越来越多，其功能也越来越丰富，如录音、扫描、打印等功能。但无论何种类型的传真机，均具备发送传真和接收传真等基本功能，另外部分传真机还能够进行复印。

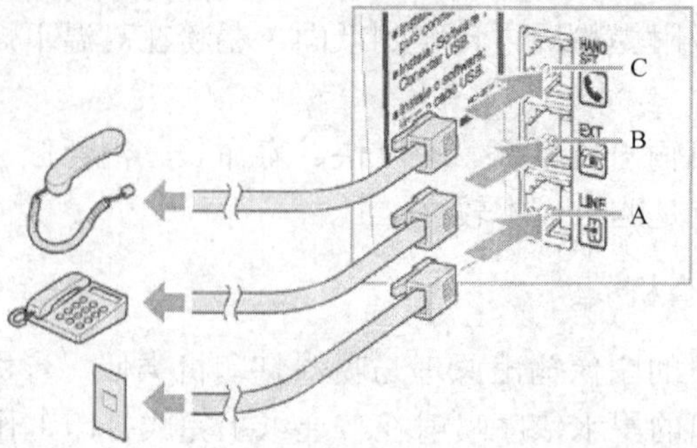

图7-16　传真机电话线路连接示意图

（1）发送传真

将待发文稿按传真机所示方向放入文件进稿器上，按文件尺寸调正文件导板，使之紧挨文件边缘，然后设置好分辨率和对比度。拨打对方的传真号码，拨通后等待对方“准备好接收”的回音。当发送用户听到“哗”的一声后，立即按下【启动】键，并挂下话筒，传真文稿就会自动被传真机扫描并被发送到对方传真机中，直到显示面板显示“发送成功”或“发送错误”等信息。

有的传真机具有自动发送功能，它会发一个单音信号（CNG），收到对方“准备好接收”的回音后自动启动传真程序，进行传真通信。

（2）接收传真

接收方传真机响铃后，接收用户拿起话筒与发送用户沟通，然后按对方要求，按下【启动】键并挂断话筒，便可接收对方传来的传真文件。若对方处于自动发送状态，拿起话筒则会听到类似“哗”的单音信号（CNG），按下【启动】键便可直接接收传真文件。

接收方传真机可被设定为自动接收状态，在此状态下，传真机收到对方的传真信号时，若干次振铃后（可按要求设置）即自动启动接收程序，完成传真文稿的接收工作。

传真接收完毕，成功则有通信成功的提示信息，否则将会有出错信息显示或告警。

（3）复印操作

具有复印功能的传真机类似于复印机。有的传真机设有专门复印键（COPY），将文稿放在进稿器上，按下该复印键，即可完成复印动作，通常复印操作均按“FINE（清晰）”方式进行。目前大多数传真机的复印键和启动键合二为一（START/COPY），在传真线路接通状态，按下该键则执行传真功能，否则将执行复印功能。

现在市场上有些中高档传真机也具有增强复印功能，比如，放大/缩小复印，复印缩/放范围一般为25%～200%，排序复印等。

有些传真机将“复印”称作“自检”，通过它检测传真机工作状况是否正常。

除复印、发送和接收3项基本操作功能外，传真机的其他操作都是为了更加方便人们的使用而设置的，用户可以根据厂家提供的使用说明书，按部就班地进行操作。

2．基本维护

在传真机使用过程中常会出现卡纸、缺纸、缺墨等现象，常常需要用户自行解决。

（1）安装记录纸

记录纸有普通复印纸和卷筒型传真纸（热敏纸）两类。普通复印纸的安装非常简单，只需要把它们整理整齐，装到传真机纸盘中即可。相对而言，卷筒型传真纸的安装相对复杂一些。

如图7-17所示，先按下顶盖钮打开传真机顶盖，将卷筒型传真纸装入纸槽中。然后将纸张前端插入热敏头上部的开口处，并将纸向外拉出，如图7-18所示。再用双手按下顶盖两端，把顶盖关好，如图7-19所示。按下“启动/复印”按钮剪切纸张，最后把纸张露出的多余部分撕掉，如图7-20所示。

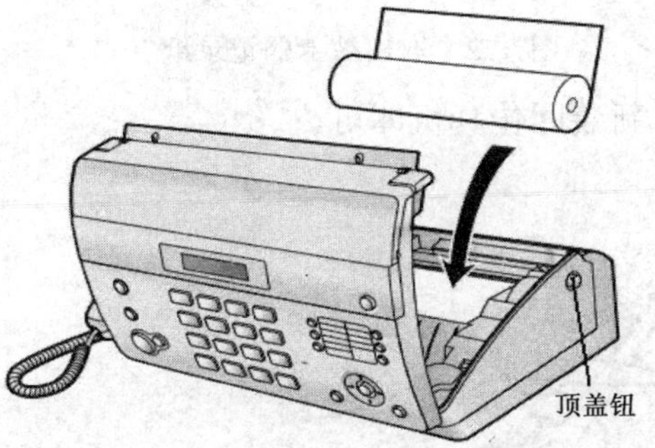

图7-17　传真纸筒纸装入纸槽

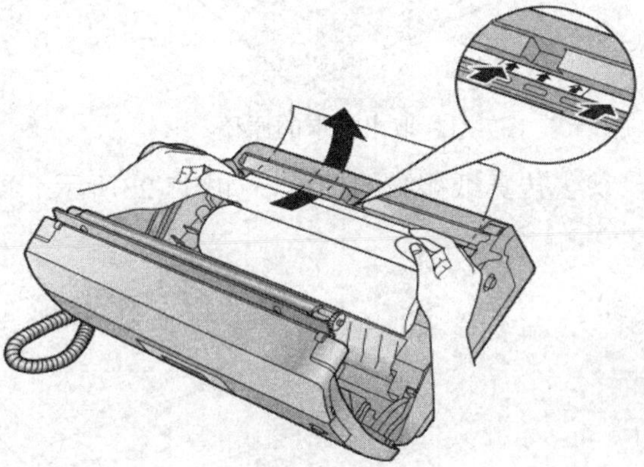

图7-18　传真纸前端穿过开口

图7-19　牢固盖好顶盖

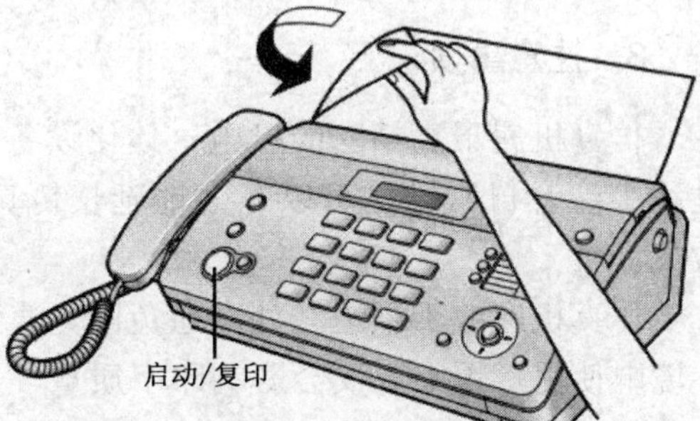

图7-20　撕掉多余的纸头

（2）卡纸故障

传真机的卡纸故障主要包括原稿卡纸和记录纸卡纸两种。

原稿纸质较差或表面褶皱等问题，容易引起原稿卡纸故障。出现原稿卡纸故障时，只需打开传真机顶盖，小心地取出被卡的原稿即可，如图7-21所示。

记录纸安装不正确、纸质量差、走纸或切纸装置故障都会引发记录纸卡纸故障。出现记录纸卡纸故障时，打开传真机顶盖，释放切纸器装置，取出记录纸即可，如图7-22所示。

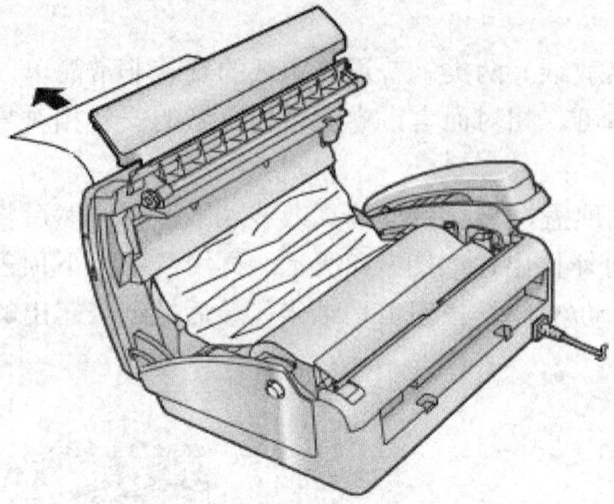

图7-21　取出被卡的原稿

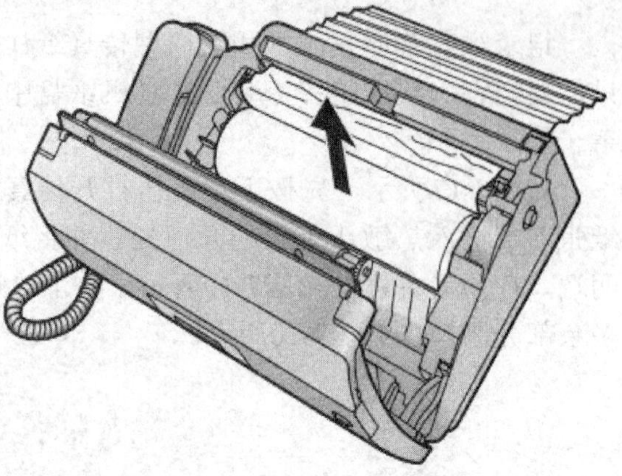

图7-22　取出被卡的记录纸

剪去传真纸褶皱的部分，如图7-23所示，再重新装回传真机即可。

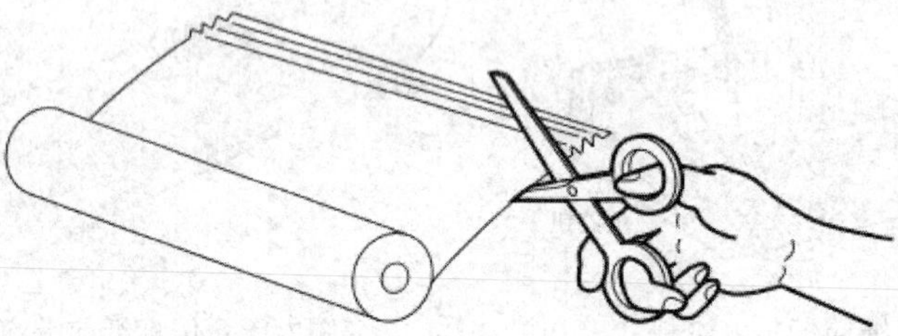

图7-23　剪去传真纸褶皱的部分

对普通复印纸卡纸故障的处理，可参照传真纸卡纸故障处理。

3．注意事项

传真机属于高精密的机电一体化设备，为避免意外事故影响传真机的正常应用，使用过程中注意日常维护可以有效地延长传真机的使用寿命，保持其良好的工作性能和使用效果。

传真机应放于平坦之处，避免阳光直射和烧烤；不宜在高温、强磁、强腐蚀性气体的环境中使用，否则不仅会影响印字质量，干扰通信效果，严重时还会对传真机造成损坏。

保持工作环境清洁，防止灰尘进入扫描系统；经常使用柔软干布或中性清洁剂擦拭表面，保持外部的清洁；定期请专业人员对传真机进行内部保养和维护。

避免频繁地开机，因为频繁的冷热变化容易导致机内元素器件提前老化，每次开机的冲击电流也会缩短传真机使用寿命。经常通电其实是传真机最好的保养方法。

雷雨天气注意防止雷击，遇雷雨天气时，除关掉电源外，还应将电话线插头拔掉，因为雷电主要是从电话线进来的。

不要使用劣质或非标准的传真纸。劣质的传真纸光洁度不够，使用时会对输出部分和输纸辊造成损害。

有装订针、大头针之类硬物的图文资料及墨迹或胶水未干的稿件不宜直接进行发送或复印。一是硬物容易划伤扫描玻璃或其他装置，引起传真机故障；二是稿件上的墨迹或胶水未干易弄脏扫描玻璃，造成传真机发送质量下降。

除非用户掌握了专业技术，传真机一旦出现故障不宜自行修理，否则极易扩大故障范围，造成更大的不必要的损失。

7.2.4 传真机的选购指南

1. 熟悉主要指标

选购传真机时应首先了解传真机的有关技术指标，其中需特别注意分辨率、有效记录幅面、发送时间、灰度级数等指标。

（1）分辨率

分辨率又称清晰度、解像度、扫描密度，是衡量传真机对原稿中细小部分再现能力高低的一项指标，可分为垂直分辨率（每毫米像素的点数）和水平分辨率（每毫米扫描的线数）。三类传真机（G3）国际标准的水平扫描密度为每毫米8个像素点数，垂直方向的扫描密度则可分为标准（3.85线/mm）、精细（7.7线/mm）和超精细（15.4线/mm）3种档次。一般而言，中高档传真机均具有超精细功能。

（2）有效记录幅面

传真机的有效记录幅面一般有A4和B4两种。A4幅面的有效扫描宽度为216mm，B4幅面的有效扫描宽度为256mm。有效记录幅面与有效扫描宽度是决定传真机价格的一个主要因素，同等功能条件下，B4幅面的传真机往往比A4幅面的价格高许多。

（3）发送时间

发送时间是指传真机发送1页国际标准样张所需要的时间，一般在6～45s之间。发送时间越短，传送效率就越高，所花费的电信费用也就越低。发送时间在9s以下的为高档传真机，一般用户只需选用发送时间在15s左右的传真机即可。

（4）灰度级

灰度级又称中间色调，是反映图像亮度层次、黑白对比变化的技术指标。传真机具有的中间色调的级数越多，其所记录与传输得到副本的图像层次就越丰富、越逼真。以CCD作扫描器的传真机，其灰度级可达64级，而以CIS作为扫描器的传真机其灰度级一般在16级以下。因此，对于经常传真和复印图像的用户来说，采用CCD作为扫描器的传真机是首选。

2. 关注实用功能

除复印、发送和接收基本功能外，传真机的其他操作功能都是为了更加方便人们的使用而设置的，应根据自身需要给予关注。

（1）自动切纸

对于复印与接收传真文件业务量大的用户，拥有自动切纸功能可省去每次复印或收信后撕纸的麻烦。

（2）自动送纸

拥有自动送纸器（ADF）后，当需要进行多页原稿的复印与发送时，可将这些原稿整齐地放入自动送纸器中，传真机便可自动搓纸，自动分页复印或发送，免去了逐页放置原稿的麻烦。自动送纸器不是传真机的基本部件，一般需要选配。对于经常需要进行多页复印与发送的用户来说，这项功能值得关注。自动送纸器少则可以放置5页原稿，多则可以放置30页原稿。

（3）单键拨号

如要经常与某固定用户联络，可采用单触键拨号方式进行，只需轻轻一触按键即可自动拨号联络。

（4）存储收/发

在发送传真时，如果线路出现故障，可从发送中断的页开始重新拨号并发送。在接收传真时，如记录纸用完、发信方还在发信时，传真机会把接收到的信息存储在RAM中（即无纸接收），当重新装上记录纸后，它会自动把存储的内容打印出来，这样可免去发信方重新发送的麻烦，节省时间和费用。

（5）ECM方式

拥有ECM方式的传真机，在线路不良造成接收干扰而产生误码时，会自动要求对方重新发送，直到文件清晰无误为止。

除上述功能外，有些传真机还具有应答录音、免提通话、发送标志、定时发送、缩位拨号、查询等功能，用户可根据实际需要考虑选择。

3. 结合实际需求

首先，购买传真机应考虑需要的功能，一般与传真机的档次存在着内在的必然联系。

传真机按价格高低分可分为高、中、低三档，这主要取决于采用的扫描方式、记录幅面的大小、附加功能等。

低档传真机多为热敏纸传真机，采用热敏纸记录信息，具有基本的发送、接收和复印功能，部分具有液晶显示。

中档传真机多为热敏纸传真机，采用热敏纸记录信息，具有中/英文液晶显示、自动切纸、自动进纸、电话录音、无纸接收、呼叫转移、来电显示等功能，并外置计算机接口。

中高档传真机多为热转印或喷墨类型传真机，采用普通纸记录信息，具有中/英文液晶显示、自动进纸、电话录音、无纸接收、呼叫转移、来电显示等功能，并内置或外置计算机接口。

高档传真机多为激光类型传真机，采用普通纸记录信息，其他功能配置与中高档传真机类似。

其次，购买传真机考虑应用的场合、业务量的大小等。

家用、办公和商用的传真机在功能设计上有许多不同，价格上的差异也很大。现在的家用机设计都非常小巧，同时具有电话答录系统、电话存储、自动切纸、无纸接收、存储发送、保密传输、普通纸接收等功能，价格一般在千元以内。如果为普通办公用途，可选购价格在三四千元的办公传真机。如果为商用，且使用频率相当高，则应考虑较为高级的、价格在万元左右的传真机。

对于传真业务量大的用户，建议选择使用专门的传真机，而不宜选用集传真、打印、复印、扫描等多种功能的综合设备。对于扫描功能，只有喷墨传真机扫描功能接近平常的扫描仪，激光传真机扫描功能效果一般比较差，而热敏纸、热转印传真机根本就没有扫描功能。

7.3 一体机

在办公领域，一体机主要存在三种含义：一是集多种功能于一体的办公设备，统称为多功能一体机；二是指集多个过程于一体的办公设备，通常指一体化速印机；三是将计算机显示器和主机集成在一体的电计算机一体机。为便于描述，本书分别把这三类设备简称为多功能机、一体化机和计算机一体机，其中计算机一体机已在第2章开头部分作了简单介绍，不再赘述。

7.3.1 多功能机

多功能机集多种功能于一体，这是国内的联想集团最早于1997年提出的概念，图7-24是联想多功能机的外形。

图7-24　联想多功能机的外形

经过多年的积累，多功能机从最初的不被接受，已经发展到迅速普及和快速成长，多功能机市场正逐步走向成熟。权威机构发布的数据显示，欧美的多功能机市场份额已占整个打印输出市场的40%左右，并基本保持着35%的年均增长率。

多功能机功能的不断完善、产品类型的丰富和价格的逐步回落，使得多功能机已经摆脱了简单叠加的模式，逐步向模块独立化方向发展，在许多关键指标上甚至超过了单功能的设备；多功能一体机还具有丰富的超值功能，如无纸化传真、双面打印/复印、网络共享等，这些都是大多数传统设备所不具备的；多功能机不仅具有明显的整体性价比优势，甚至有些产品的价格直逼单功能的传统设备。多功能机产品逐渐受到中小型商务办公及家庭用户的青睐。

理论上，多功能机有打印、复印、扫描、传真等多种功能，但对于实际的产品来说，只要具有一种以上的功能就可以称为多功能机了。

1. 分类

目前市场上的多功能一体机主要由3个方向发展而来。第一类基于传统的复印机，第二类基于传统的打印机，第三类基于传统的传真机。另外还有基于扫描仪的，但在市场上并不多见。

（1）复印一体机

复印一体机又称数码复合机，它是从复印机的基础上发展起来的，并且外观上与复印机极其相似，如图7-25所示。它以复印应用为基础，并可实现多种多样的复印功能。复印一体机一般还具有较高的打印负荷和大容量的进出纸处理能力。

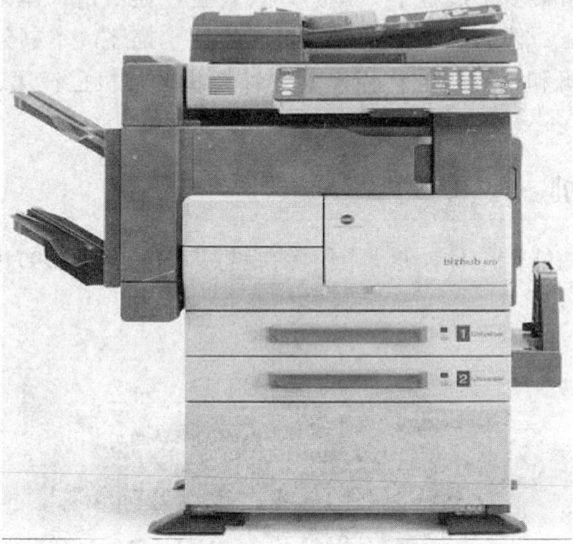

图7-25　复印一体机（数码复合机）

复印一体机自身配备了强大的处理能力、存储能力和人机交互能力，独立工作和文档处理能力非常强。除了提供传统打印、复印、传真等功能外，而且还具有更强大的网络功能、安全管理功能和自动装订等捷径功能。对企业客户来说，这些实际功能都为操作者提供了极大的方便。

复印一体机主要面向复印和打印任务量比较大的应用，它在性能、打印复印负荷、使用成本方面有着较高的要求，功能更加强大。

（2）打印一体机

打印一体机是出现最早和应用最广的一体机产品，也就是早期的多功能一体机。打印一体机是在打印机的基础上发展起来的，以打印应用为主，打印方面功能突出，但在其他方面的功能平平。图7-26所示是一款HP F735喷墨打印一体机。

打印一体机的处理能力、存储能力和网络功能都比较弱，人机交互也相对比较简单。

打印一体机主要面向个人、小型工作组办公应用，产品跨度比较大，有面向个人照片和文档处理的喷墨多功能一体机，也有面向个人和工作组办公的激光一体机。

（3）传真一体机

传真一体机在一体机市场上算是新兵，在市场上出现也只是近几年的事，图7-27所示是HP J4传真一体机。

图 7-26 HP F735喷墨打印一体机

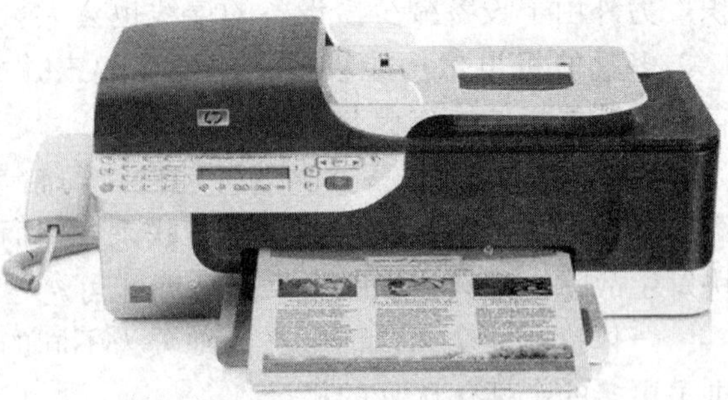

图7-27 HP J4传真一体机

传真机本身就同时具有数码扫描和打印能力，只是合成在一起，不能单独使用某一项功能。只要将扫描与打印分开，再增加与计算机通信的接口，就改造成了传真一体机。

（4）扫描一体机

扫描一体机是以扫描仪为基础，以扫描应用为主体，集打印、复印、传真等多功能于一体的多功能扫描仪，它适合对扫描有特殊要求的用户使用。扫描一体机并不多见，图7-28所示是兄弟2820扫描一体机。

图7-28 兄弟2820扫描一体机

2. 特点

技术的快速发展使得多功能机不再是多个设备的简单组合，而是采用了更先进的集成技术，将打印、扫描、传真等功能有机地集于一身，使得每一个部分都能稳定地运行。相对于传统的办公设备，多功能机具有功能多、投资低，节省资金、时间和空间等优点，使用和维护也更加方便。

多功能机的功能集成基于打印、复印、扫描等工作原理的共性，比如，打印和复印，可以用同一个成像系统，复印与扫描可以用同一个扫描器等，能够在功能配件和机壳上节省大量成本；虽然在整机价格上比单功能机高，但应用却更为广泛，具有很强的性价比优势。相对购买多台单功能办公设备而言，购买多功能机可节约大量的首次投入资金。

多功能机集多种功能于一身，用户不用再奔波于多台单功能设备之间，降低了用户劳动强度，节约了办公时间；同时，相对于多台单功能办公设备，多功能机能够节约办公面积；另外由于设备减少，设备的连线也会大量减少，办公环境变得整洁优雅。

多功能机虽然功能较多，但操作起来并不复杂，相对于操作多台单功能办公设备而言，多功能机的操作更易被用户所掌握。

在多台单功能设备共存的环境中，每台单功能办公设备一般都对应一个专门的服务商；某台设备出现故障，就要单独联系专门商家维修。采用多功能机后，无论哪个功能模块发生故障，都只需联系一家服务商即可。

一体机功能全面，而且产品细分为不同的级别，几乎涵盖了整个适用人群，为用户提供了更多的个性化选择的机会。

当然，也不能无视多功能机自身存在的一些不足。

多功能机集成的功能越多，其发生故障的概率也就越高，并且一个功能出现问题，也会影响到其他功能的使用，服务商的响应时间和服务质量变得尤为重要。

多功能机多以功能集成见长，对于单独的功能的研发必定不会太深入，对于特殊行业、特殊用户的特殊需求的考虑上，肯定会比单功能设备要差。

多功能机集成的多种功能并非一定是用户所需要的，为多余的功能付出代价会提高成本，是用户不愿接受的。这就要求多功能机的厂家在开发上提供灵活性，让功能的定制化成为可能，为用户提供多样化的选择，不断满足用户多样化的个性需求。

3．市场影响

多功能机集多种功能于一身，自然可以取代很多单功能设备，或将其直接淘汰。

（1）传真机或将退市

传真机在互联网的冲击下，很多传真业务都已转移到互联网上来，用户使用计算机就可以收发传真，传真机的市场占有率急剧下降。2007年10月，中国打印机市场的“领头羊”惠普宣布推出传真一体机新品，并明确表示用以取代传统的传真机；之前的4月，爱普生首款传真一体机也高调面世；传真机退出历史舞台的步伐骤然加快。

随着喷墨一体机的不断进步，特别是其传真功能的增强，价格趋于合理，喷墨一体机即将成为传统传真机的终结者。

当然传真一体机完全取代传真机是不可能一蹴而就的，有可能需要一个较长的过程，毕竟传真机还大量存在，并拥有众多用户，而且传真机还具有价格上的优势。

（2）单功能机将受冲击

长期以来，数码复合机市场的主流产品都发源于传统的模拟复印机，其技术特点决定了其输出品质不稳定，需要大量维护和保养，无形中加大了用户的使用成本。当激光打印技术融入数码复合机市场后，其完美的输出品质、稳定可靠的打印特性逐渐获得市场的青睐，长期困扰用户的成本和可靠性问题得到了很好的解决。打印技术替代复印技术是当前的一大趋势，多功能机取代复印机将成为历史的必然。

不仅复印机，其他单功能机也会受到类似的影响。市场经验表明，打印机用户增加对复印或者扫描等功能的需求，用户做的最多的是选择同品牌的多功能机来满足自己的需求。其他单功能产品中同样也存在着这样的现象。可以预见，只要技术的变革继续推进，帮助用户降低使用成本和提高输出品质，加速替代单功能机将会成为未来多功能机市场的主旋律。

诚然，多功能机替代单功能机也需要一个过程，有时还会出现反复，但多功能机取代单功能机将是大势所趋。

4．选购策略

多功能机集众多功能于一体，具有良好的适应性和较高的性价比。但不同多功能机的发展基础不同，因此也就决定它自身的主导功能不同，对应的应用需求有所不同；另外，不同主导功能的多功能机的同类功能，其购买和使用成本也存在有很大差异，这在选购多功能机时也是必须考虑的因素。

（1）确定主需求

购买多功能机，不应一味地去追求功能的齐全，因为在实际应用中，用户主要以应用一两种功能为主，而对其他功能的使用频率较低，甚至很少用到，要根据自身的使用特点和需求合理地选择一体机。

多功能机有着各自的主导功能。以打印功能为主的，打印质量高，输出速度快，具有很好的纸张处理能力，适合一般的通用办公用户和家庭用户；以扫描功能为主体的，适合对扫描规格有特殊要求的用户；以复印功能为主体的，通常具有连续复印、缩放尺寸调整、纸张版式设定等功能，可以脱离计算机，独立完成操作，适合复印量大的用户；以传真功能为主的，有完善的控制面板，带有相当大容量的内存，可无纸连续接收、存储传真，可以脱离计算机独立运行，适合有大量传真通信需求的用户。

在选购之前，首先应了解自己的主要需求，从实际需要出发，遵循“实用、够用”的原则，确定主要需求。明确主要需求后，就会使自己在选择设备时有所侧重，选择主导功能与自己的主要需求一致的多功能机。

（2）算清总成本

多功能机的总体拥有成本分为购置成本和使用成本两方面。

相比而言，复印一体机（数码复合机）的购置成本要远高于其他多功能机。从输出方式来看，激光多功能机的购置成本要高于喷墨多功能机的购置成本。

普通多功能机有限的工作负载能力有时不能够满足大型工作组的需要，有些情况下需要购买多台，从而提高了整体购置成本。数码复合机虽然首次购置的成本较高，但是由于其速度高、性能好、能够胜任大量业务，同时也由于多种功能复合，反而会节约综合购置成本。

另外普通多功能机的平均使用寿命不及数码复合机的1/10，由于设备更新产生的费用也将提高使用成本。

多功能机的单台购置成本高并不意味着使用成本一定高。

复印一体机一般具有较高的打印负荷和大容量的进出纸处理能力，数码复合机普遍使用了鼓粉分离的技术，其单张输出成本较低，长期来看使用成本占有更大的优势。多功能一体机的打印负荷、进出纸处理能力都比较小，其单张输出成本比较高。

出色的数码复合机可以实现无纸化办公、双面复印、多元发送等多种功能，通过减少耗材使用量、降低传真线路费用，进一步节约使用成本。

虽然激光多功能机的购买一次性投入大，但是其打印速度快，维护简单方便，打印负荷量大，单张输出成本低。而喷墨多功能机虽然购置成本低，但其墨盒相对价格高，打印页数少，却导致单张输出成本偏高。

总之，购置多功能机，首先要满足主要需求，其次再综合考虑包括购置和使用成本在内的总体成本。当然产品品质、外观和售后服务也应是重点参考的内容。

7.3.2 一体化机

人们已经习惯使用复印机获取原稿副本，但当需要大量复印时，其复印成本就相当高昂，人们不禁会怀念旧时油印技术带来的经济实惠。一体化机（见图7-29）就是传统油印机的继承者，并从技术上革新了制版工艺，使一体化机不仅能够适应大量的印刷需求，而且还秉承了油印机经济实惠的优点。

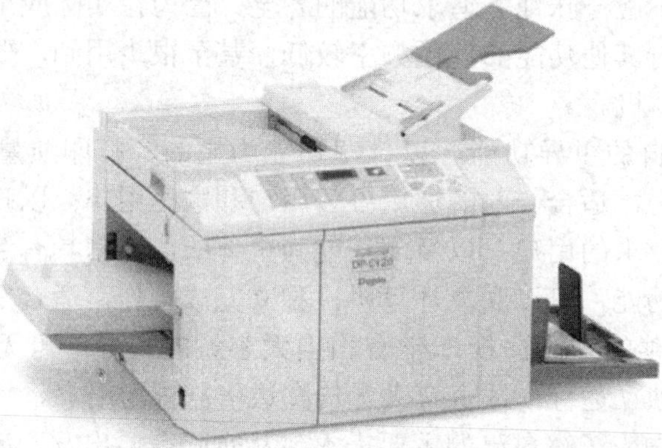

图7-29　DP-C120一体化机

1. 基本原理和结构

天空晴朗，艳阳高照，明媚阳光下树荫里闪烁着光斑，如图7-30所示。仔细观察就会发现，树叶稠密部分，露过的阳光少，地面上形成树荫就多；树叶稀疏部分，露过的阳光多，地面上形成的树荫则少。

图7-30　一体化速印机结构透视图

传统的油印技术就是基于类似原理。传统的油印技术采用蜡纸制版，制版就是依据原稿的图像在蜡纸上对应制成许多细微的小孔，印刷时油墨通过这些小孔渗透在纸张上形成图像。

我国早期使用木版印刷，先将图文反向刻在木版上，之后涂上墨再转印到纸张上；后来出现油印机，人们先手工把图案刻在蜡版纸上，然后把白纸平放到蜡版下面，让墨筒从蜡版上均匀滚过，油墨就会渗透到纸面上形成图案；后来改用计算机打印制版，但制版和印刷两个步骤依然各自独立开展。

一体化速印机通过数字扫描获取原稿图像、通过热敏组件制版成像，基于油印技术实现速印。一体化机集数字制版和速印于一台机器内完成，并因此而得名。一体化速印机的内部结构如图7-31所示。

印刷纸置于供纸盘中，在送纸装置的带动下进入速印机，在内部完成印刷后再被输出到接纸盘中。

将印刷原稿放在原稿台执行制版功能，经过数字扫描，其数码图像被暂存在速印机中，利用控制面板可实施更多的控制。

速印机使用热敏蜡纸作为版纸，为了安装及自动化的需求，蜡纸被做成圆筒状。在制版过程中热敏头在版纸上制作出非常细小的孔，以便能够印出高质量的印刷品。当原稿被扫描后，蜡纸输送部分会将制作完成的蜡版自动安装到位于机器中央的印筒上。安装新版时，印筒上的旧版会被自动卸载到废版纸盒中。

速印机的工作过程主要包括高速自动数字扫描、自动热敏制版、高速印刷等几个部分，其工作过程示意图如图7-32所示。把印刷原稿放在稿台上并启动速印机；图像扫描器对原稿进行数码扫描，再把原稿图像的光信号转换成数字信号；数字信号送交处理器处理，处理器命令激光体发出激光束控制热敏头烧制蜡版，使得滚筒上的蜡纸直接形成图像；蜡版烧制完毕，被自动安装到印筒表面；印刷头向蜡纸版均匀喷涂油墨，同时控纸系统将纸张依次送入机器并附着在印筒表面的蜡版上，油墨渗透蜡版就可在纸张上精确成像，由此完成高速印刷。

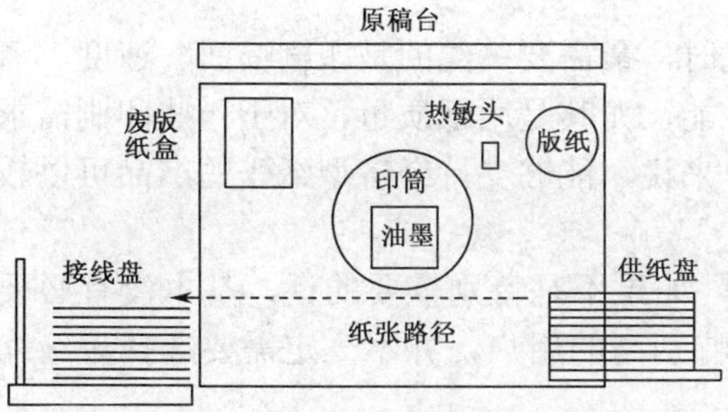

图7-31 一体化速印机的内部结构

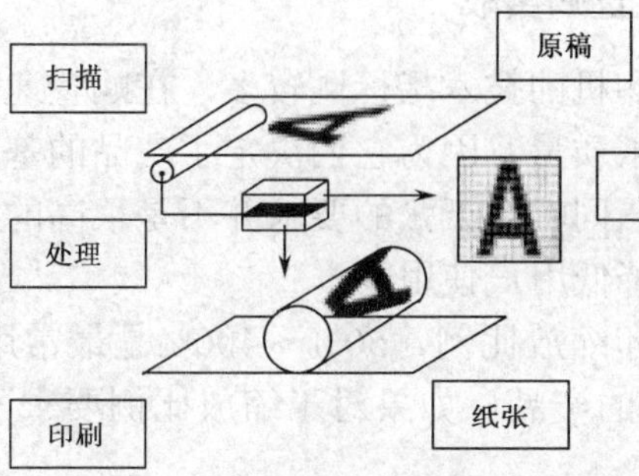

图7-32 一体化机工作过程示意图

速印机发展至今天，已经能够很好地与前沿的IT技术相结合。不仅表现在数字化的图文处理方式，具有对原稿缩放印刷、拼接印刷、自动分纸控制等多种功能；还表现在大多数速印机都能与计算机连接，通过计算机打印直接输出数据。

2. 主要技术指标

一体化速印机主要具有以下几个重点指标，掌握这些指标，对了解和购置一体化速印机具有重要的指导意义。

（1）印刷幅面

和打印机一样，印刷幅面也是选购速印机时首要考虑的因素。

速印机的印刷幅面主要分为原稿支持幅面、用纸输出幅面和印刷输出幅面3种。原稿支持幅面是指速印机稿台能够最大支持的扫描幅面；用纸输出幅面是指速印机可以支持的最大输出用纸幅面；印刷输出幅面是指速印机可以输出的最大文稿幅面，可输出的文稿幅面应该等于或小于可输出的用纸幅面，这是因为印刷资料都会有一定的边距存在。

目前主流的速印机输入幅面基本上是B4～A3幅面，输出幅面则基本上以A3幅面为主。

（2）用纸质量

由于速印机的印刷数量较大，能否支持较为经济的纸张直接关系到使用成本。一款好的速印机应该能够兼容使用多种质量的纸张，这样就可以满足不同用户、不同应用的需要。

（3）印刷速度

选择速印机正是为了大批量的文稿印刷，速度当然是一个重要的参考指标。

除了成本低之外，速印机最大的优势就在于它的印刷速度。目前绝大多数的速印机都可以达到每分钟100张以上的印刷速度，并且还有多挡速度可以供用户选择。在实际的应用中尽可能不要选择最高速度挡来运行，一般中速挡或中高速挡是最常用的。

（4）印刷清晰度

印制的清晰度关系到印刷的质量，和打印机一样它也是用dpi来标识的，不过精度不要求像打印机那么高，一般来说300～400dpi就足够了。

（5）支持的缩放比率

一体化机可以将原稿放大或缩小后进行印制，缩放比率的范围越大越好。有的产品缩放是有级缩放，而有的产品则是无级缩放，并且可以精度到小数点后2～3位。

3．选购实战

速印机的技术指标比较多，在购置速印机时，最需要关注的是印刷幅面、速度、清晰度和用纸质量，因为它们决定了产品的基本性能，尤其是用纸质量，对于一些印刷需求量非常大，同时对纸张的要求并不是很高的用户来说，能够支持经济型纸张的产品可以较大幅度地降低用户使用成本。

复印缩放比例，50%～400%是最常用的，如果不是特别需要的话，基本没有必要选择800%的产品。如果对于缩放比例要求不是特别高的用户，并不一定需要选择无级缩放的产品。

除了基本性能指标上的差别之外，速印机还具有许多特殊功能，不同的产品附带的功能是不同的，而功能的不同和多少也直接影响到产品的价格，并且差价还比较大。因此，用户在选购时应该根据自己的实际应用需求来进行选择。

和复印机、打印机相比，速印机的油墨的成本较低，因此纸张就成为了影响使用成本最直接的因素。一款好的速印机应该能够兼容使用多种质量的纸张，以满足不同用户、不同应用的需要。更重要的是能够支持较为经济的纸张，这样就能够直接降低使用成本。

选购产品，买得放心、用得省心是根本。速印机的体积较为庞大，因此出现故障后送修是非常不方便的，厂商的上门维修是非常必要的。速印机需要进行定期维护和保养，在免费售后服务到期之后，厂商最好还能够提供质优价廉的有偿上门服务。

第8章 办公输入新技术

8

本章要点

除了键盘、鼠标、扫描仪等常规输入设备外，人们还发明了一些新型输入技术，创造了一些新的输入设备。本章将重点介绍语音识别、触摸屏、手写录入、电子白板等有关的技术、设备及其应用。

8.1 语音输入技术

半个多世纪前，科学家们就曾预言，当人们深夜回到家，临睡前对着计算机说："请关闭电灯和车库门。明早7点钟播放我所喜爱的歌曲以唤醒我。提前为我煮好咖啡。8点钟打电话给我的老板提醒他出席今天的会议。"

很遗憾，语音技术发展到今天，计算机还无法完全提供这种服务。然而，如果把曾经的幻想与今天的现实联系起来，人们还是会对当今计算机所能提供的语音输入服务而感到惊叹不已。

8.1.1 语音输入简介

国内语音输入市场上主要存在两大语音技术，一种是微软语音识别技术，另一种是IBM语音识别技术。

IBM ViaVoice（见图8-1）是IBM公司研发的语音识别产品，售价高达数千元人民币。该产品对短字词识别精度高，出现识别错误时，提供的纠错功能比较好用。该产品的致命缺点是它只能在Office 2000软件包中使用；在整句识别上效果不太好，增加词库也比较麻烦。

微软并没有单独发布语音产品，只要在计算机中正确安装了Office和微软拼音输入法（最好是增强版），就可以使用微软语音输入。在Windows平台上，允许输入文字的地方基本上都可使用微软语音输入；微软语音输入法可以和微软拼音输入法的词库完美结合，并可借助微软拼音输入法增加自造词；微软语音输入法还具有很高的整句识别精度。微软语音输入对短字词的识别上精度不高；出现单词识别错误时，纠错功能不太好用；没有详细的使用说明书，很多功能不被用户所了解。

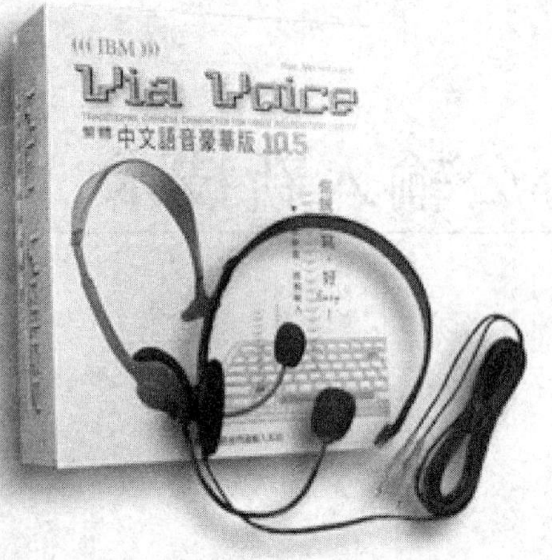

图8-1　IBM语音产品

相对而言，微软语音识别系统应用范围广，使用和设置也比较简单，只需进行简单的语音训练即可使用；微软语音识别系统的整句识别率很高，平均能够达到95%左右。

8.1.2　配置和训练语音识别

实现微软语音识别功能，除了需要一款优质麦克风外，还需要满足3个基本要求：首先，需要Windows XP（SP1）及以上操作系统；其次，需要安装语音识别引擎（SRE）5.0及以上版本；最后，需要一种能支持语音输入的应用程序（如IE 5.0、Word 2003等）。

Windows XP没有内建语音识别引擎（SRE），但可以从Office XP/2003及其所包含的产品中获得，可以通过其包含的产品安装和启用。启动Word程序，选择“工具”→“语音”命令，如图8-2所示。

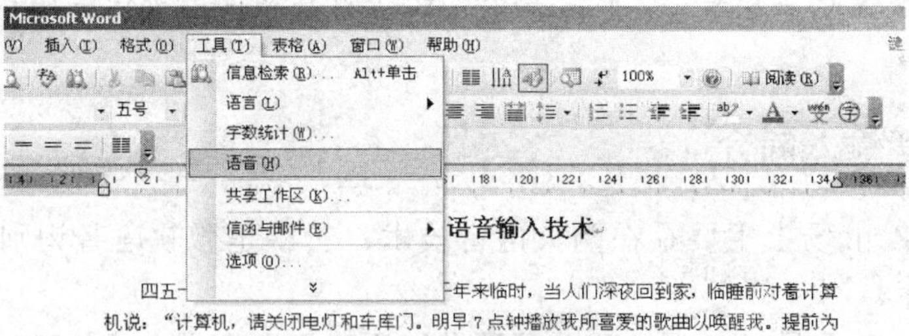

图8-2　启用微软语音识别

如果计算机中尚未安装语音识别引擎，系统将自动弹出如图8-3所示的对话框。

图8-3　提示尚未安装语音识别引擎

单击“是”按钮，确认安装微软语音识别软件，打开如图8-4所示的界面，开始安装微软语音识别引擎。

在安装过程中，系统有可能需要提供Office安装介质，用户只需按要求提供安装介质并准确指定安装位置即可。安装过程结束后，为确保语音识别引擎生效，无论系统是否要求，都应重新启动计算机。

首次使用语音识别引擎时，系统将打开如图8-5所示的配置向导，引导用户完成必要的配置和训练。

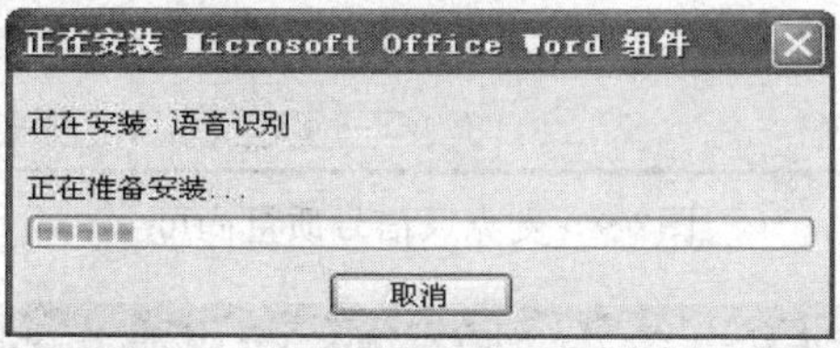

图8-4　安装语音识别组件

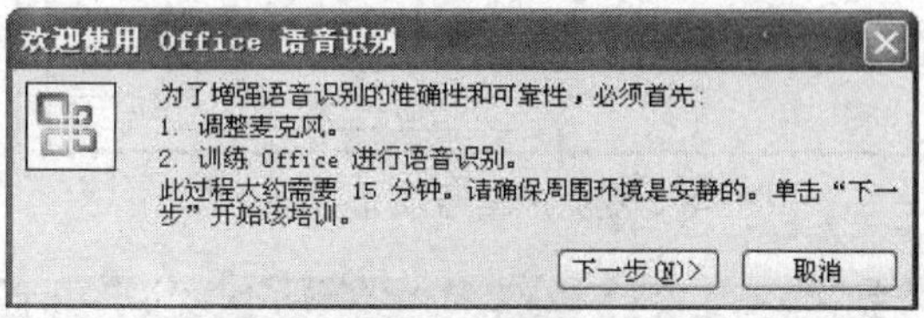

图8-5　欢迎使用语音识别

单击“下一步”按钮，将启用如图8-6所示的麦克风配置向导。

单击“下一步”按钮，打开如图8-7所示的麦克风音量设置界面。此时用户应对着麦克风，以平常的语速朗读指定语句，直到音量指示仪的读数稳定地停在绿色区域里为止。

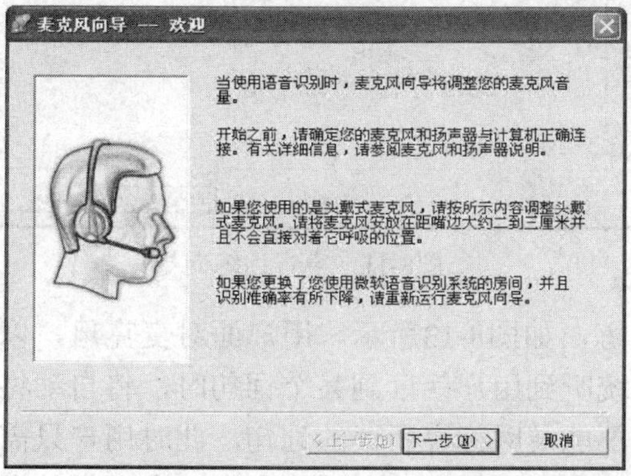

图8-6　麦克风配置向导

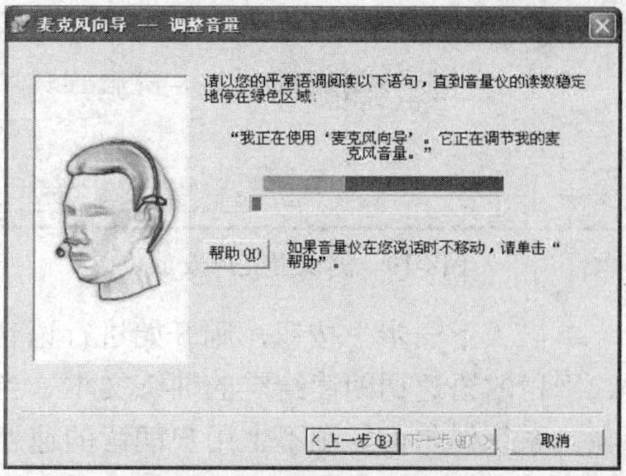

图8-7　麦克风音量设置界面

音量调整完毕，“下一步”按钮将变成可用状态。单击该按钮，系统将会根据对麦克风语音的识别效果给出不同的报告界面。

如果麦克风语音识别效果很差，系统将给出如图8-8所示的“信号质量太差”的报告及建议，单击“完成”按钮，则麦克风向导将被迫中止。

如果麦克风语音识别效果较好，则将给出如图8-9所示的“信号质量尚可”的报告及建议。

单击“下一步”按钮，将打开如图8-10所示的测试麦克风安放位置的对话框。要求用户适当调整麦克风的摆放位置，以便获得更好的语音识别效果。

单击“完成”按钮，将继续启动声音训练向导，如图8-11所示。

正常使用语音识别引擎之前，用户首先必须对语音识别系统进行专门的训练，以便系统能够更好地分辨用户的发音特征和朗读方式，有利于提高语音识别效果。

单击“下一步”按钮，系统首先向用户展示声音训练的有关说明，如图8-12所示，指导用户采用正确的方法进行声音训练。

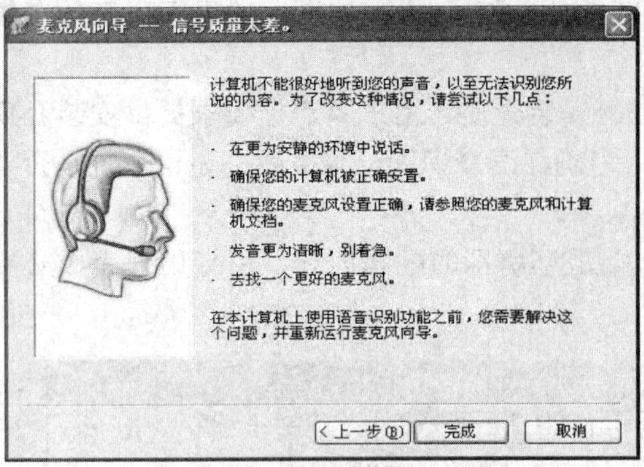

图8-8　麦克风信号质量太差

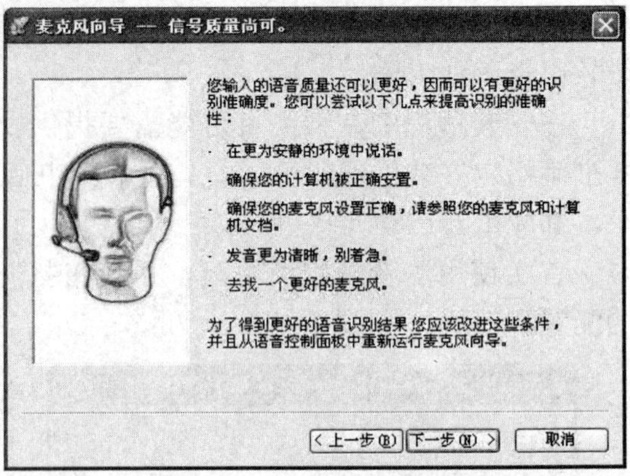

图8-9　麦克风信号质量尚可

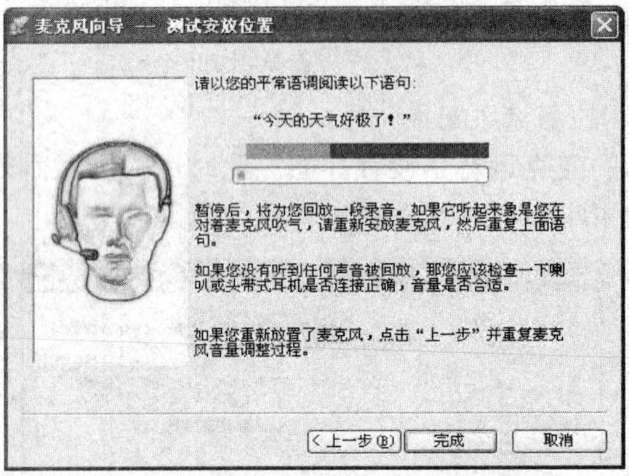

图8-10　测试麦克风安放位置

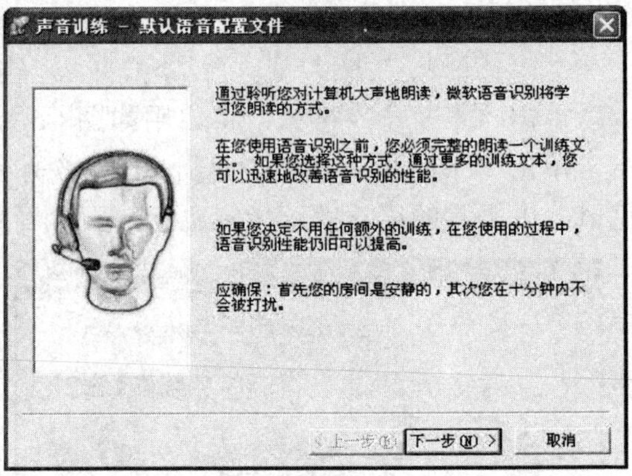

图8-11　声音训练向导

单击"下一步"按钮，则开始进行语音训练，如图8-13所示。用户面对麦克风，以自然、平稳的语速调朗读给定的训练文本。当系统听到用户朗读到某个词句时，将自动将其标亮。系统偶尔可能跟不上用户朗读的速度，不能及时标亮所读的词句，此时用户只需从没有被标亮的地方重新朗读即可。当所有训练文本都被标亮后，系统会在一个短暂的间歇之后自动显示下一段训练文本，直到训练结束。

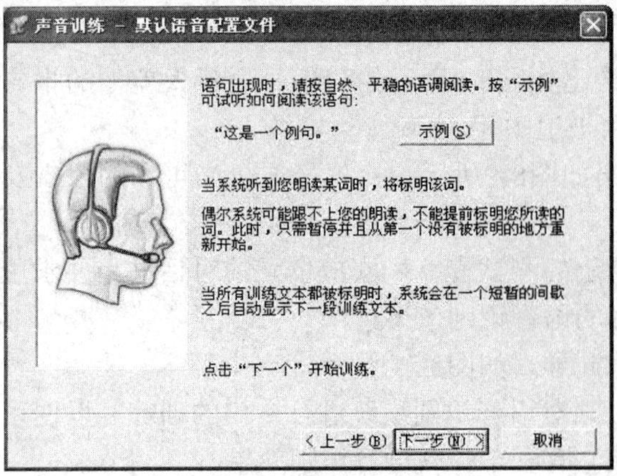

图8-12　声音训练说明

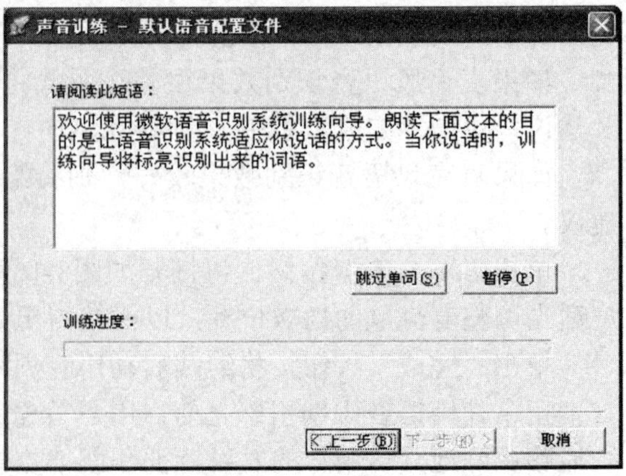

图8-13　声音阅读训练

首次进行声音训练，必须完整地朗读一个训练文本；训练完毕，系统将打开如图8-14所示的界面。

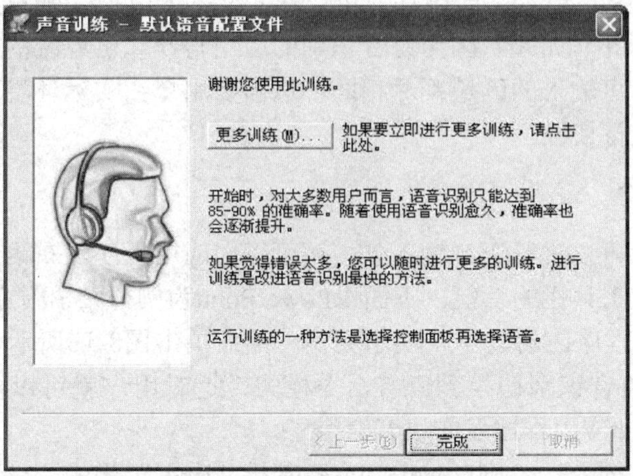

图8-14　更多声音训练

对大多数用户而言，开始使用语音识别时，语音识别只能达到85%～90%的准确率，但随着用户语音识别训练的增加，准确率也会逐渐提升。如果感觉语音识别准确率太低，用户还可以选择进行更多的训练。训练得越多，语音识别的效果也就越好。

8.1.3　使用语音识别

在Windows XP（SP1）或更高版本的操作系统、Office XP/2003软件包产品，以及IE 5或高版本的应用软件中，才可正常使用微软语音识别系统。

微软语音识别系统主要包括两种技术，一种是语音输入，它可以把输入语音转换成文本；另一种是语音命令，利用它可以对特定的应用程序进行控制。

微软语音识别系统被启用后，Windows系统语言栏将会变成如图8-15所示的形式。其中的小麦克风标识即表示微软语音识别。

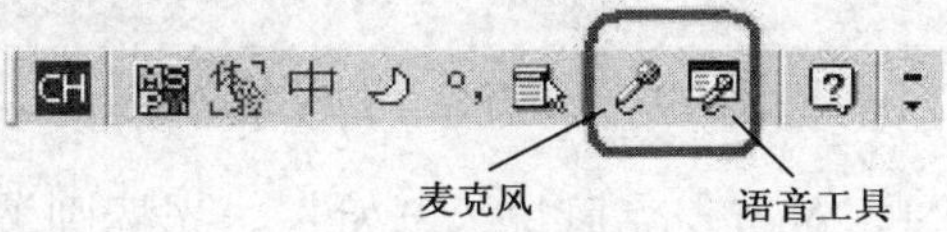

图8-15　语言栏中的语音按钮

单击“麦克风”按钮，原语言栏将变成如图8-16所示的语音输入模式。

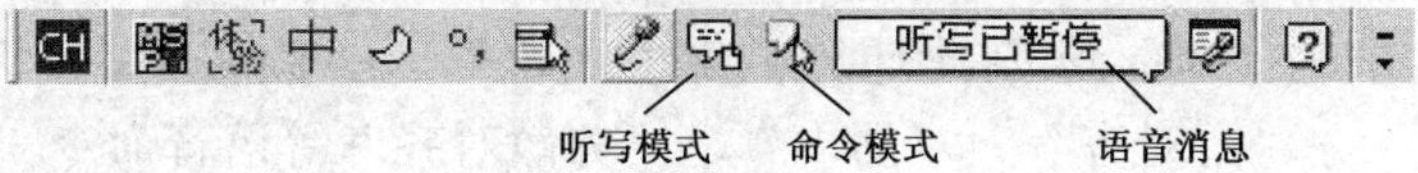

图8-16　语音输入模式

1．使用语音输入

启动Word程序，打开或新建一个Word文档，并激活其编辑区。单击图8-16所示的语言栏中的“听写模式”按钮，将语音识别切换到听写模式。对准麦克风，朗读或说出自己想输入的文本，经语音识别系统识别后，语音信息即被转换成文本信息录入到Word文档编辑区中。

微软曾宣称，在Windows平台中任何可以输入文本的区域几乎都可以利用语音识别系统进行输入。但实际并非如此，因为语音识别的应用与计算机系统的配置有关，因此在不同的计算机系统中，可输入的区域不尽相同，这需要用户在实际环境中自行测试应用程序对语音识别系统的支持情况。

2. 使用语音命令

语音识别系统除可以进行语音输入外，还可以向应用程序发布语音操作指令，以替代部分应用程序菜单或工具栏的功能。下面以PowerPoint为例介绍语音命令的使用。

启动PowerPoint程序，新建一个演示文稿。然后单击图8-16所示的语言栏中的“命令模式”按钮，将语音识别切换到语音命令模式，这时用户就可以以一种自然平稳的语速和语调向PowerPoint应用程序发布语音命令了。

比如，用户说“插入”，则PowerPoint将展开“插入”菜单；接着说“新幻灯片”，则1张新的幻灯片将被插入到演示文稿中；接着再说3遍“插入”和“新幻灯片”，将有3张新的幻灯片被插入到文稿中，结果如图8-17所示。

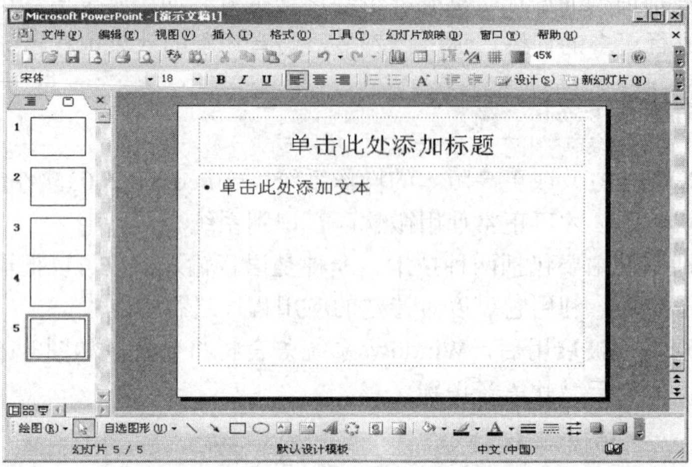

图8-17 语音命令执行结果

激活左侧的幻灯片视图。对着麦克风说“开始”，光标则被移到第一张幻灯片上，说“结束”指令，光标则被移到最后一张幻灯片上；“向上”和“向下”指令分别表示激活上一张和下一张幻灯片；“删除”指令表示删除当前幻灯片。激活某张幻灯片并在其中选中某个对象，重复测试上述指令，则会产生不同的效果。

选中幻灯片中的文本，分别向计算机说“加粗”、“倾斜”、“下画线”、“阴影”，“左对齐”、“右对齐”，“居中”、“分散对齐”等语音命令，执行效果与使用工具栏中的工具效果一样。

依次说“文件”、“退出”指令，与执行“文件”→“退出”命令一样，系统首先要求用户确认是否保存。如果确定保存，系统将弹出“另存为”对话框，如图8-18所示，要求用户指定文件名和保存位置。

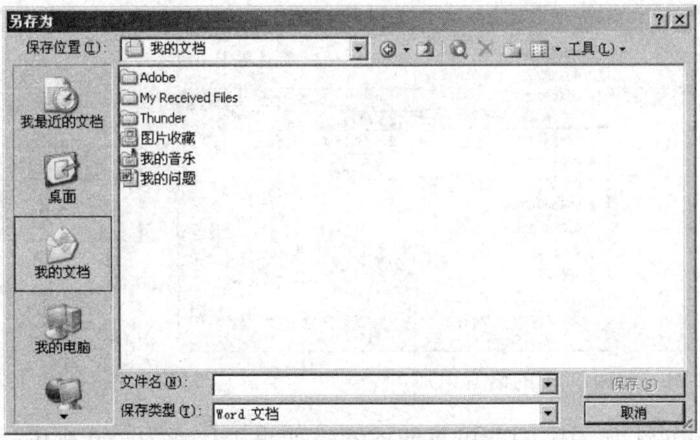

图8-18 “另存为”对话框

更多的语音命令请参阅附录B《中文Office 2003常用语音命令》。

8.1.4 使用朗读功能

除了支持语音输入和执行语音命令外，微软语音系统还提供朗读文本功能。

单击输入法语言栏的选项箭头，从展开的下拉菜单（见图8-19）中，选中菜单中的“朗读文本”和“暂停朗读”选项，把两个朗读控制按钮集成在语言栏中，结果如图8-20所示。

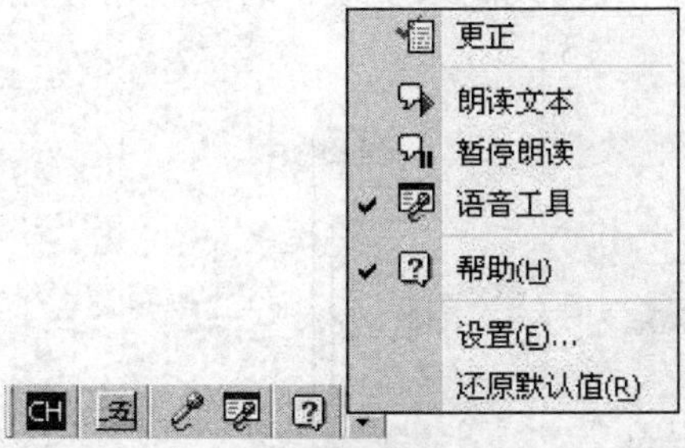

图8-19 定制朗读语言栏

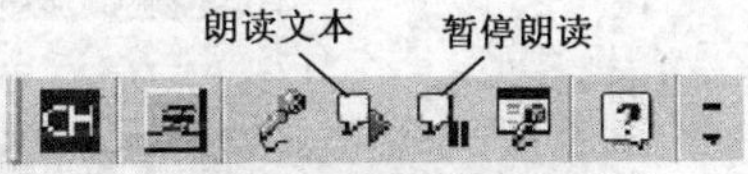

图8-20 朗读语言栏

在Word文档中，选中需要朗读的文本，单击“朗读文本”按钮，语音系统将开始朗读指定文本；如果未选中文本，系统将从光标所在位置开始朗读。单击“停止朗读”或“暂停朗读”按钮，可终止或暂停当前的朗读进程。

在Excel 2003 中，系统可以把单元格的文本或公式转换成声音信息。启动Excel 2003，新建或打开一个工作簿。选择“工具”→“语音”命令，如图8-21所示。在其中分别选中“语音识别”和“显示‘文本到语音’工具栏”选项，结果如图8-22所示。

在Excel工作表中选中某个单元格或单元格区域，单击工具栏中的“朗读单元格”按钮，语音系统将朗读指定区域的内容。朗读过程中，正被朗读的单元格将被突出显示。这样即使用户不看屏幕也能听出数据错误。发现错误时，停止朗读即可及时纠正。

通过单击“按回车键开始朗读”按钮，可设定在单元格中输入数据后立即进行朗读。

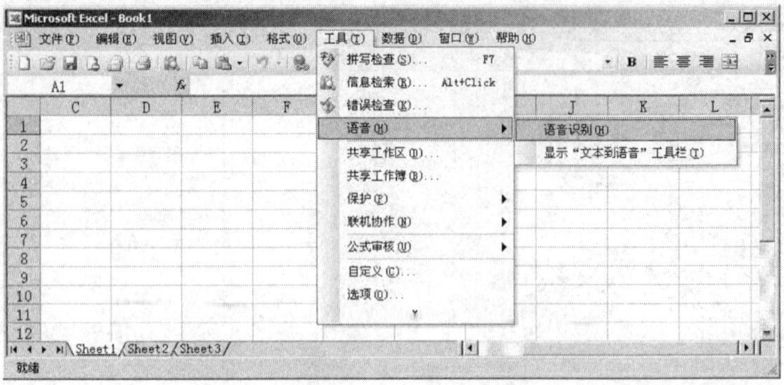

图8-21　启用Excel的语音识别

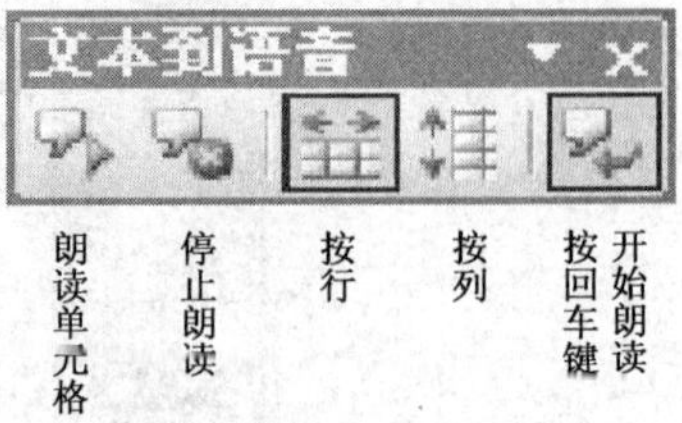

图8-22　文本到语音工具栏

计算机只能朗读工作表中当前可见的内容。如果工作表为公式视图，则计算机将朗读公式。如果电子表格中的数据是隐藏的，则计算机不朗读该数据。

可以选择计算机是按行还是按列朗读，默认按行朗读，即从左向右读完一行后再转移到下一行继续朗读。如果选择按列朗读，则从上向下读完一列后再转到下一列继续朗读。

8.1.5　高级语音设置

随着用户或应用环境的变化，语音识别引擎在使用过程中，还有可能需要进行必要的维护或设置。通过“控制面板”中的“语音”图标，用户可以打开如图8-23所示的“语音属性”对话框。利用该对话框，用户可以对语音属性进行个性化设置。注意，如果“语音识别”选项卡不可用，则说明语音识别引擎安装不成功或尚未安装；若要正常使用语音识别功能，则必须首先进行语音识别引擎的安装。

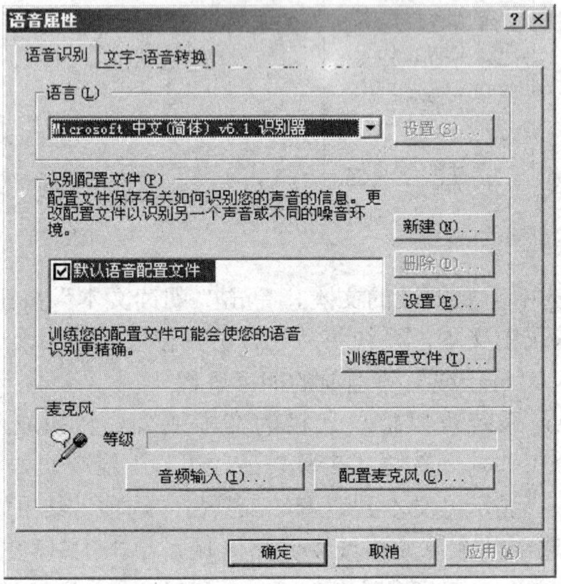

图8-23　“语音属性”对话框

在“语音识别”选项卡的“识别配置文件”选项区域内列出了目前可用的语音配置文件，每个配置文件都单独存放一份语音特征数据。由于每个用户的声音特征不尽相同，若多用户共用同一配置文件，语音识别效果就会受到干扰。因此，最好的办法就是为每个用户都分别创建一个独立的语音配置文件，这样语音识别系统就可以分别记录每个用户的语音特征，可以确保每个用户获得最佳的语音识别效果。

单击“语音识别”选项卡中的“新建”按钮，系统将会打开如图8-24所示的“配置文件向导”对话框。输入一个容易识别的配置文件名。单击“下一步”按钮，系统将首先启动麦克风向导，引导用户进行麦克风设置；麦克风设置结束后接着启动语音训练向导，帮助用户训练微软语音识别系统识别自己的语音特征。

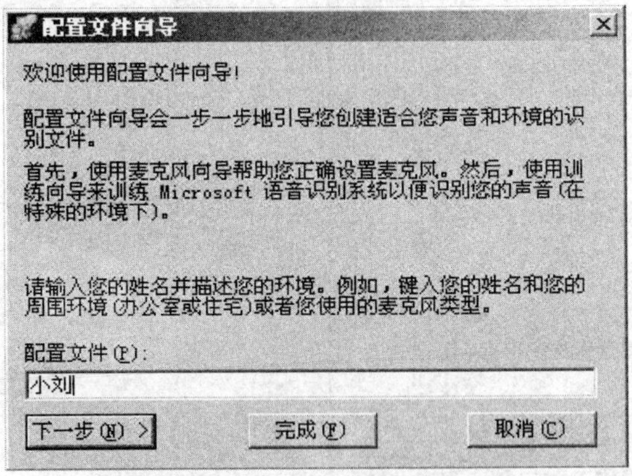

图8-24 语音配置文件向导

若系统中存在多个用户的语音配置文件，用户在使用语音识别引擎前，应选择自己专用的配置文件。单击输入法语言栏中的“语音工具”按钮（见图8-15），展开如图8-25所示的菜单，再展开“当前用户”子菜单，从列出的配置清单中选择配置文件名即可。

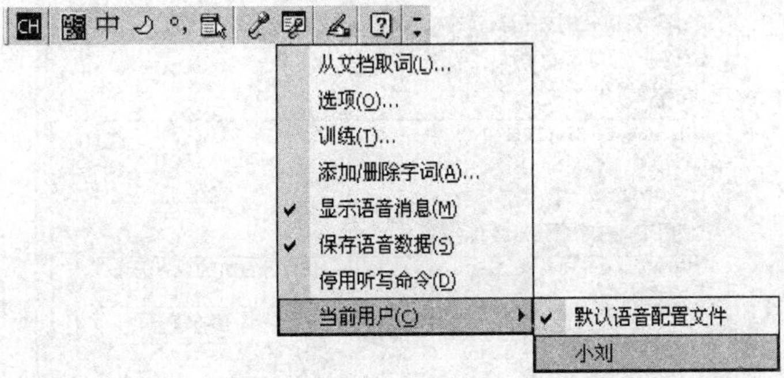

图8-25 语音配置文件向导

单击“语音识别”选项卡中的“设置”按钮，弹出如图8-26所示的“识别配置文件设置”对话框，用户可对发音灵敏度、准确率及识别响应时间进行设置。

单击“语音识别”选项卡中的“训练配置文件”按钮，系统将直接启动声音训练向导，引导用户进行更多的声音训练。单击“音频输入”按钮，弹出如图8-27所示的“音频输入设置”对话框，为用户提供音频输入设备。

单击“语音识别”选项卡中的“配置麦克风”按钮，系统将启动麦克风向导，并引导用户完成麦克风的设置。

将“语音属性”对话框切换至“文字-语音转换”选项卡，如图8-28所示，用户可以选择语言，设置语音速度、音频输出，预听语音等。

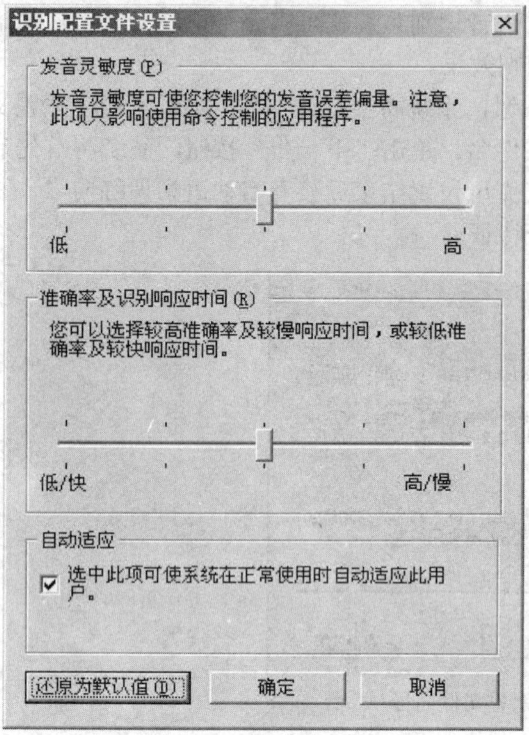

图8-26 “识别配置文件设置”对话框

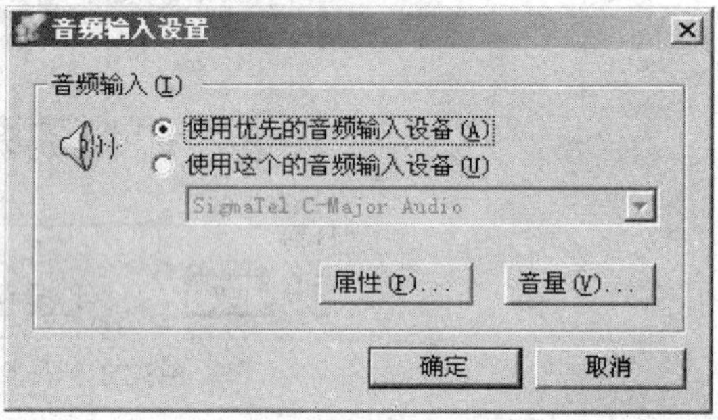

图8-27 “音频输入设置”对话框

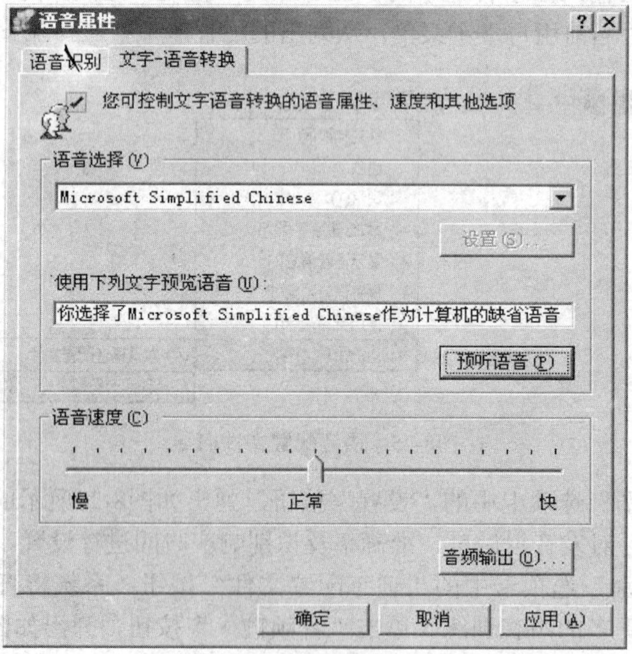

图8-28 “文字-语音转换”选项卡

除了利用“语音属性”对话框进行语音设置外，用户还可以为输入语言定制语音识别服务。在Windows语言栏中单击鼠标右键，弹出如图8-29所示的菜单。

选择“设置”命令，打开如图8-30所示的“文字服务和输入语言”对话框，图中显示

“中文（中国）”语言已经配置了“语音识别”功能。在列表中选中“语音识别”选项，单击“删除”按钮，将移除该语言的“语音识别”功能。

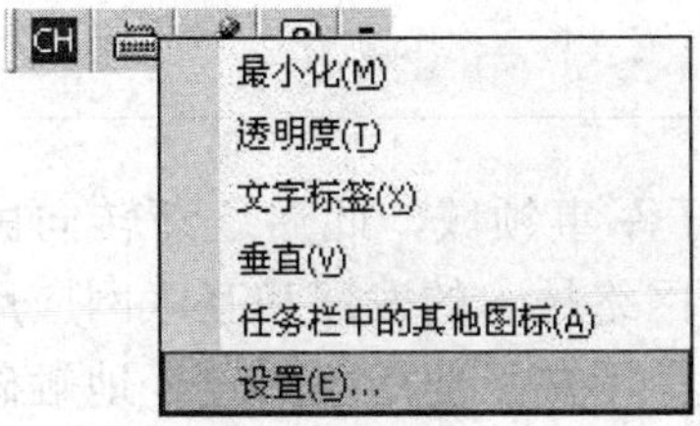

图8-29　语言栏菜单

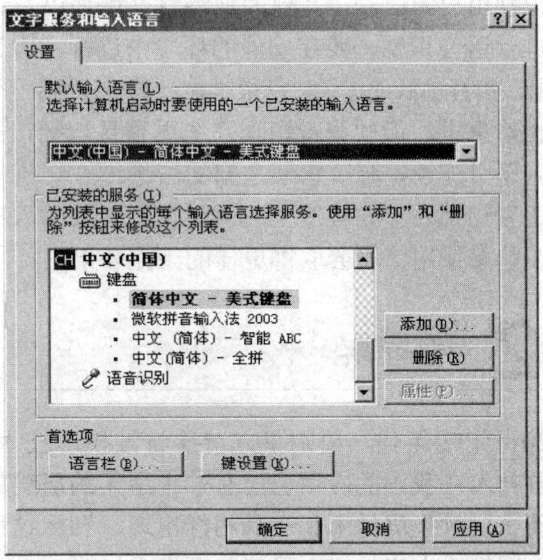

图8-30　文字服务和输入语言

单击“添加”按钮，弹出如图8-31所示的“添加输入语言”对话框。在“输入语言”下拉列表中选定一种语言，然后选中“语音”复选框，确认后就可以为指定的输入语言配置语音识别功能。

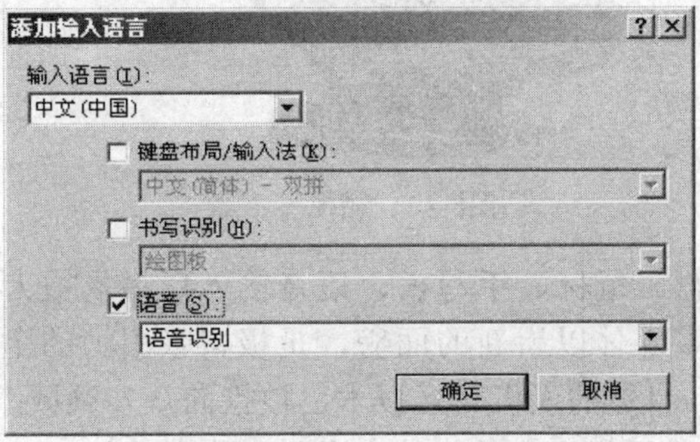

图8-31　“添加输入语言”对话框

8.1.6　语音识别技巧

从曾经的设想到今天的现实，语音识别技术的发展只能说是相当缓慢，特别是近年来该技术发展几乎是停滞不前。到目前为此，没有任何一种语音识别技术能达到100%的准确率。人们只有在不断改进技术的同时，多积累一些经验和技巧，尽可能地提高语音识别准确率。

正常使用语音识别系统，首先应该正确选择适应工作需求的麦克风。质量低劣的麦克风会严重影响语音识别准确率；有源的麦克风和声卡麦克风输入端子有助于提高语音识别质量，最为稳妥的办法是购买USB接口的麦克风产品，通常它们都是有源的。

麦克风安装完成后，应利用麦克风向导进行设置；麦克风一旦设置完毕，应尽可能地保持其安放位置不变。通过大声阅读在“语音训练向导”中准备好的训练文本，来训练计算机识别用户的语音。其他的训练将会增强语音识别的精确度。

进行语音识别，要在安静的环境中进行，因为噪声会干扰语音识别的效果；用户发音要清晰，声音过低或过柔，都很难被计算机识别；平稳一致的语音质量也会带来最佳效果。

相对来讲，微软语音识别系统更容易识别句子、词语而非单个的字，在讲话或朗读时应做到平滑连续，减少字词之间的停顿。

语音识别在一定程序上还需要进行必要的人工干预。将声音、鼠标或键盘输入完美地结合在起来使用，将会取得更佳的工作效果。

8.2 触摸屏

20世纪70年代，美国军方首次将触摸屏技术应用于军事领域，此后逐渐转向民用，触摸屏技术在我国的应用也已有二十余年的历史。随着网络技术的发展和互联网应用的普及，新一代触摸屏技术和产品相继出现。利用这种技术，用户只要用手指轻轻地触碰显示屏上的图符或文字就能实现相关操作，如图8-32所示。

图8-32　触摸显示器

触摸屏技术是继键盘、鼠标、手写板、语音输入后最易被人们接受的计算机输入方式，同时触摸屏也赋予多媒体以崭新的面貌，是极富吸引力的全新多媒体交互设备。目前，这种最简单、方便、自然的人机交互技术已被推向众多领域，除了应用于个人便携式信息产品（如图8-33所示的手机）之外，其应用还遍及信息家电、信息查询（如图8-34所示的查询机）、电子游戏、通信设备、办公设备、信息设备及工业设备等领域。

图8-33　触摸屏手机

图8-34　触摸屏查询机

8.2.1　触摸屏系统构成

触摸屏实际上就是计算机的一种外设，本质是传感器。它主要由触摸感应器和触摸控制器两部分组成，如图8-35所示。触摸感应器是一个透明屏，安装在显示器屏幕前面，用户透过它可以看到显示屏上的内容；触摸感应器可以感应用户的触摸动作和位置。触摸屏控制器的作用是接收触摸感应器感应到的触摸信息，并将它转换成触点坐标发送给计算机进行处理，同时接收计算机发送的指令并予以执行。

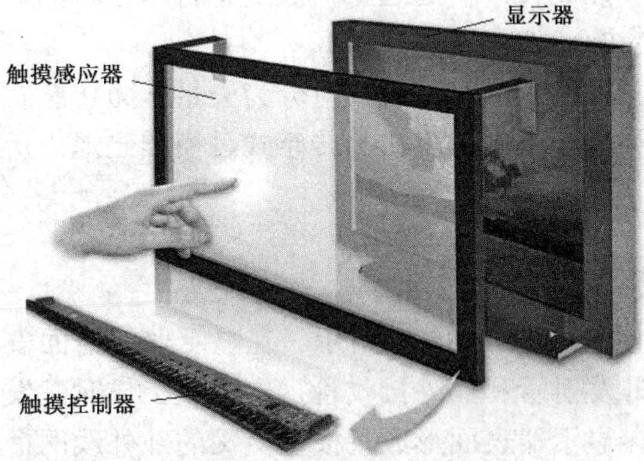

图8-35　触摸屏构成

触摸屏是触控系统的关键组成部分，包括触摸屏在内，整个触控系统主要由5个部分构成，如图8-36所示。触摸感应器是触摸系统的感应部件；触摸控制器可以接收触摸信号并执行操作指令；计算机主机是触摸屏系统的核心部件，处理触摸数据，发布操控指令。显示器承载感应部件，并为感应部件提供触摸对象；软件驱动程序是触摸控制器和计算机主机之间通信的桥梁，可以协助触摸控制器完成对输入指令的识别。

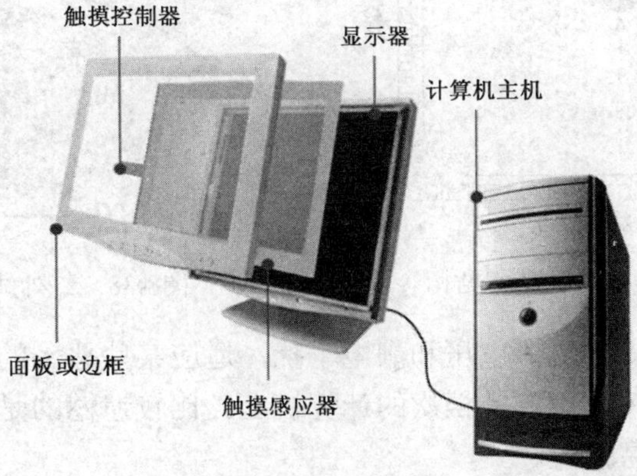

图8-36　触控系统

根据触摸感应器与计算机显示器之间的结合方式，可将触摸屏分为以下3类。

- 外挂式触摸屏：这种触摸屏的触摸感应器直接安装在显示器的前面。外挂式触摸屏安装简便，非常适合临时使用，也常用于商用查询系统。
- 内置式触摸屏：根据显示器的外观特点，设计触摸感应器的形状和大小，使之能完美地整合到显示器的表层。相对于外挂式触摸屏，该类触摸屏看起来显得较为美观。

- 整体式触摸屏：在制造显示设备时，将触摸感应器直接内置在显示器中，这样，显示设备既具有显示功能，又具有触摸功能。

8.2.2 触摸屏工作原理

当手指或其他物体触摸安装在显示器前端的触摸屏时，所触摸的位置（以坐标形式）由触摸感应器传输到触屏控制板，再通过接口送到主机，主机的驱动程序判断转换后，最终在显示器上反映出相应的动作。

根据触摸感应器的工作原理，触摸屏又可分为矢量压力传感式、红外线式、电阻式、表面声波式、电容式等类型，其中矢量压力传感式触摸屏已退出历史舞台，在此仅介绍后四种类型。

1. 红外线式触摸屏

红外线式触摸屏的基本结构如图8-37所示。在显示器的前面安装一个电路板外框，电路板在屏幕四边排布红外发射管和红外接收管，电路板工作时，发射管发出的红外线对应被接收管接收，这样就在显示器表面形成了横竖交叉的红外线网，构成了一张虚拟的红外线屏。用户在触摸屏幕时，手指就会挡住经过该位置的横竖两条红外线（图3-38），控制器通过计算就可得出屏幕中触点位置。

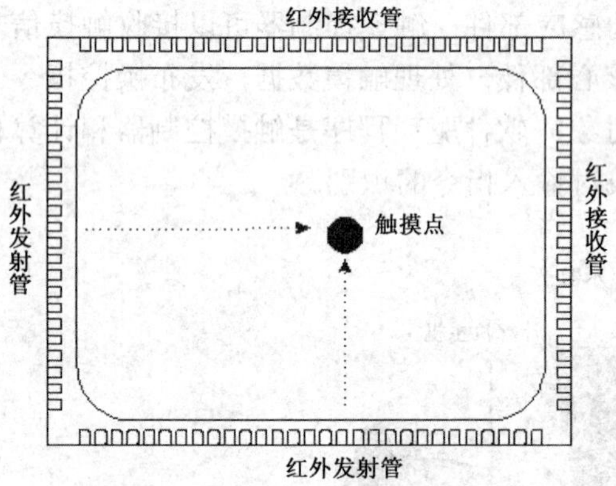

图8-37　红外线式触摸屏的基本结构

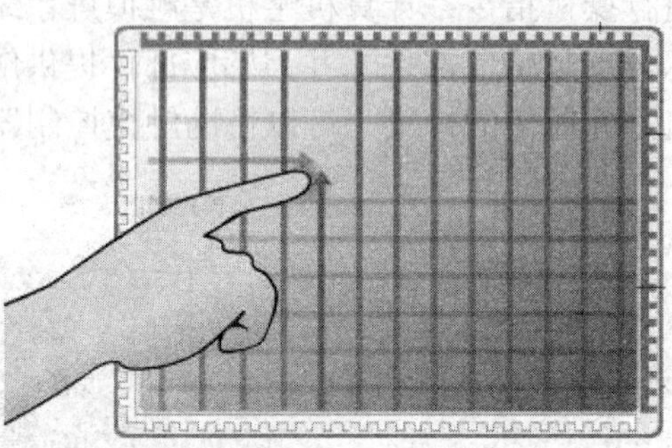

图8-38　红外线屏工作示意图

红外线式触摸屏不受电流、电压和静电干扰，适应某些恶劣的环境条件；价格低廉、安装方便、响应敏捷，可以用在各档次的计算机上。比较遗憾的是红外触摸屏框架四周的红外线发射管和接收管易损坏。

早期红外线式触摸屏，由于存在分辨率低、触摸方式受限制和易受环境干扰而误动作等技术上的局限，因而一度淡出过市场。此后第二代红外线式触摸屏部分解决了抗光干扰的问题，第三代和第四代在提升分辨率和稳定性能上也有所改进。第五代红外线式触摸屏是全新一代的智能技术产品，它实现了1000×720高分辨率、多层次自调节和自恢复的硬件适应能力和高度智能化的识别，可长时间在各种恶劣环境中使用。

2．电阻式触摸屏

电阻式触摸屏的屏体部分是一块贴在显示器表面的多层复合薄膜，如图8-39所示，由一层玻璃或有机玻璃作为基层，基层表面涂有一层透明的导电层，上面还盖有一层外表面经过硬化处理、光滑防刮的塑料层，基层内表面也涂有一层导电层，在两层导电层之间有许多细小的透明隔离点把它们隔开绝缘。

当手指接触屏幕时，两层相互隔离的导电层发生接触，层间电阻发生变化，如图8-40所示。控制器根据检测到的电阻的变化来计算坐标，最后根据触点坐标执行相应的操作。

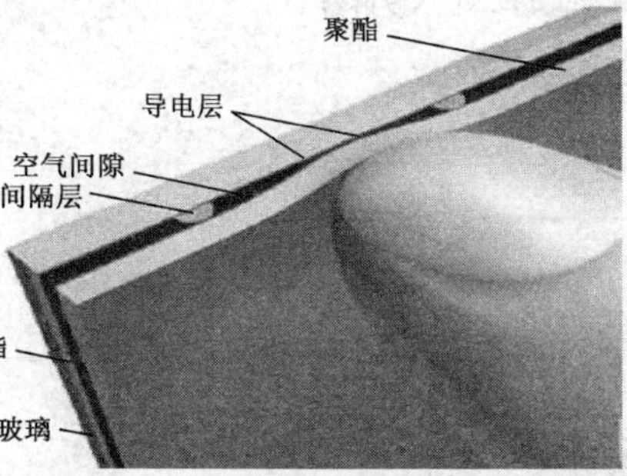

图8-39　电阻式触摸屏结构示意图

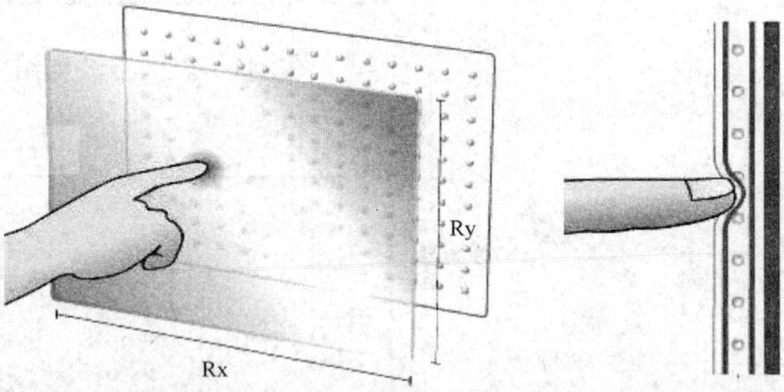

图8-40　电阻式触摸屏工作示意图

电阻式触摸屏价格低廉且易于生产，解析度高且传输速度快，表面硬化处理可防擦、刮及化学伤害；稳定性高，只需一次性校正，永不漂移。电阻式触摸屏是人们较为普遍的选择。

电阻式触摸屏不受尘埃、水、污物的影响，能在恶劣环境下工作，可用任何物体来触摸,可以用来写字画画，比较适合工业控制及办公领域使用。

电阻式触摸屏的导电涂层太薄容易脆断，涂得太厚又会降低透光且形成内反射而降低清晰度；导电涂层外虽有薄塑料保护层，但由于经常被触动，表层导电膜有可能出现划伤、裂纹甚至变形，导电层一旦失去作用，整个触摸屏就会报废。

3．表面声波式触摸屏

表面声波是一种超声波，是在介质（如玻璃或金属等刚性材料）表面浅层传播的机械能量波。通过严格地设计可以做到定向、小角度的表面声波能量发射。

表面声波触摸屏由触摸基屏、声波发生器、反射器和声波接受器组成，如图8-41所示。触摸屏基屏部分可以是一块平面、球面或柱面的玻璃板，安装在显示器屏幕的前面。基屏的左上角和右下角各固定了竖直和水平方向的超声波发射器，右上角则固定了两个相应的超声波接收器。玻璃屏的四个周边则刻有45°角由疏到密间隔非常精密的反射条纹。

右下角X发射器发出的声波向左边表面传递，然后由玻璃板下边的一组精密反射条纹把声波能量反射成向上的均匀面传递，如图8-42所示。

声波能量经过屏体表面，再由上边的反射条纹聚成向右的线传播给X接收器，X接收器将返回的表面声波能量转换为电信号。

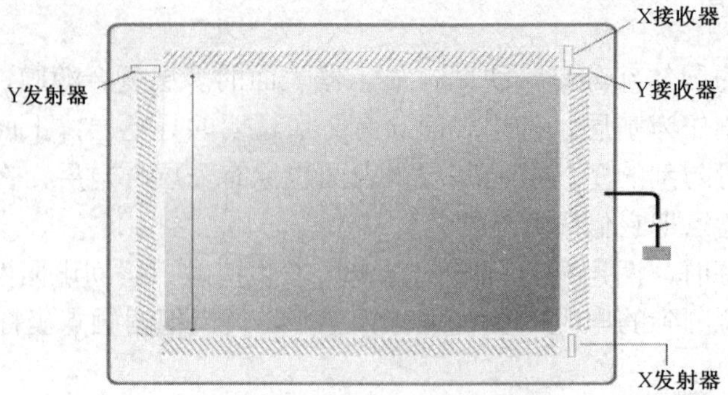

图8-41　表面声波屏结构示意图

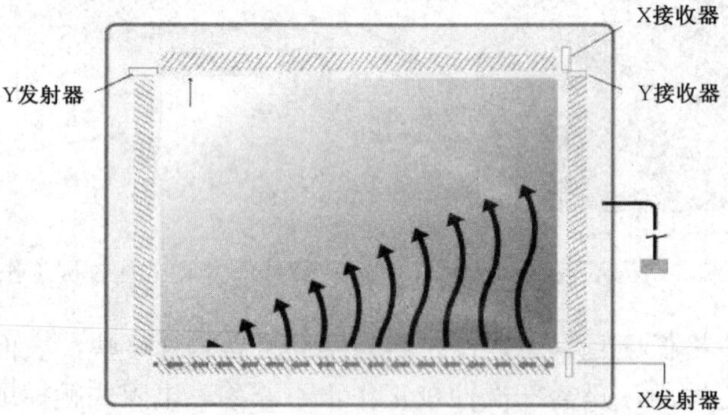

图8-42　表面声波屏工作示意图

同样地，Y发射器发出的声波能量，经左边缘的反射条纹反射，声波能量经过屏体表面向右均匀地传播，再经右边缘的反射条纹反向后转发到Y接收器。这样，均匀向上的声波能量与均匀向右的声波能量相互交织，最终在屏体表面形成一张虚拟的声波网。

如图8-43所示，当手指碰触显示屏时，由于阻挡并吸收了部分声波能量，接收器接收到的信号与正常信号相比有所变化，控制器依据信号的变化就可计算出触摸点位置。

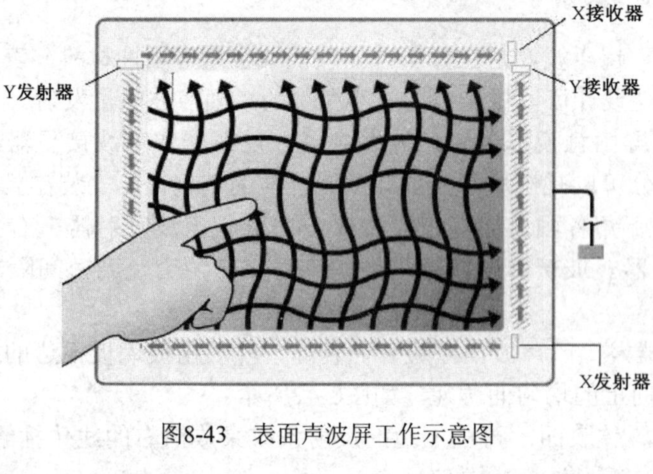

图8-43　表面声波屏工作示意图

表面声波触摸屏不受温度、湿度等环境因素影响，分辨率极高，有极好的防刮性，寿命长，透光率高，能保持清晰透亮的图像质量，适合公共场所使用。但尘埃、水及污垢会严重影响其性能，需要经常维护，保持屏面的光洁。

4．电容式触摸屏

电容式触摸屏是利用人体的电流感应进行工作的。电容式触摸屏的感应屏是一块四层复合玻璃屏，如图8-44所示。

电容式触摸屏的最外层是软薄的硬件保护层，其下是玻璃基屏，玻璃基屏表层和底层两个表面各涂有一层透明导电层。在表层导电层的四个角各安放一个电极，电极充电后，微小直流电散布在屏表面，形成均匀的电场。底层的导电层主要用以屏蔽屏后干扰。

当用手指（或其他导体）触摸感应屏时，手指就会从触点吸走部分电流，如图8-45所示。这个电流分别从触摸屏的四角上的电极中流出，并且流经这四个电极的电流与手指到四角的距离理论上成正比，控制器通过对这四个电流比例的精确计算，得出触摸点的位置。

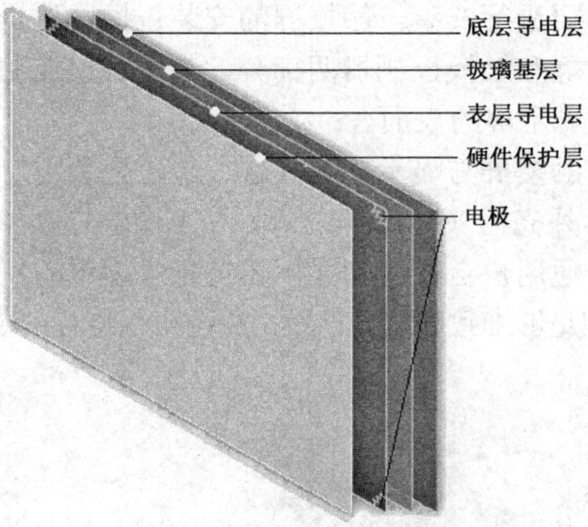

图8-44　电容屏结构示意图

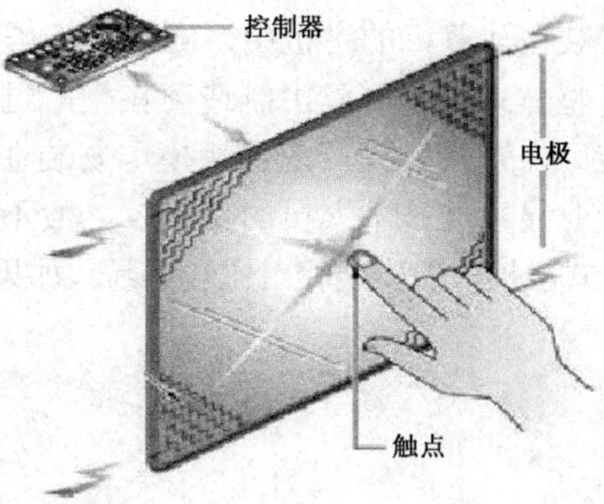

图8-45　电容屏工作示意图

由于人体可以导电，当手指和触摸屏表面靠近时，就会形成一个耦合电容，对于高频电流来说，电容是直接导体：靠得越近，导电性越强，吸走的电流就越大。通过计算吸走电流的大小，可以确定手指在电容屏上施加的压力。

除了在触摸屏的四个角安装电极外，还可以在触摸屏的四条边安装狭长的电极，图8-46所示的是两种电极安装方式的区别。

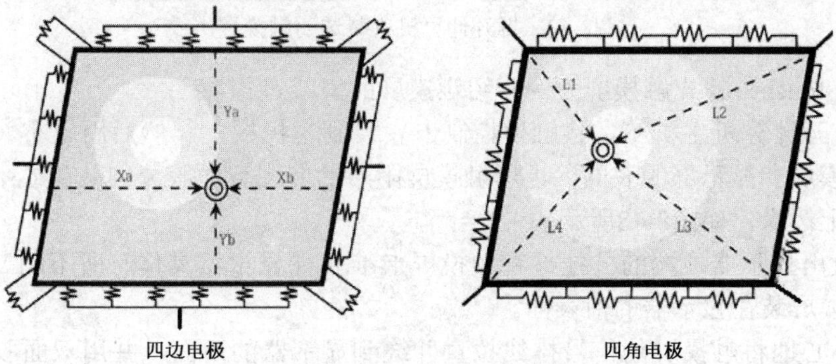

图8-46　四边电极与四角电极

两种方式的工作原理是完全相同的，只是在确定触点的方式上有所区别。四角电极方式通过计算触点与四个电极间的距离来确定触点的坐标，而四边电极方式则是通过计算触点与四边电极之间的距离来确定触点坐标。

电容触摸屏能很好地感应轻微及快速触摸，抗刮擦，不怕尘埃、水及污垢影响，适合在恶劣环境下使用。

电容触摸屏反光严重，透光率不均匀，存在色彩失真；由于光线在各层间的反射，还造成图像字符的模糊。当有导体靠近，流走的电流足够大时就引起电容屏的误动作，在潮湿的天气下，这种情况尤为严重；使用绝缘体笔触摸无反应。电容屏最大的缺点是先天性漂移：当环境温度、湿度改变时，环境电场发生改变，会引起电容屏的漂移，造成执行操作不准确。保护膜破损或伤及导电层，电容屏就不能正常工作。

8.2.3 触摸屏的安装

触摸屏作为计算机的输入设备，使用前需要进行安装。触摸屏的安装包括硬件安装和软件安装两部分。触摸屏的硬件包括触摸感应屏和触摸控制器两部分，其中触摸控制器一般安装在计算机的主机中，触摸感应屏安装在显示屏的表面。

整体式触摸屏已由制造商在生产过程中将触摸屏与显示器集成在一起，无须用户进行安装。内置式触摸屏是将触摸屏安装在显示器外壳内（显示屏之前）（见图8-47）。除非有专业显示器技术人员的帮助，一般不建议普通用户自行拆卸显示器进行触摸屏的安装。外挂式触摸屏的安装相对比较容易，如果能做到足够细致和耐心，用户完全可以自行安装。

图8-47　拆开计算机安装透明触摸屏

下面以Gtouch外挂式触摸屏为例介绍触摸屏的安装过程。

（1）打开计算机主机箱，将触摸控制卡安装到主机板上。然后用软布（如眼镜布）分别清洁触摸屏和显示屏的表面。再用触摸屏附带的专用双面胶分别贴在显示器外壳顶部和触摸屏的上边缘，如图8-48所示。

（2）拉出显示器顶端的外挂，将触摸屏卡准（视显示器具体有所不同），如图8-49所示，将触摸屏装在显示器的前表面。

（3）小心地将触摸屏的信号排线拉直并绕到显示器的后面，并用双面胶将其固定在显示器的后面板上，如图8-50所示。然将信号线连接到计算接口中，并注意接地保护。

图8-48　在对应位置粘贴双面胶

图8-49　拉出左、右外挂

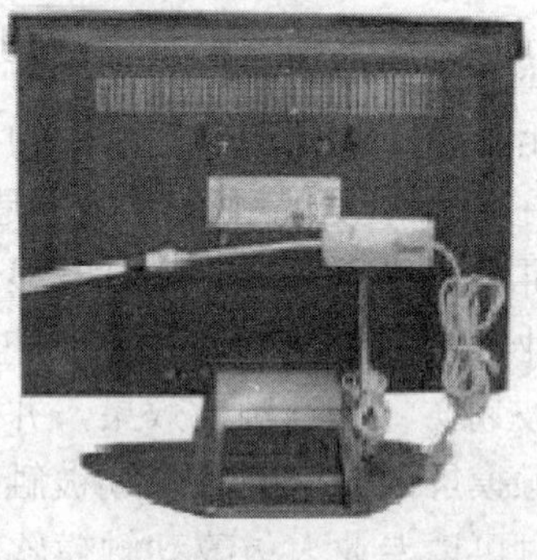

图8-50　将排线固定在显示器后表面

（4）安装触摸屏驱动程序和应用程序，测试触摸屏的工作性能，并进行必要的校准。

（5）触摸屏工作正常后，关闭计算机，沿显示屏四周边框粘贴一些双面胶，将触摸屏稳固地粘贴在一起。再经过一系列的整理后，触摸屏就可以正常地投入使用了。

8.2.4　触摸屏的使用和维护

触摸屏是多种电气设备高度集成的触控一体机，不论在任何场合使用，都存在正确使用和维护保养的问题。

触摸屏表面虽有保护膜，但也不应使用硬物或锋利的尖物接触触摸屏表面，以免划伤工作面，影响工作性能，甚至导致触摸屏停止工作。

触摸屏控制器能自动判断灰尘，但屏幕表面积尘太多会降低触摸屏的敏感性，需用干布把屏幕擦拭干净；有脏指印和油污时，应使用玻璃清洁剂清洗触摸屏表面。

防止水滴或饮料洒落在屏幕上，一方面容易发生电路短路或触电事故，另一方面会导致触摸软件停止反应，需把水滴擦去。

使用触摸屏系统更应严格遵守开关机顺序，否则触摸屏系统工作容易发生异常。正常的开机顺序是：先外设（如显示器等）后主机，关机顺序正好相反。需要注意的是，关机应先用软件关闭计算机系统，然后再人工断开电源。

不同类型的触摸屏具有不同的特点，适用于不同的场所，针对不同类型的触摸屏也应采取针对性的维护措施。

1．表面声波触摸屏

表面声波触摸屏适用于任何非露天的未知使用对象的场合。尤其适合于环境较干净、灰尘少的场合。表面声波触摸屏的感应介质是手指（戴手套也可）、橡皮等较软的能与玻璃完全吻合的物品。

在日常使用中应尽量保持触摸屏表面清洁干净，可用清洁剂及潮湿的抹布将触摸屏表面擦干净。触摸屏的反射条纹和内表面也会积尘，可定期用毛刷清洁发射条纹，必要时应请专业技术人员进行定期清洁。如触摸屏安装在显示器里，应经常用毛刷清除触摸屏与显示器边框接触处的灰尘，如果出现触摸反映迟钝或触摸不准的现象，可将一张名片插在触摸屏与显示器外框之间的夹缝中约3厘米左右，用手轻轻按住触摸屏，将名片靠紧触摸屏，沿显示器外框四周反复移动几圈，这样触摸屏即可灵敏如初。

2. 电阻压力触摸屏

电阻压力触摸屏适合已知使用对象的固定人员操作使用。电阻压力触摸屏只需施压即可工作，用手指、笔杆和其他物品均可触摸，但不能用尖锐和锋利的物品操作。

如果在使用中发现触摸坐标总是固定在某一点，可能是显示器外框与触摸屏靠得太近，触摸屏局部受压所致。应打开显示器对应调整一下螺钉，避免触摸屏始终受力，当然最好由专业人员来处理。如触摸屏外表太脏，可用湿抹布清洁。电阻压力触摸屏最易被划伤，一旦被划伤将影响触摸效果，并且有些电阻压力触摸屏一旦被划伤，整个屏基本上就报废了。触摸屏的某个位置长期被触摸，会造成局部透光度明显降低或表层皱软、起泡等情况，这时可请专业人员改动触摸软件，将触摸按键改到好用的位置即可。

3. 电容感应触摸屏

电容感应触摸屏不适合在有电磁场干扰和要求精密的场合使用。该类触摸屏利用人体的感应电流工作，可用手指进行触摸操作。

使用电容感应触摸屏，除用于触摸的手指外，身体其他部位或其他导体都不应过于靠近触摸屏，否则会干扰触摸屏的响应。应避免用硬物刮划或敲击触摸屏，一旦触摸屏出现小坑或小缝，坑或缝的周围相当大的区域将会出现触摸失灵现象。电容感应触摸屏先天性的不足就是使用过程中经常会出现触摸不准现象，这是由触控位置“漂移”引起的，一旦出现“漂移”现象，应及时执行校准程序进行校准。

4. 红外感应触摸屏

红外线感应触摸屏适用于无红外线干扰的、非露天的未知使用对象的场合。红外触摸屏的感应介质是任何可阻挡光线的物品，如手指、笔杆、小棍棒等。

红外线感应触摸屏是靠阻挡光线的传播来确定触摸位置的，该类屏的故障大多是由光路受阻引起的。如果红外屏反映不灵敏，应检查触摸屏四周的透光部分是否清洁，并及时进行清洁。在确保光路通畅的情况下，如果触摸坐标始终被固定在屏幕的某行或某列，极有可能是对应的屏幕四周的发射光管或接收光管出现了故障，应请专业人员进行维修。

8.3 手写输入

手写输入一般使用一支专门的笔（或手指）在特定的面板或区域内书写文字。信息系统通过各种方法将手写笔走过的轨迹记录下来，然后转换为文字。对于不喜欢使用键盘或者不习惯使用中文输入法的人来说，手写笔是非常有用的，因为它用起来就和普通笔几乎一样，并且也不需要学习中文输入方法。手写笔还可以用于精确制图、专业绘画等工作。

8.3.1　手写技术概述

熟悉计算机的用户对“手写”并不陌生。在Windows系统附件的画图程序中，用户利用鼠标可以在画布中任意手写涂鸦，如图8-51所示。只是有些可惜的是，不能将自己的字转换成计算机可以识别的方块文字。

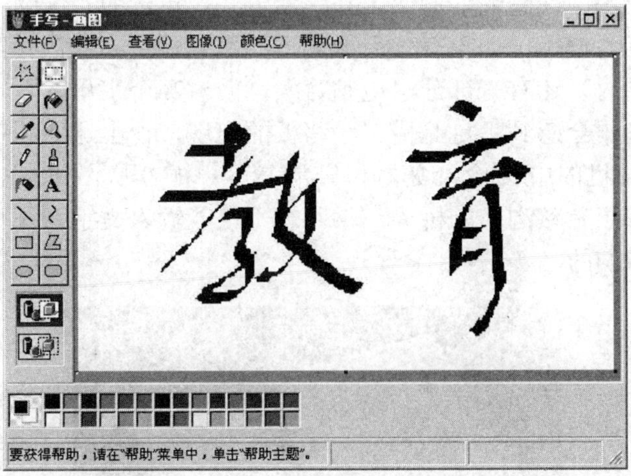

图8-51　在画图程序中手写

微软拼音输入法附加了手写输入功能（可能需要利用Office 2003光盘进行额外安装）。若手写输入配置正常，微软拼音输入法语言栏中就会出现如“手写”和“框式输入”等按钮，如图8-52所示。

图8-52　微软拼音（手写）工具条

单击语言栏中的“手写”按钮，并从下拉菜单中选择 “框式输入”命令，或直接单击语言栏中的“框式输入”按钮，将打开如图8-53所示的框式输入界面。用鼠标在左侧框内手工写出文字图形，右侧框中则会自动列出备选文字，用鼠标选取正确的备选文字即可完成文字的输入。界面的最右侧还有一些有用的工具按钮，提供了更多的手写功能，请用户自行试用，这里不再赘述。

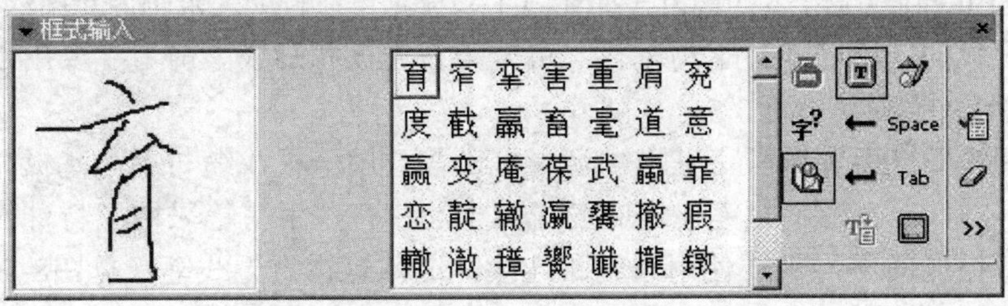

图8-53　框式输入界面

微软拼音输入法的手写输入解决了手写文字的识别问题，但用鼠标书写很不便，识别结果大多需要人工选择，输入效率显然非常低。这种手写输入技术远远不能满足实际的应用需要。

近年来，手写市场中出现了一种专门的手写输入设备，不仅很好地解决了手写输入和文字识别问题，而且用起来就和使用普通笔一样方便。

8.3.2 手写板

计算机正在影响和改变着人们的学习和生活方式。年轻的“电脑迷”们对键盘加鼠标的输入方式已经相当习惯了，如果有一天他们不会用笔写字，或许我们不会感到奇怪，但这的确非常可怕！同时，还有一部分“电脑盲”，面对26个字母、百十个键盘按键和十余种汉字输入法，他们常会感到手足无措。手写板的出现，让上述问题都迎刃而解。如今，手写板的使用使计算机的中文输入变得和日常书写一样容易，如图8-54所示，在“电脑盲”和电脑之间架起了有效沟通的桥梁；手写笔不仅能输入文字，还可用于绘画和制图，也正成为“电脑迷”们的必备工具。

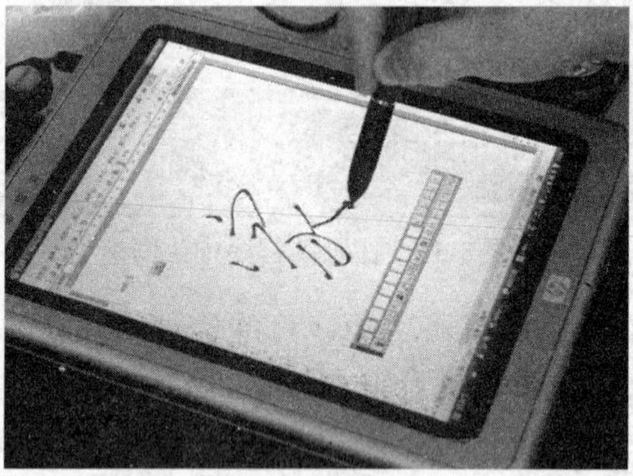

图8-54 手写输入

手写板并非新鲜事物，投放市场已有二十余年，只是由于技术和价格等原因一直没有得到很好的推广。从第一块中文联机手写输入板问世到现在，手写板技术不断进步，实用性稳步提高。目前，手写板市场不断升温，为手写产品的继续发展奠定了基础。手写技术已日趋成熟，在识别率上做到了近乎完美，产品价格也被越来越多的人所接受，为手写产品的推广与普及奠定了基础。

手写板一般由两部分组成，一部分是与计算机相连的手写基板，另一部分是用来书写的手写笔。有些手写基板要通过信号线与计算机相连接，称为有线手写板，如图8-55所示；有些手写基板通过无线方式与计算机通信，称为无线手写板，如图8-56所示。有线手写板在使用过程中受到线缆长度的限制，而无线手写板则可在较大的范围内无所约束地使用。

根据手写板的应用功能，手写基板又可分为普通板和画板。前者主要用于文字输入，后者主要用于专业绘图。

有些手写笔要从手写基板上获取电源，尾部需要用一根线缆与手写基板相连，称为有线笔（见图8-55）。有的手写笔在笔壳内配有电池，有些手写笔采用了特殊技术后不需要电源，笔和基板之间不再需要使用线缆相连接，这种笔称为无线笔（见图8-56）。无线笔用起来更像真正的笔，用户可以自由挥洒、不受限制。

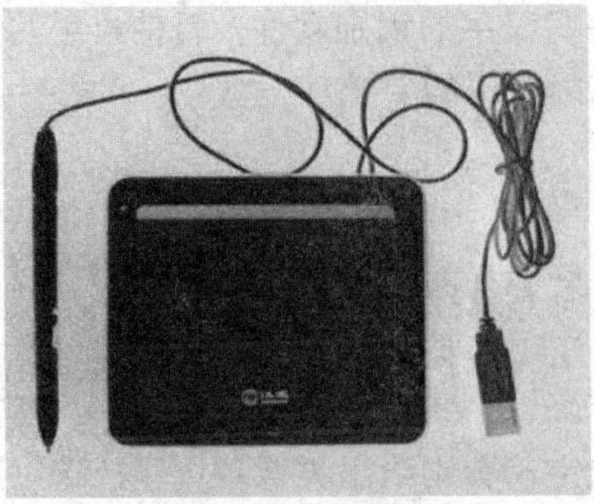

图8-55　有线手写板

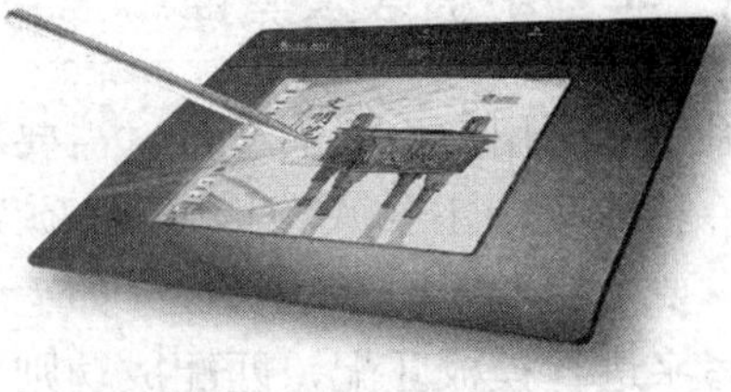

图8-56　无线手写板

另外，有的手写笔上还带有两个或三个按钮，如图8-57所示，按钮的功能与鼠标的功能键可作对应设置，模拟鼠标功能，这样，用户在使用手写笔时就不用在手写笔和鼠标之间进行来回倒换。有些手写笔还配置了语音功能，如图8-58所示，采用真人标准发音，手写板支持边手写输入边清晰地读出发音，提高输入的准确性。

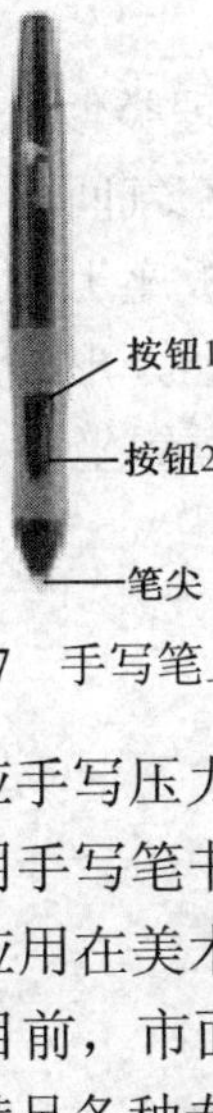

图8-57　手写笔上按键

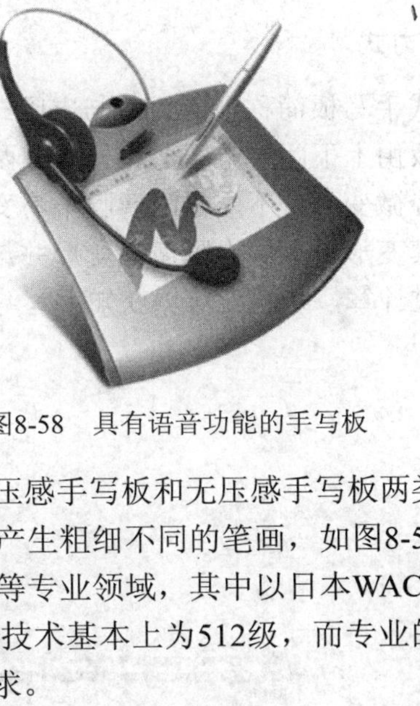

图8-58　具有语音功能的手写板

根据是否感应手写压力，手写板可分为压感手写板和无压感手写板两类。压感手写板可以感应用户使用手写笔书写的力度，从而产生粗细不同的笔画，如图8-59所示。手写压感技术被广泛地应用在美术绘画和银行签名等专业领域，其中以日本WACOM的产品压感性能最为突出。目前，市面上的手写板压感技术基本上为512级，而专业的手写板能达到1024级压感，能满足各种专业绘画的基本要求。

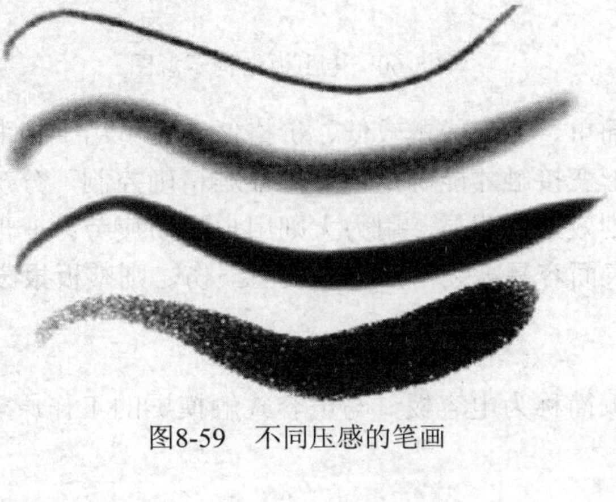

图8-59　不同压感的笔画

除了硬件外，手写板的另一项核心技术是手写汉字的识别软件。目前，手写识别技术已相当成熟，识别率和识别速度完全能够满足实际应用的要求。

8.3.3 手写板的基本原理

手写系统识别用户手写的文本，需要从软件和硬件两个方面分别实现。

在软件技术上，主要依赖于以下4项工作：首先，要建立手写模板库和单字特征数据库；其次，要能提取手写字的特征（如笔顺、笔画、形状、轮廓、偏旁等）；然后，利用模板对手写字进行模板匹配，匹配成功则直接选定，否则给出类似备选字；选字成功后，利用单词库和语句库进行联想提示，以提高用户输入速度。

在硬件技术的实现上，主要是依据不同的工作原理，制造出不同类型的手写板产品。从单纯的技术原理上说，手写板主要分为电阻压力板（简称电阻板）、电容感应板（简称电容板）和电磁感应板（简称电磁板）。按照时间的先后顺序，电阻板技术最古老，电磁板技术最新，是目前最为成熟的技术；电容板技术曾经濒临淘汰的境地，但随着技术的进步，电容板技术又重新焕发出活力。

1．电阻压力式

电阻压力式手写板简称电阻板，与电阻式触摸屏的工作原理类似，其结构如图8-60所示。电阻板基板由上下两层电阻薄膜构成，两层电阻薄膜间以空气间隔；基板上层电阻薄膜受压时可以轻微变形，下层电阻薄膜不易变形且被固定在基板座上。用手写笔触压上层电阻薄膜并使其变形，上层电阻薄膜变形并与下层电阻薄膜接触，形成触点，产生一定强度的电流。经过计算，系统就可以获知手写笔在基板上的触点位置坐标。

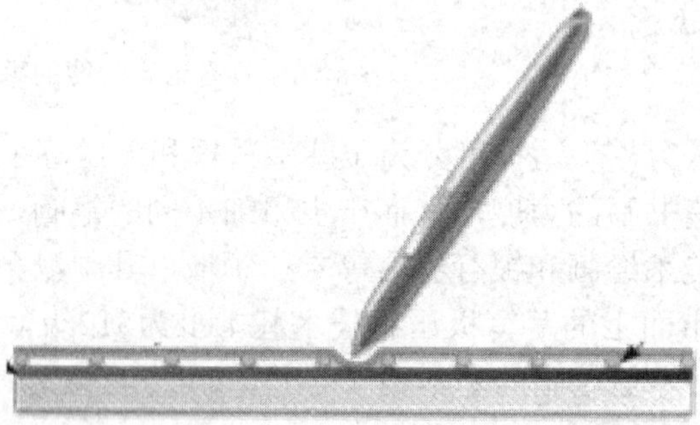

图8-60 电阻板结构示意图

电阻板工作原理简单、生产成本较低、价格低廉，可用手指书写，曾经风行一时。但手写板通过电阻薄膜形变接触才能确定触点，很难精确控制，分辨率比较低；电阻薄膜受压才能变形，用力小则效果不明显，用力大则用户容易疲劳；变形材料容易疲劳，产品使用寿命较短；电阻板表面容易被划伤，一旦表面损伤，则整板报废。

2．电容触控式

电容触控式手写板简称为电容板，与电容式触摸屏的工作原理类似，其结构如图8-61所示。

图8-61　电容板结构示意图

电容板改进了电阻板不耐刮划的特点。在结构上最外层为一层薄薄的透明绝缘层；第二层为导电层，均匀地涂在玻璃层的上表面；第三层是透明玻璃；第四层为导电层，均匀地涂在玻璃的下表面。玻璃上表面导电层通电后，会在玻璃表面产生均匀电场；人体可被视为带电体，当用手指（或其他导体）靠近电容板时，手指和电容板之间就会发生电容变化。侦测触点的电容变化就可以确定触点的位置坐标，再检测电容变化的大小，又可以感应出触点所受"压力"的大小。

用手指和笔都能操作，使用方便；轻触即能感应，因此磨损小，性能稳定，使用寿命长；产品元件少，技术成熟，成品率高，生产成本低；支持压感，压感级已达512级以上。

3. 电磁压感式

电磁压感式手写板简称为电磁板，其结构如图8-62所示。电磁板的基板中有一块电路板，通电后会在基板表面形成一定的磁场；手写笔的笔尖带有电磁线圈。当笔尖靠近基板表面时，与其表面磁场交互，会引起基板表面磁场分布的变化。计算磁场变化便可得到笔尖的坐标位置，继而做出响应。由于电磁波能隔空传导，所以即使笔尖不接触基板，基板也能感知笔尖的动作。

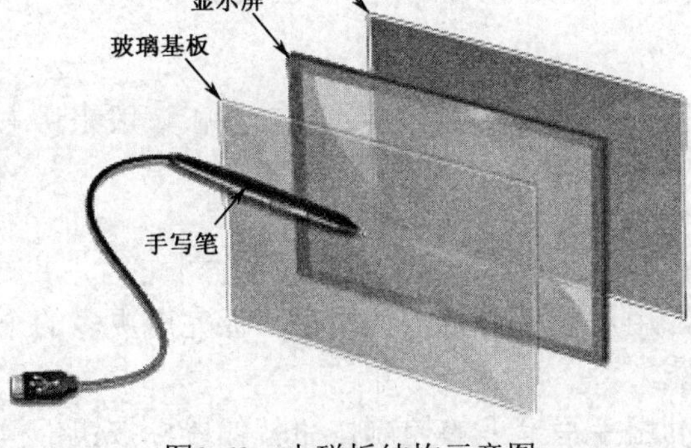

图8-62　电磁板结构示意图

电磁板也可以根据基板表面磁场受影响的大小来感知用户在笔尖上施加的压力，压力值被传给计算机，处理后计算机荧屏上就会显示出一定粗细的笔画。用力大则笔画粗，用力小则笔画细，用户有使用真笔书写的感觉。

使用电磁板手写，书写流畅，手感良好，有压力感，可用于绘图。但电磁板也存在一些不足，主要表现为：对电压要求高，一旦电压达不到要求，就会出现不稳定或不能用的情况；抗电磁干扰较差，易被其他电磁设备干扰；手写笔笔尖是活动的，使用寿命短，一般仅为一年左右；不能用手指替代手写笔的操作。

比较手写板与触摸屏，可以发现两者的工作原理基本类似，不同的是触摸屏关注的是触摸点的坐标，而手写板虽然也关注触摸点的坐标，但更关注触摸点的变化轨迹。为触摸屏系统安装上手写识别软件（如文字识别软件），触摸屏就可以实现手写功能了。手写板技术既依赖于触控技术，同时又是对触控技术的发展。

8.3.4 手写板的技术指标与购置指南

手写板方便、易用、价格适中，除用于手写输入外，还可用于专业绘图。

1．主要技术指标

手写板产品的性能主要依据压感级、精度、手写区域和识别率等技术指标来衡量。

（1）压感级

手写板分为有压感和无压感两种，其中有压感的手写板可以感应到手写笔在手写基板上书写的力度。压感级是评价手写板性能的一个很重要的指标，常见的压感级有256级、512级和1024级等。目前主流手写板的压感已经达到了512级以上，压感级数越高，手写板性能越好。

（2）精度

精度又称分辨率，指的是单位长度上分布的感应点数，精度越高对手写的反应越灵敏，对手写板的要求也越高。

（3）手写区域

手写区域是一个很直观的指标，手写区域越大，书写的回旋余地也越大，运笔也就更加灵活方便，输入速度往往会更快，当然价格也就更高。书写面板的尺寸大体有3.0英寸×2.0英寸、3.0英寸×4.5英寸、4.0英寸×5.0英寸和4.5英寸×6.0英寸等几种。

（4）识别率

识别率用于衡量手写板对手写文字识别的成功率，一般来讲书写越规范，识别的成功率越高。

2．主要功能

除进行手写输入外，用户还可能希望使用手写板完成更多的个性化操作，这就需要手写板具备更多的实用功能。

鼠标控制功能，即利用手写笔上的控制按钮替代鼠标按钮，模拟鼠标的操作，可以避免用户操作时不断更换鼠标和手写笔输入设备，提高工作效率。

智能学习功能，即手写板可以智能学习用户的笔迹，具有这一功能的手写板在使用了一个阶段后，手写识别率会大大提高。

支持全屏书写功能，用户可以在计算机屏幕上直接输入信息，信息输入的过程变得更直观。

支持多种书写方式共存，手写笔能同时识别连笔、草书、逐笔书写等；同时具有识别简体和繁体的功能；支持中文、英文和数字的混合输入。

支持连续书写、语意分析功能，它可以自动修正输入的错字，减少计算机辨别汉字的时间，加快输入的速度。

联想词库建立功能，用户可自己建立联想词库和常用的语句，在使用时加快速度。

支持倒插笔功能，人们在写字时往往会遗漏掉一些笔画，在写字板上将遗漏的笔画补充上去，手写软件可以正常识别。

具有支持网络应用的功能。随着Internet的发展，网络的应用已越来越广泛，某些手写板能够发送手迹E-mail，网上笔侃聊天，使网络的应用更加快捷。

3．购置建议

在了解手写板的主要技术指标后，用户最重要的是首先要分析个人需求，然后再根据自己的实际需要选择购买适合自己的手写产品。

有一定计算机基础的用户，选择手写笔的时候要多注重手写笔的功能及附加功能，例如，控制计算机的功能、绘画功能等。专业的计算机绘画人员还必须针对手写设备的压感提出特别的需求，以求表现出笔画的粗细和浓淡效果。刚接触计算机不久的用户，则更应该注重手写设备的识别率和识别速度。

家庭用户通常对手写板外观要求较高，适合使用功能简单、识别率相对较高的中档产品。办公型用户则要考虑其办公软件是否支持，并能否完成诸如绘图输入等其他办公事务，适合使用功能强大、捆绑软件较多的高档产品。

从技术上来说，手写板已诞生了五代的产品，依次为碳膜板、电容板、ITO板、电磁板（或称数位电磁板）、压感电磁板。建议选择第四代的数位电磁板或第五代的压感电磁板。如果在手写文字输入之余，还有绘图需求的，则建议选择压感电磁板。

对于一款好的手写板来说，软件比硬件更为重要，特别是中国的文字非常复杂，个人的输入方式、习惯和握笔方式等各有所异，字体的辨别显得特别艰难。所以，在购买手写产品时一定要亲手测试一下识别率。具有绘画功能或作为鼠标进行计算机操控功能的手写板，其压感的敏锐程度、定位速度、精准程度也是非常值得我们重视的。

除了手写板自身的功能以外，手写板附带的软件是否丰富，与手写笔之间的配合是否协调，都是决定其购买价值的重要因素。当然，售后服务也必须考虑在内。

8.4 电子白板

无论是在教学中还是在商务活动中，投影机的使用已经相当普及，然而在使用过程中投影机无法直观、清晰地与计算机实现交互，这种状况着实让人遗憾。电子白板的出现很好地解决了此类问题，它既可作为投影屏展现多媒体资源，又可作为手写屏让用户在其中任意书画，还可作为触控屏操控计算机系统。图8-63是电子白板在课堂中的应用场景，用户利用电子白板可以方便地操控多媒体设备和多媒体资源。

图8-63　电子白板在课堂中的应用

8.4.1　白板的由来

谈到白板，不得不提及在课堂教学中一直占据主导地位的黑板（见图8-64）。教师在黑板上可以方便地书写，随意地勾画，轻易地擦除。但黑板在使用过程中会产生粉尘，有条件的教室则把黑板换成了白板，并改用专用墨水笔进行书写。然而白板替代黑板并未产生质的变化，白板上的信息最终只能被清除而不能保存，白板内仍然不能展现多媒体资源。

图8-64　温家宝在黑板上写下“多难兴邦”

随着科学技术的发展，多媒体投影系统开始走进课堂。它在计算机中保存图形、图像、声音、视频、动画等多媒体教学素材，利用计算机等设备进行素材播放，用投影机将播放的内容进行放大展示，大大提高了教学效果。目前多媒体投影系统已在教育、会议、宣传等领域中得到广泛应用。

多媒体投影系统解决媒体素材的展示问题，曾在一定程度上替代了白板（或黑板），但却失却了它最该保留的交互特性。如在课堂中，在投影屏幕上，教师不能任意地书写或标注，也不能对投影内容进行操作，而这些恰恰是课堂教学中所需要的。当今的课堂教学迫切需要一种真正的多媒体交互系统，于是电子白板应运而生。

8.4.2　电子白板

电子白板产生于20世纪90年代后期，是集电子技术、软件技术等多种高科技手段于一体的高新技术产品。在电子白板上，操作者能用鼠标笔或普通笔自由地书写，能将书写笔的运动轨迹送至计算机中处理，并转换成图形数据，进而可以进行存储或输出等。电子白板的类型随技术的发展和市场的需求不断发生变化，目前主要存在复印式电子白板和交互式电子白板两大类型。

1. 复印式电子白板

复印式电子白板（图8-65）配有专用打印机，可以把书写在白板中的内容直接打印到纸面上，如同一台复印机，故而得名。

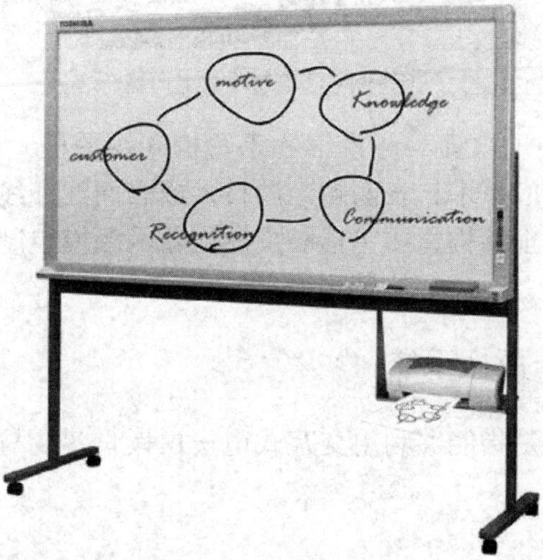

图8-65　复印式电子白板

复印式电子白板主要由白板膜、图像感光器（如CCD或CIS）、扫描控制器、图像处理器和打印机组成。用户在白板膜上进行书写，书写完毕启动输出功能，扫描控制器便控制图像感光器逐行扫描白板膜表面的图案，扫描信息经图像处理器处理后送达打印机输出。

部分复印写式电子白板附有计算机数据接口，一方面可以把采集的图像数据送交计算机存储和处理（白板如同扫描仪）；另一方面，计算机还可以共享电子白板专用打印机（视电子白板为打印机设备），有利于提高设备的利用率。

2. 交互式电子白板

交互式电子白板（图8-66）的其主要特点就是具有强大的人机交互能力。

（1）它是一个大尺寸的投影屏，其中可以展示丰富的多媒体资源。

（2）它是一个大尺寸的触摸屏，可以感知屏幕表面的触控动作并可做出响应，从而使得用户可以操控系统；

（3）它又是一块大尺寸绘图板，可以跟踪屏幕表面触控轨迹和力度，使得用户可以在其中进行书写、绘画甚至编辑媒体资源。

图8-66　交互式电子白板

交互式电子白板的实现原理与触摸屏和手写板（绘图板）的工作原理类似，主要采用电阻压感技术、电磁感应技术、表面超声波技术或表面红外线（或激光）技术等（参阅8.2.2节和8.3.3节）；其物理结构主要包括触摸感应器、触摸控制器（参阅8.2.1节）以及电子笔等。

8.4.3　交互式电子白板系统

交互式电子白板系统是指能够利用交互式电子白板设备，与计算机系统进行有效交互的完整系统。

1. 系统构成

交互式电子白板要与计算机等系统结合才能发挥其交互性作用。与触摸屏类似，交互式电子白板包括触摸感应器、接收器、触摸控制器、计算机主机、显示屏和软件程序等部分。触摸感应器和触摸控制器是交互式电子白板自身的组成部分，前者可以感知触控点信息，后者用于接收触控信号并执行操作指令；计算机主机是交互系统的核心部件，用以处理触点数据和发布操控指令；显示屏展示信息并为感应器提供触摸对象；软件驱动程序是触摸控制器和计算机主机之间通信的桥梁，用于识读输入信息和编制响应指令。

目前主流的、高性价比的交互式电子白板系统主要采用“投影机+白板”的模式，主要由交互式白板、投影机、计算机及电子白板软件等组成，如图8-67所示。投影机通过视频线（如VGA）与计算机相连，可以接收并投映计算机的屏幕图像；电子白板通过数据线（如USB线）与计算机主机相连，可以向计算机传送控制信息。

电子白板的驱动和管理软件安装在计算机系统中，计算机产生演示界面，并通过视频线传送到投影机；投影机将接收到的计算机屏幕信息投射到电子白板表面并得到放大的屏幕图像；用户利用电子笔在电子白板的图像界面进行书写或操作，此类触控信息通过与计算机相连的数据线传送到计算机，并交由计算机进行处理；计算机对用户的操控动作进行响应，于是产生新的屏幕界面；新界面再经投影机投映到电子白板表面，白板上显示的内容就得到更新。如此往复，就实现了电子白板与计算机之间的交互操作。

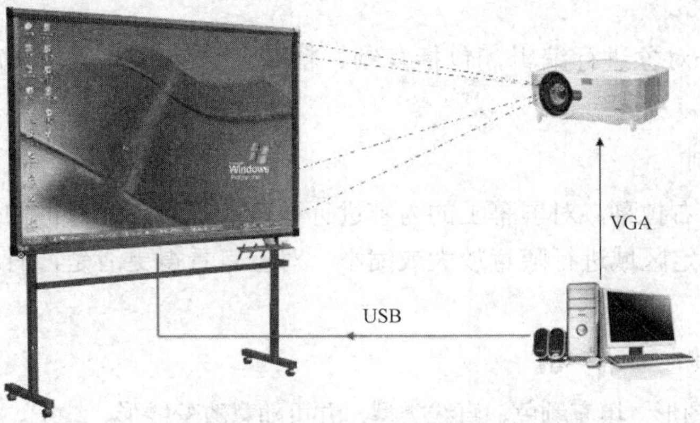

图8-67　交互式电子白板系统

2. 工作模式

在管理软件的支持和电子笔的配合下，交互式电子白板可以实现三种不同的工作模式。

（1）计算机操控模式

在该模式下，操作者用手中的电子笔对投映到白板屏上的计算机界面对象进行操控（如单击、双击、拖动等），就如同用鼠标在计算机显示屏前直接操控计算机一样方便。

（2）计算机注释模式

在该模式下，操作者可以用电子笔对投映到白板屏上的计算机界面中的任何对象进行任意标注或勾画，如同在传统白板（或黑板）上任意书画一样。

（3）活动挂图模式

在该模式下，系统提供一个电子海报区域，利用该区域内，操作者可以方便地向其中“张贴”多媒体资源或超链接等，并且还可根据需要对媒体资源进行编辑等。

3. 基本功能

交互式白板的基本功能在其屏幕界面中都有相应的软件面板工具对应（见图8-66），屏幕边缘分布着不同的工具栏面板组合，当然部分面板可以浮动，用户可以根据需要改变其位置或布局。交互式电子白板的基本功能如下。

（1）互动功能

通过与计算机、投影机组成交互式演示系统，配套电子笔完全代替鼠标，直接操控计算机。计算机的一切操作均可在电子白板屏上同步显示，在电子白板上的操作也可在计算机端同步显示并给予对应响应。

（2）书写功能

利用电子笔在电子白板上随意书写、标注、擦除，更有普通笔、毛笔、荧光笔、排笔四种书写、标注的笔形可供选择，可随意调整笔画的粗细和颜色，以及颜色的透明度。利用手写识别输入软件或软键盘，即可在电子白板上实现标准的中/英文输入，并可对文本进行编辑。

（3）编辑功能

可以对每一个对象进行编辑，包括复制、粘贴、删除、组合、锁定、图层调整、平移、缩放、旋转等。

（4）界面控制

实现上下、左右拉幕，对屏幕上的内容进行遮蔽，留出有针对性的信息，方便教学课件的演示。可将选定区域进行随意放大或缩小，对重点看得更清楚，有助于改善相互交流的效果。

（5）绘图功能

提供多种几何图形、填充颜色、直线类型，并可随意改变线形、线宽、颜色、透明度等。

（6）照相功能

可以随意捕捉计算机屏幕显示的全部或局部画面，并且可复制到当前操作页面、图库、剪贴板可随时调用。

（7）录制功能

支持把屏幕上的操作和使用者的声音录制下来，所有书写和标注的过程可自动记录、回放、存储和打印等。

（8）图库功能

利用系统图库，可自由插入图片、课件、模板，以及常用的背景库、链接库等，其内容一般也可任意添加、删除、导出或导入等。

（9）个性设置

可以根据个人喜好设置浮动工具条按钮、书写背景、常用画笔、常用插入文本、屏幕幕布的默认图片等。

8.4.4 电子白板的安装、使用和维护

目前市场上的电子白板产品主要有复印式和交互式两种，其中交互式电子白板的功能强大、性能优异、使用广泛，同时其安装和调试过程相对复杂，本节将以交互式电子白板与笔记本电脑和投影机组合为例，介绍电子白板的安装、调校、使用和维护方法。

1. 安装

交互式电子白板的安装主要括物理安装、设备连接和软件安装。

电子白板一般随机配有白板、接收器、控制盒、无线电子笔、USB数据线及有关配件，主要用于物理安装和设备连接；目前大多数电子白板产品会将接收器、控制盒与白板集成为一体，以简化安装过程。电子白板的物理安装并不复杂，且一般由厂方负责现场安装；设备间的连接比较简单，只需按说明书的要求顺序连接或请专业人士安装即可。

电子白板、笔记本电脑和投影机的连接示意图如图8-68所示。

电子白板与计算机连接成功后，启动计算机系统，打开控制器电源，笔记本电脑中将

提示“发现新硬件”。此时跳过该提示，将随机光盘放入计算机光驱，运行电子白板的安装程序，直到安装成功。

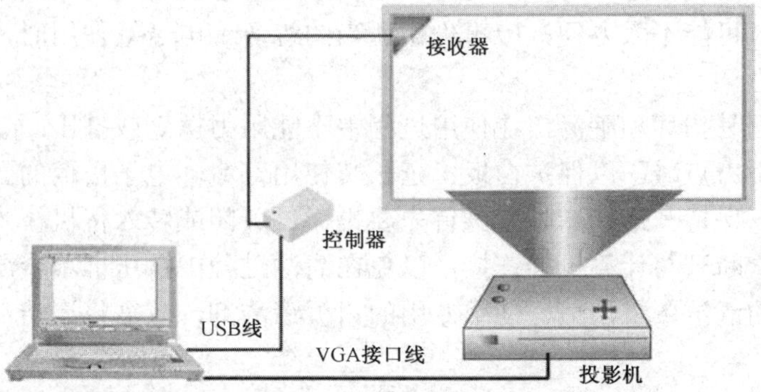

图8-68 设备连接示意图

2. 调校

初次使用交互式电子白板前需要对其进行必要的初始化设置。初始化之前，应按照计算机外部设备的开机规范依次打开各设备的电源。

在笔记本电脑中按下【Fn+LCD/CRT】组合键（不同机型会有差异），让投影机同步显示笔记本电脑的屏幕界面；调整投影机投影图像的显示效果，使其清晰地投射到电子白板的有效区域中。如果电子白板的状态灯显示正常，笔记本电脑任务栏中红外指示器可用，则表明电子白板与笔记本电脑联机成功；否则就应检查USB数据线的连接有无异常，或根据提示安装有关驱动程序。

初次使用电子白板时，电子笔触点位置与屏幕中指针定位可能不一致，需要进行校正。双击笔记本任务栏右侧的红外线图标，在弹出的快捷菜单中执行“校正设备”命令，在弹出的窗口中单击“校正”按钮。此时白板屏上将顺序显示九个触控点，只需用电子笔准确地点击它们（部分设备还提供微调功能），直至电子笔触点位置与屏幕中指针定位一致。

3. 基本使用

电子白板初始化结束，在正常使用电子白板之前，首先要启动电子白板软件。一方面可以在计算机端启动白板程序，如双击桌面快捷方式或执行“开始”菜单中相应命令；另一方面，可以在电子白板端激活白板程序，如用手直接双击白板界面中任意工具图标，也可直接提起专门置于白板下侧的电子笔或电子教鞭。

在电子白板运行后，新建屏幕页，然后通过电子白板或计算机鼠标播放课件或运行程序，即可开始进行课堂教学或商务演示。若电子笔完全代替鼠标，可直接在板面上控制计算机，并运行各种应用程序；用电子笔替代画笔，可在板面上直接书写。

4. 日常维护

电子白板可以模拟传统黑板和普通白板的交互性，但毕竟是精密的电子设备，因此在使用和维护过程中应注意方法和技巧。

没有使用经验的用户使用交动式白板时，应事先进行适当培训，以免对电子白板造成不必要的损坏。

使用电子白板的电子笔书写时，用力要适度，压下笔尖即可。刚开始使用互动白板笔进行单击、双击时可能不太方便，应事先做适当的练习。电子笔使用时，要将其插入板体充电插孔中。

电子白板板面易损坏和脏污，在使用过程中不能用力擦划或打压；使用教鞭或其他辅助工具时，不能用力点敲，以保护白板，延长其使用寿命。电子白板的面板要定期（如一周）进行清洁，以保持其最佳清晰度。首先要投影仪关闭或转入待机模式，以便容易观察污渍与条纹。其次断开与计算机的连接，以免在清洁过程中挤压屏幕会激活程序或弄乱图标。要得到更好的清洁效果，最好使用专用的白板清洁剂，只需将清洁剂喷到面板上，用纸巾擦拭即可。

一定要配合电子白板软件使用计算机中的应用程序，这样在计算机上能够正常使用的应用程序都可在交互式白板上使用。

当使用站立正投方式投影时，建议操作者要注意站到电子白板的一侧，以免阻挡投影光路影响投影效果，同时也要避免投影强光损伤眼睛。

当电子笔触点位置与电子白板中的响应位置不一致时，应及时进行调校，以得到准确、高效的交互效果。

8.4.5 电子白板的选购策略

电子白板是相对贵重、较为精密的电子设备；购买前，除需对电子白板产品有所了解外，还要注意研究其他有关常识。

购买电子白板产品，首先要注意选择产品类型。一方面，要根据自身应用的特点决定是选用复印式产品还是选用交互式产品。另一方面，要结合应用环境来决定适宜的技术类型（如电阻压感式、电磁感应式等），因为不同技术类型的产品适用环境有所不同。

购买交互式电子白板，要注意选购适当的白板尺寸。使用电子白板目的是为了在展示多媒体素材的同时还能进行有效交互。无论是在白板上书写，还是在白板上投影，其目的都是为了将内容展示给他人观看，较大的白板尺寸更有利于向观众呈现演示效果和交互过程，当然较大尺寸的电子白板，其价格也相应高出很多。

购买交互式电子白板产品时，还应注意其接口类型的多样性。交互式电子白板必须结合计算机、投影机等多媒体设备才能使用，有时还可能需要连接其他影音设备（如影蝶机、实物展台等），产品接口类型越丰富，其扩展应用能力就越强。

交互式电子白板功能的发挥离不开电子白板软件的支持，电子白板软件功能越强大，越有利于电子白板施展其功能；交互式电子白板的使用效能，依赖于媒体资源的数量和质量，随机附送的媒体资源越丰富，越有利于电子白板发挥其使用效能。在同等条件下，应选择购软件功能强大、随机资源丰富或提供免费在线升级服务的产品。

无论是教学还是商务演示，只有自然、连贯才能使观众感受到良好的体验方面；只有快捷、方便的操作才能够获得良好的使用效果，才能实现真正的交互性。操作简单、上手容易是普通操作者对电子白板的基本要求，也是购买产品时必须重点兼顾的一个重要方面。

第9章 **计算机网络办公**

9

本章要点

计算机网络在日常办公中发挥着重要的作用。本章将主要介绍计算机网络的基础知识、双机直连技术、局域网组建方法、互联网接入方案等内容，并指导读者利用办公网络实现基本的网络应用。

9.1 计算机网络概述

随着计算机的普及，计算机网络正以前所未有的速度延伸至世界的每个角落，当前人们正处在一个以计算机网络为核心的信息时代。

9.1.1 计算机网络概念

计算机网络是一种地理上分散的多台独立工作的计算机，通过通信链路互相连接起来，并在相应网络软件的控制下，实现资源共享和信息交换的系统，如图9-1所示。

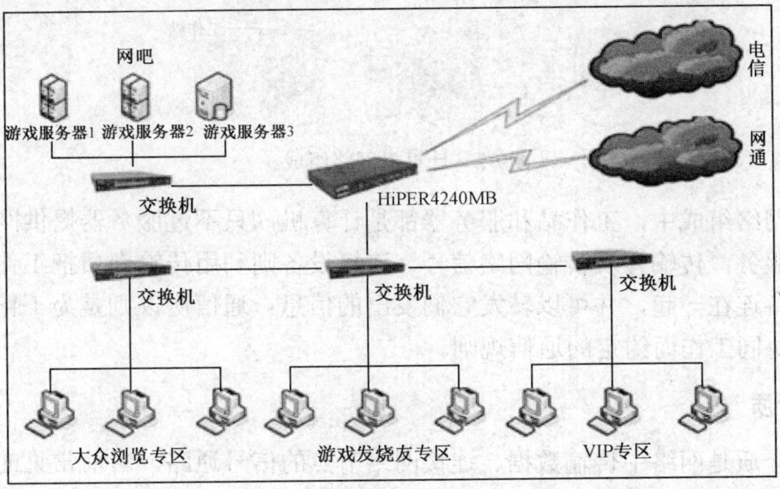

图9-1 某网吧计算机网络示意图

计算机网络主要体现为数据通信、资源共享和分布式处理3个方面的功能。

- 数据通信：数据通信是计算机网络的基本功能之一，用于实现计算机之间的信息传送。在计算机网络中，人们可以在网上收发电子邮件，发布新闻消息，进行电子商务、远程教育、远程医疗，传递文字、图像、声音、视频等信息。
- 资源共享：计算机资源主要是指计算机的硬件、软件和数据资源。资源共享功能是组建计算机网络的驱动力之一，使得网络用户可以克服地理位置上的局限性，共享网络中的计算机资源。共享硬件资源可以避免贵重硬件设备的重复购置，提高硬件设备的利用率；共享软件资源可以避免软件开发的重复劳动与大型软件的重复购置，进而实现分布式计算的目的；共享数据资源可以促进人们相互交流，达到充分利用信息资源的目的。
- 分布式处理：利用网络技术可以将许多小型机或单独的计算机连成具有高性能的计算机系统，使其具有解决复杂问题的能力。这种协同工作、并行处理成本要比单独购置高性能的大型计算机低得多。当某台计算机负担过重时，网络可将任务转交给空闲的计算机来完成，这样处理能均衡各计算机的负载，提高处理问题的实时性。对于综合性的大问题可以采用合适的算法，将任务分散到不同的计算机上进行分布处理。

9.1.2　计算机网络组成

通俗地讲，计算机网络一般由工作站、服务器、连接设备、传输介质和通信协议等组成，如图9-2所示。

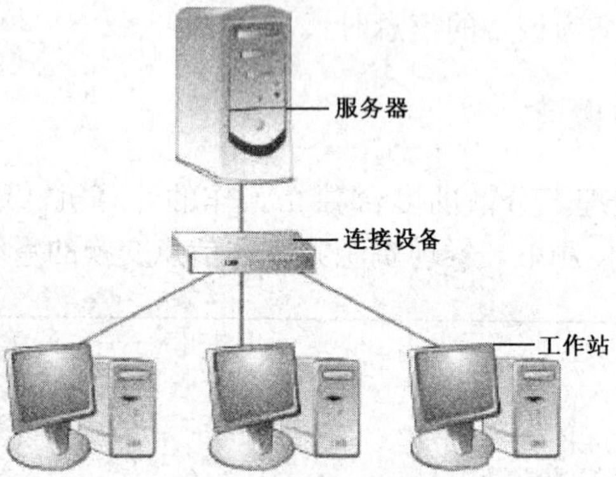

图9-2　计算机网络组成

在计算机网络组成中，工作站和服务器都是计算机，只不过服务器提供网络服务，工作站消费网络服务；传输介质传输网络信号，连接设备则利用传输介质把工作站、服务器或其他连接设备连在一起，并可以转发它们发出的信息；通信协议则是为工作站、服务器和连接设备间协同工作而约定的通信规则。

1．传输介质

网络传输介质是网络中传输数据、连接网络节点的信号通路，目前常见的网络传输介质有双绞线、同轴电缆、光纤等有线介质，另外还有无线电、微波和红外线、蓝牙等无线传输介质。

（1）双绞线电缆

两根相互绝缘的金属导线绞绕在一起以降低信号干扰，若干组双绞线又封装在同一个绝缘外套中，这就是双绞线，如图9-3所示。

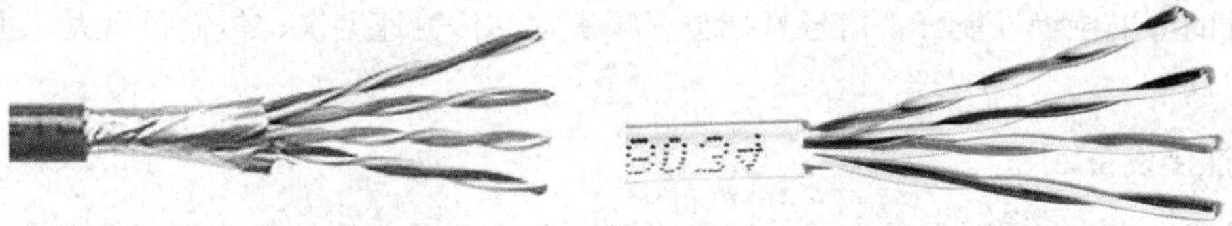

（a）屏蔽双绞线　　（b）非屏蔽双绞线

图9-3　双绞线电缆

双绞线有非屏蔽双绞线（UTP）和屏蔽双绞线（STP）之分，二者内部结构基本相同，只是后者外包铝箔，抗干扰能力强、传输速率高，但价格昂贵。市面上出售的STP主要有3类和5类两种，UTP主要有3类、4类、5类和超5类等，其中，超5类非屏蔽双绞线的性价比目前最高，应用较为普遍。

单段双绞线最大传输距离约100米，常用的超5类非屏蔽双绞线速率为100Mbit/s。

（2）同轴电缆

同轴电缆由一根空心的外圆柱导体和一根位于中心轴线的内导线组成，内导线和圆柱导体及外界之间用绝缘材料隔开，如图9-4所示。

（a）粗缆　　（b）细缆

图9-4　同轴电缆

按直径的不同，同轴电缆有粗缆和细缆之分。粗缆每段最大传输距离可达500m，最多可接入100个工作站；粗缆传输质量好，但成本高、安装维护困难，一般用于大型局域网的干线。细缆每段最大传输距离为185m，每段最多可接入30个工作站；细缆安装方便，成本较低，但日常维护不方便，一旦一个用户出故障，便会影响其他用户的正常工作。

（3）光缆

光缆由若干根光纤组成，微细的光纤封装在塑料护套中，使得它能够弯曲而不至于断裂，如图9-5所示。根据包含的光纤芯数，光缆可分为单芯光缆和多芯光缆。

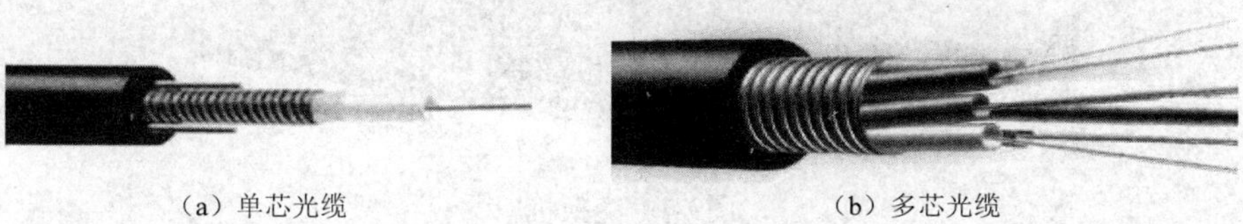

（a）单芯光缆　　（b）多芯光缆

图9-5　光缆

光纤是光导纤维的简写，它是利用光在玻璃或塑料纤维中的全反射原理传播网络数据的光传导工具。前香港中文大学校长高锟因对光纤通信的卓越研究而获得2009年诺贝尔物理学奖。

根据光纤的工作模式，光纤有单模和多模之分。单模光纤由激光作光源，仅有一条光通路，传输速率相对较高，传输距离达2千米以上；多模光纤由二极管作光源，同时有多条光通路，传速速率相对较低，传输距离一般在2千米以内。

光纤的电磁绝缘性能好、信号衰减小、频带宽、传输速度快、传输距离大，主要用于主干网建设。

2. 连接设备

集线器、交换机是常用的有线局域网连接设备，AP是常用的无线局域网产品。

（1）集线器

集线器又称Hub，如图9-6所示，其主要功能是把任意端口接收到的信号放大整形后，再向其他所有端口分发。

集线器一般具有多种接口类型，其中最常用的多为RJ-45接口。集线器端口数量有4口、8口、16口、24口等，传输速率有10Mbit/s、100Mbit/s和1000Mbit/s等多种，目前最常用的为10/100Mbit/s自适应接口，安装方式有固定式、模块式、堆叠式等，在小型办公网络中常采用固定式安装方式。

图9-6　集线器

集线器采用广播方式发送数据，发送的数据是没有针对性的，它把数据包发送到与其相连的所有节点上，因此集线器的端口共享其内部带宽。

（2）交换机

交换机（Switch）与集线器在外观上区别不大，如图9-7所示，分类方法也基本相同，这里不再赘述。

交换机的功能是用于转发数据，与集线器直接广播数据的方式不同，交换机具有自动学习功能，能够记录其各个端口所连设备的网络地址。当有数据包需要转发时，它会直接将数据发送到特定的端口。

图9-7　交换机

（3）无线接入点

无线接入点又称无线AP，如图9-8所示，它以无线信号作为传输介质，是组建无线网络常用的局域网设备。无线AP实际上就是一个无线交换机。

3．网卡

网卡又称网络适配器或网络接口卡，如图9-9所示，是工作站和服务器等网络主机必备的网络接口，一般安装在主机内部的总线插槽上。

图9-8 无线AP

图9-9 网卡

网卡能够接收网络中传来的数据，并把数据转换为本机可识别和处理的格式，同时能够把本机要向网络传输的数据按照一定的格式转换为网络设备可处理的数据形式，通过网线传送到网络上。

按照传输速率，网卡可分为10Mbit/s、100Mbit/s、1000Mbit/s等类型，目前10/100Mbit/s自适应的网卡使用较为广泛，性价比较高。按照接口类型，网卡有连接同轴电缆的BNC接口和连接双绞线的RJ-45接口，目前RJ-45接口的网卡应用较为广泛。

9.1.3 网络类型

计算机网络具有多种分类标准，常见的分类方法主要有根据网络作用范围划分、根据网络拓扑结构划分和根据传输介质划分等。

1．根据网络作用范围划分

（1）局域网（LAN）

局域网的覆盖范围一般从几米到几千米，通常用于一个办公室、一层楼或一座建筑物。局域网具有传输速率高，可靠性好，适用于各种传输介质，建设成本较低。

（2）城域网（MAN）

城域网是指一座城市范围内建立的计算机通信网，通常使用与局域网相似的技术，将同一城市内不同地点的主机、数据库和局域网连接在一起。

（3）广域网（WAN）

广域网是更大范围内的网络，主要用于连接不同城市之间的局域网和城域网的通信网络。广域网通常使用传统的公共传输网，故其数据传输相对较慢，传输误码率相对较高。随着光纤通信网络的建设，广域网的传输速率将会得到提高，传输误码率将有效降低。

（4）因特网（Internet）

因特网是覆盖全球的最大的计算机网络（有人认为是最大的广域网），它将各个局域网、城域网和广域网等互联在一起，实现全球范围内的数据通信和资源共享。

2．根据网络拓扑结构划分

网络拓扑结构是指网络节点和通信线路连接所形成的几何形状，基本的拓扑结构有星型拓扑结构、环型拓扑结构和总线型拓扑结构等。

（1）星型拓扑结构

星型拓扑结构是由一个中心节点和若干普通节点组成的，如图9-10所示，网络中心节点与普通节点可以直接通信，而普通节点之间要通过中心节点才能通信。

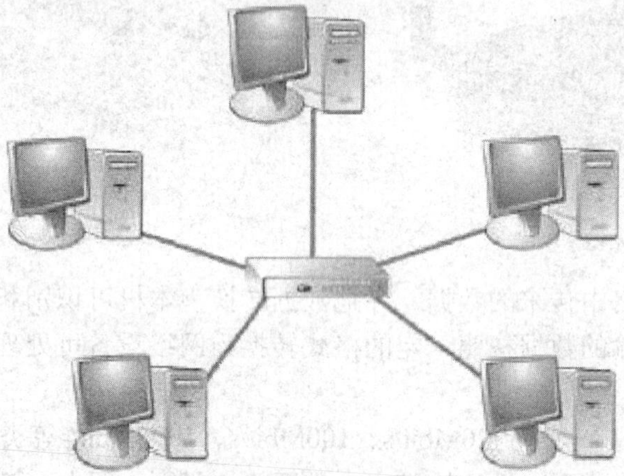

图9-10　星型拓扑结构

星型网的中央节点多采用交换机、集线器等网络设备。星型拓扑结构简单，扩展性好，容易增加和删除节点。星型拓扑的普通节点的传输线路是独立的，普通节点的故障不会影响其他节点的正常运行，容易管理和维护。星型拓扑结构的缺点也很明显，就是网络对中央节点的依赖性太强，中央节点一旦出现故障将导致全网瘫痪。

（2）环型拓扑结构

环型拓扑结构是指每个工作站都连接在一个封闭的环路中，如图9-11所示。当一个工作站发出信息时，该信息会依次通过所有的工作站，每个工作站在接到该信息时，会对该信息的目标地址和本机地址进行比较，相同则接收，不同则只向下一个工作站转发，直到回到起点。

图9-11　环型拓扑结构

环型拓扑结构具有信号强度不变、信号传输时间确定的优点。环型拓朴结构中每一个工作站的故障都会引发网络故障，网络的管理和维护难度大。

（3）总线型拓扑结构

总线型拓扑结构是指采用一根两端加装终结器的公共传输线作为总线，所有工作站都连接到这条总线上并共用它，其结构如图9-12所示。

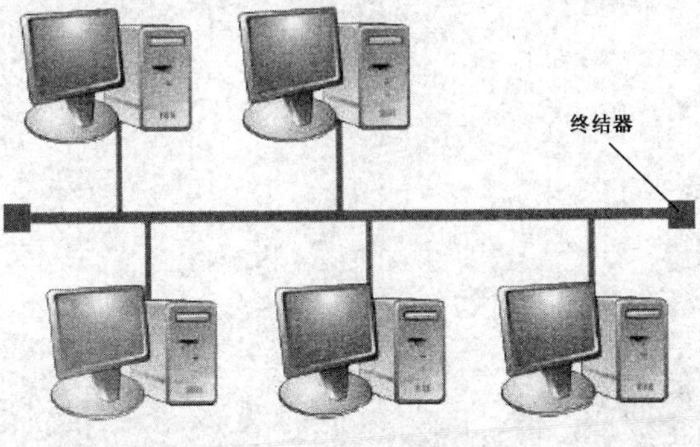

图9-12　总线型拓扑结构

当其中一个工作站发送信息时，该信息将通过总线广播到每一个工作站。其他工作站接到信息时，要分析该信息的目标地址与本机地址是否相同，相同则接收，不同则拒收。

总线型网络布线容易，便于扩充；但总线中的任何故障都会导致整个网络瘫痪，且故障诊断较为困难。

3．根据传输介质划分

根据使用的传输介质，可将计算机网络分为有线网络和无线网络。

（1）有线网络

有线网络主要采用双绞线、同轴电缆、光纤等作为传输介质。采用双绞线和同轴电缆连接成的网络经济且安装简便，但传输距离相对较短。以光纤为介质的网络传输距离远，传输率高，抗干扰能力强，安全好用，但成本稍高。

（2）无线网络

无线网络主要以无线电波或红外线等为传输介质。无线网络组网方便灵活，但费用稍高，可靠性和安全性有待改进。

9.2 双绞线的制作

双绞线是办公网络中常用的有线传输介质。制作双绞线就是把双绞线的线芯与RJ-45接头（俗称水晶头）的压线针脚对应压制在一起，以便与工作站、服务器或连接设备等连接。

9.2.1 制作标准

双绞线内部有8根金属丝，分别用橙、橙白、绿、绿白、蓝、蓝白、棕和棕白8种颜色的绝缘皮包住。

水晶头由8根压线针脚、1个弹片和1个线槽等部分构成，如图9-13所示。弹片用于在连接设备时固定网线；8根压线针脚分别与双绞线的8条线芯对应。人们约定：手持水晶头，让其弹片向下、压线针脚朝外，此时水晶头的压线针脚从左向右依次编制为1～8号。

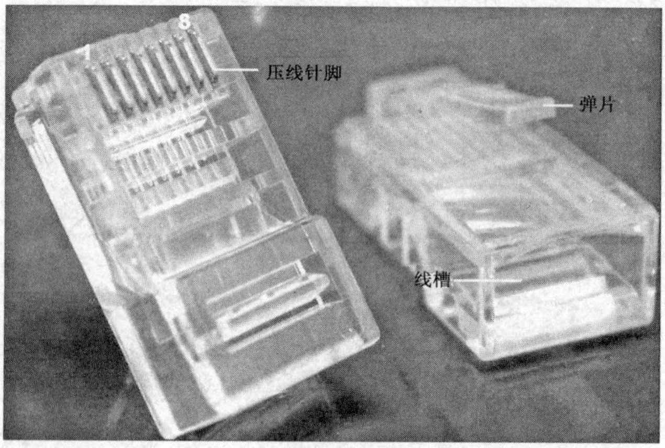

图9-13 水晶头结构

双绞线与水晶头的连接主要采用T568A和T568B两个国际标准，该标准约定了双绞线的各色线芯与水晶头1～8号压线针脚之间的对应关系，详见表9-1。

表9-1 双绞线制作标准

针脚号	1	2	3	4	5	6	7	8
T568A	绿白	绿	橙白	蓝	蓝白	橙	棕白	棕
T568B	橙白	橙	绿白	蓝	蓝白	绿	棕白	棕

根据双绞线制作标准，双绞线两端既可采用T568A标准，也可采用T568B标准。

两端都采用相同标准的（多为T568B）双绞线称为平行线，如图9-14所示；平行线常用于不同设备（如计算机和交换机）接口间的连接。

图9-14 平行双绞线

一端采用T568A另一端采用T568B的双绞线称为交叉线，如图9-15所示；交叉线常用于同类设备（如集线器或交换机）接口间的连接。

图9-15　交叉双绞线

9.2.2　制作方法

制作双绞线需要用到的工具是压线钳，如图9-16所示，主要由剥线孔、切线器和压线槽等功能部分组成。

制作双绞线首先要用压线钳的剥线孔将双绞线的外皮剥开，露出1.5cm左右的线芯，如图9-17所示。

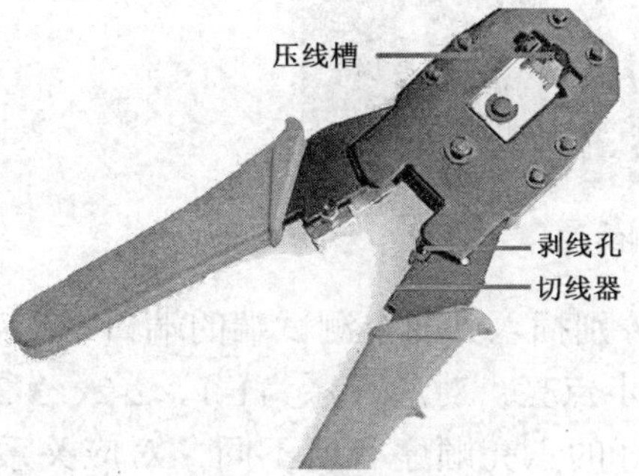

图9-16　压线钳

图9-17　剥线

接下来要根据确定的双绞线制作标准，将双绞线8根线芯按标准规定的颜色顺序依次排开，整理整齐后用切线器沿着与线芯垂直的方向将其剪齐，如图9-18所示。

一手捏紧整理好的双绞线线芯，另一手调整水晶头的位置，然后将双绞线插入水晶头的线槽中，如图9-19所示，再从压线针脚顶部观察，直到8根线芯全部顶到头为止。

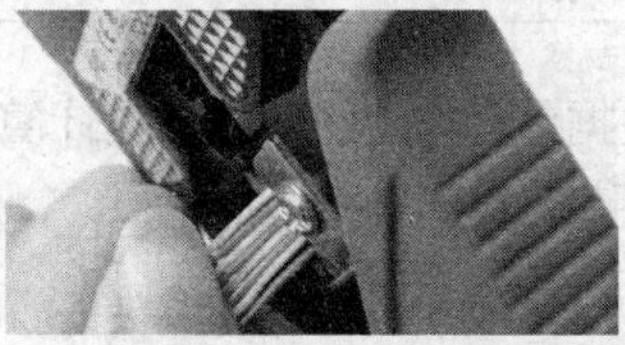

图9-18　整理并剪齐

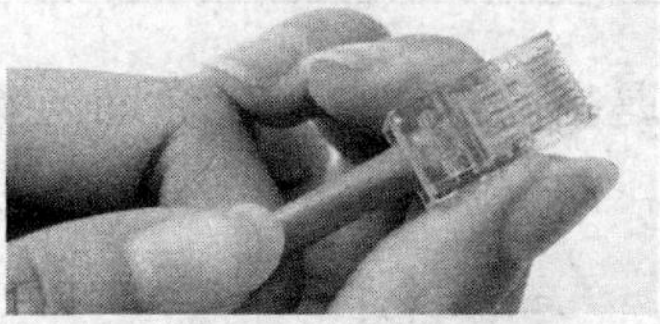

图9-19　插线

检查双绞线各色线芯与水晶头各压线针脚的对应关系是否符合选用的制作标准，同时检查各色线芯是否已经插到各压线针脚的顶部，然后将水晶头放入压线钳的压线槽中，用力捏压压线钳手柄将水晶头压实（一般会听到“啪”的一声），如图9-20所示。需要说明的是，水晶头是一次性耗材，一旦压制完成，将不可重用。

图9-20　压线

新做好的双绞线并不能保证能够正常通信，需要借助如图9-21所示的测线仪测试。

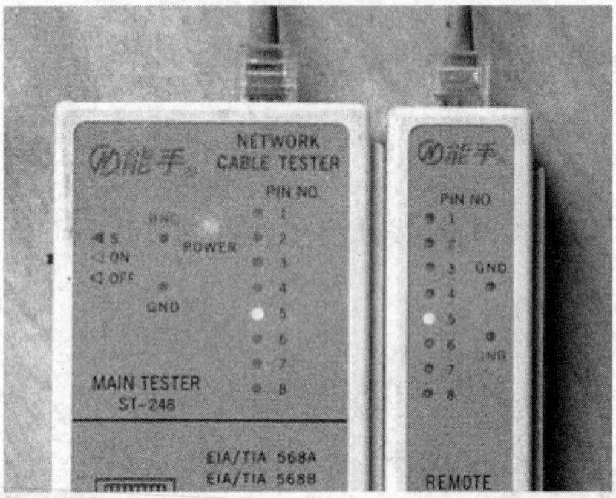

图9-21　测线仪

打开测线仪的电源开关，将双绞线的两端分别插入到两个测试端的端口中，观察两端小灯的亮灯顺序。对平行线来说，两端小灯同步点亮，对应关系为1-1、2-2、3-3、4-4、5-5、6-6、7-7、8-8。对交叉线来说，两端小灯的点亮顺序有所不同，对应关系为1-3、2-6、3-1、4-4、5-5、6-3、7-7、8-8。如果出现小灯不能点亮或点亮顺序错乱，通常则意味着双绞线制作不成功，应重新检查双绞线两端的水晶头接线处，重做最可能出现问题的一端。

9.3 双机直连及应用

双机直连是指两台计算机仅通过一条简单的数据线进行连接，实现计算机间的相互通信和资源共享，如图9-22所示。双机直连是最简单的计算机组网方式。

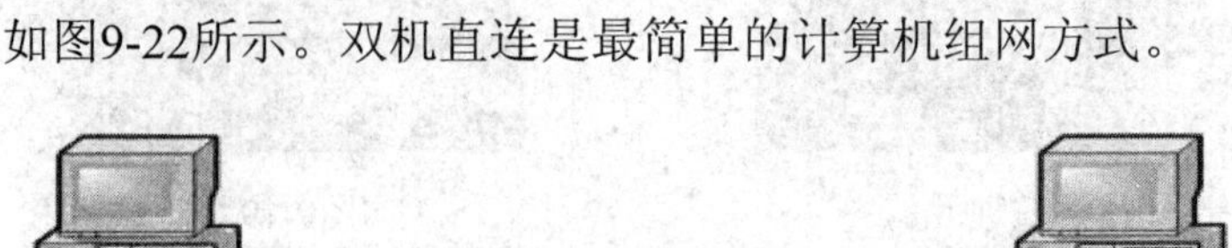

图9-22　双机直连

两台计算机之间可以通过多种数据线（如双绞线、并/串口线、USB线等进行直连），本节将介绍最简便、最常用的利用双绞线直连计算机的方法及其应用。

9.3.1 双机直连

如今计算机网络已相当普及，双绞线组网也相当普遍，RJ-45接口网卡已经成为计算机的基本配置，两台计算机通过双绞线直接联网具有普遍的意义。

两台计算机利用双绞线直连，首先要选购或制作一根交叉双绞线，其中一端采用T568A标准，另一端采用T568B标准；然后将该线的两端分别插入两台计算机的RJ-45接口中。在如图9-22所示的计算机A中打开“控制面板”，切换至“网络连接”，右键单击“本地连接”打开其属性对话框，如图9-23所示。

在“本地连接属性”对话框中双击“Internet协议（TCP/IP）”，打开如图9-24所示的对话框，在其中选择“使用下面的IP地址”单选按钮，并在“IP地址”栏中输入“192.168.0.1”，在“子网掩码”栏中输入“255.255.255.0”。

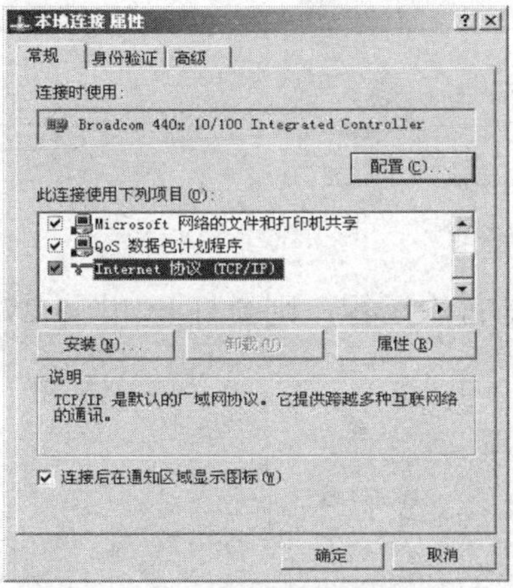

图9-23 “本地连接属性”对话框

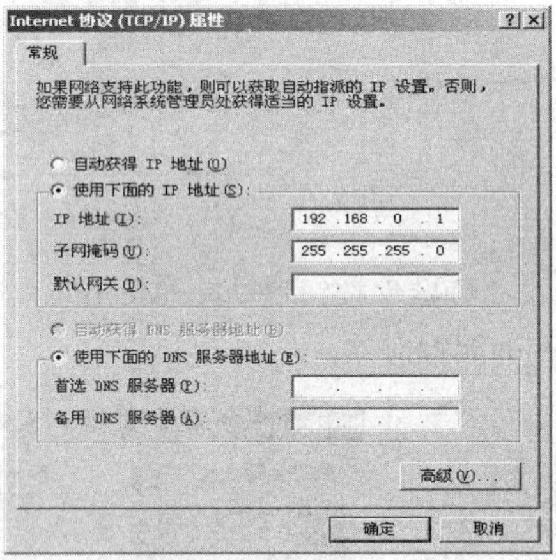

图9-24 “Internet协议（TCP/IP）属性”对话框

在计算机B中进行如图9-24所示的设置，只是其中的IP地址应有所区别，如可以设为“192.168.0.2”。

在计算机B中，依次选择“开始”→“所有程序”→“附件”→“命令提示符”命令，打开命令提示符窗口，如图9-25所示。输入“Ping 192.168.0.1”命令（不包括双引号）后按回车键，如果连续出现4条如图中方框标注的信息，则说明这两台计算机已连接成功。命令中的“192.168.0.1”表示对方计算机的IP地址。

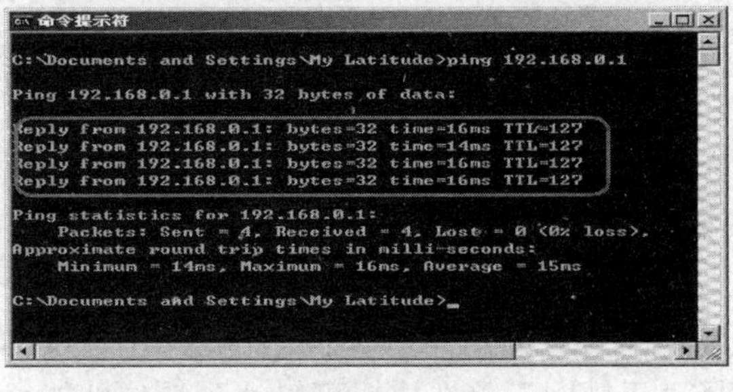

图9-25 测试网络的连通状态

这样两台计算机之间通过双绞线直接连接就组成了一个最简单的局域网络；双机成功

连接后，就可以实施一些基本的网络应用了。

9.3.2 NetMeeting应用

NetMeeting是Windows XP自带的一个网络会议软件，局域网用户利用它可以方便地进行即时沟通和交流。

1．启动和配置

在计算机上依次选择“开始”→“运行”命令，打开“运行”对话框，并在其中输入“conf”命令（不包括双引号），如图9-26所示。

图9-26　启动NetMeeting程序

单击“确定”按钮启动NetMeeting程序。如果是首次运行，则会打开如图9-27所示的NetMeeting配置向导。

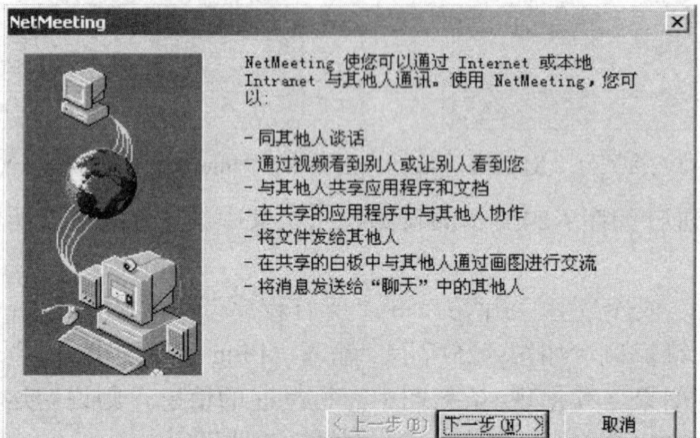

图9-27　NetMeeting配置向导

单击“下一步”按钮，将打开如图9-28所示的用户设置界面，要求用户输入姓、名及电子邮件地址等基本内容。注意，必须输入符合格式的电子邮件地址，否则不能通过。

单击“下一步”按钮，在打开的配置目录服务器的界面中取消全部选项，如图9-29所示。

单击“下一步”按钮，将打开如图9-30所示的指定网络速度的界面，本例是以双绞线组建的简单局域网，选择“局域网”单选按钮可以达到最佳性能。

单击“下一步”按钮，用户可依照向导提示继续完成后续的配置工作。

NetMeeting向导配置完成后，将自动启动NetMeeting程序界面，如图9-31所示。

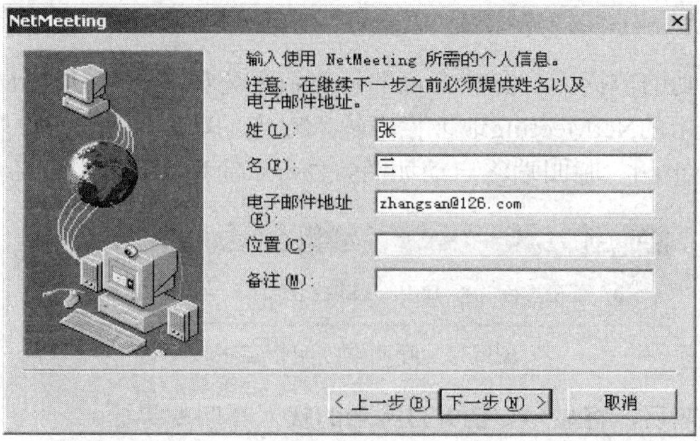

图9-28　输入用户信息

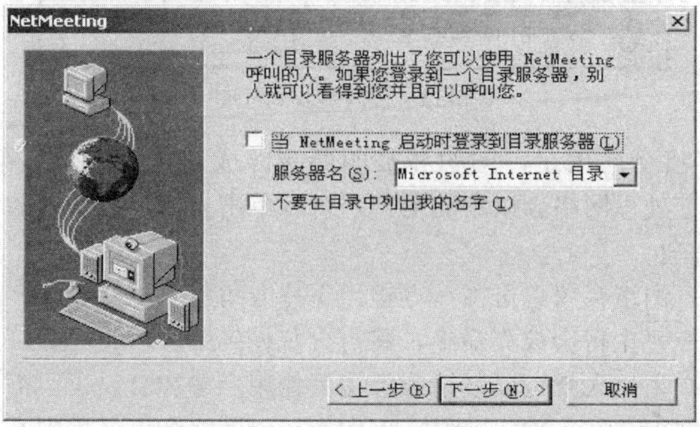

图9-29　配置目录服务器

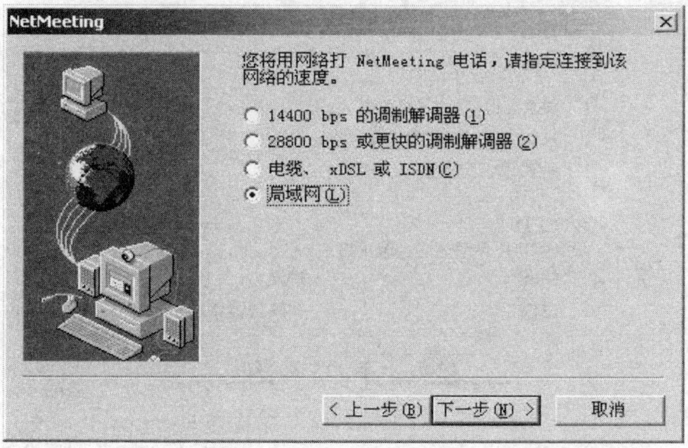

图9-30　指定网络速度

图9-31　NetMeeting程序界面

同样地，应在直连的另一台计算机上进行类似的设置。为便于识别不同的用户，两台计算机中的用户信息设置应有所区别。

2．呼叫和挂断

在网络连接成功的前提下，参加会议的计算机首先应各自启动NetMeeting程序，然后在其中一台计算机中的NetMeeting地址栏中输入对方的IP地址（如192.168.0.1），然后单击“进行呼叫”按钮。呼叫端将启动如图9-32所示的呼叫界面，并等待对方响应。

图9-32　呼叫端呼叫指定主机

被叫端收到呼叫后，将显示如图9-33所示的拨入呼叫的界面。

图9-33　被叫端收到呼叫

被叫端单击“接受”按钮，主叫和被叫两端即成功连接，双方都成功地加入了会议，如图9-34所示。处于网络会议中的用户，可以单击主用户界面中的“结束呼叫”按钮随时退出网络会议。

除上述方法外，网络会议也可由一方担当主持人角色来主持会议。在主用户界面中，依次选择“文件”→“主持会议”命令，将打开如图9-35所示的“主持会议”设置界面。设置完毕并确认后，主持人就可以邀请或等待其他用户参加会议了。需要说明的是，由于兼容性问题，在中文Windows XP平台中，NetMeeting网络会议名称中不得出现中文符号。

图9-34　主叫和被叫两端成功连接

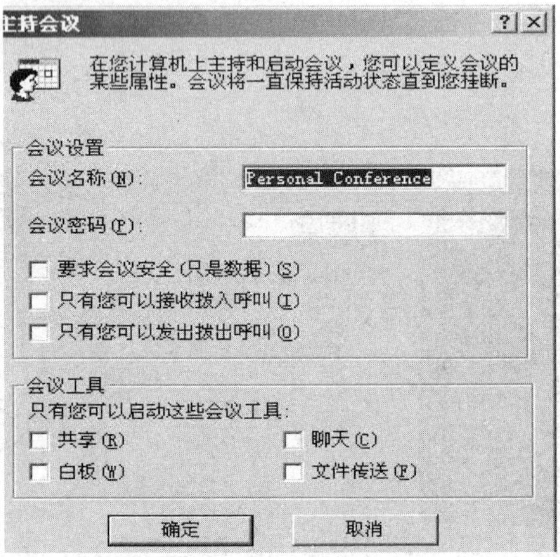

图9-35　“主持会议”设置界面

3．实际应用

NetMeeting连接成功后，用户可以利用它进行多种形式的沟通和交流。

（1）聊天

单击主界面中的“聊天”按钮，连接双方将分别打开聊天对话框，如图9-36所示。

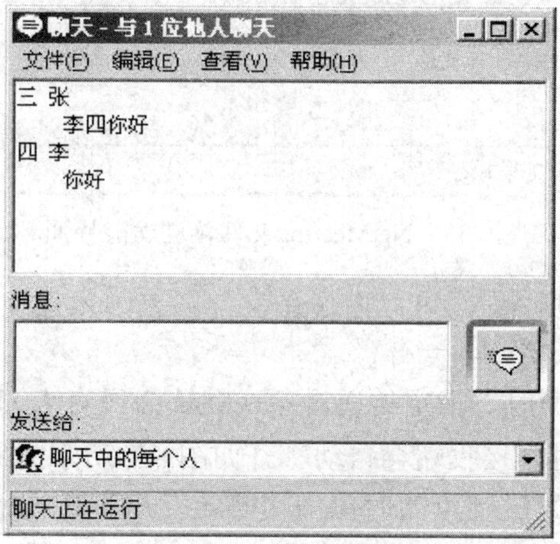

图9-36　NetMeeting聊天功能

（2）白板

单击主界面中的“白板”按钮，连接双方将分别自动打开与画图程序类似的电子白板，用户之间利用它可方便地以图形方式进行交流，如图9-37所示。

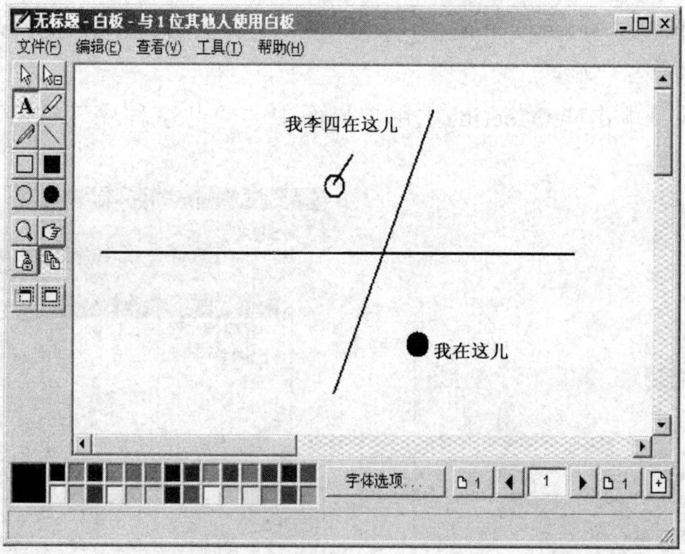

图9-37　NetMeeting白板功能

（3）传送文件

单击主用户界面中的“传送文件”按钮，传送端将打开如图9-38所示的文件传送功能界面。

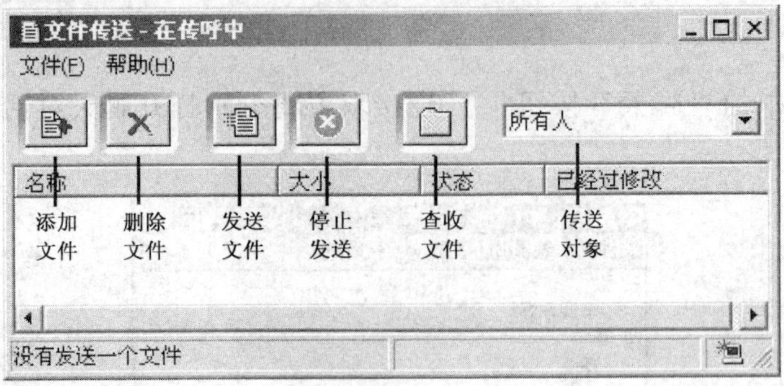

图9-38 NetMeeting文件传送功能界面

单击“添加文件”按钮，可以向传送文件列表中添加文件，单击“删除文件”按钮，则可从清单中移除选定的文件。

当传送文件列表不为空时，指定传送对象（默认为所有人），单击“发送文件”按钮则开始传送文件。此时，接收端会自动打开如图9-39所示的界面。

在文件传送过程中，发送端可随时单击“停止发送”按钮，接收端可以随时单击“删除文件”按钮，终止文件的发送过程。

单击文件传送界面中的“查看文件”按钮，可以打开收件文件夹查看收到的文件。用户选择该界面中的“文件”→“更改文件夹”命令，可以把接收文件夹更改到自己希望的位置。

（4）共享程序

NetMeeting还提供了强大的共享程序功能，可以把某台计算机上的程序或桌面共享给其他计算机上的用户使用。为便于描述，把提供共享资源的计算机称为服务端，把消费共享资源的计算机称为客户端。

在共享服务端，单击NetMeeting主用户界面中的“共享程序”按钮，将打开如图9-40所示的共享界面。

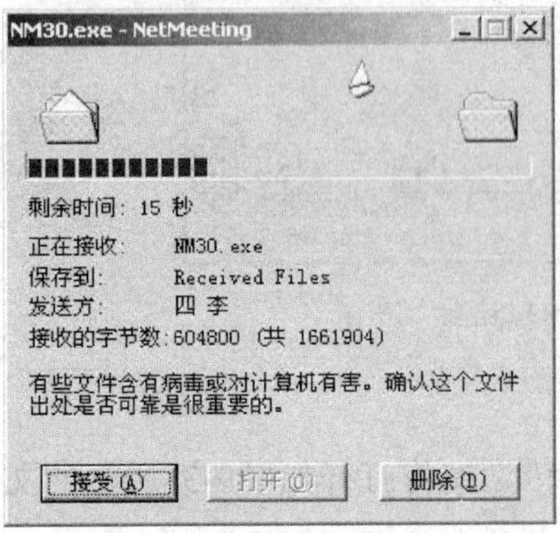

图9-39 NetMeeting接收文件

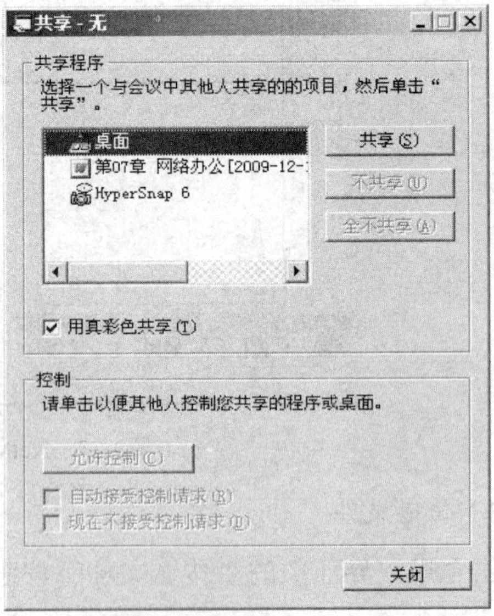

图9-40 NetMeeting共享界面

共享程序列表中列出了可被共享的项目，选择一个项目（如“桌面”），选中“用真彩色共享”复选框，单击“共享”按钮，则服务端（当前计算机）的桌面将被客户端（其他计算机）用户所共享。

图9-41所示的窗口是客户端接收到的共享桌面。在客户端，选择共享窗口中的“查看”→“全屏显示”命令，则可将共享窗口充满客户端用户的整个桌面。

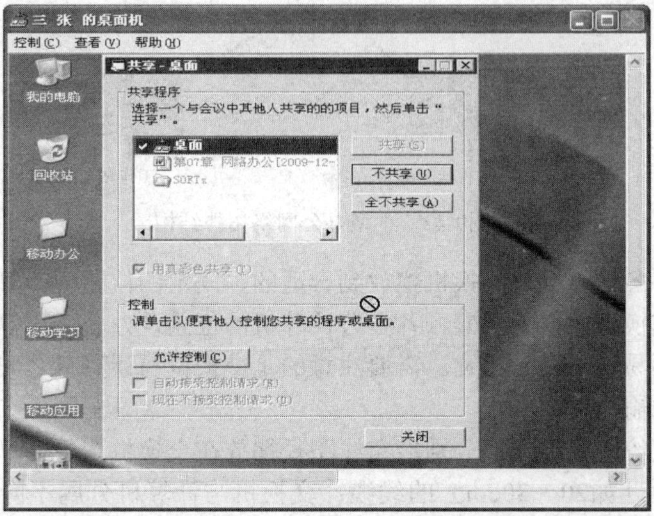

图9-41 客户端接收到的共享桌面

在成功共享程序后，在服务端单击NetMeeting共享设置界面中的“允许控制”按钮，则可打开被共享程序的远程控制功能。在客户端共享窗口中选择“文件”→“请求控制”命令发出远程控制请求，服务端接受请求后，客户端就可以控制服务端的共享程序了，就如同操控本地程序一样。服务端可以通过单击鼠标或按下键盘按键随时收回控制权。

9.4 办公网的组建与应用

双机直连仅限于两台计算机之间组建简单网络，当办公环境中计算机数量较多时，则需要利用特定的局域网设备来构建较大规模的计算机网络。

9.4.1 组建办公网络

在局域网中主要的网络设备包括集线器和交换机。集线器和交换机虽然在外观、分类诸方面相似，但二者的基本工作机制却大不相同。前者以广播方式分发数据包，而后者则定向转发数据包；前者各端口共享设备带宽，后者各端口独占设备带宽。同时，二者在价位上已差别不大，故在日常组网应用中多以交换机设备为主。

1. 有线办公网

现在将组建一个以交换机为核心，以非屏蔽双绞线为传输介质的小型办公网络，其网络拓扑结构如图9-42所示。

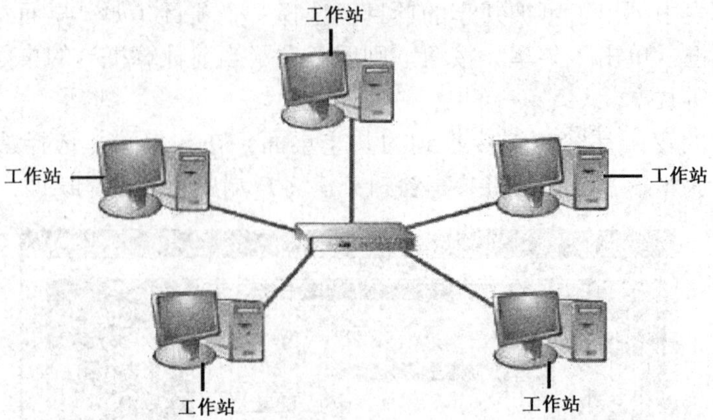

图9-42　小型办公网络拓扑结构

首先，分别将各计算机及交换机摆放到合适的、固定的位置。计算机的位置根据办公需要确定，网络交换机的位置要兼顾各办公计算机的位置及办公环境等因素，最好安放在既便于管理但又不易被刮碰的位置。需要注意的是交换机与计算机之间的布线距离不能超过双绞线的有效传输距离。

其次，制作双绞线。将线缆分别沿布线路径摆放在交换机和各计算机之间，要求两端均多留出一定长度（如20～30cm）的线缆；交换机与计算机分属不同的设备，二者之间应采用直通双绞线连接，双绞线两端均采用T568B标准制作。线缆制作完成，两端分别插接到交换机和计算机的网络接口中。

接着要为各计算机规划并设置IP地址和子网掩码（参阅9.3.1节）。IP地址可设为“192.168.0.x”的格式，其中x为1～254之间的任意整数，不同的计算机，其x的取值均不相同；子网掩码均设置成“255.255.255.0”。

最后，打开命令提示符对话框，输入“Ping 192.168.0.x”命令后并执行，以测试本机与指定主机的网络连通状态，其中“192.168.0.x”为目标主机的IP地址。

2．无线办公网

无线办公网的拓扑结构如图9-43所示。

图9-43　无线办公网的拓扑结构

组建无线办公网除需要购置无线AP外，还需要在无线接入的计算机中配置无线网卡。无线网卡主要有适合于台式计算机的PCI卡和适应性较广的USB网卡等。采用迅驰技术的笔记本电脑中默认内置了无线网卡，对没有无线网卡的笔记本电脑可以购置USB无线网卡，或购置PCMCIA接口的无线网卡。

9.4.2 网上邻居和资源共享

网上邻居是Windows系列产品为用户提供的访问网络资源的一种途径，用户利用它可以访问其他计算机中的共享资源。在Windows 98之前的版本中使用网上邻居较为复杂，Windows 2000版本最为便利，但到了Windows XP版本，微软出于系统安全方面的考虑，网上邻居的使用又变得复杂起来。

1. 网上邻居设置

在Windows XP中，若想本地计算机顺利地被其他计算机通过网上邻居共享资源，还需要对本地计算机进行一系列的设置。

（1）关闭防火墙

在Windows XP中，进入“控制面板”，找到“本地连接”图标，打开其属性对话框并切换至“高级”选项卡，清除复选框设置，关闭本地连接的防火墙功能，如图9-44所示。

（2）启用Guest账户

Windows XP默认禁用了Guest账户。打开“控制面板”，依次进入“用户账户”→“用户账户”，打开如图9-45所示的用户账户管理界面。在管理界面中单击Guest账户，将在打开的界面中启用它。

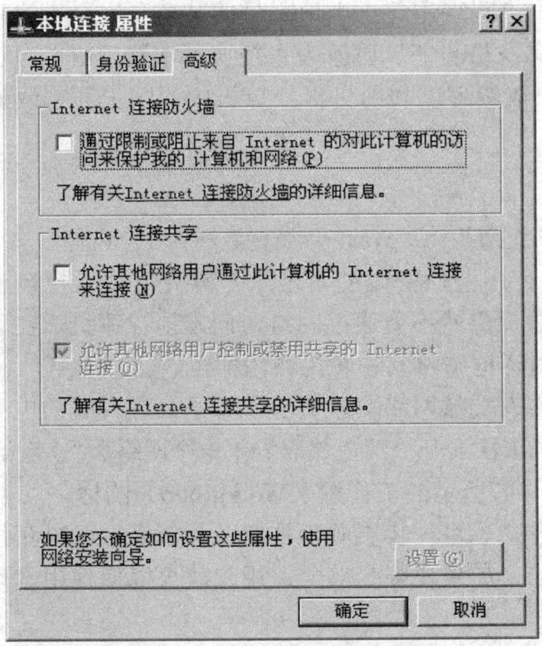

图9-44 关闭本地连接的防火墙

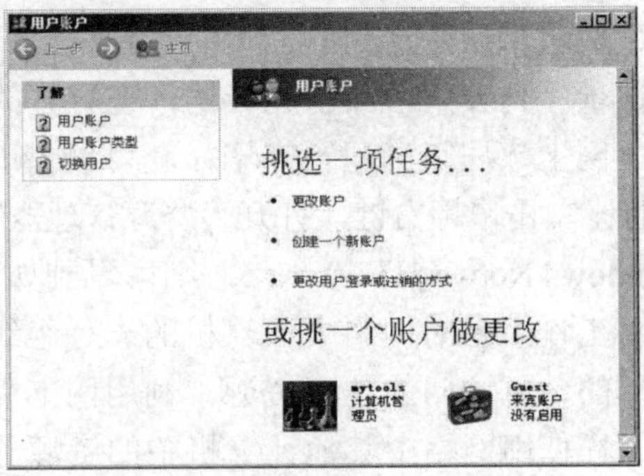

图9-45 “用户账户”管理

（3）允许Guest账户通过网络访问本机

Guest账户默认被拒绝通过网络访问本地资源。选择“开始”→“运行”命令，在“运行”对话框中输入“GPEDIT.MSC”，打开“组策略”编辑器，如图9-46所示。

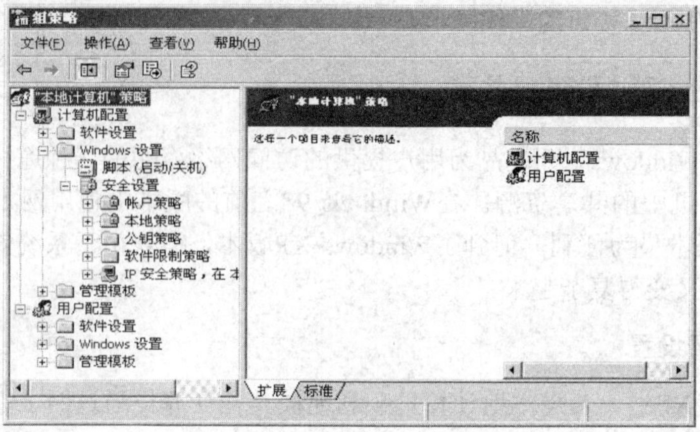

图9-46 “组策略”编辑器

依次选择“计算机配置”→“Windows设置”→“安全设置”→“本地策略”→“用户权利指派”，从列表中双击“拒绝从网络访问这台计算机”策略，删除里面的“Guest”账号，这样其他用户就能够用Guest账号通过网络访问使用Windows XP系统的计算机了。

（4）更改网络访问模式

Windows XP默认设置是把从网络登录的所有用户都按来宾账户处理，即使是管理员也是如此。在“组策略”编辑器中，依次选择“计算机配置”→“Windows设置”→“安全设置”→“本地策略”→“安全选项”，双击“网络访问：本地账号的共享和安全模式”策略，将默认设置“仅来宾—本地用户以来宾身份验证”更改为“经典：本地用户以自己的身份验证”。这样即使不开启Guest，用户依然可以利用目标计算机中的账户和密码通过网络来登录访问本地计算机。

（5）允许空白密码账户网络访问

Guest用户的口令默认为空时，而“计算机配置”→“Windows设置”→“安全设置”→“本地策略”→“安全选项”列表中“账户：使用空白密码的本地账户只允许进行控制台登录”策略默认是启用的，拥有空白密码的账户仍然不能通过网络访问本地计算机。在“安全选项”列表中，双击此策略，在打开的对话框中将其设置为禁用即可。

网上邻居正确配置完毕，就可以借助现有局域网络实现资源共享了。在“我的电脑”图标上单击鼠标右键，打开“资源管理器”，依次展开“网上邻居”、“整个网络”、“Microsoft Windows Network”等节点，则可看到如图9-47所示的工作组（Workgroup）图标。

工作组是对网络中计算机的一种组织方式。进一步展开工作组及其节点，可以获得更详尽的、可访问的共享资源。利用网上邻居（如果权限足够），用户就可以像使用本地资源一样使用网络中其他计算机中的资源了。

2．文件夹共享

Windows可以把本地计算机中的文件夹共享到计算机网络中。与早期版本不同，在Windows XP中共享文件夹，需要首先禁用“简单文件共享”方式。在“我的电脑”或“资源管理器”等窗口中，选择“工作”→“文件夹选项”命令，打开“文件夹选项”对话框，切换至“查看”选项卡，确保“使用简单文件共享（推荐）”复选框处于未选中状态，如图9-48所示。

图9-47 网上邻居资源

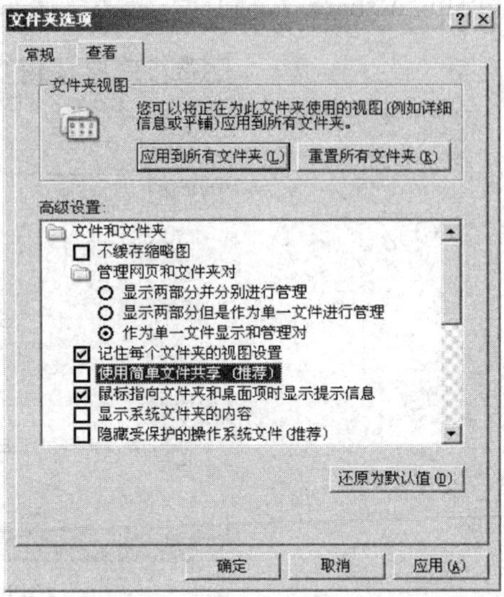

图9-48 禁用简单文件共享

取消选中“使用简单文件共享”复选框后，文件夹共享设置就与以前的Windows版本操作相同了。右键单击“我的电脑”或“资源管理器”中的某个文件夹或驱动盘符，在弹出的快捷菜单中选择“共享和权限”命令，将打开如图9-49所示的共享设置界面。选择“共享该文件夹”单选按钮，系统默认以文件夹名设置共享名。单击“权限”按钮，将打开共享权限的设置界面，以便设置访问用户的读/写权限，如图9-50所示。

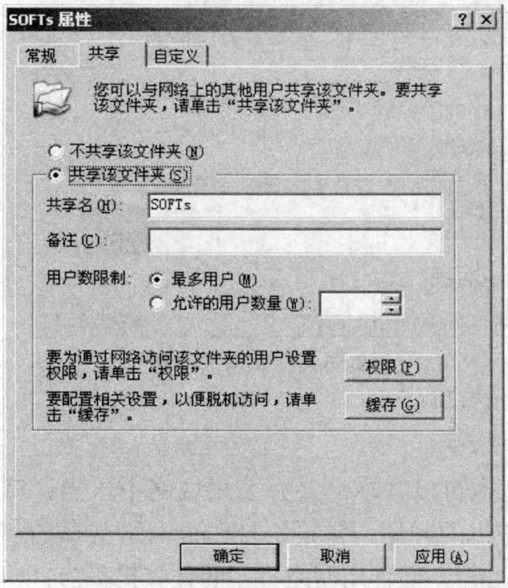

图9-49 设置文件夹共享

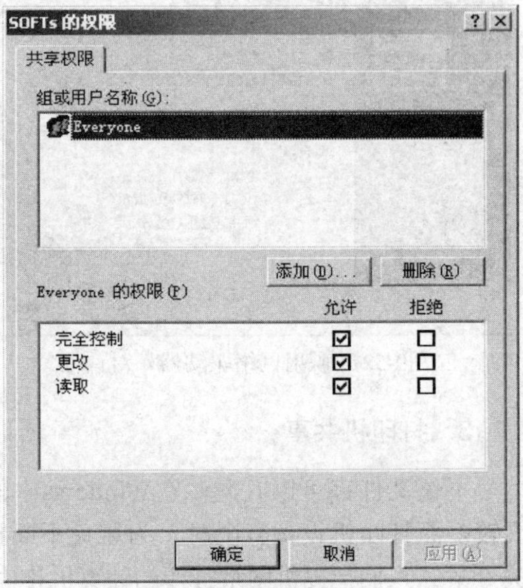

图9-50 设置共享权限

文件夹被共享后，文件夹图标底部出现蓝色的手型标识，如图9-51所示，表示该文件夹已被共享。

文件夹被成功共享后，局域网中的其他计算机用户就可以通过网上邻居来访问；用户也可以在“我的电脑”或“资源管理器”的地址栏中输入“\\主机名\共享名”格式的地址进行访问。例如，主机HostA上存在名为share的共享文件夹，则其网络访问地址可表示为“\\HostA\share”。同样，光驱、磁盘分区等也可以类似地进行网络共享。

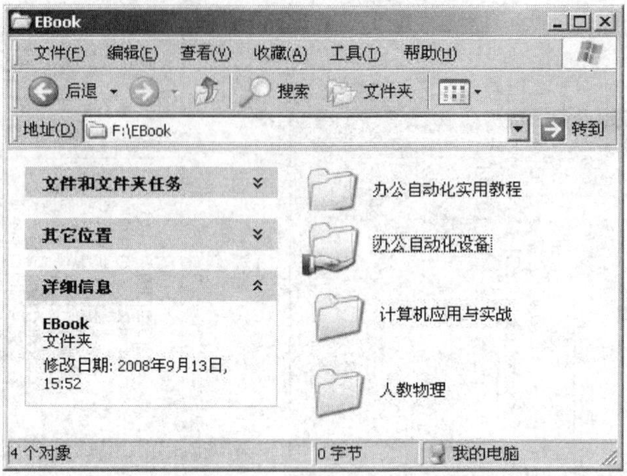

图9-51　文件夹共享标识

在Windows中，对已经共享的文件夹或分区，用户也可以把它映射为网络驱动器，以便用户采用盘符的形式来访问它，从而避免了记忆网络路径的麻烦。展开网上邻居中的共享资源，在某项共享资源上单击鼠标右键，从弹出的快捷菜单中选择“映射网络驱动器”命令，将打开如图9-52所示的对话框，为其指定盘符和设置项即可。

映射网络驱动器成功后，就会在“我的电脑”窗口中出现新映射的盘符，如图9-53所示。

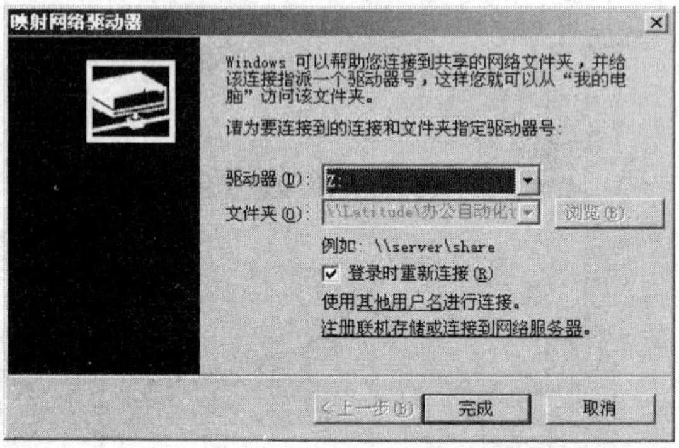

图9-52“映射网络驱动器”对话框

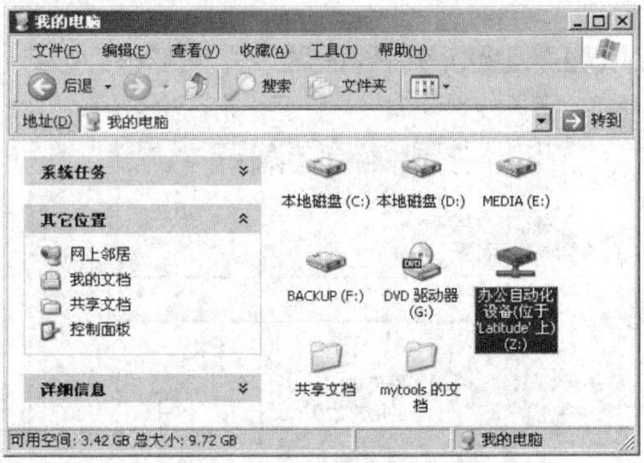

图9-53　新映射的盘符

3. 打印机共享

不仅文件夹可以共享，在Windows中的打印机也可以共享。在办公局域网中，当计算机较多而打印机设备有限时，为避免不断拆接打印机的麻烦，常采用打印机网络共享的解决方案。人们把提供网络打印的计算机称为打印服务器，而使用网络打印的计算机称为打印客户机。

例如，打印服务器中已正常连接打印机设备，并对应安装了驱动程序（或参考4.2.3进行安装）。打开“控制面板”，找到已安装的打印机，在其图标上单击鼠标右键，从弹出的快捷菜单中选择“共享”命令，打开如图9-54所示的打印机共享设置界面。在设置界面中选择“共享这台打印机”单选按钮，并为其指定共享名，确认后该打印机即可被网络中其他计算机所共享。

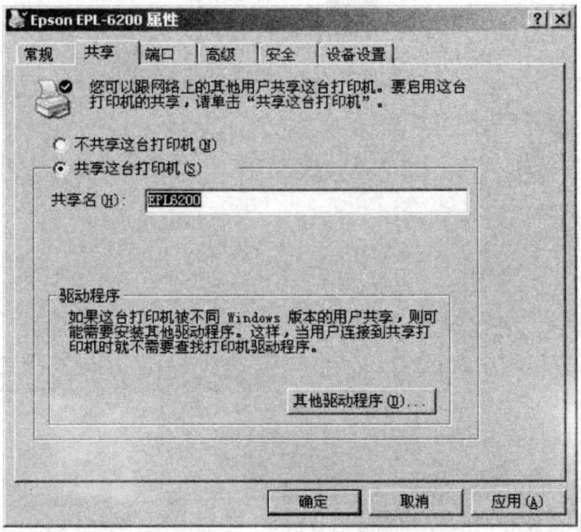

图9-54　打印机共享设置

在其他计算机中，启动打印机安装向导（参阅4.2.3节），运行至“本地或网络打印机”选择界面时，选择“网络打印机或连接到其他计算机的打印机”单选按钮，如图9-55所示。

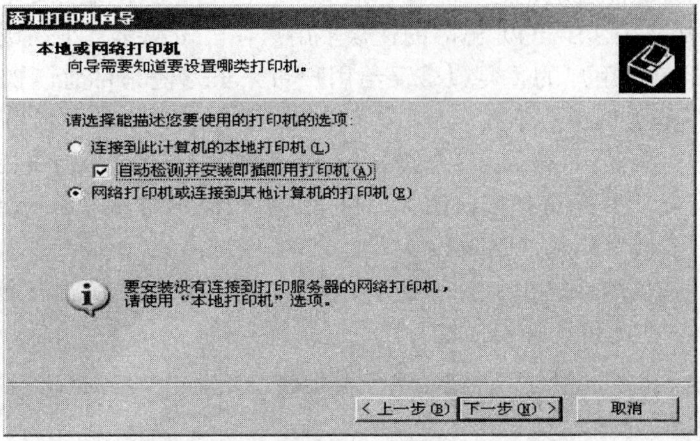

图9-55　“本地或网络打印机”选择界面

单击“下一步”按钮，打开指定网络打印机的界面，如图9-56所示。其中，用户可以选择“连接到这台打印机”单选按钮并指定网络打印的网络路径（如\\hosta\EPL6200）；同时，也可以选择“浏览打印机”单选按钮并单击“下一步”按钮，打开如图9-57所示的界面，从中选择已共享的打印机。

单击“下一步”按钮，执行后续安装过程，直到完成网络打印机的安装。

共享的网络打印机虽然安装到其他计算机中，但本地计算机用户仍然可以像使用本地打印机一样来使用它，当然前提是计算机网络连接正常，且该打印机在提供服务的计算机上可以正常使用。

部分打印机自身具有网络打印功能，其安装方法也不尽相同，可参考其用户手册。

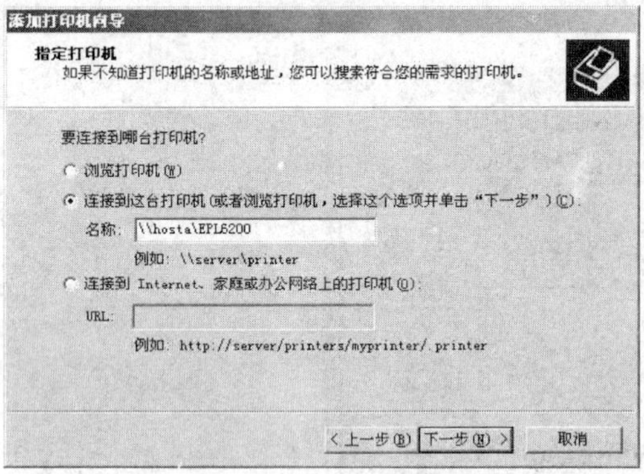

图9-56　指定打印机网络路径

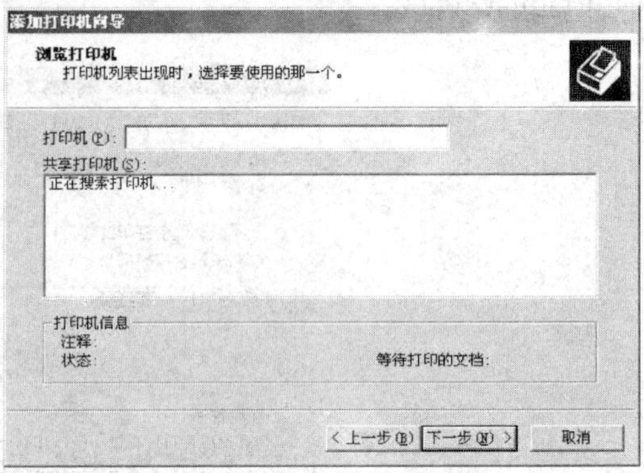

图9-57 选定网络打印机

9.4.3　扫描仪共享

在办公网络中，扫描仪的共享不像打印机的共享这么容易。一方面，Windows并不直接提供扫描仪的共享方法；另一方面，不是所有的扫描仪都支持网络共享功能。通常人们所接触到的扫描仪都是中低端产品，都不附带网络共享的功能，只有少数的专业级的扫描仪产品才能实现网络共享，而且通过网络扫描稳定性也不高。

扫描仪网络共享主要有专用方法和通用方法两种，其中专用方法适用于特定机型或系列的扫描仪，通用方法能普遍地适应多种扫描仪，这也是本小节的主要内容。

NetScan是明基公司（BenQ）出品的让众多用户在公司或家庭小局域网中共享一台扫描仪的软件，既避免了用户的重复投资又给用户带来了方便。目前该软件的较新版本是2.0，各大资源网站均提供免费下载。

NetScan 2.0软件下载解压后，双击其Setup.exe安装程序即可开始安装。该软件的安装非常简单。注意：在实际接有扫描仪的计算机上选择安装服务端（Server），在共享扫描仪的计算机上选择安装客户端（Client）。

在实际连接扫描仪的计算机中启动服务端程序，并切换到“设置”选项卡，将出现如图9-58所示的界面，在此可选择扫描仪并设置其扫描参数。

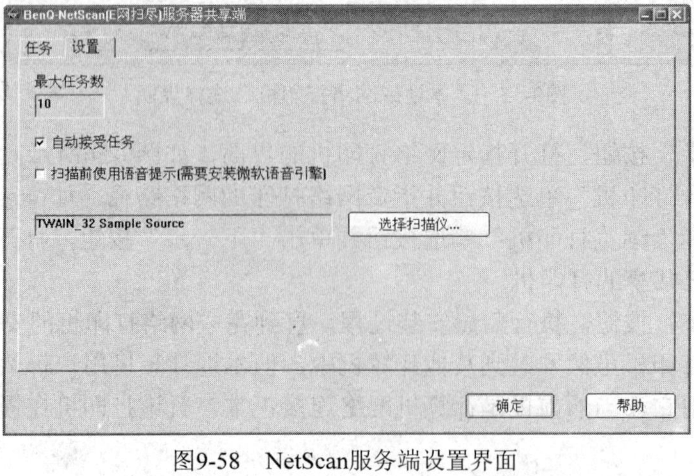

图9-58　NetScan服务端设置界面

在客户计算机上启动NetScan客户端程序，将打开如图9-59所示的客户使用端界面。

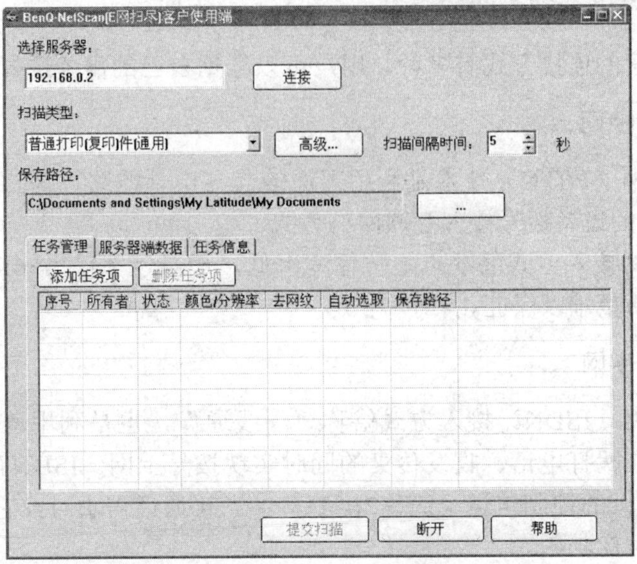

图9-59　NetScan客户使用端界面

在客户端界面中，在“选择服务器”文本框中输入服务器端的IP地址，单击“连接”按钮测试其连通性。指定扫描类型、扫描间隔时间及保存路径后，把扫描稿件放置到扫描仪的稿台上，单击“添加任务项”按钮后再单击“提交扫描”按钮。

服务端收到客户端提交的任务后将显示在任务列表中，如图9-60所示，之后再按预设的扫描参数驱动扫描仪执行动作，并把扫描的结果传回到客户端指定的存储位置。

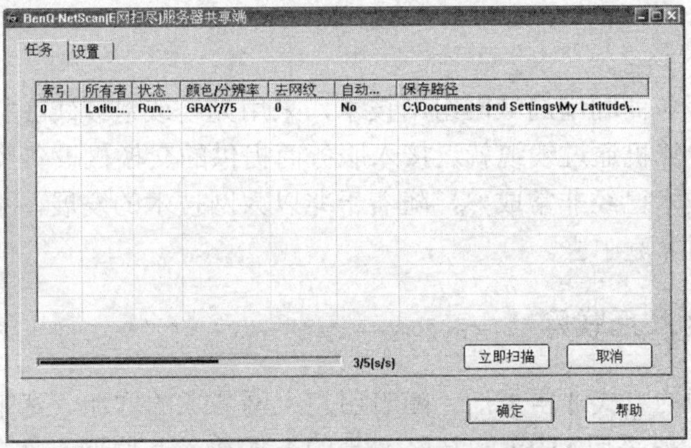

图9-60　NetScan服务端任务列表

需要说明的是，NetScan 2.0所支持扫描仪的扫描仪类型有待读者作更多地验证，更多的功能和实用技巧还需要读者在实践中自行探索。

9.5 互联网的接入及应用

互联网上有大量的、丰富的资源和服务，在访问这些资源和服务之前，首先要将计算机接入互联网。

9.5.1 互联网接入方式

计算机与互联网的连接方式有多种，用户可以根据自己的需要选择不同的接入方式。

1．公用电话交换网

公用电话交换网（PSTN）技术是利用普通的公共电话线路，通过一个被称为调制解调器（MODERM）的设备拨号接入互联网的方式。

公用电话交换网接入方式的缺点是传输速率低，最高速率仅为56Kbit/s；传输信号易受外界影响，传输质量难以保证。

2．综合业务数字网

综合业务数字网（ISDN）接入方式俗称“一线通”，也是利用普通电话线路，并在同一条线路中，能在拨打电话、收发传真的同时实现拨号上网。ISDN有两条64Kbit/s的数字信道和一条16Kbit/s的控制信道（简称2B+D）。当有通话需求时，它会自动提供一个B信道来处理电话、传真业务。

3．非对称数字用户环网

非对称数字用户线（ADSL）是基于普通电话线的宽带接入技术，是继PSTN、ISDN之后全新、高效的宽带接入方式。

使用ADSL也需要调制解调器，它把电话线路分成下行信道、上行信道和语音传输信道，借以同时传输数据和语音信号。其下行速率为1～8Mbit/s，上行速率为640Kbit/s～1Mbit/s，此即所谓的“非对称”，符合人们使用互联网的习惯。

4．社区宽带

社区宽带是指服务商利用局域网组网技术，采用光缆或双绞线在社区范围内进行综合布线，让社区内的计算机通过线缆就近接入服务商提供的交换机设备实现上网。

目前，局域网技术已经非常成熟，随着千兆以太网技术的发展，不久的将来千兆以太网将进入到每个普通家庭中去。

9.5.2 单机接入互联网

单机接入互联网的方式非常灵活。随着用户上网需求的增加、宽带资费的降低和宽带业务的普及，用户一般采用ADSL和社区宽带的方式接入互联网；在未开通ADSL或社区宽带业务的地区一般可以采用PSTN或ISDN等业务，但上网费用较高。

1．利用社区宽带接入

向服务商申请开通业务后，服务商会派技术人员上门布线，并利用提供的上网参数进行设置和调试。日常维护中（如重新安装Windows XP）读者完全可以自己调试。

服务商为用户提供了IP地址、子网掩码、默认网关、首选DNS服务器和备用DNS服务器等参数。在“控制面板”中，打开本地连接属性对话框，将上述参数逐项填入，如图9-61所示。

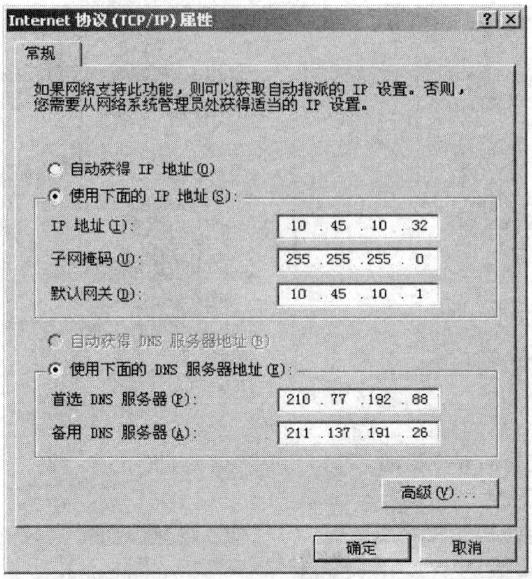

图9-61 社区宽带上网参数设置

需要说明的是，为便于管理，部分服务商要求用户进行身份认证，用户凭账号和密码成功登录后方可接入互联网，收/发网络信息。

2. 利用ADSL接入

ADSL业务一般由固定电话运营商（以下简称服务商）提供，用户可以致电其客服电话或到其营业厅办理ADSL业务。服务商会派技术人员上门提供服务，免费为用户提供ADSL设备（见图9-62），同时为用户提供用于身份认证的账号和密码。

将普通电话线插头接入ADSL的Line接口（RJ-11接口）；将双绞线一端接入计算机网卡，另一端插入ADSL的LANRJ-45接口。ADSL的连接图如图9-63所示。

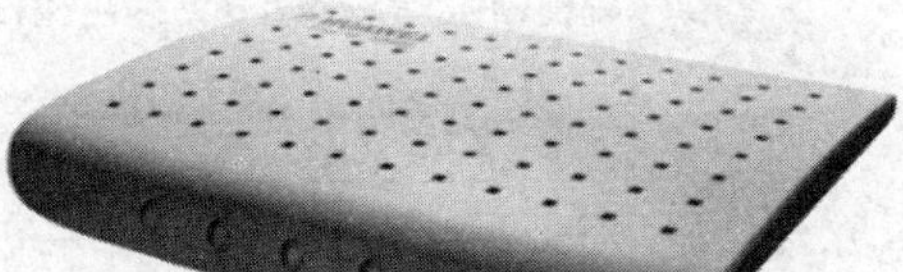

图9-62 ADSL

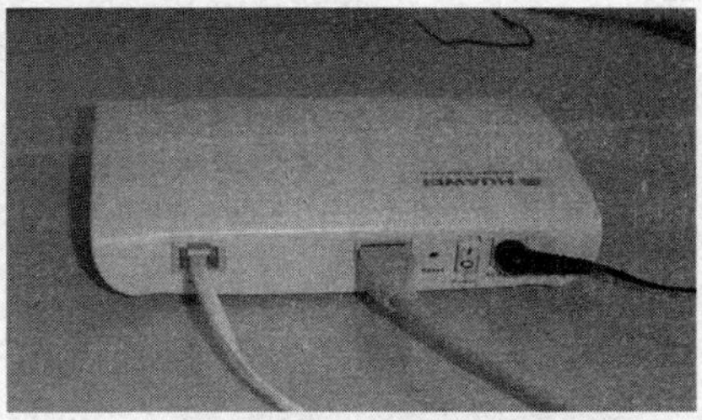

图9-63 ADSL接线

打开Windows XP“控制面板”，进入“网络连接”管理界面，选择“文件”→“新建连接”命令，打开如图9-64所示的“新建连接向导”界面。单击“下一步”按钮，在打开的“网络连接类型”界面中选择“连接到Internet”单选按钮，如图9-65所示。

单击“下一步”按钮，打开如图9-66所示的准备设置界面，选择“手动设置我的连接”单选按钮。单击“下一步”按钮，打开连接方式界面，选择“用要求用户名和密码的宽带连接来连接”单选按钮，如图9-67所示。

单击“下一步”按钮，打开如图9-68所示的界面，在其中输入容易识别的连接名即可。单击“下一步”按钮，打开如图9-69所示的账户信息设置界面，在其中将服务商提供的账号和密码信息录入，其他选项按需求设置即可。

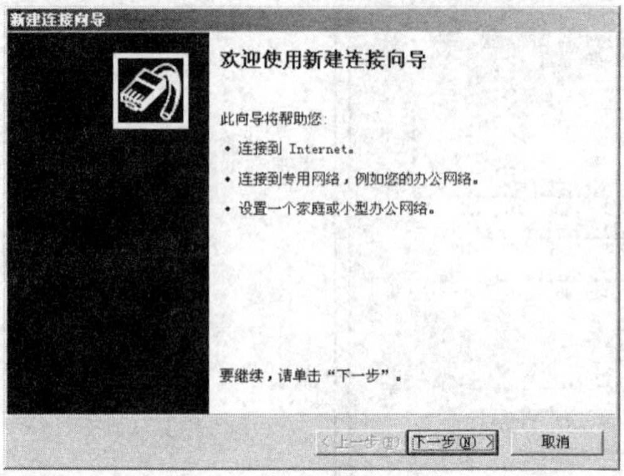

图9-64　“新建连接向导”界面

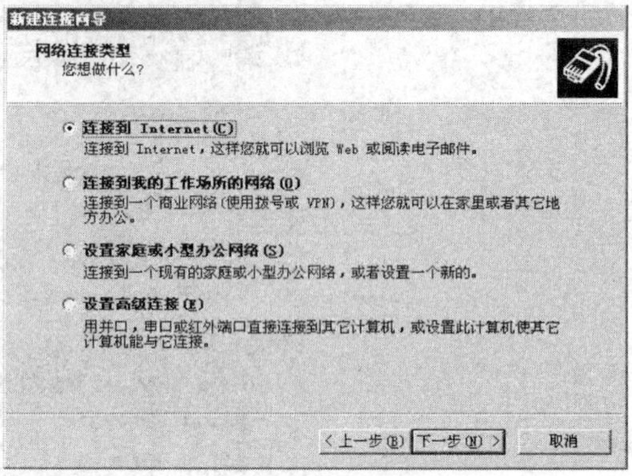

图9-65　“网络连接类型”界面

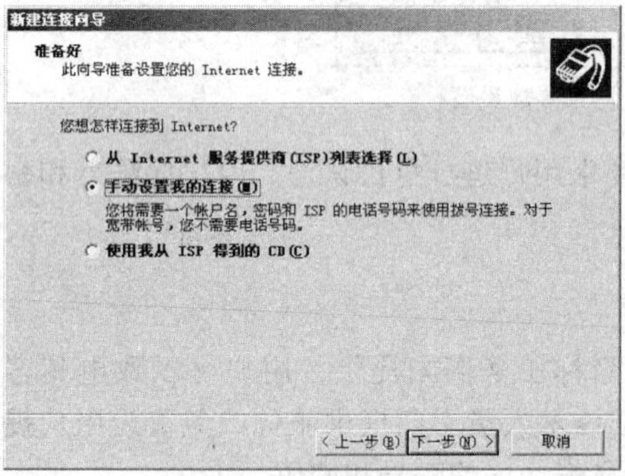

图9-66　准备设置

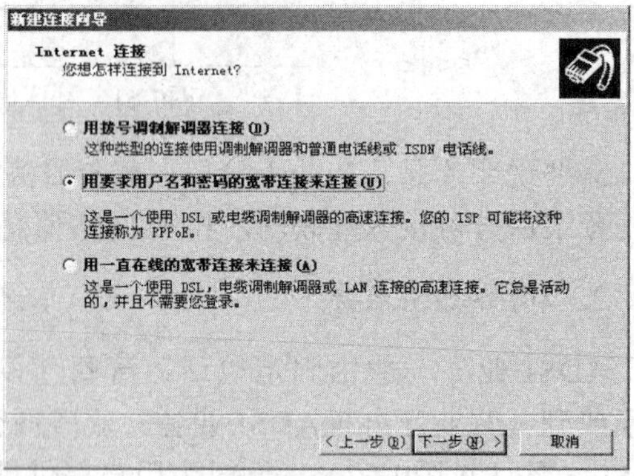

图9-67　连接方式

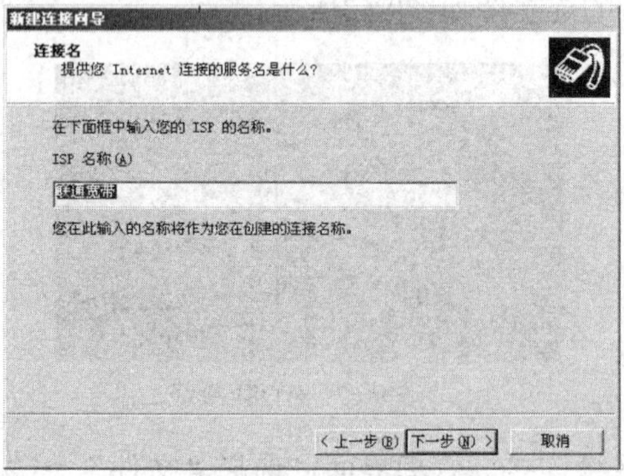

图9-68　设置连接名

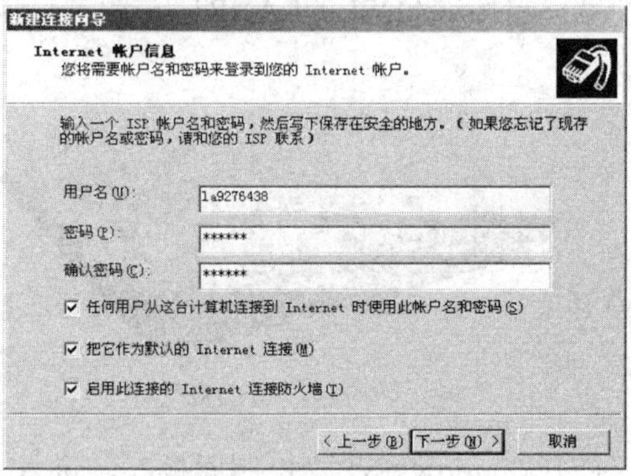

图9-69　设置账户信息

单击“下一步”按钮，则完成新建连接向导，单击“完成”按钮后，将退出连接向导。此时新建的网络连接图标将出现在“网络连接”管理界面中。

新建连接向导结束或双击新建的网络图标（如ADSL宽带）时，系统将打开如图9-70所示的ADSL连接界面，其中的用户名和密码已在创建过程中录入，用户也可重新输入。单击“连接”按钮，系统将显示如图9-71所示的连接过程对话框，直到连接成功或连接失败。

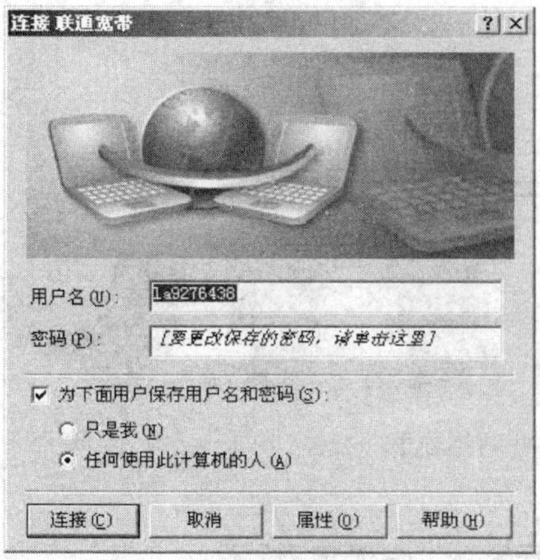

图9-70　ADSL连接界面

图9-71　ADSL连接过程

ADSL宽带连接成功后，其图标默认会显示在Windows XP任务栏的通知区中。

9.5.3　办公网络接入互联网

办公网络中各计算机虽然都可以分别单独接入互联网，但上网开支和网络管理不便的问题会随之而来。如果办公网络内的办公计算机都能共享同一条互联网接入线路，其费用和管理就不再是令人头疼的问题。

路由器是互联网的主要节点设备，存在多种分类标准。按其性能档次可分为高、中、低档路由器；按其功能地位可分为骨干级路由器、企业级路由器和接入级路由器。对小型网络而言，只需采用低档的接入级路由器即可满足上网需求。

图9-72所示是一台SOHO型宽带路由器，常用于家庭网络或小型办公网络。

图9-73所示是一台网吧专用型接入路由器，常用于网吧、校园网络或中小型办公网络中。

图9-72　SOHO型宽带路由器

图9-73　TL_R4149路由器

局域网共享上网的方式有多种，其中最简便的当属路由器方式。

在确保计算机能够正常接入互联网的前提下，拔出计算机网卡中的网线接头转接到路由器的WAN接口，然后再用一条平行双绞线把计算机和路由器的LAN端口连接在一起，同样，把其他办公计算机也与路由器的LAN端口连接起来，网络结构如图9-74所示。

路由器在出厂时默认分配了IP地址，具体参数详见其使用说明书或向服务商咨询，Dlink DI-504默认IP地址为192.168.0.1。将连入路由器的计算机的IP地址设为192.168.0.x（x为2～254之间的任意整数），子网掩码设置为255.255.255.0。在计算机中打开浏览器，在其地址栏中输入路由器的IP地址（如192.168.0.1），在登录界面正确输入路由器的登录账号（默认为admin）和密码（默认为空），成功登录后将打开路由器设置首页，如图9-75所示。

图9-74　共享办公网络结构

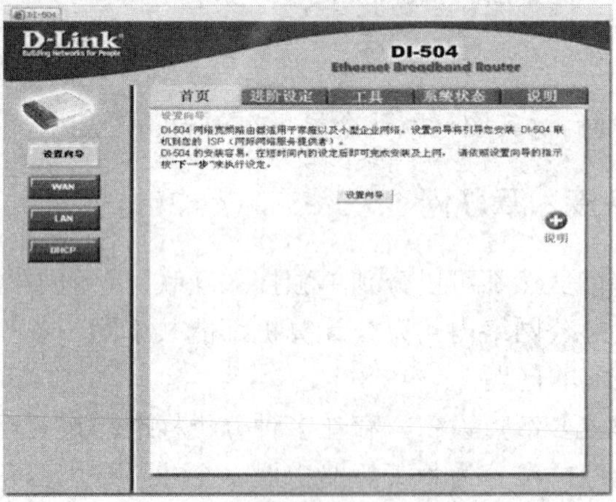

图9-75　DI-504路由器设置首页

单击左侧的“WAN”按钮，打开WAN设置界面。在界面中用户应根据外网的实际接入方式来选定适当的WAN设置。对自动分配IP地址的接入方式则选择“动态IP地址”方式，对社区宽带接入方式一般选择“固定IP地址”方式，对ADSL接入方式则应采选择“PPPoE”方式。图9-76所示就是PPPoE的WAN设定方式，用户一般只需输入使用者名称和密码即可。

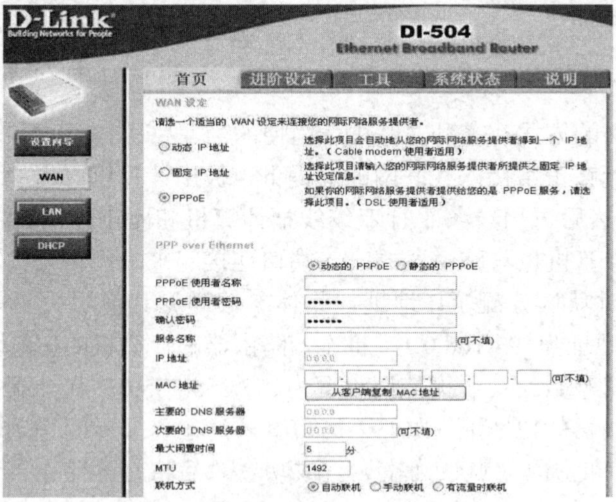

图9-76　DI-504路由器WAN设置

单击左侧的“LAN”按钮，则打开如图9-77所示的内网接口设置界面，一般无须用户改动。

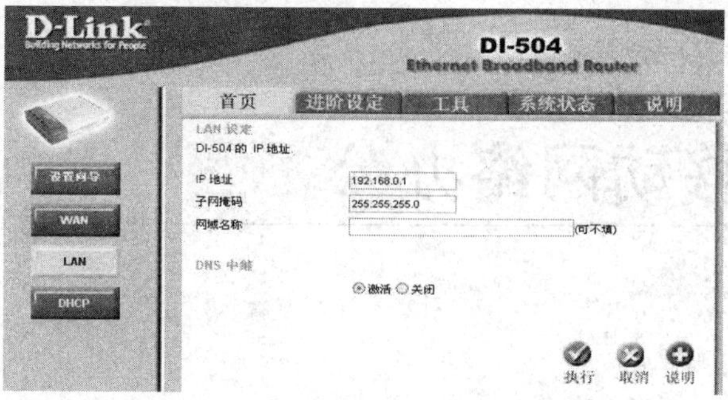

图9-77　DI-504路由器LAN设置

DI-504路由器还提供了自动分配IP地址的DHCP服务功能。单击路由器管理界面左侧的“DHCP”按钮，将打开DHCP服务设置界面，如图9-78所示。

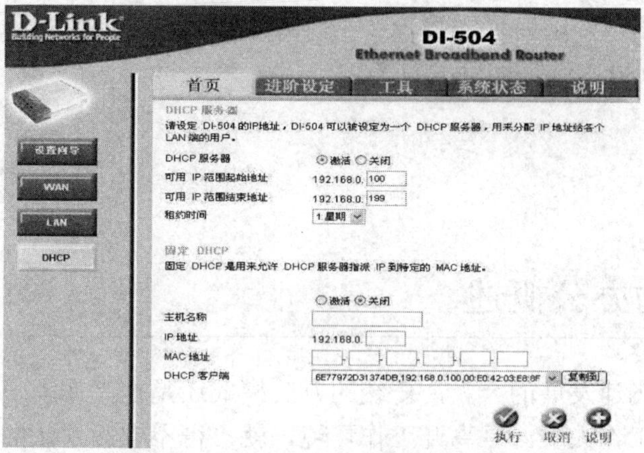

图9-78　DI-504路由器DHCP设置

在DHCP服务器界面中设置自动提供IP地址的起止范围，选择“激活”单选按钮；将连接到路由器的计算机设置为“自动获取IP地址”。这样计算机每次启动时，路由器就会为其动态分配IP地址，而无须用户进行手工设置。

至此就完成了办公网络共享上网的设置任务，正常情况下与路由器连接的计算机均可访问互联网。使用其他型号路由器的用户可参照上述步骤设置，或参考路由器的使用说明书进行配置。

SOHO型宽带路由器一般配有4个LAN接口，如果计算机多于4台，可选用8口SOHO路由器。当计算机数量达十余台时，可考虑采用SOHO型路由器，再配置交换机挂接到路由器上以扩展接口数量。当计算机数量达到数十台时，此时不应再考虑使用SOHO型路由器，而应考虑使用性能更好的路由器。

需要说明的是，为了获取更大的利润，部分服务商增加了共享上网的限制，遇此情况应请专业人员帮助解决共享上网问题。

第10章 移动网络办公

本章要点

随着移动通信业与IT产业的飞速发展，移动办公成为新一代的办公模式。本章简单介绍移动办公概念，移动办公终端，移动终端连接方式，移动终端对等互联、无线局部接入和无线远程接入等移动办公方案。

10.1 移动办公概述

即使在信息技术飞速发展的今天，传统的办公模式还是把工作人员都局限在一个相对固定的办公环境里。工作人员一旦离开工作环境，就不得不中断手头的工作，从而影响工作的连续开展。传统的办公模式已经不能完全满足人们现代办公的需要，人们期盼新的移动办公系统出现。

10.1.1 移动办公概念

通俗地讲，移动办公就是在可移动环境中办公，这是一种新型的办公模式。借助移动设备的无线访问能力，利用信息化软件，建立与计算机网络互联的移动办公系统（见图10-1），可以使人们摆脱“线”的束缚，不受时间和空间的限制，随时随地实现远程管理和沟通，对提高效率、增进协作、实现效益最大化具有重要的现实意义。

图10-2所示是某公司开发的基于手机平台的移动办公系统主界面，利用该系统，只要在有手机信号的地方，员工都可以方便地开展有关业务。

移动办公系统的功能受限于移动终端（如手机、笔记本电脑）的实际性能。与简单文本格式信息有关的任务，如查看文本、回复消息、客户跟踪、邮件收发、日程管理等，可以在大多数移动终端上实现；涉及高级文档格式信息的功能，如收发传真、批阅文档、在线视频、电子签名等，则需要高端移动终端的支持。

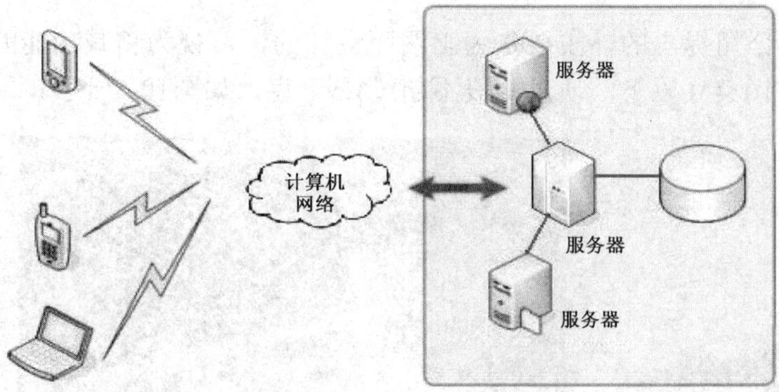

图10-1　移动办公系统

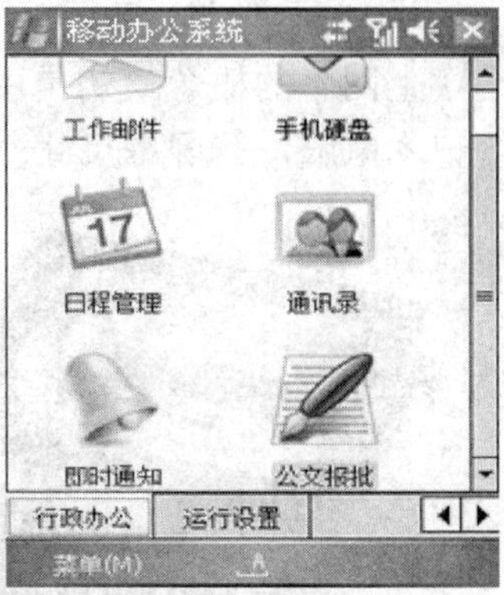

图10-2　基于手机平台的移动办公系统主界面

10.1.2　移动办公终端

随着移动互联网的发展，特别是3G业务的推出，各大设备厂商都开始大力发展移动终端技术，推出了大量的移动终端产品。同时由于新概念、新理念频出，移动终端产品的分类变得越加模糊，难以用清晰的标准加以界定。移动办公终端设备大体可区分为两大类：一类是便携式计算终端，另一类是手持式移动终端。

1．便携式计算终端

便携式计算终端主要包括笔记本电脑、超便携个人计算机和上网本等，后两者基本都以笔记本电脑为蓝本，都可视为变异的笔记本电脑。

（1）笔记本电脑

笔记本电脑是一种小型的、可携带的个人计算机（PC），如图10-3所示。

图10-3　三星X360笔记本

笔记本电脑与台式计算机相比，二者结构相同（如显示器、键盘、鼠标、CPU等）、功能相似、性能相当（实际略低）。但笔记本电脑体积小、质量轻、配有备用电源，具有很好的便携性和移动性，使移动办公成为可能，越来越受到用户的青睐，市场份额不断扩大。

笔记本电脑一般采用英特尔CPU（如迅驰）、内置网卡和WiFi模块，因此既可以采用有线方式也可以采用无线方式接入网络。

（2）超便携个人计算机

超便携个人计算机（UMPC）在外观上与笔记本电脑类似，如图10-4所示，只是体积较小，屏幕尺寸一般在7英寸以下，可视为体积缩小的笔记本电脑。超便携个人计算机的性能与笔记本电脑相当，由于其制造工艺复杂、精良，因此价格不菲。

UMPC装有特制操作系统，可通过安装和卸载软件来定制有关功能。在连网方式上，既可采用有线方式，又可采用无线方式。

（3）上网本

上网本的概念最初是由Intel公司提出的，主要是为上网而设计的，可视为精减功能的笔记本电脑，其屏幕尺寸一般在10英寸以下，质量一般不超过1.5千克，如图10-5所示。

图10-4　富士通LifeBook U1010

图10-5　联想IdeaPad S10上网本

上网本的核心应用就是上网，采用英特尔Atom（凌动）处理器，内置网卡和WiFi模块，既具有有线连网功能，又有无线连网功能。

2．手持式移动终端

手持式移动终端主要包括传统手机、掌上电脑（PDA）、手持电脑（HPC）和智能手机（Smart Phone）等，其中掌上电脑、手持电脑和智能手机由于可任意安装或卸载兼容软件，常被称为智能终端。

（1）传统手机

传统手机的基本功能主要包括语音通话、短信收/发等，如图10-6所示。另外，2004年以后生产的手机一般都具有无线上网的功能。

（2）掌上电脑

掌上电脑早期被称作个人数字助理（PDA），拥有独立的操作系统（一般固化在ROM中），可任意安装和卸载兼容的应用软件。掌上电脑一般没有键盘，采用手写和软键盘方式输入，如图10-7所示。

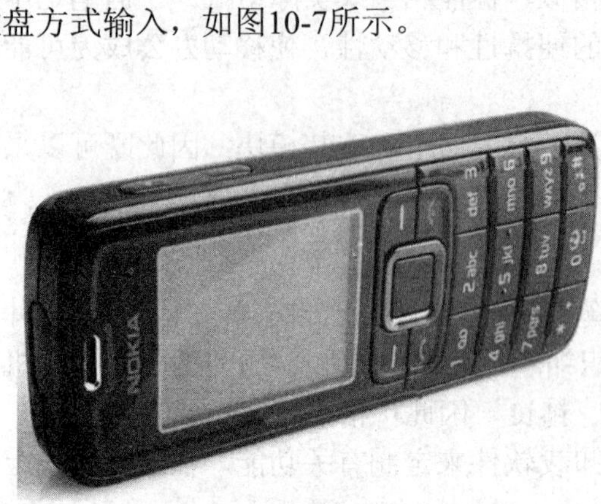

图10-6　诺基亚3310c手机

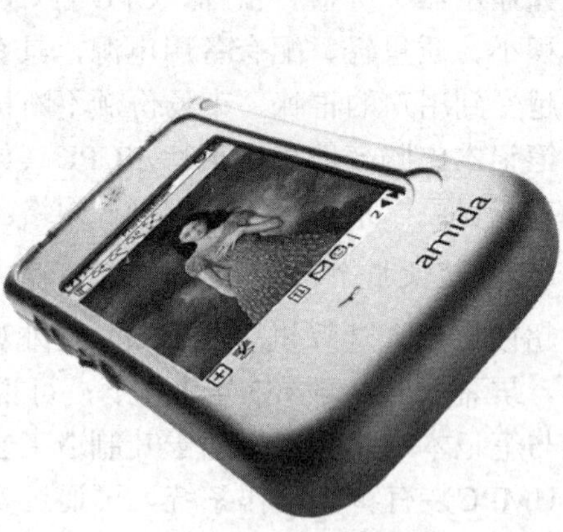

图10-7　Amida Simputer

（3）手持电脑

手持电脑（HPC）是一种介于笔记本电脑和掌上电脑之间的产品，如图10-8所示。可任意地安装和卸载兼容的应用程序，另外配有小型的键盘以便进行输入。手持电脑设备的主要功能包括运算处理、数据存储、输入/输出、数据通信和系统扩展等方面。与掌上电脑相比，其功能较为强大，但便携性相对稍差。

（4）智能手机

智能手机是将掌上电脑的一些功能和手机相结合而产生的，如图10-9所示。智能手机除具备手机的通话功能外，还具备了PDA的大部分功能，特别是个人信息管理、基于无线数据通信的浏览器和电子邮件功能。

图10-8　华硕r2

图10-9　苹果iPhone

3. 智能终端操作系统

移动智能终端设备要在操作系统的管理下才能安装应用软件，以便有针对性地扩展功能。常用的智能终端操作系统主要有Symbian、Microsoft Mobile、Linux、Palm、Android和iPhone OS等。

（1）Symbian

Symbian操作系统是在移动终端中应用范围最广的操作系统，在发展过程中逐渐形成了UIQ、Series60、Series80、Series90多个系列，其中Series60系统应用最广泛，Series90系统功能最为强大。图10-10所示的NOKIA 6122c智能手机采用的就是Series60系统。

（2）Windows Mobile

Windows Mobile（前身是Windows CE）是微软进军移动通信领域进行品牌调整的重要产品，主要包括Pocket PC（PPC）、Smartphone和Media Centers三大平台体系。其中，Pocket PC侧重于事务处理（如日程、移动Office），Smartphone侧重于通信联系（如电话、联系人、短消息），MediaCenters侧重于休闲娱乐（如媒体播放）。该系统界面与普通Windows平台极其相似，如图10-11所示，上手容易且操作简便，深受普通用户欢迎。

图10-10　Nokia 6122c

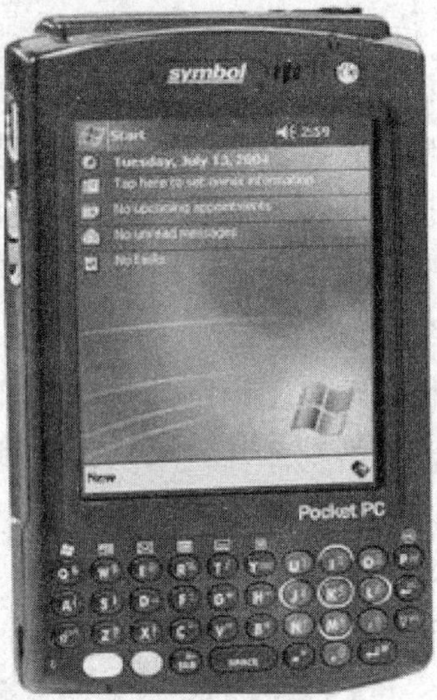

图10-11　Symbol PDA MC50

（3）Linux

Linux是开源的操作系统，用户可以免费地用，自由地改，受到了越来越多的移动终端厂商的关注。Linux系统具有资源占用率低、运行速度快、可靠性强、安全性高的特点，深受用户喜爱。但Linux系统进入移动终端领域较晚，在智能终端中的装机量不大，应用软件也不多，影响了它在智能终端领域内的竞争。图10-12所示为采用Linux系统的摩托罗拉E680i手机。

（4）Palm

Palm操作系统是由Palm公司开发的一种32位的嵌入式操作系统，授权给Handspring、索尼和高通等厂家使用，主要运用于移动终端上，图10-13所示为Palm Pixi手机。Palm系统的易用性较差，许多功能必须通过第三方软件协调才能实现，随着其他智能终端系统的崛起，Palm系统的发展已经出现颓势。

图10-12　摩托罗拉E680i

图10-13　Palm Pixi手机

（5）Android

Android（安卓）是Google与开放手机联盟合作开发的基于Linux平台的开源手机操作系统，其目标是让移动通信不再依赖于设备甚至平台。Google通过与运营商、设备制造商、开发商和其他有关各方结成深层次的合作伙伴关系，开发既有用又有吸引力的移动终端，并推广这些产品，希望借此建立标准化、开放式的移动电话软件平台，并在移动产业内形成一个开放式的系统。图10-14所示为采用Android系统的三星GT-I7500手机。

（6）iPhone OS

iPhone OS是由苹果公司为iPhone开发的移动操作系统，来源于最初的Mac OS系统，界面精美，以触控技术见长，主要应用于iPhone和iPodtouch产品之中。目前iPhone手机已推出iPhone 4（第四代），很好地解决了前三代手机不能直接支持文件系统和多任务的弊端，已经成为名副其实的智能手机，图10-15所示为iPhone M8苹果手机。

图10-14　三星GT-I7500

图10-15　iPhone M8苹果手机

10.1.3　触控手机

如今的手机已经成为触摸技术和手写技术的集大成者，已经从通信工具转变为包含着高超工业设计水准的艺术品（不仅仅是外观设计）。纵观现今的手机市场，可进行触控操作的设计已是大势所趋，触控操作是真正为用户带来全新操作感受的人性化革新。

随着技术的成熟，如今采用触摸屏的手机几乎已经占据了手机市场将近一半的比例。不过触摸屏在过去很长一段时期内是作为手写功能来体现其功能的，人们也常常会称触摸屏手机为手写手机。

手写手机是一个非常时尚的先锋概念，尤以摩托罗拉的A6188/A6288（见图10-16）最为著名，以单色触摸屏配置，物理上抛弃了数字键盘，使用手写笔进行书写和操作。传统手机的数字键盘一般都比较窄小、生硬，长时间操作难免会产生疲劳感。相比之下，使用触摸屏操作，则更加简单、易用。尤其是中文手写输入法，让当时许多不熟悉拼音输入法的用户也能方便地输入中文。

采用Windows Mobile系统的PPC（Pocket PC）手机多普达818（见图10-17）是一款男女都适用的明星机型，它也是一款真正意义上将触摸屏技术、手写技术推广到普通用户的手机。

手写手机的出现给用户带来了不同的使用体验，对触控手机的发展也具有非常重要的意义。但这些支持触摸屏、手写输入的手机依然不能满足用户的需求。

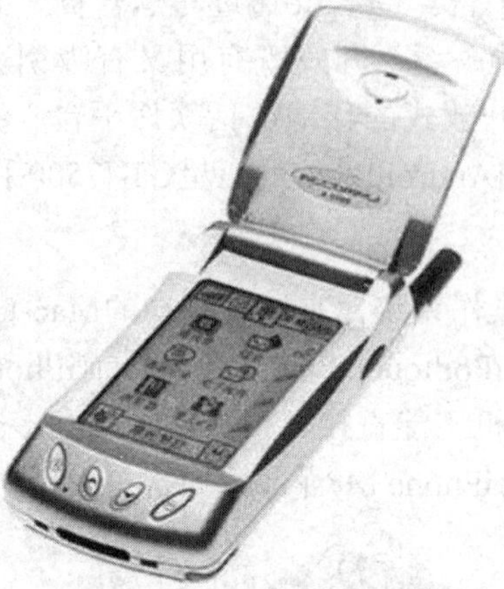

图10-16　摩托罗拉A6288

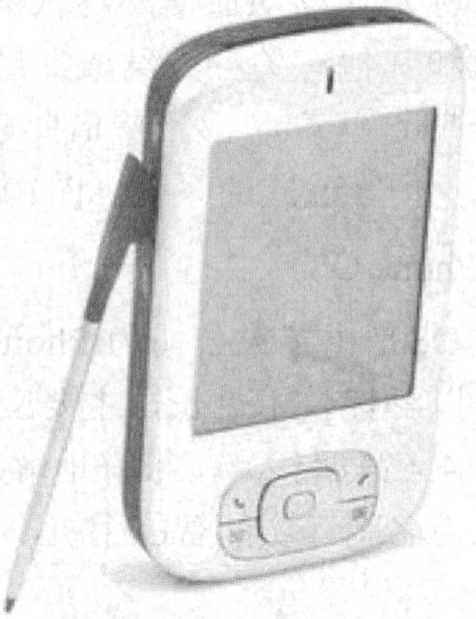

图10-17　多普达818

使用早期PPC手机的用户会遇到一个烦恼，就是在拖曳菜单时，需要用触笔拖曳窄小的滑动条才能实现，单手操作手机非常困难。HTC从Touch、Touch Diamond等机型开始采用TouchFlo触控技术，针对手指、单手操控进行多项优化，从而真正摆脱了触笔的束缚，PPC手机才真正地被大众所接受。

2007年6月，世界上第一款真正意义上的全触控手机——苹果iPhone（见图10-18）横空出世，且深受用户推崇。iPhone全触控手机，基本抛弃了手机按键，把本来应该由十余个按键完成的操控任务完全交由触摸屏完成。iPhone开创的触控新概念，告诉人们触摸屏除了用于手写外，还能够完全改变对设备的操作，对整个行业的发展产生了深远的影响。

使用过手写手机的用户都知道，要实现手机的操作，需要使用触笔，精确地进行点触操作；如果想要滚动页面，需要用触笔找到屏幕的滑动条进行拖动。iPhone完全摆脱了这种烦琐的操作，可以依靠手指进行，流畅的全屏滑动，完全颠覆了用户的想象。

多点触控是苹果iPhone首创的亮点。在浏览图片、网页时，不必再费心寻找放大或缩小选项，只需用两个手指轻轻拨动即可轻松实现，如图10-19所示。目前，已经有多种机型支持多点触控，极具普及潜力。

图10-18　苹果iPhone

图10-19　双指触控缩放界面

在播放音乐时，将iPhone横向翻转，画面就会自动切换至Cover Flow（流动封面）界面，如图10-20所示，这得益于苹果iPhone内置的移动感应器。移动感应器技术还被广泛应用在游戏操作上，全方位地改变了用户对手机的操作习惯。

图10-20　音乐的流动封面

传统的手机打开程序先要进入主菜单，再进入相应的分类，选择程序，显得十分烦琐。触控手机可以让用户通过Widget（译音：微巨）工具个性化地安排手机界面的内容，图10-21所示是三星W709的界面，它采用全新的TouchWiz 2.0技术，可以在设置中选择丰富的Widget，并将它们添加到桌面侧边栏，使用时拖曳至桌面，即可享用直观方便的快捷方式。

当Widget、多点触摸、多页面切换不能带来新意的时候，3D界面就应运而生了。三星S8000和LG KM900e两款先锋机型，使用了立体方块来表现程序菜单的某些功能，如图10-22所示，给人以视觉上的新冲击，操作上的新体验。其功能图标分布在一个立体界面中，使用时只需通过触动旋转立体方块，找到功能图标所在的平面，即可执行相应的功能。

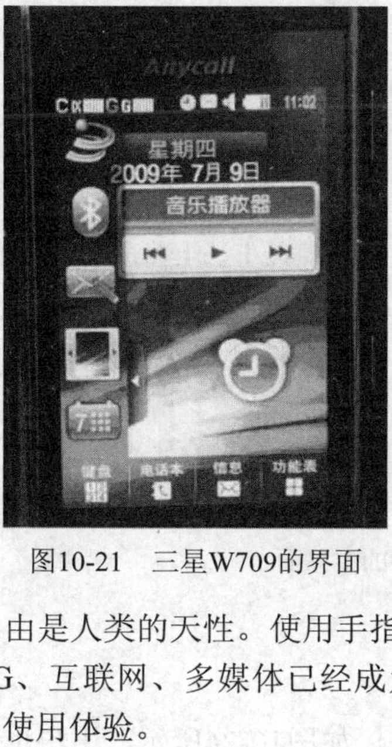

图10-21　三星W709的界面

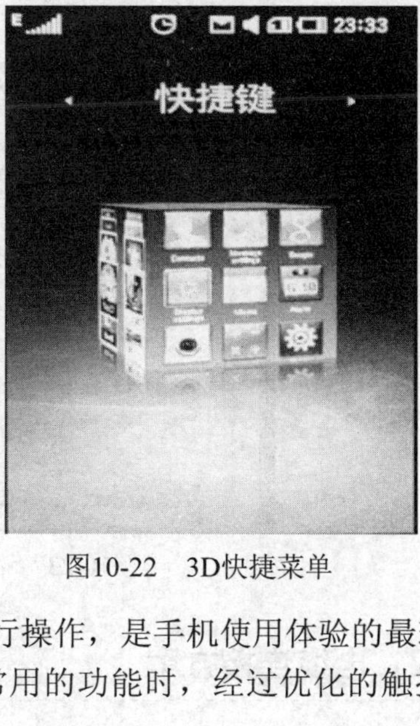

图10-22　3D快捷菜单

追求自由是人类的天性。使用手指自由地进行操作，是手机使用体验的最理想状态。尤其是在3G、互联网、多媒体已经成为手机最常用的功能时，经过优化的触控界面，会带来最佳的使用体验。

10.2 移动终端互连方案

移动终端短距离间的连接类型主要有电缆连接、红外连接或蓝牙连接等。从通信稳定性和通信质量角度考虑，电缆连接方式应是首选；但红外连接和蓝牙连接的方便性和易用性，也着实令用户难以拒绝。

10.2.1 移动终端管理软件

移动终端设备一般都具有某种通信能力。凡具有同类通信能力的移动终端间理论上都可以通过相互联机而实现数据交换。但移动办公设备种类型号众多、分类标准繁杂、功能用法各异，因此移动终端间的互联注定是繁杂的，也必然存在具大的差异。

值得庆幸的是移动终端厂商注意到了此类问题，已经为自己的移动产品提供了比较通用的管理套件，如诺基亚的PC Suite和三星的PC Studio、摩托罗拉的Phone Tools、苹果的iPhone PC Suite等。另外第三方软件商还提供了较为实用的“91手机助理”、“手机通”等通用套件。用户利用它们可以方便地在计算机上管理移动设备、数据资源及与计算机之间的连接等。

本节以诺基亚PC Suite 6.x（以下称PC套件）为例，介绍诺基亚手机与笔记本电脑间联机的方式和方法（假设读者熟悉诺基亚手机的具体操作）。

从诺基亚官方网站下载并安装PC套件，安装完成后PC套件的主界面如图10-23所示。

图10-23　诺基亚PC套件的主界面

10.2.2 电缆连接方案

部分诺基亚手机随机附送USB接口的数据线缆，如图10-24所示，用户也可在手机配件市场中单独购买。

图10-24　诺基亚6230i数据线

在PC套件主界面底部，单击“取得连接”按钮将打开取得连接向导，如图10-25所示。

图10-25　取得连接向导

单击“下一步”按钮，进入如图10-26所示的“选择连接类型”界面，选择“电缆连接”单选按钮。

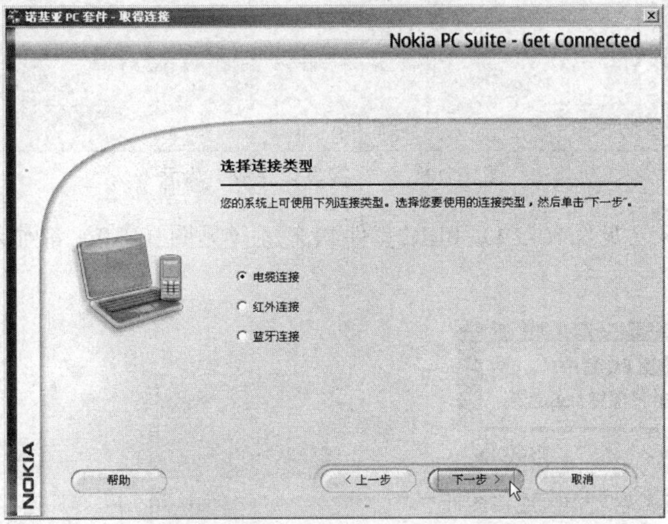

图10-26　选择“电缆连接”单选按钮

单击“下一步”按钮，打开如图10-27所示的“连接电缆”提示界面。

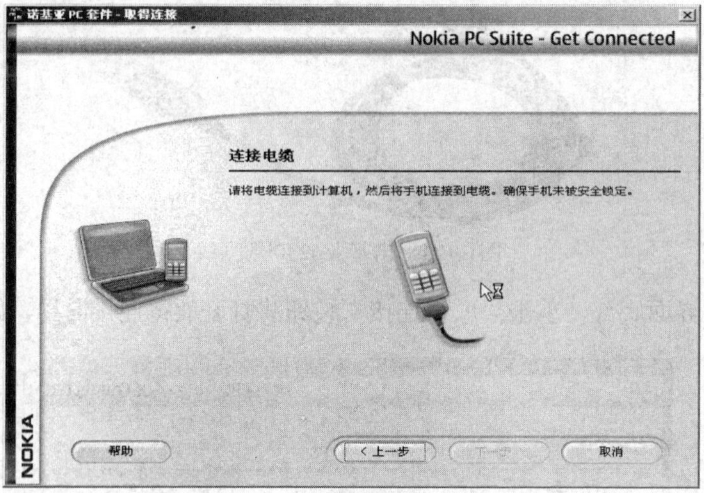

图10-27　“连接电缆”提示界面

将数据线两端分别插入手机与笔记本电脑的USB接口中，在手机端弹出的界面中选择“PC套件”模式，PC套件界面将自动显示“连接设置完成”界面，如图10-28所示，其中列出了可用的连接，单击“完成”按钮，结束取得连接向导。

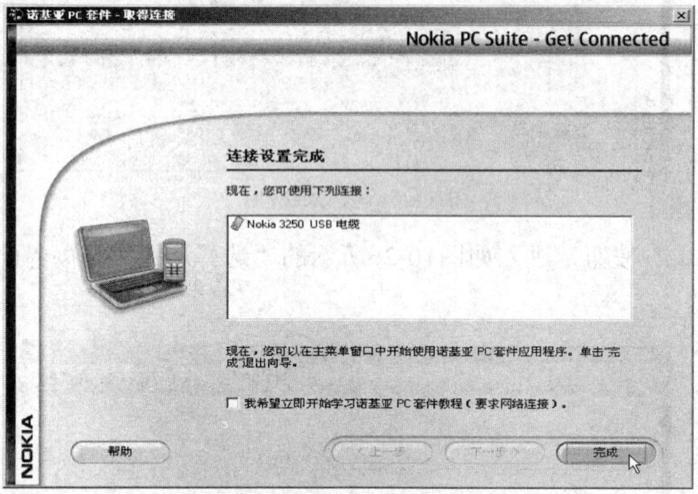

图10-28　“连接设置完成”界面

任务栏通知区（见图10-29）和PC套件状态区（见图10-30）都显示手机已通过USB连接。

图10-29　任务栏通知区连接图标

图10-30　PC套件连接状态

10.2.3　红外连接方案

红外技术（IrDA）是较早出现的无线通信技术，利用红外技术能够与其他红外设备进行无线通信，其标识如图10-31所示。

图10-31　红外线标识

绝大多数移动终端设备都配有红外线接口，常表现为在机壳表面有一个暗红色方窗，如图10-32中所示的手机和图10-33所示的笔记本电脑。

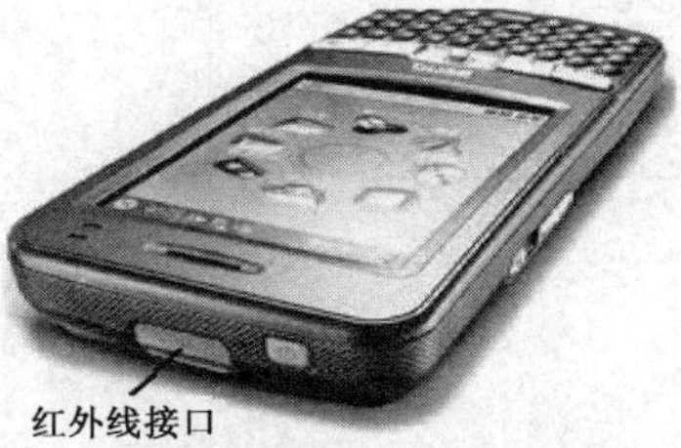

图10-32　手机红外线接口

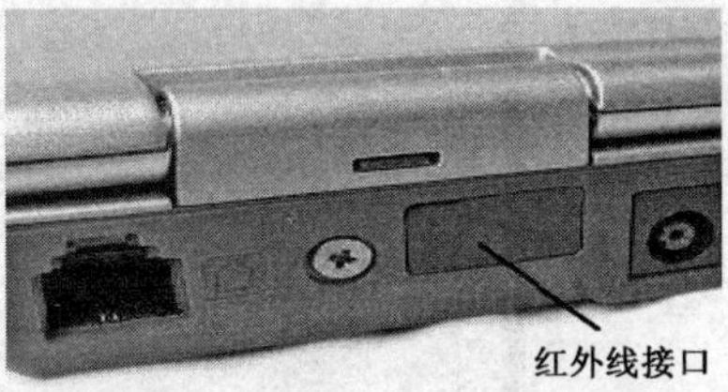

图10-33　笔记本电脑红外线接口

红外线通信距离不能超过1米，具有较强的方向性，理论速率为115.2Kbit/s。红外线设备间联机时，要求二者尽可能地靠近，红外线窗口相互对准，且中间不得有障碍物。

笔记本电脑默认配有红外线通信模块（必要时应进入BIOS设置界面将其打开）；普通计算机一般不配置红外模块，可购买与计算机接口匹配的红外适配器，如图10-34所示。其硬件连接与驱动程序安装过程不再赘述。

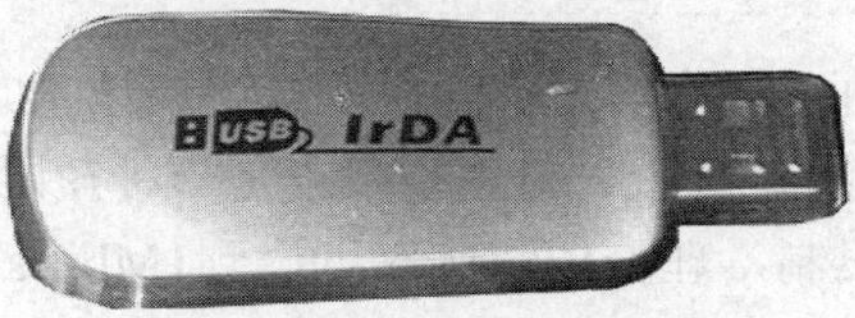

图10-34　USB红外适配器

利用PC套件启用取得连接向导，进行至“选择连接类型”界面时选择“红外连接”单选按扭，单击“下一步”按钮，如图10-35所示。

启动手机的红外功能，把手机靠近计算机，并将其红外线接口对准计算机的红外线接口，PC套件界面自动变为“连接设置完成”界面，如图10-36所示，其中列出了可用的红外连接，单击“完成”按钮，结束取得连接向导。

任务栏通知区和PC套件状态区都出现手机已通过红外连接的图标或信息，表示手机与计算机间红外连接成功。

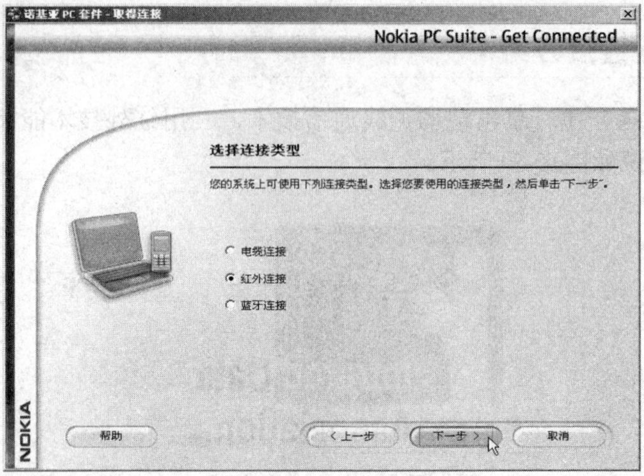

图10-35　选择连接类型-红外连接

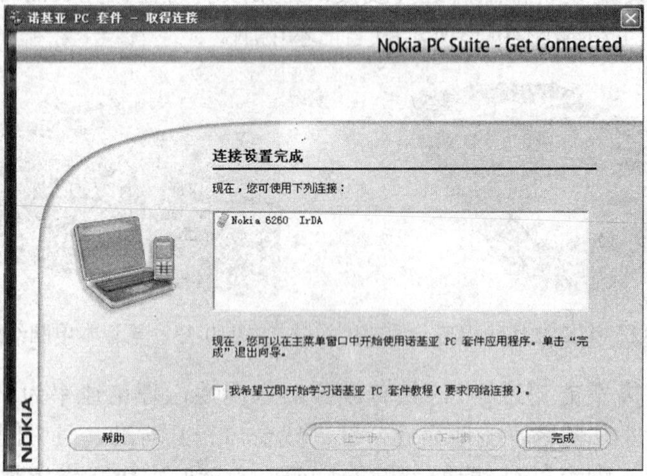

图10-36　取得连接-连接设置完成

10.2.4　蓝牙连接方案

蓝牙（Bluetooth）是由爱立信率先研发的无线连接技术，其标识如图10-37所示，能够在若干台蓝牙设备间进行无线连接。蓝牙技术也是一种短距离通信技术，通信距离最长不超过10米，没有方向性限制，理论传输速率可达到1Mbit/s，可实时进行数据和语音传输。蓝牙传输无方向性且允许多机同时互连，其数据的保密性能和安全性能相对较差。

Bluetooth®

图10-37　蓝牙标识

部分新型笔记本电脑都配有蓝牙通信功能，对没有蓝牙功能的计算机，可根据其接口情况购买匹配的蓝牙适配器，图10-38所示为常用的USB接口蓝牙适配器。

蓝牙适配器的硬件安装和驱动程序过程不再赘述，安装完毕并重启计算机系统后，任务栏通知区中将出现蓝牙图标，如图10-39所示。

图10-38 USB接口蓝牙适配器

图10-39 蓝牙图标

启动PC套件，并打开其取得连接向导，进行至“选择连接类型”界面，如图10-40所示，选择“蓝牙连接”单选按钮，单击“下一步”按钮。

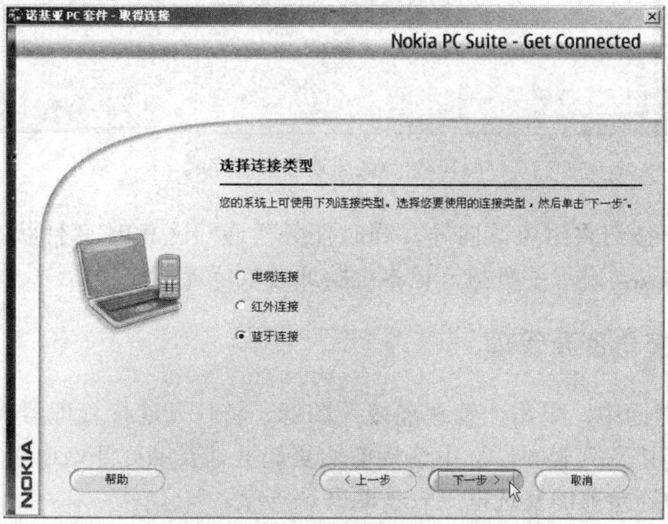

图10-40 选择连接类型-蓝牙连接

将手机的蓝牙功能打开，并设置该手机对其他设备可见，以使其他蓝牙设备能够发现它的存在，PC套件将自动转入“选择蓝牙软件”界面，如图10-41所示。

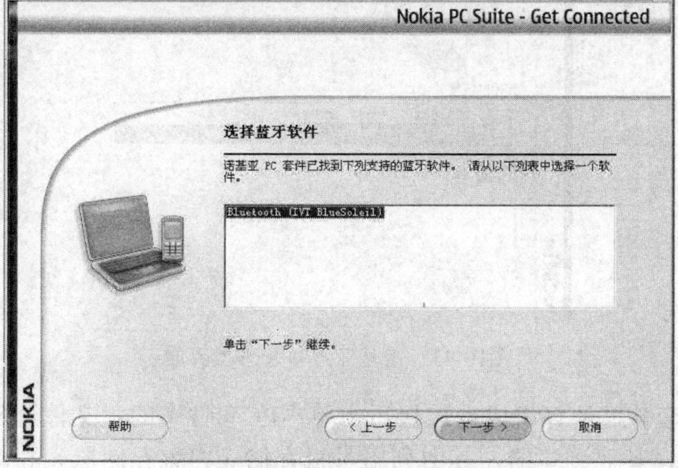

图10-41 “选择蓝牙软件”界面

单击“下一步”按钮，进入“连接设置完成”界面，如图10-42所示，其中列出了可用的蓝牙连接。

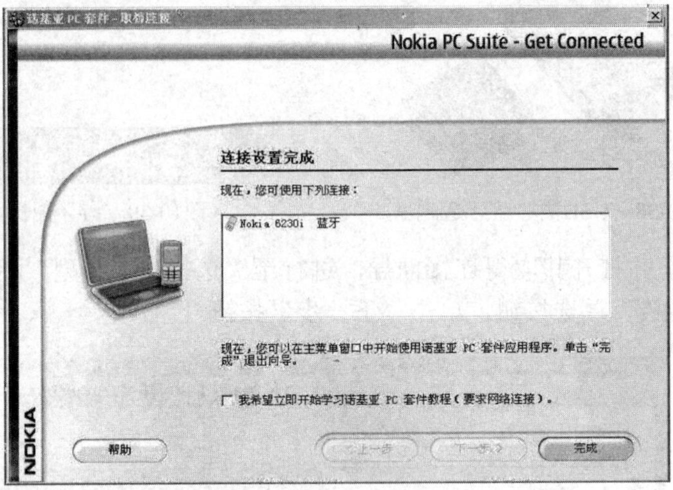

图10-42 蓝牙连接设置完成

单击“完成”按钮将结束该向导，同时任务栏通知区和PC套件状态区将显示手机已通过蓝牙连接的信息，表示手机与笔记本电脑通过蓝牙连接成功。

10.2.5 连接与资源管理

在PC套件主界面中，单击“管理连接”图标，将打开连接管理器界面，如图10-43所示。在“可用的连接”列表中，选中连接前的复选框则表示打开该连接（前提是具备开启条件），取消选中连接前的复选框则表示断开该连接。

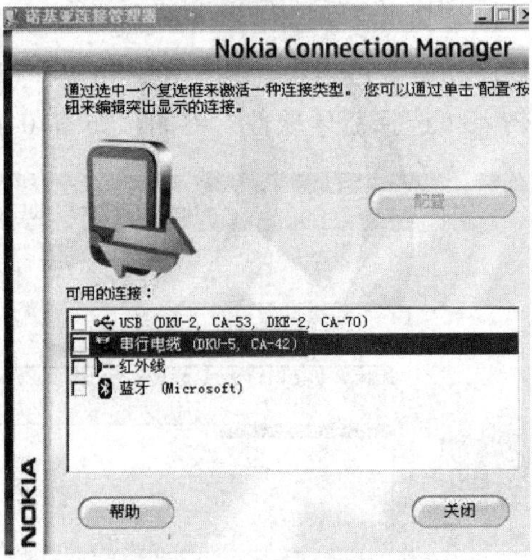

图10-43 诺基亚连接管理器界面

手机通过PC套件与计算机成功连接后，单击PC套件中的“文件管理器”图标，打开如图10-44所示的诺基亚浏览器，其中列出手机存储（内置存储器）和存储卡（扩展存储器）等图标。双击某图标进入后，即可对其中的数据资源进行管理。同时Windows XP的“我的电脑”或“资源管理器”界面中也会出现一个“诺基亚手机浏览器”节点（见图10-49），利用它同样可以方便地对手机中的数据资源进行管理。

另外利用PC套件，还可实现对手机数据的备份、还原或同步等功能。

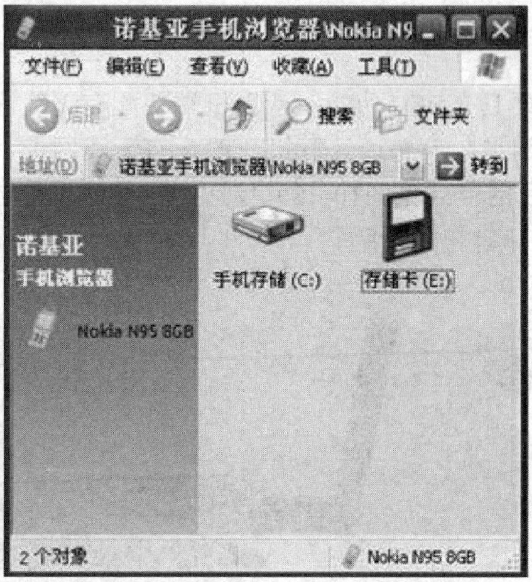

图10-44　诺基亚手机浏览器

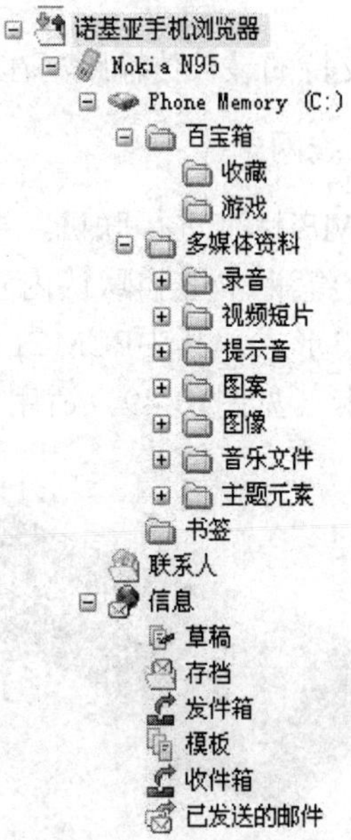

图10-45　诺基亚手机浏览器节点

10.3 无线局域网

传统局域网中的计算机和网络设备通过线缆连接在一起，网络中的计算机被安置在一个固定的位置上与网络进行通信。而无线局域网中，计算机和网络设备间利用无线信号传输数据，具有无线通信能力的计算机，只要在无线信号覆盖的区域内，就能与网络设备进行通信，大大增强了移动性。在现有技术条件下，无线局域网是对传统局域网的有益补充。

10.3.1　无线局域网概述

无线局域网普遍采用了WiFi技术标准，除包括无线介质外，还包括无线网卡、无线交换机（或无线路由器）等节点。

1．WiFi技术

WiFi技术是一种基于802.11标准的无线局域网技术，其标识如图10-46所示。

目前常见的WiFi标准有802.11a/b/g/n共4种，其中，802.11a/b出现较早，对应的速度分别为54Mbit/s和11Mbit/s；802.11g是目前主流的标准，速度为54Mbit/s；802.11n则是刚刚兴起的新标准，速度高达300Mbit/s，不过目前价格较高。图10-47所示是WiFi对某WiFi产品的认证标识，表示该产品可兼容802.11a/b/g/n这4种标准。

图10-46　WiFi标识　　图10-47　WiFi认证标识

WiFi支持的最长传输距离在空阔环境（室外）约达300m，办公环境（室内）约100m。

2．无线网卡

利用WiFi标准进行联机，要求手机要具有WiFi功能，计算机端要配有无线网卡。采用迅驰CPU的笔记本电脑默认内置有无线网卡，而普通计算机一般没有无线网卡。无线网卡有多种接口形式，其中PCMCIA接口无线网卡（见图10-48）仅适用于笔记本电脑，USB接口无线网卡（见图10-49）适用于台式机和笔记本电脑。

图10-48　PCMCIA无线网卡

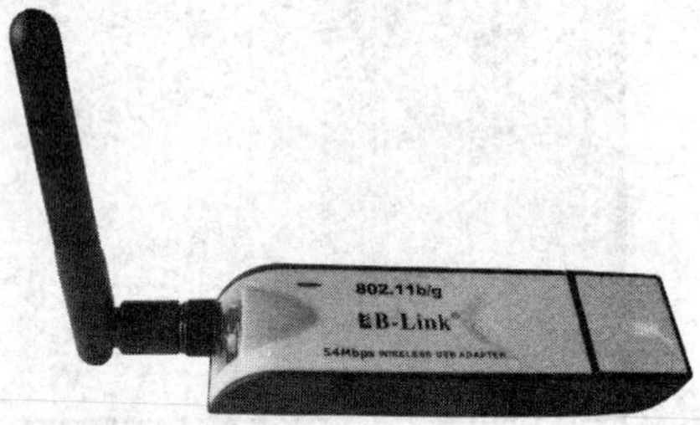

图10-49　USB接口无线网卡

根据计算机实际接口情况，为其安装无线网卡及驱动程序，计算机就具有了WiFi连网功能。无线网卡成功安装后，一般会在控制面板的网络连接中看到无线网络连接图标，如图10-50所示，也可以在设备管理器的网络适配器中查看到该无线网卡设备，如图10-51所示。

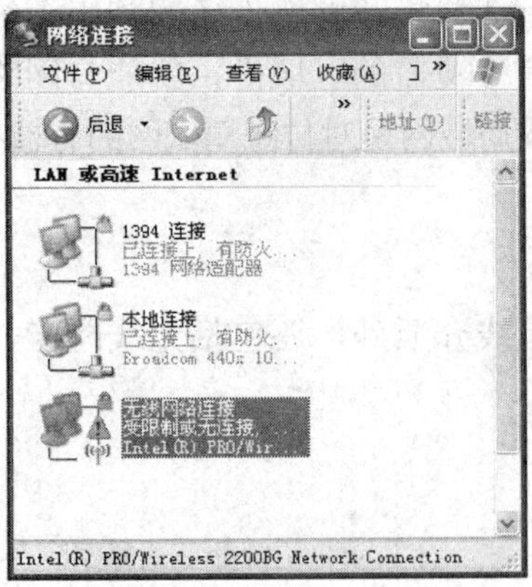

图10-50　无线网络连接图标

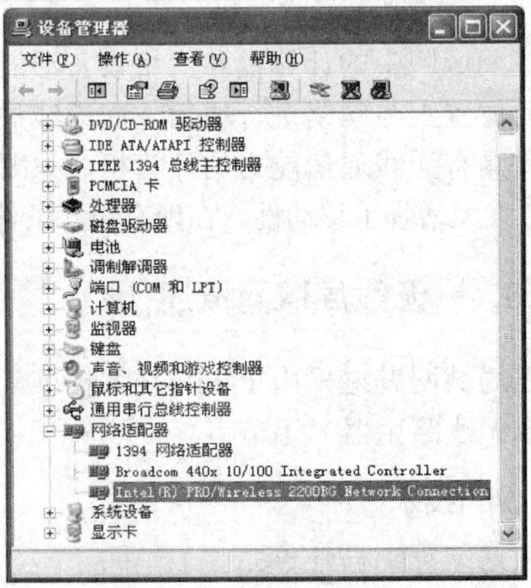

图10-51　无线网卡设备

3．无线AP

无线AP又称无线接入点，是指用于无线网络的无线交换机，是无线网络终端接入有线网络的接入点；在一般的办公应用中，无线路由器常被看作是扩展无线AP（二者在外观上不易区别）。图10-52所示是TP-Link WR541G无线路由器。

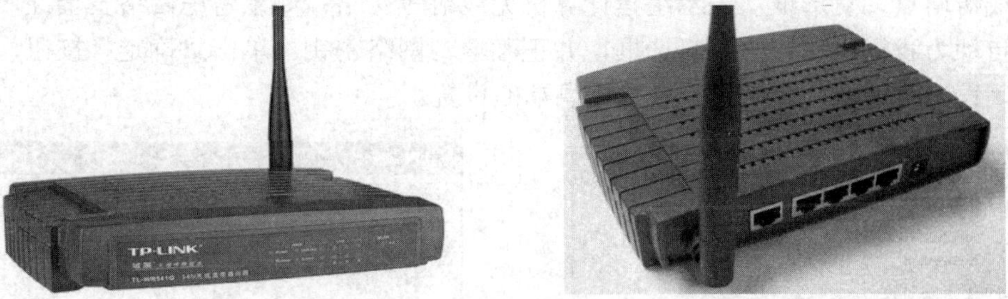

（a）前面板　　（b）背面板

图10-52　TP-Link WR541G无线路由器

SOHO级无线AP一般具有多个有线接口，如TP-Link WR541G背面板有1个WAN接口用于与“外网”连接，4个LAN接口用于与“内网”的设备或计算机连接，此时它相当于一个普通交换机；当启用无线网络功能后，才真正发挥无线接入点（AP）的作用，其他无线设备才能与它进行连接。

10.3.2　无线对等联机

具有WiFi连网功能的计算机之间可以组建对等无线网。使用WiFi连网，首先要各自启用其无线网络，如戴尔笔记本电脑使用【Fn+F2】组合键启用无线网络；接着再分别指定并设置主信息端（有且仅有一个）和从信息端（可有多个）；最后在从信息端搜索可用的无线网络，并与可用的无线网络连接，直到连接成功。具体实现步骤如下。

（1）在主信息端（计算机）展开控制面板中的网络连接（见图10-50），打开“无线网络连接 属性”对话框，如图10-53所示；选中“Internet协议（TCP/IP）”复选框并打开其属性对话框，如图10-54所示；为其设置固定IP地址（如192.168.1.10）和子网掩码（如255.255.255.0），单击“确定”按钮确认并关闭当前对话框。

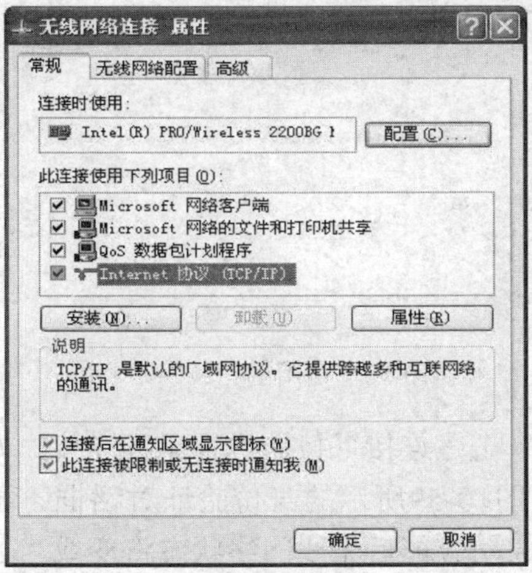

图10-53 “无线网络连接 属性”对话框

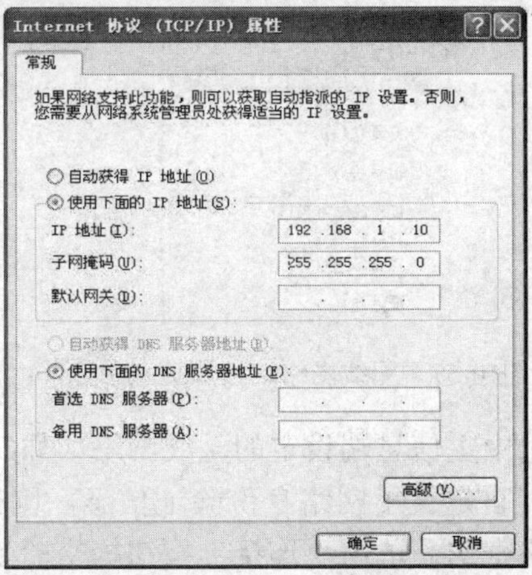

图10-54 “Internet协议（TCP/IP）属性”对话框

（2）将“无线网络连接 属性”界面切换至“无线网络配置”选项卡，如图10-55所示。单击“添加”按钮，打开如图10-56所示的“无线网络属性”界面，在其中为无线网络指定网络名SSID（如CNet），并选中“这是一个计算机到计算机的（临时）网络，未使用无线访问点”复选框，表示组建计算机无线对等网络；如果考虑网络安全性，可取消选择“自动为我提供此密钥”复选框，并正确填写网络密钥。单击“确定”按钮，逐个确认并关闭设置对话框，至此已完成主信息端的设置。

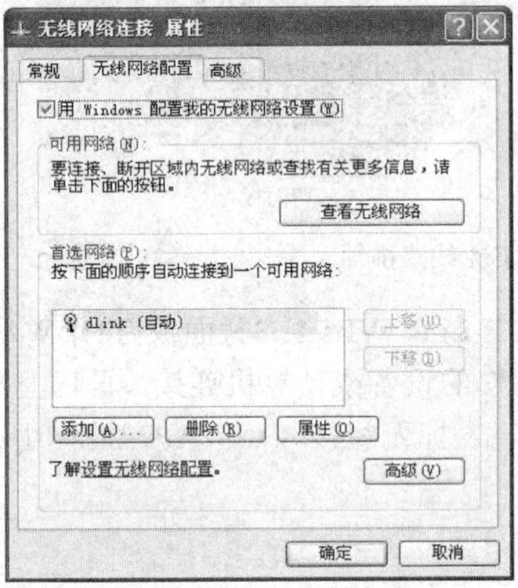

图10-55 “无线网络配置”选项卡

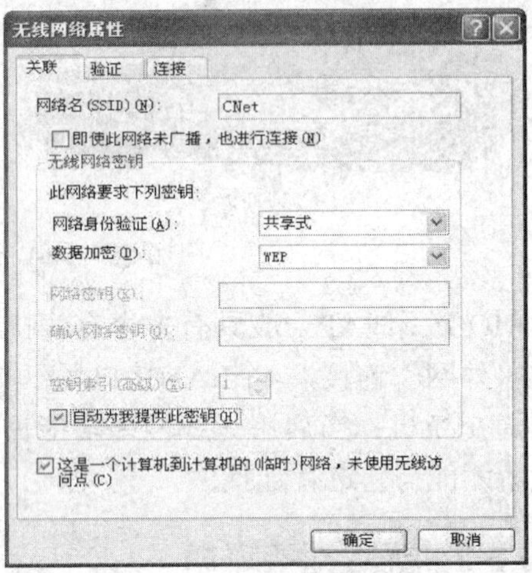

图10-56 “无线网络属性”界面

（3）如果以笔记本电脑作为从信息端，在启用其无线网络功能后，参照主信息端的设置步骤，正确设置其IP地址（如192.168.1.20）和子网掩码（如255.255.255.0），确保从信息端与主信息端位于同一个网络中即可。在“无线网络连接”图标上单击鼠标右键，从弹出的快捷菜单中选择“查看可用的无线连接”命令（图10-57），以搜索附近可用的无线网络，搜索结果如图10-58所示，其中包括网络名、安全状况及无线信号的强弱等信息。

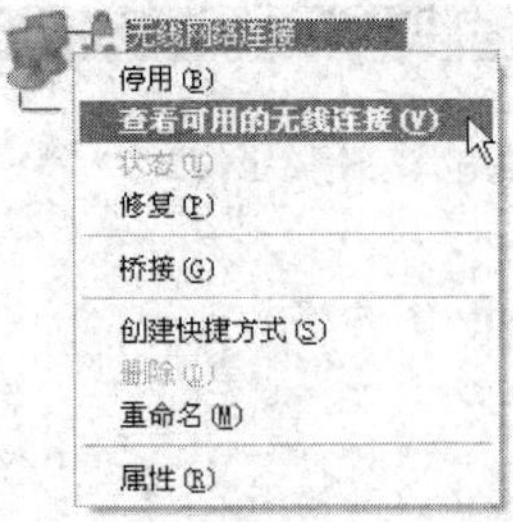

图10-57 无线网络连接快捷菜单

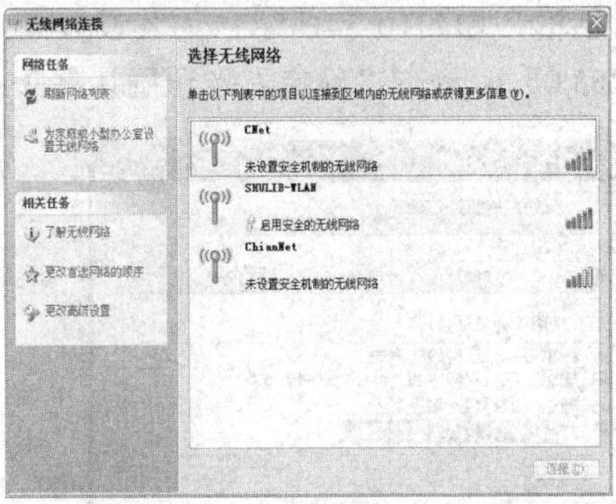

图10-58 可用的无线网络

选中主信息端设定的无线网络（如CNet），单击“连接”按钮进行无线连接，如果主信息端自定义了网络身份验证信息，则会弹出如图10-59所示的身份验证对话框。正确输入网络密钥，单击“连接”按钮提交验证信息，成功验证后无线网络状态将变成“已经连接”，同时Windows系统提示“无线网络连接 现在已经接入”。若要断开连接中的无线网络，只需将其选中并单击“断开”按钮即可。

图10-59 无线网络连接验证

如果以手机等移动终端作为从信息端，只需参照使用手册，启用其WiFi功能，正确地设置其IP地址和子网掩码；再搜索可用无线网络并进行连接（含密钥验证），直到成功。

一般地，手机与计算机通过WiFi连通后，手机默认成为计算机的移动存储设备；如果手机配有存储卡，将会出现两个移动存储设备。如果在Windows中设置网络共享，则在手机端可访问被授权的共享内容。

10.3.3 无线AP连网

无线AP连网是指以无线AP为中心，其他移动终端以WiFi信号接入无线AP。实现无线AP连网，首先要对无线AP进行设置，本节将以TP-Link WR541G为例进行说明。

将一条直连双绞线的一端接无线AP的一个LAN接口，另一端连接到计算机网卡；翻阅无线AP的使用手册，查找无线AP默认的IP地址（如192.168.1.1），设置计算机网卡的IP地址（如192.168.1.2），并保证与无线AP位于同一网络。然后打开计算机浏览器，在其地址栏中输入无线AP的IP地址（如192.168.1.1），在登录界面中输入正确的账号（默认为admin）和密码（默认为空），成功登录后在打开的Web界面中切换至如图10-60所示的“无线网络基本设置”界面。

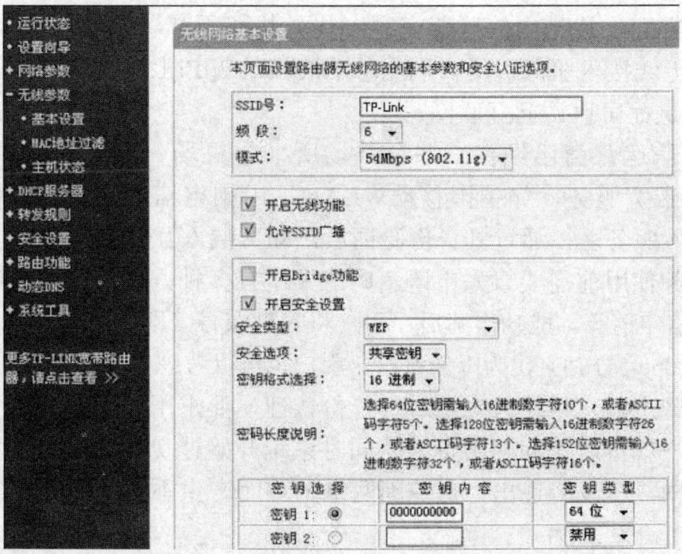

图10-60 “无线网络基本设置”界面

其中，“SSID号”用于指定网络名（如TP-Link），以便用户方便地识别无线网络；当办公环境中存在若干无线AP时，可指定不同的“频段”以避免干扰；应根据客户端无线网络信号的工作模式选择“模式”，以满足信号兼容性；“开启无线功能”表示启用无线接入点（AP）功能；“允许SSID广播”表示在信号覆盖的范围内广播SSID号，以便客户端能够发现无线网络的存在。必要时也可设置其安全类型及密钥选项，切换至如图10-61所示的“DHCP服务”界面，启用DHCP服务，当无线用户接入后可自动为其分配IP地址。

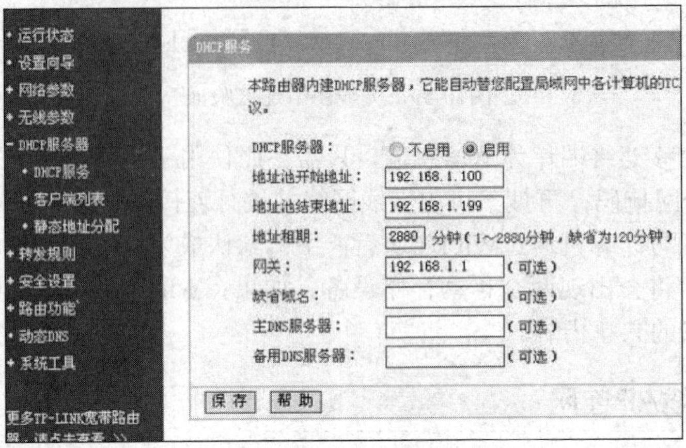

图10-61 “DHCP服务”界面

在无线AP网中，无线AP是主信息端，其他无线终端（如笔记本电脑、手机等）是从信息端，参考无线对等网中的从信息端进行设置，连接无线网络并成功通过密钥验证后，即可轻松接入由AP组建的无线局域网。

10.3.4 无线宽带

无论用户利用WiFi技术组建无线对等连网还是无线AP网，用户都不可能随身携带无线网络环境，一旦离开了该无线环境，无线连接就会中断。

无线宽带，实际上就是电信运营商在一些公共场所部署无线AP，可以为信号覆盖范围内的用户提供无线接入服务；用户利用移动终端的WiFi上网功能，可以连接到附近的无线AP，通过它们进而可以访问互联网。

目前各大电信运营商已经在一些公共场所（如机场、咖啡屋或大学校园）有计划地部署这种无线带宽服务，如中国移动WLAN、中国电信“随E行”等。用户携带无线（WiFi）设备进入服务区，通过其身份验证后，即可接入互联网。

无线宽带业务使用前需要事先申请，申请渠道有多种，如到营业厅申请，拨打客服电话申请或发送短信申请等。成功申请后，用户将收到账号（即手机号）和密码，且默认费率以时长收费（如0.05元/分钟），为降低费用，用户也可以考虑申请套餐（如30元/20小时）。

使用无线宽带上网，系统首先要进行身份认证，要求用户正确输入个人账号和密码。成功认证后，用户就可以访问网络资源，同时系统开始计费，直到正常退出为止。因此，无线宽带使用完毕，应及时退出，避免因网络闲置而产生不必要的花费。

10.4 手机无线上网

手机无线上网已经成为一种时尚。在开通手机上网业务后，只要在有手机信号的地方，用户都可以利用手机方便地访问有关网络资源，一定程度地开展移动办公。

10.4.1　移动上网技术

移动上网技术主要有基于2G网络的GPRS、CDMA和EDGE，还有当前大力推广的基于3G网络的TD-SCDMA、CDMA2000、WCDMA等。

1．GPRS

GPRS是通用分组无线业务的简称，是中国移动推出的2.5代无线通信业务，在有移动信号的地方就可以为移动用户提供较高速率、较低费率的无线上网服务。GPRS上网的峰值速率为115.2Kbit/s，稳定速率一般在20～30Kbit/s之间。中国移动的GPRS的被人为地分为CMWAP和CMNET两种方式。前者是专为手机、PDA等通过GPRS上网设计的，用于访问WAP类网站；后者则是为个人计算机、笔记本电脑等利用GPRS上网设计的，用于访问WWW类网站。

2．CDMA

CDMA是码分多址的简称，是中国联通推出的一种先进的2.5G无线扩频通信技术，随着我国电信业务重组工作的推进，该业务目前已纳入中国电信名下运营。CDMA 1X无线上网速度可达230Kbit/s，稳定速率一般为100Kbit/s左右，素有掌中宽带之称。

3．EDGE

EDGE是增强型数据速率GSM演进技术的简称，是中国移动为抗衡CDMA无线上网技术而推出的，通常被称为2.75G技术。它主要是在现有的GSM系统中采用了一种新的调制方法，使数据所包含的信息量扩大到原来的4倍。EDGE最高速率可达 384Kbit/s，稳定速率一般为200Kbit/s左右。

4．3G网络

随着3G通信时代的到来，国内各大电信运营商先后推出了各类3G无线网络，目前主要有中国移动的TD-SCDMA，中国电信的CDMA2000/EV-Do和中国联通的WCDMA。3G无线网络较以前的2G无线网络的带宽有了很大提高，如中国联通WCDMA的理论速率在7.2～14.4 Mbit/s之间，实际速率也高达200Kbit/s～2Mbit/s，已经接近或超过有线网络的宽带。

10.4.2　手机上网设置

手机上网必须满足一定的条件，即手机具有上网功能、开通了上网业务、进行了正确的设置。为推广移动上网业务，2004年后国内市场上的手机都具上网功能，同时国内各大移动运营商默认为移动用户开通上网业务。在对手机上网进行正确设置后，用户的手机就可以进行移动上网了。需要提醒的是，移动运营商默认开通的上网业务费用比较高，建议经常需要移动上网的用户专门申请开通包月或套餐上网业务。

由于手机的种类、型号众多，功能界面各异，因此手机上网的设置方法和步骤差异较大；另外选用不同的移动运营商、不同的上网业务（如GPRS或EDGE），服务商提供的上网参数也会不同。建议用户在设置手机上网前，查阅手机使用手册或向专业人员咨询。

本节以基于Windows Mobile 5操作系统的Pocket PC手机访问GPRS（CMWAP）为例介绍手机上网设置方法。设置前可向中国移动索要GPRS的设置参数。

（1）单击“开始”按钮，打开如图10-62所示的“开始”菜单；选择“设置”命令，打开如图10-63所示的设置主界面。

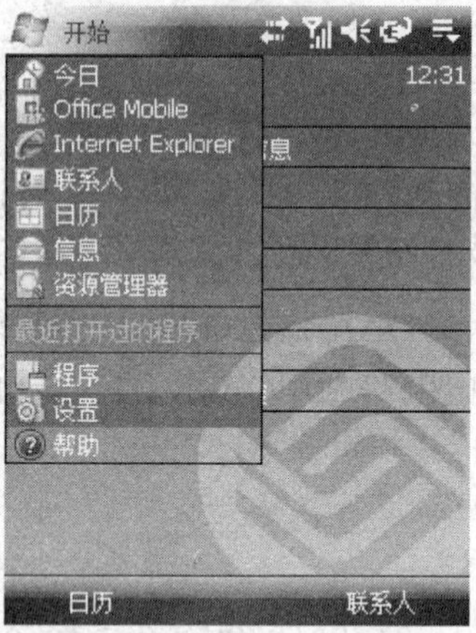

图10-62　启动“开始”菜单

图10-63　设置主界面

（2）双击“连接”图标，打开如图10-64所示的“连接”界面；执行“添加新调制解调器连接”任务，打开如图10-65所示的“新建连接”界面；输入连接名称（自定），选择调制解调器为“电话线路（GPRS）”。

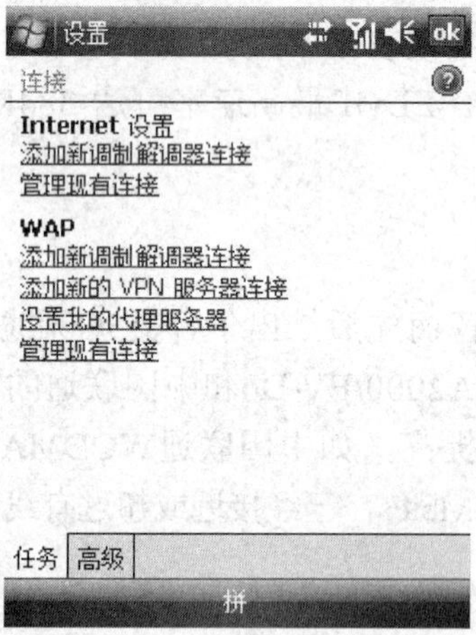

图10-64　“连接”界面

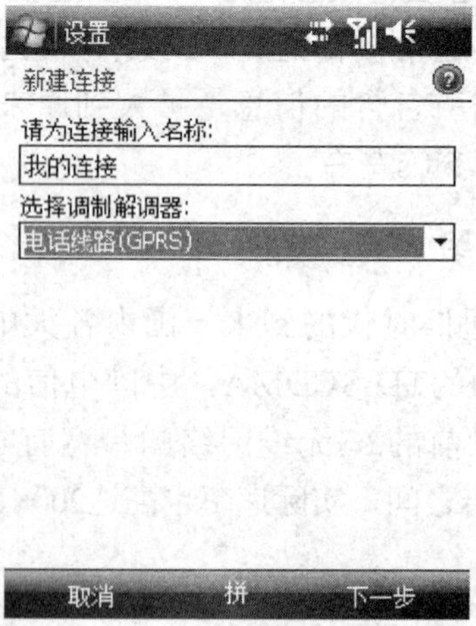

图10-65　“新建连接”界面

（3）单击“下一步”按钮打开如图10-66所示的设置访问点名称的界面，在其中输入“cmwap”（移动运营商提供）；单击“下一步”按钮，打开如图10-67所示的认证设置界面，保持默认为空。

（4）单击“高级”按钮，打开如图10-68所示的代理服务器设置界面，选中其中的复选框，在代理服务器文本框中输入“10.0.0.172”；单击“ok”按钮确认，或单击“高级”按钮可查看如图10-69所示的各类代理服务器的具体设置。返回认证设置界面（见图10-67），单击“完成”按钮结束手机上网设置进程。

图10-66　设置访问点

图10-67　认证设置

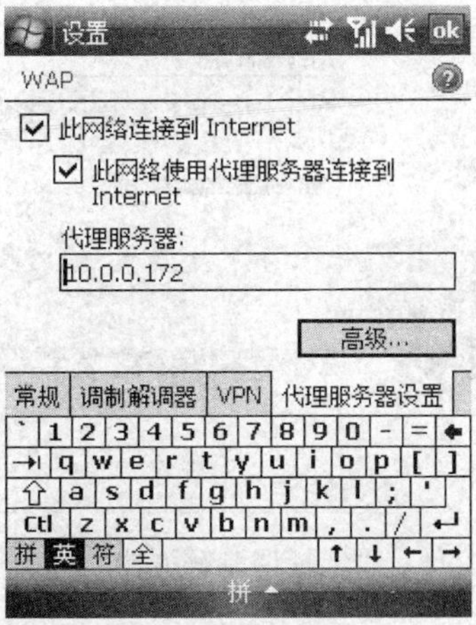

图10-68　代理服务器设置界面

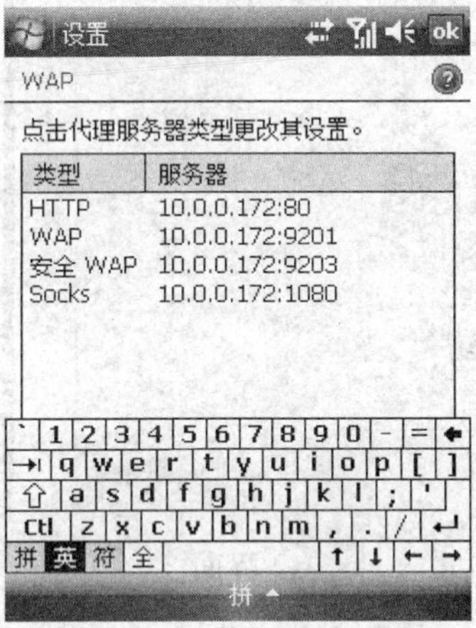

图10-69　查看代理服务器的具体设置

（5）正确设置上网参数后，打开手机中的网页浏览器，在地址栏中输入WAP网站地址，成功连接后即可在手机界面中观察到WAP网页信息。

10.5 计算机无线上网方案

计算机无线上网是指计算机通过无线方式远程接入计算机网络，以便用户访问远程网络的资源。目前计算机无线上网需要借助移动通信网（如GSM）传输数据，主要存在移动调制解调器和无线上网卡两种解决方案。

10.5.1　移动调制解调器方案

目前大多数手机都具有无线上网能力，配有无线上网模块。可以考虑将笔记本电脑与手机以某种方式连接起来，让笔记本电脑可以通过手机进行无线上网，此时的手机就是一个调制解调器（MODEM），通过它产生的上网费用也由手机用户承担。

笔记本电脑借助手机进行无线上网，首先要求手机自身已能正常上网，其次要求手机与计算机已经正常接通。手机上网设置及手机与计算机的连接方法在此不再赘述，请读者自行参考前面有关章节的内容。

假设笔记本电脑已与诺基亚手机通过USB电缆连接，下面以此为例介绍笔记本电脑无线上网的实现方案。

打开PC套件主界面，单击“连接到Internet”按钮，将打开如图10-70所示的一键接入界面，并自动进入10秒倒计时连接状态。如果未进行过正确设置，该连接不会成功。设置步骤如下。

（1）单击“设置”按钮，打开“选择调制解调器”界面，如图10-71所示，由于采用USB数据线连接，故此处应选择USB Modem。

图10-70　一键接入界面

图10-71　“选择调制解调器”界面

（2）单击“下一步”按钮，进入如图10-72所示的“选择网络运营商”界面，在此用户可选择CMCC（中国移动），但建议选择“手动配置连接”。

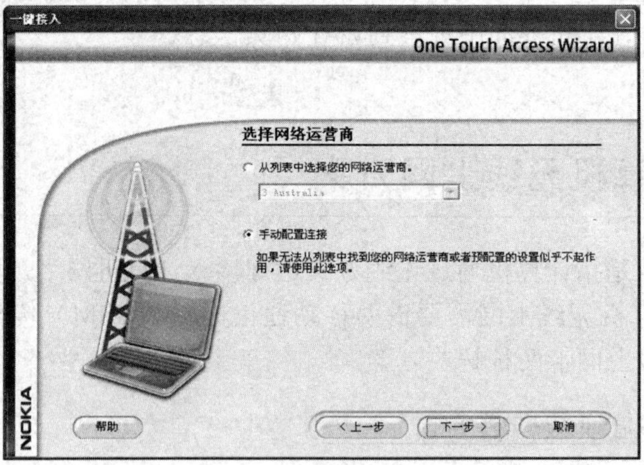

图10-72　“选择网络运营商”界面

（3）单击“下一步”按钮，进入如图10-73所示的“手动配置连接”界面，在“接入点”文本框中输入“cmwap”，用户名和密码均保持为空。

图10-73 “手动设置连接”界面

（4）单击“完成”按钮，将返回一键接入界面，并利用新创建的连接进行拨号和身份验证，如图10-74所示，直到状态变为已连接，表示拨号连接成功。

图10-74 拨号及验证过程

拨号连接成功后，任务栏的通知区将出现如图10-75所示的标识，控制面板的网络连接中也将出现如图10-76所示的拨号网络图标。

图10-75 通知区中拨号网络图标

图10-76 控制面板中拨号网络图标

笔记本电脑通过手机上网会产生较大的网络流量，由此产生的费用也较高。因此网络使用完毕，应及时予以断开。对处于连接状态中的网络，在一键接入界面中单击“断开”按钮，或者在拨号连接的快捷菜单中执行断开命令，都可以断开拨号网络连接。

笔记本电脑通过手机上网，其网络应用程序（如IE、QQ等）也应设置代理服务器，具体步骤如下。

（1）启用IE浏览器，打开其“Internet选项”对话框并切换至“连接”选项卡，如图10-77所示。选中“移动GPRS”连接，单击“设置”按钮，将打开如图10-78所示的移动GPRS

属性界面。

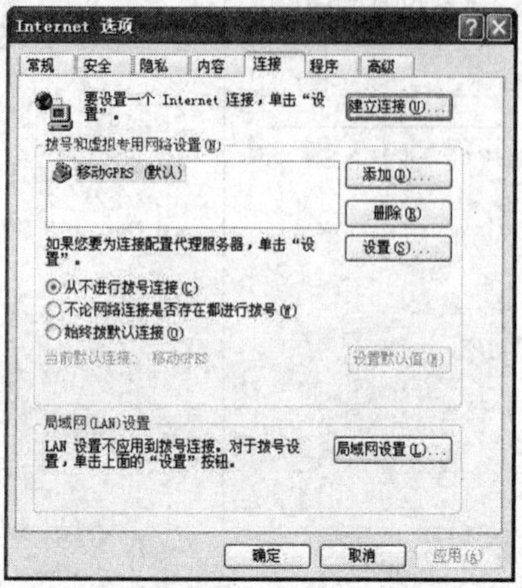

图10-77　Internet选项-连接

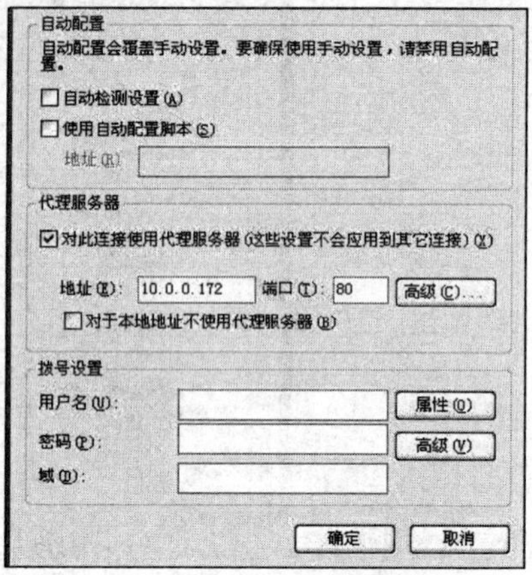

图10-78　移动GPRS设置界面

（2）在“代理服务器”选项区域的地址栏中输入移动运营商提供的IP地址（如10.0.0.172）和端口号（如80）；单击“确定”按钮，保存代理服务设置。重启IE浏览器，在网络拨通后，IE浏览器才能访问网页资源。类似地，其他网络软件也都要做相应的设置才能正常访问互联网络资源。

10.5.2　无线上网卡方案

无线上网卡方案是指笔记本电脑（或其他计算机）利用无线上网卡实现无线上网。无线上网卡与无线网卡虽仅一字之差，但二者却有很大不同。前者用于无线远程接入，属无线广域网（WWAN）范畴；后者用于本地无线接入，属无线局域网（WLAN）范畴。

无线上网卡的接口类型比较丰富，比较常用的主要有PCMCIA、USB等。PCMCIA接口无线上网卡如图10-79所示，仅适用于笔记本电脑；安装时先运行安装程序，在安装过程中根据提示再插入接口。USB接口无线上网卡如图10-80所示，适用于笔记本电脑和台式机，安装时先运行安装程序，正常结束后再插入接口。

图10-79　PCMCIA接口无线上网卡

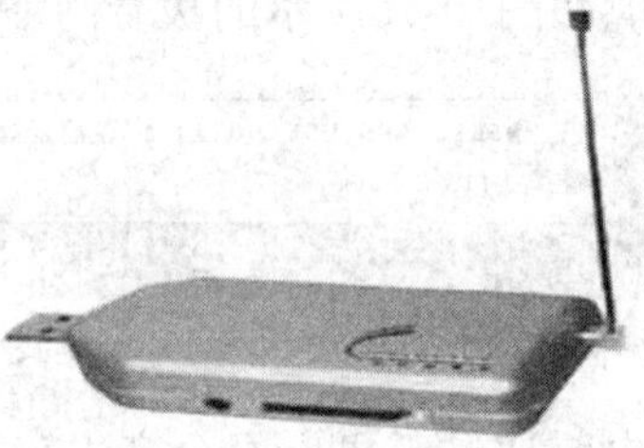

图10-80　USB接口无线上网卡

笔记本电脑利用无线上网卡上网，首先要到移动运营商处选择一种无线上网业务（如GPRS），然后购买一张身份识别卡（如SIM）并为其开通服务（建议申请套餐或包月服务以便节省上网费用）。

确保笔记本电脑已成功安装了无线上网卡。将其无线上网卡取下，把身份识别卡（如

SIM卡）正确插入其中后，再将无线上网卡正确插回笔记本电脑上。

打开“控制面板”，进入“网络连接”，启用“新建连接向导”，在陆续打开的界面中依次选用“连接到Internet”、“手动设置我的连接”、“用拨号调制解调器连接”。单击“下一步”按钮后，如果计算机中仅有一个调制解调器，程序将跳过如图10-81所示的“选择设备”界面，否则需要选择无线上网卡所对应的调制解调器。

之后进入如图10-82所示的“连接名”设置界面，为其指定便于识别的名称（如移动GPRS）即可。

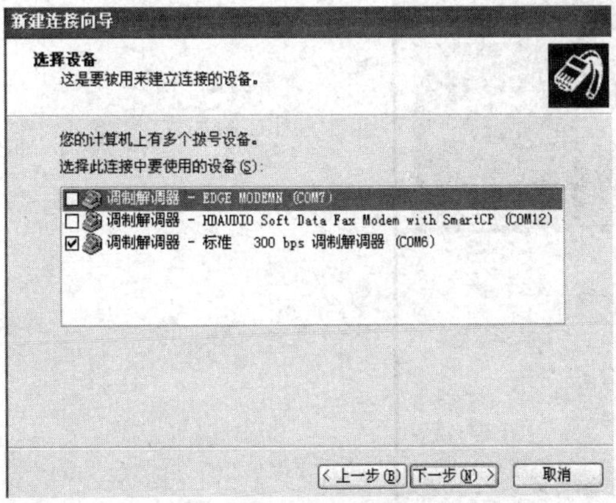

图10-81　选择调制解调器

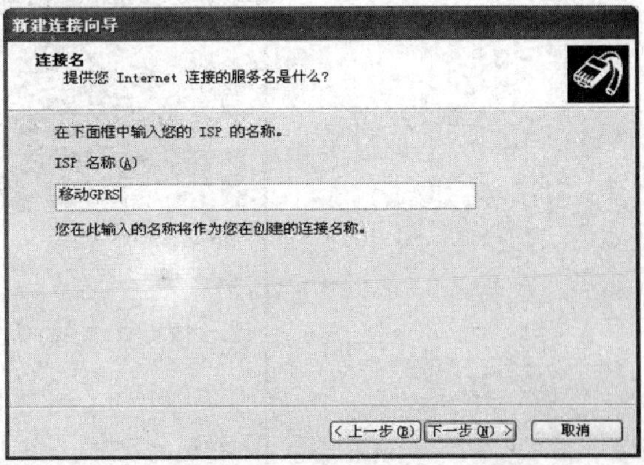

图10-82　指定ISP名称

单击“下一步”按钮，进入如图10-83所示的指定ISP电话号码界面，输入移动运营商提供的接入号码（如中国移动的是“#99#”）。

单击“下一步”按钮，进入指定账户信息界面，如图10-84所示，在此保持为空。

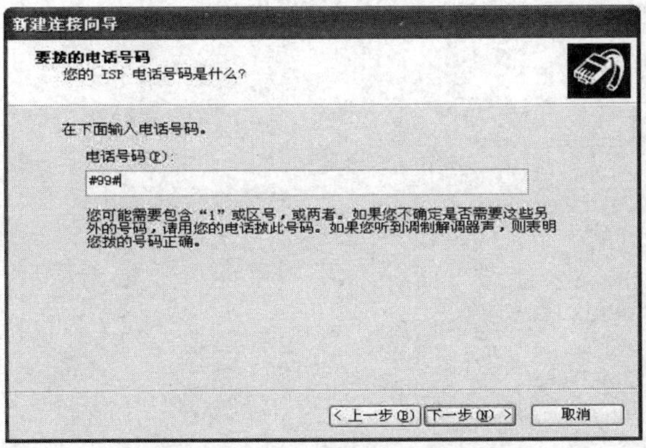

图10-83　指定ISP电话号码

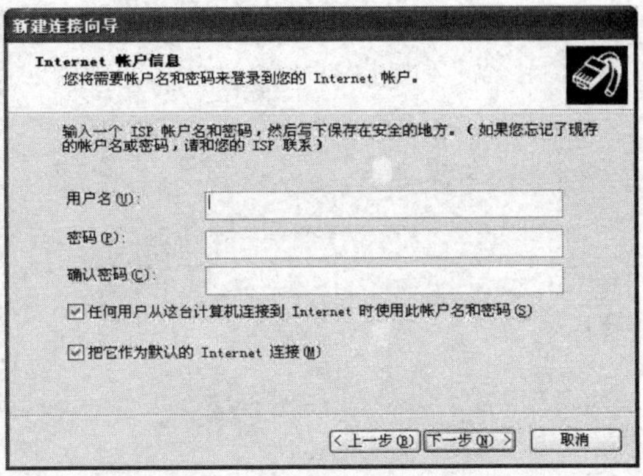

图10-84　指定账户信息界面

单击“下一步”按钮进入即将结束向导界面，单击“完成”按钮完成连接新建任务，新建的拨号连接图标出现在网络连接中，如图10-85所示。

新建连接向导结束或双击新建的拨号连接图标（如移动GPRS），将打开如图10-86所示的拨号连接界面，保持用户名和密码为空。

单击“拨号”按钮，系统先后进行拨号和身份验证，连接成功后，就可以通过互联网进行网络办公了。

图10-85　移动GPRS拨号连接图标

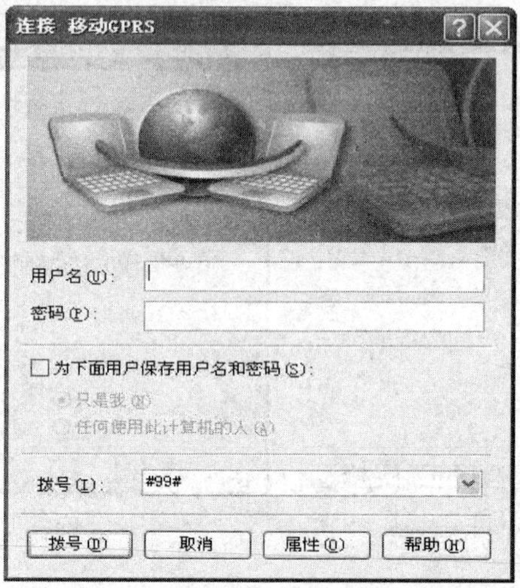

图10-86　移动GPRS拨号连接界面

附录A　中文Windows XP服务优化配置建议方案

（资料来自于互联网）

Windows XP提供80余项服务，且对每项服务都预选进行了默认的配置。除系统默认的配置方案外，本附录还提供了普通配置、网络配置、单机配置和极端配置等4种建议方案。建议普通用户使用普通配置方案，连网用户选用网络配置方案，单机用户（非连网用户）选用单机配置方案，而仅需运行系统基本服务的用户选用极端配置方案。

服务标识	默认配置	普通配置	网络配置	单机配置	极端配置
Workstation	手动	禁用	禁用	禁用	禁用
Application Management	手动	手动	手动	手动	手动
Automatic Updates	自动	自动	自动	禁用	禁用
Background Intelligent	手动	禁用	禁用	禁用	禁用
Transfer Service	手动	禁用	禁用	禁用	禁用
ClipBook	手动	禁用	禁用	禁用	禁用
Com+System Application	手动	手动	手动	禁用	禁用
COM+ Event System	手动	手动	手动	手动	禁用
Computer Browser	自动	禁用	自动	禁用	禁用
Cryptographic Services	自动	自动	自动	禁用	禁用
DHCP Client	自动	自动	禁用	自动	禁用
Distributed Link Tracking Client	自动	手动	手动	禁用	禁用
Distributed Transaction Coordinator	手动	手动	手动	禁用	禁用
DNS Client	自动	自动	自动	禁用	禁用
Error Reporting Service	自动	禁用	禁用	禁用	禁用
Event Log	自动	自动	自动	自动	自动

续表

服务标识	默认配置	普通配置	网络配置	单机配置	极端配置
Fast User Switching Compatibility	手动	手动	手动	禁用	禁用
Fax Service	手动	禁用	禁用	禁用	禁用
Help and Support	自动	禁用	禁用	禁用	禁用
Human Interface Device Access	禁用	禁用	禁用	禁用	禁用
HTTP SSL	手动	手动	手动	手动	手动
IMAPI CD-Burning COM Service	手动	自动	自动	禁用	禁用
Indexing Service	手动	禁用	禁用	禁用	禁用
Internet Connection Firewall/Internet Connection Sharing	自动	自动	自动	禁用	禁用
IPSEC Services	自动	禁用	禁用	禁用	禁用
Logical Disk Manager	自动	手动	手动	禁用	禁用
Logical Disk Manager Administrative Service	手动	手动	手动	禁用	禁用
Messenger	自动	禁用	禁用	禁用	禁用
MS Software Shadow Copy Provider	手动	手动	手动	禁用	禁用
Net Logon	自动	禁用	禁用	禁用	禁用
NetMeeting Remote Desktop Sharing	手动	禁用	禁用	禁用	禁用
Network Connections	手动	手动	自动	手动	禁用
Network DDE	手动	禁用	禁用	禁用	禁用
Network DDE DSDM	手动	禁用	禁用	禁用	禁用
Network Location Awareness (NLA)	手动	手动	自动	禁用	禁用
NT LM Security Support Provider	手动	手动	手动	手动	禁用
Performance Logs and Alerts	手动	禁用	禁用	禁用	禁用
Plug and Play	自动	自动	自动	自动	自动
Portable Media Serial Number	自动	禁用	禁用	禁用	禁用
Print Spooler	自动	自动	自动	自动	禁用
Protected Storage	自动	自动	自动	禁用	禁用

续表

服务标识	默认配置	普通配置	网络配置	单机配置	极端配置
QoS RSVP	手动	禁用	禁用	禁用	禁用
Remote Access Auto Connection Manager	手动	手动	自动	禁用	禁用
Remote Access Connection Manager	手动	手动	自动	禁用	禁用
Remote Desktop Help Session Manager	手动	禁用	禁用	禁用	禁用
Remote Procedure Call (RPC)	自动	自动	自动	自动	自动
Remote Procedure Call (RPC) Locator	手动	手动	手动	手动	禁用
Remote Registry Service	自动	禁用	禁用	禁用	禁用
Removable Storage	自动	自动	自动	自动	自动
Routing and Remote Access	手动	禁用	禁用	禁用	禁用
Run As Service	禁用	禁用	禁用	禁用	禁用
Secondary Logon	自动	禁用	禁用	禁用	禁用
Security Accounts Manager	自动	自动	自动	禁用	禁用
Server	自动	禁用	自动	禁用	禁用
Shell Hardware Detection	自动	自动	自动	自动	禁用
Smart Card/Smart Card Helper	手动	禁用	禁用	禁用	禁用
SSDP Discovery Service	手动	禁用	禁用	禁用	禁用
Still Image Service	自动	手动	手动	手动	禁用
System Event Notification	自动	自动	自动	禁用	禁用
System Restore Service	自动	禁用	禁用	禁用	禁用
Task Scheduler	自动	禁用	禁用	禁用	禁用
TCP/IP NetBIOS Helper Service	自动	禁用	禁用	禁用	禁用
Telephony	手动	手动	自动	禁用	禁用
Telnet	手动	禁用	禁用	禁用	禁用
Terminal Services	手动	手动	手动	禁用	禁用
Themes	自动	自动	手动	手动	禁用

续表

服务标识	默认配置	普通配置	网络配置	单机配置	极端配置
Uninterruptible Power Supply	手动	禁用	禁用	禁用	禁用
Universal Plug and Play Device Host	手动	禁用	禁用	禁用	禁用
Upload Manager	自动	禁用	禁用	禁用	禁用
Volume Shadow Copy	手动	手动	手动	禁用	禁用
WebClient	自动	禁用	禁用	禁用	禁用
Windows Audio	自动	自动	自动	自动	自动
Windows Image Acquisition (WIA)	手动	手动	手动	禁用	禁用
Windows Installer	手动	手动	手动	手动	手动
Windows Management Instrumentation	自动	自动	自动	自动	自动
Windows Management Instrumentation Driver Extension	手动	手动	手动	手动	禁用
Windows Time	自动	禁用	禁用	禁用	禁用
Wireless Zero Configuration	自动	手动	手动	手动	禁用
WMI Performance Adapter	手动	禁用	禁用	禁用	禁用
Workstation	自动	自动	自动	自动	禁用

附录B　中文Office 2003常用语音命令

（数据来自微软官方网站）

1　Word 2003语音命令

1.1　Word导航语音命令

欲执行的任务	语 音 命 令
显示菜单上的所有命令	展开、更多按钮
在对话框中，移至下一个选项（组）	Tab键
在对话框中，移至上一个选项（组）	Shift+Tab键
不保存更改，关闭对话框或菜单	Esc键、取消
输入新行	换行、回车、新行、下一行
输入新段落	新段落
转到行的结尾	转到末尾
转到行的开始	Home键、转到开始
后退一格	后退
输入一个空格	空格、空格键
将插入点左移一格	向左、左箭头、箭头向左、左移
将插入点右移一格	向右、右移、右箭头、箭头向右
将插入点右移一个字	右移一字、前进一字、前移一字、向前移一字、下一字、Ctrl+右箭头
将插入点左移一个字	左移一字、后退一字、后移一字、向后移一字、上一字、Ctrl+左箭头
上移一行	向上、上移、上箭头、箭头向上
下移一行	向下、下移、下箭头、箭头向下
向上滚动	向上翻页、上一页
向下滚动	向下翻页、下一页
删除选定的文本	删除
显示右键菜单	右击、右击菜单、显示右击菜单、上下文菜单、显示上下文菜单
当“自动更正选项”菜单可见时执行该菜单	自动更正选项、选项菜单
当“智能标记操作”菜单可见时执行该菜单	智能标记操作、智能标记选项、选项按钮
当“粘贴选项”菜单可见时执行该菜单	粘贴选项、选项按钮
选择下一字	Shift+Ctrl+右箭头、选择下一字
选择上一字	Shift+ Ctrl +左箭头、选择上一字
向上选择文本	Shift+ Ctrl +上箭头、选择上一行
向下选择文本	Shift+ Ctrl +下箭头、选择下一行

1.2 Word其他语音命令

欲执行的任务	语 音 命 令
打开文件	打开、文件打开、打开文件
打开新文档	新建文档、新空白文档
关闭文档	关闭文档、文件退出
打开文件	文件打开
显示任务窗格	任务窗格、显示任务窗格、查看任务窗格
隐藏任务窗格	隐藏任务窗格
全选	全选
剪切选定的文本	剪切
复制	复制
粘贴	粘贴
撤销	撤销
恢复	恢复、重复、恢复键入
保存	保存
显示Office剪贴板	复制、拷贝、Office剪贴板、显示剪贴板、显示office剪贴板
隐藏Office剪贴板	隐藏剪贴板、隐藏office剪贴板
加粗	打开粗体、粗体打开、开始加粗
取消加粗	关闭粗体、取消加粗、粗体关闭、撤销粗体、停止加粗
倾斜和取消倾斜	倾斜、斜体
左对齐	左对齐、居左对齐、居左
右对齐	右对齐、居右对齐、居右
居中对齐	居中、居中对齐、居中对齐
将插入点移动到“提问”框	提问、键入问题求助
隐藏Office助手	隐藏助手
打印预览	打印预览

2 Excel2003语音命令

2.1 Excel导航语音命令

欲执行的任务	语 音 命 令
显示菜单上的所有命令	展开、更多按钮
在对话框中，移至下一个选项或选项组	Tab键
在对话框中，移至上一个选项或选项组	Shift+Tab键
不保存更改，关闭对话框，并关闭菜单	Esc键、取消
转到行的结尾	End键、转到末尾
转到行的开始	Home键、转到开始
左移一格	向左、左箭头、箭头向左、左移
右移一格	向右、右移、右箭头、箭头向右
上移一格	向上、上移、上箭头、箭头向上
下移一格	向下、下移、下箭头、箭头向下

续表

欲执行的任务	语 音 命 令
下移一行	换行、回车、新行、下一行、新段落
向上滚动	向上翻页
向下滚动	向下翻页
后退一格	退格
输入一个空格	空格、空格键
删除选定单元格中选定的或所有的文本	删除
移至工作簿中的上一个工作表	上一页
移至工作簿中的下一个工作表	下一页
显示右键菜单	右击、右击菜单、显示右击菜单、上下文菜单、显示上下文菜单
当“自动更正选项”菜单可见时执行该菜单	自动更正选项、选项按钮
当“粘贴选项”菜单可见时执行该菜单	粘贴选项、选项按钮
当“插入选项”菜单可见时执行该菜单	插入选项、选项按钮
当“智能标记操作”菜单可见时执行该菜单	智能标记操作、智能标记选项、选项按钮
当“自动填充选项”菜单可见时执行该菜单	自动填充选项、选项按钮
编辑单元格内容时，插入点右移一个字	右移一字、前进一字、前移一字、向前移一字、下一字、Ctrl +右箭头
编辑单元格内容时，插入点左移一个字	左移一字、后退一字、后移一字、向后移一字、上一字、Ctrl +左箭头键
编辑单元格内容时，插入点下移一个字	Shift+ Ctrl +右箭头、选择下一字
编辑单元格内容时，插入点上移一个字	Shift+ Ctrl +左箭头、选择上一字
在工作表中向上选择一组单元格	Shift+ Ctrl +上箭头、选择上一行
在工作表中向下选择一组单元格	Shift+ Ctrl +下箭头、选择下一行

2.2 Excel其他语音命令

欲执行的任务	语 音 命 令
打开	打开、文件打开、打开文件
关闭	文件退出、关闭工作表
加粗	粗体打开、打开粗体
取消加粗	粗体关闭、撤销加粗、关闭粗体、取消加粗
倾斜和取消倾斜	斜体、斜体、倾斜
剪切选定的文本	剪切
复制	复制
粘贴	粘贴
显示Office剪贴板	复制、拷贝、Office剪贴板、显示剪贴板、显示office剪贴板
隐藏Office剪贴板	隐藏剪贴板、隐藏office剪贴板
撤销	撤销
恢复	恢复、重复
保存	保存
在选定的单元格中添加小数位数	增加小数位数
从选定的单元格中删除一个小数位	减小小数位数
自动调整选定单元格的尺寸以适应文字	最佳列宽、最佳列宽选项

续表

欲执行的任务	语 音 命 令
显示任务窗格	任务窗格、显示任务窗格、查看任务窗格
隐藏任务窗格	隐藏任务窗格
隐藏Office助手	隐藏助手
打印预览	打印预览

3 PowerPoint 2003语音命令

3.1 PowerPoint导航语音命令

欲执行的任务	语 音 命 令
显示菜单上的所有命令	展开、更多按钮
在对话框中，移至下一个选项或选项组	Tab键
在对话框中，移至上一个选项或选项组	Shift+Tab键
不保存更改，关闭对话框或菜单	Esc键、取消
输入新行	换行、回车、新行、下一行
输入新段落	新段落
转到行的结尾	End键、转到结尾
转到行的开始	Home键、转到开始
后退一格	后退
输入一个空格	空格、空格键
将插入点左移一格	向左、左箭头、箭头向左、左移
将插入点右移一格	向右、右移、右箭头、箭头向右
将插入点右移一个字	右移一字、前进一字、前移一字、向前移一字、下一字、Ctrl +右箭头
将插入点左移一个字	左移一字、后退一字、后移一字、向后移一字、上一字、Ctrl +左箭头
上移一行	向上、上移、上箭头、箭头向上
下移一行	向下、下移、下箭头、箭头向下
向上滚动浏览演示文稿中的幻灯片	向上翻页
向下滚动浏览演示文稿中的幻灯片	向下翻页
删除选定的文本	删除
切换到下一张幻灯片	下一页
切换到下一张幻灯片	上一页
显示右键菜单	右击、右击菜单、显示右击菜单、上下文菜单、显示上下文菜单
当“自动更正选项”菜单可见时执行该菜单	自动更正选项、选项按钮
当“自动调整选项”菜单可见时执行该菜单	自动调整选项、选项按钮
当“自动版式选项”菜单可见时执行该菜单	自动版式选项、选项按钮
当“粘贴选项”菜单可见时执行该菜单	粘贴选项、选项按钮
选择下一字	Shift+ Ctrl +右箭头、选择下一字
选项上一字	Shift+ Ctrl +左箭头、选择上一字
向上选择文本	Shift+ Ctrl +上箭头、选择上一行
向下选择文本	Shift+ Ctrl +下箭头、选择下一行

3.2 PowerPoint其他语音命令

欲执行的任务	语 音 命 令
打开文件	打开、文件打开、打开文件
关闭演示文稿、关闭程序	关闭演示、文件退出
插入新幻灯片	新幻灯片、插入新幻灯片
查看幻灯片放映	查看放映、开始幻灯片放映、幻灯片放映视图
切换到“普通”视图	普通、普通视图
切换到“幻灯片浏览”视图	幻灯片浏览
查看“幻灯片”选项卡	幻灯片
查看“大纲”选项卡	大纲
选择文本	选择字、选择段落、全选
选定的文本变为大写	大写、变为大写
复制	复制
显示Office剪贴板	复制、拷贝、Office剪贴板、显示剪贴板、显示office剪贴板
隐藏Office剪贴板	隐藏剪贴板、隐藏office剪贴板
剪切	剪切
粘贴	粘贴
撤销	撤销
恢复	恢复、恢复键入
加粗	粗体打开、打开粗体、开始加粗
取消加粗	粗体关闭、撤销加粗、停止加粗、 关闭粗体、取消加粗
倾斜和取消倾斜	斜体、倾斜、取消倾斜
保存	保存
显示任务窗格	任务窗格、显示任务窗格、查看任务窗格
隐藏任务窗格	隐藏任务窗格
隐藏Office助手	隐藏助手
将插入点移动到“提问”框	提问、键入问题求助
打印预览	打印预览

读者意见反馈表

书名：常用现代办公设备的使用与维护　　**主编：**王建华　　**策划编辑：**关雅莉　肖博爱

谢谢您关注本书！烦请填写该表。您的意见对我们出版优秀教材、服务教学，十分重要。如果您认为本书有助于您的教学工作，请您认真地填写表格并寄回。**我们将定期给您发送我社相关教材的出版资讯或目录，或者寄送相关样书。**

个人资料

姓名________年龄____联系电话________（办）________（宅）________（手机）

学校________________专业________职称/职务________

通信地址________________邮编________E-mail________

您校开设课程的情况为：

本校是否开设相关专业的课程　□是，课程名称为________________　□否

您所讲授的课程是________________课时________

所用教材________________出版单位________印刷册数____

本书可否作为您校的教材？

□是，会用于________________课程教学　□否

影响您选定教材的因素（可复选）：

□内容　□作者　□封面设计　□教材页码　□价格　□出版社

□是否获奖　□上级要求　□广告　□其他________________

您对本书质量满意的方面有（可复选）：

□内容　□封面设计　□价格　□版式设计　□其他________

您希望本书在哪些方面加以改进？

□内容　□篇幅结构　□封面设计　□增加配套教材　□价格

可详细填写：________________________________

____

您还希望得到哪些专业方向教材的出版信息？

____

谢谢您的配合，请将该反馈表寄至以下地址。如果需要了解更详细的信息或有著作计划，请与我们直接联系。

通信地址：北京市万寿路 173 信箱　中等职业教育教材事业部　　**邮编：**100036

http://www.hxedu.com.cn　　E-mail:ve@phei.com.cn　　**电话：**010-88254600；88254591

举报电话：（010）88254396；（010）88258888

传　　真：（010）88254397

E-mail：　dbqq@phei.com.cn

通信地址：北京市万寿路 173 信箱

　　　　　电子工业出版社总编办公室

邮　　编：100036